인공지능시대 K콘텐츠 전략 연구

이정현(李政炫) 지음

진인진

인공지능시대 K콘텐츠 전략 연구

초판 1쇄 발행 | 2024년 4월 5일

저　　자 | 이정현(李政炫)
발행인 | 김태진
발행처 | 진인진
등　　록 | 제25100-2005-000003호
주　　소 | 경기도 과천시 관문로 92(힐스테이트 과천중앙) 101동 1818호
전　　화 | 02-507-3077-8
팩　　스 | 02-507-3079
홈페이지 | http://www.zininzin.co.kr
이메일 | pub@zininzin.co.kr

ⓒ 이정현 2024
ISBN 978-89-6347-593-6 93300

* 책값은 표지 뒤에 있습니다.

추천의 글

'알파고'에서 '챗GPT'에 이르기까지, 인공지능이 가져올 혁명적인 변화에 전 세계가 들썩이고 있습니다. 마치 인터넷이나 스마트 폰이 처음 등장했을 때를 떠오르게 합니다. 인공지능 혁명은 기존의 교육, 산업, 일자리 정책의 대전환을 요구하고 있는 피할 수 없는 물결입니다. 위기와 대격변의 시대에는 국가가 국민을 지켜야 합니다. 국민들이 피할 수 없다면, 국가가 먼저 준비하고 대응하여, 부작용을 최소화하고 잠재력을 극대화해야 합니다.

이 책은 인공지능 혁명이 우리 경제와 사회 전반에 미칠 변화를 시의적절하게 다루고 있습니다. K콘텐츠 전문가로서 새로운 도전에 주저함이 없었던 저자는 인공지능 시대의 특징을 콘텐츠화, 가상화, 자동화라고 규정하고 있습니다. 이러한 변화가 혁신과 도약의 새로운 변곡점이 될 것이라고 전망하며, 이를 실현하기 위한 창의적인 정책들도 제안하고 있습니다. 예를 들어, 개인이 생성한 빅데이터를 기본소득이나 국민배당으로 보상하는 방안, 메타버스 경제특구를 조성하는 방안 등에 대한 활발한 정책 논의가 기대됩니다.

K콘텐츠는 김대중, 노무현 대통령으로 이어지는 민주 정부의 성과에 토대를 두고 있습니다. 당시 K콘텐츠는 국가 브랜드를 견인하며 한류 붐을 일으켰고, 새로운 벤처산업을 육성하여 경제위기 극복에 기여했으며, 국민소득을 2만불로 두 배 성장시키는 데 큰 역할을 했습니다. 이제 K콘텐츠가 인공지능 시대를 선도하여 대도약의 기폭제가 되기를 기대하며, 이 책의 일독을 권합니다.

- **이재명** (22대 국회의원, 더불어민주당 대표)

저자의 트렌디한 시선으로 메타버스, 인공지능, 디지털 크리에이터 등 빠르게 발전하는 K콘텐츠의 성공에 대한 방향성과 고민, 그리고 철학이 고스란히 담겨 있는 책

- **김호락** (크리에이터, 애니메이션 감독, 스튜디오 버튼 대표)

'세상을 바꾸는 K콘텐츠 전략'

인공지능 기술이 가져올 혁신적인 변화는 K콘텐츠의 무한한 잠재력을 어떻게 깨울 것인지에서부터 시작한다. 변화의 중심에 있는 크리에이터라면 꼭 읽어야 할 책.

- **김보람** (메이커, 코끼리협동조합 상임대표)

이미 한류는 여러 나라에서 한국의 문화를 넘어 세계의 문화로 발돋움하고 있다. 음식이나 스포츠를 넘어 음악이나 영화에 이르기 까지 다양한 분야에서 K콘텐츠 전체의 일반적 현상이 되고 있다. 자랑스런 일이지만, 세계는 또 변하고 있다. AI라는 도구를 통해 근본적으로. 이러한 시점에 이정현교수가 쓴 책은 통찰력으로 가득 차 있다.

- **이한주** (가천대 경제학과 석좌교수, 더불어민주당 민주연구원 원장)

서울대를 보면 최근에 두가지 큰 흐름이 있다. 하나는 인공지능시대를 대비하는 움직임이다. 첨단융합학부, 데이터사이언스 대학원, AI연구원을 설립하며 인공지능시대를 준비하고 있다. 또다른 하나는 한류를 중심으로 한 한국의 문화 콘텐츠 연구다. 이러한 시점에 이정현교수가 시의적절한 책을 출간하였다. 인공지능시대에 한류의 핵심인 K콘텐츠 전략에 관한 책이다. 한국의 대중문화에 조금이라도 관심이 있는 분들의 일독을 권한다.

- **김현철** (서울대학교 국제대학원 원장)

문화가 또는 콘텐츠가 새 시대의 국가 비전이 될 수 있을까? 인공지능이 활짝 꽃필 시대의 쟁점을 국내 최고의 콘텐츠 전문가 시각으로 촘촘하고 명확하게 정리하는 책. 불확실한 미래를 위한 담대한 정책 비전을 고민하는 이들에게 시사하는 바가 크다.

- **정종은** (부산대학교 예술문화영상학과 교수)

K콘텐츠가 문화산업을 넘어 어떻게 사회, 정치, 경제영역에까지 혁신적 전환을 가져올 수 있을까? 책에서는 국가정책 비전의 중심이 K콘텐츠와 인공지능의 결합에서 발현되어야 한다고 역설한다. 불확실한 우리 시대의 새로운 가능성을 꿈꾸게 해준다.

- **최보연** (상지대학교 문화콘텐츠학과 교수)

우리의 24시간은 문화 콘텐츠를 소비하고 생산하는 시간들로 점점 더 많이 채워지고 있다. 인공지능의 시대, 국내 최고의 콘텐츠 전문가가 들려주는 미래 변화와 전망 속에서 개인과 국가는 어떠한 준비로, 또 다시 진화할 것인지 이 책을 통해 답을 찾아가 보자.

- **윤혜진** (배화여자대학교 글로벌관광콘텐츠과 교수)

프롤로그

"21세기 최후의 승부처는 문화산업이다."
현대 경영학의 아버지로 불리는 피터 드러커의 말이다.

문화산업이란 게임, 방송, 영화, 음악, 애니메이션과 같이 아이디어와 상상력을 창의적으로 표현한 상품이나 서비스를 말한다. 문화산업은 높은 부가가치와 고용 창출능력으로 모든 나라가 집중하고 있으며, 개인의 감성과 문화가 중시되는 시대의 대세가 되었다. 문화산업은 인터넷, 디지털기술과 융합하면서 문화콘텐츠나 콘텐츠로 불리고 있다. 한마디로 디지털시대의 문화산업이 콘텐츠, 콘텐츠 산업이라고 할 수 있다.

웹툰이나 유튜브 영상과 같은 콘텐츠는 문화생활의 중심이 되었고, 콘텐츠는 대규모 산업생태계를 형성, 빠른 속도로 성장하고 있다. 감정과 의사를 표출하는 소통 수단이면서 부가가치와 일자리를 창출하는 경제의 중심축이라고 할 수 있다. 최근 인공지능의 확산과 더불어, 콘텐츠는 한 걸음 더 나아가 텍스트, 사진, 사운드, 정보, 영상, 이미지, 프로그램, 데이터 등 인터넷 상에서 유통되는 모든 것을 포괄하는 개념이 되었다. 콘텐츠가 개인과 국가의 경쟁력을 결정짓는 시대를 매일매일 실감하고 있다.

한국콘텐츠진흥원의 2022년 콘텐츠산업백서에 따르면, 콘텐츠산업의 세계 시장규모는 2021년 기준으로 2조5천억 불에 이르며, 우리나라는 미국, 중국, 일본, 영국, 독일, 프랑스에 이어 7위에 해당하고, 수치로는 약 700억 불에 이른다. 매출액은 137조, 부가가치 생산액은 52조이며, 수출액은 125억 불인 반면에 수입액은 12억 불로 수출이 압도적 우위에 있다.

콘텐츠의 성과는 산업지표에만 그치지 않는다. 한국의 콘텐츠, K콘텐츠는 세계 대중문화의 흐름을 선도하고 있다. 세계의 청소년들이 K콘텐츠의 팬이되어 호응하고 있다. 한국을 대표하여 외교무대에 활동하고 있다. K콘텐츠의 활약은 국가브랜드의 상승으로 이어져 우리나라 제조상품과 서비스의 수출증대에도 커다란 역할을 하고 있다. 변변한 콘텐츠 하나 없었고, 저작권 우선감시 대상국이었던 우리나라에서 도대체 무슨 일이 일어 난 것인가. 놀라운 일이 아닐 수 없다.

K콘텐츠의 빅뱅, 위대한 탄생의 순간

"아마도 최초의 생명체는 우주의 여러 원소들이 따뜻한 바다나 심지어 대기 중에서 자외선, 전기 방전 및 여러 에너지원의 영향을 받아 자발적으로 형성된 자기복제가 가능한 유기분자였을 것이다. 무한한 우주의 시간 속에서, 유기분자의 무작위 상호작용은 결국 최초의 진정한 살아있는 유기체, 생명으로 탄생한다." - 코스모스, 칼 세이건[1]

① 1998년 국가부도, K콘텐츠 탄생의 도화선이 되다.

K콘텐츠는 국가부도의 폐허 속에서 극적으로 출현하였다. 1998년 IMF경제위기 직후의 일이니 25년전으로 거슬러 올라간다. 지금은 세계인의 존경과 부러움의 대상이 되었으며, 우리들에게는 무한한 자랑이며 자부심이 되었지만, 국가부도의 소용돌이에서 분출되었다는 사실은 참으로 아이러니하다. 경제선진국이 된 나라는 많지만, 경제선진국이면서 문화강국인 나라는 많지 않다. 불과 20여 년의 짧은 기간에 문화강국의 위상에 올라선 나라의 유래를 찾기란 쉽지가 않다.

국가부도의 후과는 처참했다. 수많은 기업과 은행들이 사라졌다. 직장에 남는 자와 떠나는 사람들의 헤어짐과 재회를 기록한 '눈물의 비디오'에 눈시울을 적시지 않은 사람이 없었다. 구조조정과 취업난으로 길거리에는 150만 명의 청년 실업자가 넘쳐 났다. 청년들은 배수의 진을 치고, 벤처창업과 콘텐츠개발에 나섰다. 창업열기는 뜨거웠으며, 실의에 빠진 청년들에게는 한 가닥 희망의 등대와도 같았다.

PC방의 한 켠에서 사업계획을 수립하고, 밤을 지새던 나날들이 이어졌다. 수많은 벤처기업들이 성공과 실패를 거듭하며 새로운 신화창조의 주인공으로 등장하였다. 우리나라를 대표하는 네이버, 엔씨소프트, 에스엠엔터테인먼트같은 콘텐츠기업들이 모두 이 시기에 탄생하게 된다. 절망을 기적으로 바꾼 청년들이 K콘텐츠 탄생의 주역들이다. 기존 경제 체제가 붕괴되면서 형성된 빈공간이 새로운 산업의 활동무대가 되었다.

② 탄생의 순간에 분출된 혁신의 DNA

황무지를 개척하는 서부개척시대 같았다.

콘텐츠산업은 전례가 없는 새로운 분야였다. 모든 일이 생소하고 뭐든지 부딪혀 가면서, 해

---

[1] '코스모스', 칼 세이건 지음, 홍승수 번역, 랜덤하우스 출판, 1980년.

결점을 찾아가야 했다. 달리 방도가 없는 절박함이나 불굴의 도전정신 외에는 설명하기 힘든 새로운 시도들이 넘쳐 났다. 처음 접할 때는 말도 안되게 황당한 구상이나 계획도 반복해서 듣다 보면 그럴 듯해 보이고 이내 실천에 옮겨졌다. 콘텐츠 산업의 새로운 비즈니스 모델이나 사업이 발전하는 계기가 되었다. 셀 수 없이 많은 혁신의 아이콘들이 등장하였다.

최초사례	주요 내용	경과
PC방	- 초고속망을 기반으로 하는 게임 전용 카페 - 1년도 안된 짧은 기간에 15,000개 이상 확산	중국 동남아 전세계 확산
이스포츠	- 프로게이머를 신종 직업으로 하는 프로게이머협회 신설 - 게임을 이용한 스포츠대회	아시안게임 정식종목
아이돌 가수	- 아이돌 가수를 육성하는 전문 기획사(SM, YG, JYP) - 한류와 팬덤	K-Pop 한류공연
부분유료화	- 무료 게임 후, 아이템이나 서비스 선택적 구매 - 선 구매 방식에서 최초 시도	게임산업의 중심사업모델

PC방이나 이스포츠의 종주국이 우리나라가 아니라 중국이나 다른 나라로 알고 있는 사람들도 많이 있다. 현재 우리나라보다 더 활성화 되어 있는 나라가 중국이나 유럽, 미국 등 다른 지역이기 때문이다. 프로게이머 협회설립 신청서를 들고 방문한 관계자를 황당한 눈으로 쳐다본 것이 이스포츠의 시작이 되었다. 게임개발이외의 지원은 어렵다는 정부의 입장에도 불구하고, 게임대회를 전문으로 하는 프로게이머가 대학생이나 청년들의 신종직업으로 가능하다는 주장에 설득되었고, 게임으로 올림픽과 같은 세계대회가 가능하다는 열변에 감동하여 협회설립을 지원하게 된 것이다.

K콘텐츠는 탄생의 순간부터 어떤 불굴의 도전정신, 혁신의 DNA가 깊이 새겨져 있다. 마치 무에서 유를 창조하듯이 빈 도화지에 그림을 그리면서 거침없이 나아간 것이 K콘텐츠의 궤적이라고 할 수 있다. 지금은 덧칠해져 깊은 숙면을 취하고 있는지 모르지만, 다시 깨어날 순간을 기다리고 있는지 모른다.

③ 김대중과 토니 블레어의 동시 출격, 지식경제 대(vs) 창조적 전회

K콘텐츠의 탄생과 발전에서 뺄 수 없는 분이 김대중대통령이다. 김대중대통령은 국가부도 직후에 집권에 성공하여 대한민국호의 선장이 되었다. 김대중대통령은 국가부도의 극복과 대안으로 지식경제(Knowledge Based Economy)를 새로운 경제비전으로 제안하고 IT 벤처산업과 문화산업의 육성을 구체적 방안으로 실천하였다. 김대중대통령과 국민의 정부는 K콘텐츠 탄생

의 산파역할을 수행하였다.

김대중정부가 출범한 시기는 21세기 초반, 각국이 문화산업을 둘러싼 경쟁을 치열하게 전개하던 시기이다. 대표적으로는 영국의 토니 블레어 정부가 있다. 동서양을 대표하여 문화산업 육성을 위한 선의의 경쟁을 벌인 국가라고 할 수 있다.

	한국의 김대중정부	영국의 토니 블레어 정부
집권배경	- IMF 경제위기, 국가부도 - 30여 년만의 여야정권교체	- 밀레니엄시대의 개막 - 보수당 18년 정권교체
집권기간	- 1998~2003	- 1997~2007
국정비전	- 지식경제(Knowledge Economy) - IT벤처, 문화산업	- 제3의길 - 창조적 전회(Creative Turn)
추진방안	- 문화체육관광부 개편 - 진흥체계, 법, 예산	- 문화미디어스포츠부 신설 - 창조도시정책
정책기조	- 지원하되 간섭하지 않는다.	-

영국은 1998년을 기준으로 우리나라보다 일인당 GDP가 3배 가까이 되며, 콘텐츠산업이 미국과 동조화된 영어 문화권이며, 정치군사적 강대국의 하나였다. 우리나라의 위상은 초라하기 그지 없었고, 국가부도의 후폭풍에 휩싸여 있었으니 사면초가의 상황이라고 할 수 있다.

그로부터 20여 년이 흐른 지금, 어깨를 나란히 할 수 있는 양국 상황을 비교해 보면 어떻게 설명할 수 있을까? 정부차원만 놓고 본다면, 김대중대통령과 국민의 정부의 리더십과 역할, 문화체육관광부를 축으로 하는 문화산업진흥체계의 조기 완성, 초고속정보통신망의 조기 구축과 초격차, 여야 정권교체가 반복되는 와중에도 콘텐츠산업에 대한 정책 일관성을 유지한 것, 이외에는 달리 설명할 방도가 없다.

④ K콘텐츠 탄생의 전야(前夜), 위대한 탄생을 예고한 징후들

1987년 전두환 군부독재를 타도한 6월항쟁에는 흰 와이셔츠에 넥타이를 맨 직장인, 속칭 '넥타이부대'의 전면적인 합류가 항쟁승리의 결정적인 장면 중의 하나로 회자되고 있다. 민주화를 쟁취한 우리들에게 경제 선진화에 대한 열망은 간절하고 뜨거웠지만, 단기간에 선진국을 추격하고 추월하는 것은 거의 불가능에 가까웠다. 민주화를 이룬 벅찬 감격과 자신감은 차고 넘쳤지만, 1990년 기준, 우리나라의 1인당 국민소득은 8,350달러, 미국은 23,640달러, 일본은 20,130달러로 거의 3배 가까이 차이가 난다. 소득 격차에다가 주요 산업분야의 기술격차도 큰 데다가 시간이 지날수록 더욱 벌어지는 상황이니 돌파구를 열기가 좀처럼 쉽지 않았다.

1990년 미국 대선 당시, 민주당의 부통령후보 엘 고어는 '초고속정보고속도로의 건설'을 제창하였다. 1992년에 출간된 '미래로 가는 길'에서 빌 게이츠는 '꿈의 통신망, 정보고속도로'에서 정보혁명으로 이어지는 고속도로의 개념으로 초고속통신망의 구축을 제안하고 있다. 절치부심하던 우리에게 한줄기 빛이 되었다. 정보혁명과 디지털혁명을 채택하여, 단기간에 경제 도약을 이루자는 생각은 이심전심으로 퍼져 나갔다.

〈주요 선진국은 21세기 고도 정보화사회의 세계 경제 주도권 확보를 위해 초고속정보통신망구축과 기술개발 프로젝트를 강력히 추진하고 있음. 따라서 앞서가는 선진국과 대등한 경쟁을 하기 위한 정보통신부문 발전전략이 시급하므로 초고속정보통신기반구축 종합계획을 수립함〉[2] 94년에 수립된 초고속정보화 계획의 앞부분에 쓰여진 문장이다. 당당함과 절박함 그리고 강한 의지가 지금도 느껴진다.

'95년부터 2010년까지 15년 동안, 3단계에 걸쳐 완성하려던 계획은 무려 8년 가까이 앞당겨 완성하게 된다. 초고속정보통신망의 완성을 선언하게 된 2002년 6월말 현재, 초고속인터넷 가입자는 2,565만 명으로 전체 인구대비 절반에 해당하게 되고, 가입 가구수는 921만 개로 전체 가구수의 64%에 이른다. 영국 0.8%, 일본 6.3%, 미국 13.1%수준에 비해 압도적 초격차라고 할 수 있다. 불과 10년만에, 초고속정보통신 인프라가 전 세계에서 가장 앞선 정보통신 강국으로 거듭나게 되었다.[3]

군부독재에서 자행되던 사전검열, 판매 금지, 감시와 연행, 블랙리스트 딱지는 6월항쟁의 열기 속에 녹아 내리고, 창작과 표현의 자유는 콘텐츠 탄생의 토양이 되었다. 게임CD, 음반, 영상DVD를 구매하기 위해 넘쳐났던 용산 전자상가의 인파는 한가해지고, 초고속 인터넷을 통해 콘텐츠를 이용하게 되었다. 콘텐츠에 대한 소비자 반응은 빛의 속도로 확산되고, 수요가 늘어나니 투자와 콘텐츠개발로 이어져 콘텐츠 산업이 비약적으로 뛰어 오를 수 있는 계기가 되었다. 민주화와 정보혁명, 디지털 혁명은 K콘텐츠 탄생의 필요충분조건이다. 정보통신 강국으로 거듭남으로써 K콘텐츠는 초고속망을 타고 단숨에 전 세계로 뻗어 나갈 수 있었다. 돌아보니, 잘 짜여진 각본대로 움직인 한편의 드라마 같지만, 극적이고도 기적과 같은 전개가 아닐 수 없다.

---

[2] '초고속정보통신기반구축종합계획안', 초고속정보통신망구축기획단 작성, 1994년 11월.

[3] http://www.itdaily.kr/news/articleView.html?idxno=209811 참조

⑤ 만리장성을 넘어, 세계로 미래로

K콘텐츠는 탄생과 함께 단숨에 만리장성을 넘어 갔다. 중국은 그것을 한류라고 불렀다. K콘텐츠의 해외 수출 물꼬를 튼 것은 중국이다. 중국진출이 우리나라가 문화강국, 콘텐츠 강국으로 우뚝 서게 된 출발점이 된 것은 누구도 부인하기 힘든 사실이다.[4]

콘텐츠백서에 따르면 2021년 기준, 콘텐츠 수출액 124억 달러 가운데서 중국 수출액은 39.9%로 압도적 1위에 해당한다. 14억의 인구, 지정학적위치, 수출비중, 우리 문화에 대한 인식과 수용 여건, 세계로 확산되는 디딤돌 역할을 고려할 때, 한중 양국의 콘텐츠 교류협력은 어떤 악조건에서도 계속되어야 한다.

2015년 사드 미사일배치 이후, 중국은 K콘텐츠의 신규 서비스를 허용하지 않고 있다. K콘텐츠 탄생 초창기에도, 한류공연이 몇 년간 중단되는 어려움이 있었지만 다양한 채널을 가동하고 방법을 모색하여 해결한 적도 있다. 중국과의 콘텐츠 교류가 재개되고, 지구촌의 모든 지역과 나라의 세계인들과 K콘텐츠를 공유하고 교류할 수 있기를 기대한다.

K콘텐츠의 미래로 향한 길에는 북한과의 교류협력도 중차대한 과제가 아닐 수 없다. 2000년 남북정상회담의 후속조치로 남북간에 콘텐츠협력을 위한 논의가 진행된 바가 있다. 첨단 콘텐츠 제작시설을 남북이 공동구축하여, 콘텐츠 개발을 추진하자는 취지였는데, 남북 관계 경색으로 곧바로 중단되었다. 이 역시도 수많은 난제가 도사리고 있지만, K콘텐츠 탄생의 한 장면이라는 것을 기억하고 언젠가는 복원해야 한다고 생각한다.

K콘텐츠는 오랜 세월 축적된 우리 역사와 전통문화자원의 또다른 표현이다. 문헌에 기록된 한 줄의 텍스트가 참신한 스토리로 변모하였고, 신화와 전설, 우리 강산에 흩어져 있는 이름도 모르는 길가 돌멩이의 사연이 게임이 되고, 영화가 되었다. 이 모든 소재들은 창조의 핵이 형성되는 원천이 되고, 실패와 좌절에도 굴복하지 않는 불굴의 도전 정신을 이루며, 창작 의지와 융합하여 비로소 K콘텐츠로 거듭나게 된 것이다.

혁명이 시작된다.

우리의 과제는 과학(Science)의 힘을 이용하여, 자연과 인간이 하나가 되는 고조선시대의 혼원론(混元論)적 세계로 되돌아 가는 것이다. - 도올TV 동경대전 62강[5]

---

4 '한류 맥 짚기'(21~22p), 정종은 지음, 진인진출판사' 2022년12월,

5 https://www.youtube.com/watch?v=M-4s_Wr3OG4&t=253s 참조

K콘텐츠는 인공지능시대를 통해서, 세상을 바꾸는 새로운 혁명을 시작하게 된다.

인공지능이 업무와 일상생활의 특급 도우미가 되는 시대가 눈 앞에 펼쳐지고 있다. 원하는 정보와 지식, 스토리와 영상, 심지어는 프로그램 코딩마저 제공해준다. 공상과학이 아니고, 현실의 상황이다. 제조, 물류, 금융 서비스 등 경제생산의 모든 분야로 인공지능이 확산되고 있다. 무인공장에서 로봇이 스위치를 키고 시스템을 가동, 물건을 제조한다. 지능형 플랫폼은 주문을 받아 자율주행차량을 이용, 고객에게 물건을 배달하게 된다.

우리 앞에 불쑥 나타난 인공지능은 인간의 상상과 예측을 뛰어 넘는 과학기술 혁명의 파고를 예고하고 있다. 인공지능은 궁극적 기술혁명으로서 사회 모든 분야에 포괄적이고 전면적이며 근본적인 변화를 가져올 것으로 전망되고 있다.

K콘텐츠는 문화(예술)와 기술의 양면성을 지니고 있는데, 인공지능이 기술의 핵심 축을 담당하게 된다. K콘텐츠는 인공지능으로 표현되며, 인공지능을 매개로 문화 경제적 기능을 동시에 수행하게 된다. 인공지능 혁명이 K콘텐츠 혁명이고, 동시에 K콘텐츠 혁명이 인공지능 혁명이라고 할 수 있다. 인공지능의 작동원리로 한걸음 더 들어가보자.

① **인공지능, 세상의 작동원리를 바꾼다.**

인공지능기반 경제란 인공지능 기술의 부분적이고 제한적인 실용화를 뛰어 넘어 전면적이고 포괄적으로 적용되는 경제를 말한다. 인공지능기반 경제가 현실화되고 있다. 경제 혁신과 부가가치 향상의 기준이 노동의 분업화, 전문화에서 인공지능의 성능수준, 인공지능에 의한 노동의 고도화 혹은 노동 대체 수준으로 급격하게 바뀌고 있다. 인공지능이 생산성 증가와 경제혁신의 새로운 바로미터가 된다. 새로운 경제원리가 작동하게 된다.

콘텐츠화는 인공지능기반 경제의 첫번째 작동원리이다. 인공지능은 빅데이터를 활용하여 학습되며 성능이 고도화된다. 빅데이터는 정형, 비정형, 혹은 실시간, 비실시간으로 생성 되는 방대한 데이터를 포괄한다. 일상에서 생성되는 문자 메시지, 사진, 이미지, 사운드, 영상은 물론이고 신체 활동정보, 심리상태 등 디지털 형식으로 표현되는 모든 콘텐츠는 빅데이터에 포함될 수 있다. 콘텐츠는 인간의 상상력이나 아이디어를 표현하는 창작물이면서 동시에 소프트웨어, 빅데이터의 의미를 더하여 인공지능의 자기학습을 위한 필수요소가 된다.

인공지능시대의 콘텐츠는 빅데이터와 창작물이라는 양면성을 갖게 된다. 인공지능이 보편적이고 포괄적으로 적용되기 전에는 콘텐츠 산업이라는 제한된 영역을 통해 일자리와 고용창출과 같은 부가가치 생산과 경제 혁신에 기여하여 왔다. 인공지능시대의 콘텐츠는 인공지능을 학습하고 고도화하는 데에 필수적인 빅데이터로서 경제혁신과 부가가치 창출을 위한 전면적이고 포괄적인 기능을 하게 된다. 원래부터 수행하여 오던 문화적 역할과 병행하여 동시에, 전면적이고 포괄적인 수준에서 경제적 역할도 수행하게 된다.

콘텐츠는 인공지능기반 경제에서 질적, 양적으로 새로운 국면에 도달하게 된다. 콘텐츠가 기업들의 새로운 성장엔진으로 작동함에 따라, 경제시스템과 생산방식도 콘텐츠 생성을 중심으로 근본적인 변화를 가져오게 된다. 사회문화 전반적인 영역에서도 콘텐츠의 위상과 역할이 중심적인 위치로 부상하게 되며, 특히 미래를 준비하는 교육 내용과 과정도 창의성, 문제해결 역량, 콘텐츠 실무역량을 중심으로 재편된다.

'**가상화**'는 인공지능기반 경제의 두번째 작동원리이다. 가상화는 현실세계와 가상세계가 중첩되어 작동하는 것을 의미한다. 현실과 가상이, 사물의 형식과 내용, 동전의 양면처럼 떼어낼 수 없는 구조를 의미한다. 인공지능은 가상세계를 통해 현실세계와 상호작용한다. 인공지능기반 경제는 인공지능을 매개로 방대하고 다양한 생산요소들이 유기적이고 통합적으로 운영된다. 가상화를 통해서 시간과 장소의 제약이 없이 실시간 연결이 가능하며, 방대한 데이터가 실시간으로 수집되고 분석되어 필요한 생산체계에 공유된다. 가상화는 인공지능의 시스템과 프로세스를 포괄적으로 뒷받침한다고 볼 수 있다.

메타버스는 가상화의 최종 단계이다. 메타버스는 인공지능과 사용자가 매끄럽고 서로 연결된 환경에서 상호작용할 수 있는 완전히 몰입되는 가상세계이다. 가상세계의 모든 구현요소와 가상현실이나 증강현실과 같은 구현 기술들이 통합된다. 현실세계와 가상세계는 중첩되며, 서로 연결되고 확장된다. 인공지능기반 경제도 확장되어 간다.

콘텐츠화와 가상화에 이은 인공지능의 세번째 작동원리는, 로봇이나 인공지능 알고리즘으로 대표되는 **자동화**이다. 부분적이고 제한적으로 적용되던 자동화는 인공지능기반 경제에서 광범위하게 확산되고 적용된다. 산업혁명 이후로 발전되어 온 경제시스템과 생산 프로세스, 보편적으로 인정되었던 사람들의 삶과 생활방식, 심지어는 소소한 희망과 행복에도 근본적인 변화가 불가피하게 한다.

알다시피 자동화란 기업과 공장에서 사람이 하던 일을 기계가 대체한다는 것을 의미한다. 어느 순간, 학업을 마치고 취업일선에 나선 젊은이들을 채용하겠다는 기업이 단 한군데도 없다는 것을 상상해 보자. 직장인이 되어 경제적으로 자립을 하고, 결혼하여 가정을 꾸리고, 열심히 저축하여 집을 장만하고, 금융자산도 형성하여 넉넉한 노후와 자녀교육에 투자하는 것은 모든 사람들의 소박한 꿈이다. 꿈의 출발선, 기본적인 대전제가 무너지는 것이다.

자동화를 통한 창조적 파괴와 혁신은 총체적으로 진행된다. 오래된 경제시스템과 프로세스는 녹아 내리고 인공지능의 적용은 가속화된다. 현장 노동은 반복적이고 숙련된 노동과 그에 기반한 분업구조에서 기획, 디자인, 설계, 개발, 발명 등으로 전화된다. 인공지능을 매개로 하는 소통방식과 작업시스템이 보편화된다. 콘텐츠가 핵심적인 역할을 하게 된다.

② K콘텐츠 주역, 크리에이터의 시대가 온다.

크리에이터란 일인 혹은 소수의 자율적인 콘텐츠 개발자, 제작자이며 비즈니스를 통한 경제활동을 병행한다. 스트리머, 1인 미디어, 웹툰 작가, 웹 소설가, 디자이너, 메이커, 일러스터, 애니메이터, 인스트럭터, 플래너, 스타일리스트, 프로그래머, 엔지니어, 포토그래퍼 등 다양한 직업과 직무로 확산되고 있다. 업종이나 장르적으로도 건축, 관광, 광고, 게임, 디자인, 만화, 미술, 문학, 무용, 방송, 소프트웨어, 영화, 영상, 음악, 음식, 사진, 애니메이션, 에듀테인먼트, 전시, 조경, 카페, 캐릭터, 테마파크, 패션, 카페, 패션, 전시, 체험, 힐링, 운동, 요가 등 셀 수 없이 많은 분야에서 활동하고 있다.

인터넷과 디지털기술의 발전 속에서 크리에이터는 부분적 제한적으로 확대되었다. 대부분의 크리에이터 처지는 매우 열악하고, 생계를 해결하며 꿈을 포기하지 않기 위해 고군분투하는 존재였다. 인공지능기반 경제와 함께 크리에이터는 사회의 모든 영역으로 확대되며, 중심적인 위상과 역할로 부상한다. 가상세계와 현실세계의 활동을 병행함과 동시에, 빅데이터와 콘텐츠 생성을 통하여 부가가치와 지적재산을 창출한다. 크리에이터는 고용과 피고용, 물리적 재화의 거래를 위주로 하는 기존의 경제활동을 지적재산, 저작권 기반의 상품 및 서비스를 거래하는 크리에이터 비즈니스로 재편한다.

인공지능과 콘텐츠는 우리 앞에 놓여 있는 험난한 능선과 깎아 지른 암벽을 타고 넘어가야 할 두 개의 든든한 지팡이와 같다. 인공지능과 콘텐츠를 양손에 굳게 움켜지고 모든 난관을 헤쳐 나가 드디어 크리에이터 시대에 도달하게 된다. 인공지능과 콘텐츠는 과학기술과 예술, 경제와 문화라는 양면성의 최종적 현현(顯現)이라고 할 수 있다. 역사의 시작과 동시에 분리되어 발전하여 온 양면성은 최종적 국면에서 불가분리의 융합을 통해 폭발적인 힘을 발휘하게 된다. 그 폭발적 에너지를 통해 누구나 크리에이터로 거듭나게 된다.

③ 무한한 성장엔진, K콘텐츠 메타버스

메타버스는 실재세계가 아닌 우리가 살고 있는 실재세계의 너머에 있는 또 하나의 세계이다.

영화나 소설과 같은 픽션을 넘어 메타버스 개념을 활용한 다양한 도전과 실험들이 현재에도 활발하게 진행 중에 있다. 실험과 도전은 크게 두가지 축으로 진행되고 있다. 메타버스라는 가상세계 내에서의 다양한 실험과 도전, 그리고 메타버스와 현실세계의 연결과 확장이라는 축이다. 메타버스는 상호작용성, 무한확장성을 통해서 실물 경제가 부딪히는 제약과 한계를 넘어설 수 있는 초월적인 성장엔진으로 작용한다.

메타버스는 실제 세계의 물리적 환경과 조건에 구속되지 않으므로 유연하고 창의적인 실험이 가능하다. 메타버스는 그 자체가 크리에이터 비즈니스 가상공간이다. 거기에다가 인공지능기반 경제의 작동원리를 적용한다면, 새로운 제도를 실험하는 가상실험실 역할을 할 수 있다. 인공지능기반 경제와 크리에이터 시대의 비전은 그 특성과 시스템의 작동원리가 이전 사회와 판이하게 다른 성격이 있기 때문에 현실세계의 도전에는 적지 않은 어려움과 위험이 있을 수 있다. 테스트베드를 메타버스에 구축하는 것은 창의성, 역동성을 발휘하여 미래사회의 가능성을 탐색할 수 있고, 시행착오의 위험부담과 실험비용을 최소화 할 수 있다.

메타버스와 현실 세계는 서로 연결되어 융합함으로써 완결된다. 메타버스의 사용자들은 가상공간에 매우 정교하게 반영된 현실세계를 통해서 실재의 현실 세계와 연결되어 활동할 수 있으며, 현실 세계의 경제주체들은 메타버스를 통해 다른 경제주체들과 의사 소통하고 협력할 수 있다. 물리적 제약을 갖는 현실세계를 무한하게 확장하는 가상세계가 뒷받침함으로써 성장한계를 뛰어 넘을 수 있는 것이다.

④ 국정비전과 전략, 대한민국의 미래

'정치, 경제, 군사적 대결을 축으로 하는 미국과 중국의 패권경쟁은 21세기가 종료될 때까지, 세계를 전쟁 위험과 양극화, 기후환경 재앙의 굴레에서 벗어나기 힘들게 할 것이라는 우울한 전망을 낳게 한다. 반면에, 남은 세기동안 미중, G2 패권국가를 견제하면서 새로운 경로를 모색하는 것이 C2비전이다. C2의 핵심 키워드는 정체성과 자율성, (대결과 갈등이 아닌) 협력과 상생이 빚어내는 문화적 어우러짐이다.'

강대국의 패권경쟁의 대척점에 있는 우리나라의 처지는 풍전등화와 같다. 모두의 파멸로 이어질 수 있는 핵 전쟁의 소용돌이가 한반도를 휘감고 있다. 불평등과 불공정이 계층과 세대를 넘어 확대 재생산되고 있다. 경제는 수축되고, 시스템은 작동되지 않는다. 타협과 양보가 없는 기득권 다툼이 무한 반복되고 있다. 각자의 삶을 유지하기 위한 무한경쟁에 내몰리고, 이념과 가치의 충돌, 만인 대 만인의 투쟁이 가득한 사회에는 양심과 도덕, 사회정의의 기준이 사라진다. 희망이 없는 사회에는 좌절과 극단적 행동이 넘쳐나게 되고, 절망과 분노가 가득하게 된다. 천지분간이 안 되는 추락과 전진의 벼랑 끝에 서 있는 것이다.

식어가는 성장엔진에 새로운 활력을 불어 넣고, 불평등과 불공정이라는 악순환의 고리를 끊어 버리고 절망을 희망으로 바꿀 방안은 무엇일까. 패권경쟁을 지양하는 C2, 더 크고 강한 문화강국을 구현할 비전은 어떻게 실현될 수 있을까. 국가부도의 폐허에서 탄생한 K콘텐츠가 국가부도를 극복하는 원동력이 되었던 것처럼, 인공지능시대의 K콘텐츠가 사회 대전환의 기폭제가 될 수 있다.

인공지능과 K콘텐츠 혁명은 사회모순을 일소하고, 대도약을 위한 중대한 계기가 될 것이다. 국정기조를 쇄신하는 것이 첫걸음이 된다. 방대한 인력과 사업이 운영되는 국가 시스템은 수많은 사업과 예산, 정책과 제도를 통해서 모두의 삶에 심대한 영향을 미친다. 올해 정부예산이 국민총생산의 3분의1에 해당하는 657조에 달한다. 정책방향에 따라 불평등이 심화되기도 하고, 하류국가로 전락하기도 하며, 국민의 생명과 안전이 위협받기도 한다. K콘텐츠 전략에 입각한 혁신적인 정책과 사업을 통해서 새로운 시대가 시작됨을 알리고, 미래 비전을 구체화해 나가야 한다.

차례

추천의 글 ·· 3

프롤로그 ·· 7

제1부 인공지능, 세상의 작동원리를 바꾸다. ····················· 23

제1장 경제활동의 새로운 작동원리 ·· 24
1. 콘텐츠화_콘텐츠의 양면성, 동시성이 고도로 발휘된다. ············ 26
2. 가상화_현실세계와 가상세계가 중첩되어 작동한다. ················· 31
3. 자동화_창조적 파괴를 통해 생산시스템을 재구조화한다. ········ 35

제2장 개인과 국가의 명운을 뒤바꿀 게임체인저 ························ 40
1. 챗GPT, 인공지능 확산의 뇌관이 되다. ·· 42
2. 경제활동과 사회발전의 최고 관심사, 혁신(革新) ······················· 48
3. 혁신, 종말에 직면하다. ·· 53

제3장 변하지 않는 기업은 생존할 수 없다. ·································· 60
1. 태풍의 눈 안에 들어간 제조대기업 ·· 62
2. 생사의 기로에 선 플랫폼기업 ·· 73
3. 콘텐츠기업, 새롭게 날아 오르다. ·· 78

제2부 K콘텐츠의 주역, 크리에이터의 시대가 온다. ········ 83

제4장 크리에이터의 시대를 준비하자. ·· 84
1. 크리에이터는 어떻게 진화해 왔을까? ··· 86
2. 교육에서부터 시작하자. ·· 92
3. 크리에이터 지망생이 서식할 수 있는 환경 ······························· 97

제5장　크리에이터 비즈니스가 임계점을 넘어 폭발하고 있다. ············ 102
　　1. 크리에이터 비즈니스란? ··· 104
　　2. 비즈니스 플레이어들이 새롭게 바뀌고 있다. ································ 109
　　3. 사회의 모든 분야와 영역으로 확산하는 크리에이터 비즈니스 ···· 114

제6장　크리에이터 비즈니스의 메커니즘 ··· 118
　　1. 콘텐츠(빅데이터)의 생성과 배포, 보상시스템을 이해하자. ·········· 120
　　2. 보상방안으로는 보편적 기본소득이나 국민배당을 활용하자. ····· 124
　　3. 개인의 지적재산을 관리하는 '전국민지식재산금고'를 제안한다. · 127

제3부　무한한 성장엔진, K콘텐츠 메타버스 ··· 135

제7장　메타버스란 무엇인가? ·· 136
　　1. 역사적, 어원적으로 살펴본 메타버스의 의미 ······························· 137
　　2. 여러 연구자들이 주장하는 메타버스의 특성과 구성요소 ············ 140
　　3. 메타버스의 실제 운영사례들 ·· 155

제8장　크리에이터라면 누구나 참여할 수 있는 메타버스 만들기 ······ 162
　　1. 실험적이고 도전적인 가상공간의 무한한 활동무대 ····················· 164
　　2. 공정하고 투명한 운영기준 ·· 170
　　3. 크리에이터에게 필요한 기능과 개발 ··· 175

제9장　신(新)개념의 성장거점, 메타버스 경제특구를 조성하자. ········ 186
　　1. 메타버스 경제는 실물경제와 가상경제가 융합된 경제이다. ······· 188
　　2. 메타버스 경제의 핵심기술, '디지털 트윈'이란? ···························· 192
　　3. 메타버스 경제특구(MSEZ)를 조성하자. ··· 196

제4부　K콘텐츠 비전과 전략, 그리고 대한민국의 미래 ······················· 201

제10장　대전환의 전략과 방향 ··· 202
　　1. 위기의 대한민국과 대전환 ·· 204
　　2. K콘텐츠 비전과 추진방향 ··· 208
　　3. 정책추진의 프레임워크(체계) 전환 ··· 213

제11장 선도적(Flagship)인 정책과 사업 ··· 216
  1. 누구나 크리에이터가 될 수 있는 사회 ··· 218
  2. 지역, 크리에이터 비즈니스의 새로운 주체 ··································· 225
  3. K콘텐츠, 대전환 플랜 ·· 231
  4. C2, 더 크고 강한 K콘텐츠 강국, 크리에이터 시대의 비전············ 247

제12장 중장기과제(미래정부) ·· 254
  1. 미래로 나아가기 위한 선결조건 ·· 256
  2. 메타정부, 정부 쇄신의 방향 ·· 263
  3. 새로운 국가, 미래 비전·· 269

에필로그··· 275

1부

인공지능,
세상의 작동원리를 바꾼다.

제1장 경제활동의 새로운 작동원리

요약

인공지능기반 경제란 인공지능이 경제와 사회 활동에 전면적이고 포괄적으로 적용되는 경제시스템이다. 경제적 부가가치를 창출하는 핵심요인과 시스템도 새롭게 세팅된다. 기존의 경제시스템이나 작동원리에 비추어 보았을 때, 인공지능기반 경제의 가장 특징적인 요인은 콘텐츠화, 가상화, 자동화로 요약할 수 있다.

인공지능기반 경제는 창의력, 상상력, 의사결정 능력과 같은 지적, 감성적 역량이 부가가치 창출의 핵심역량이 되며, 사회의 무게중심이 크리에이터 시대로 전면적이고 포괄적으로 이동한다. 육체적 노동력이나 노동의 숙련도에 의존하던 이전의 경제시스템과는 근본적 차이가 있다. 콘텐츠화, 가상화, 자동화를 표출하는 새로운 키워드들이 인공지능 시대의 중심적인 트렌드로 자리잡게 되며, 시대의 감성과 소통을 상징한다.

콘텐츠화란 콘텐츠의 동시성, 양면성이 고도로 발휘되는 것을 말한다. 콘텐츠는 가치의 측면에서 빅데이터이면서 동시에 창작물이다. 콘텐츠는 존재적 측면에서 문화(예술)와 기술(인공지능)이 혼합·융합되어 동시에 발현되며, 라이프 로그(데이터)에서 고품질의 콘텐츠까지 방대하게 생성되고 활용된다. 콘텐츠는 경제적 가치와 문화적 가치, 공공적 가치와 시장적 가치를 동시에 생성하며, 인공지능 시대의 핵심적 기능과 역할을 수행한다.

가상화란 사람과 사물, 경제시스템과 사회의 연결과 커뮤니케이션이 가상공간을 통한다는 뜻이다. 시간적, 물리적 제약이 없는 몰입형 상호작용과 메타버스와 같은 가상세계에 의해서 뒷받침된다. 가상화는 실재세계와 연결되고, 무한히 확장, 연속적인 혁신을 가능하게 한다.

자동화란 기존의 생산시스템을 창조적으로 파괴하고, 직업과 직무의 대변동을 가져온다. 단순 반복노동은 인공지능으로 대체되고, 직무는 창의력, 사고력 중심으로 재편된다. 산업 구조의 대변동이 고용불안이나 새로운 불평등을 확대 재생산하는 것이 아니고, 공정과 상생의 길로 나아갈 수 있도록 해야 한다.

인공지능기반 경제의 작동원리

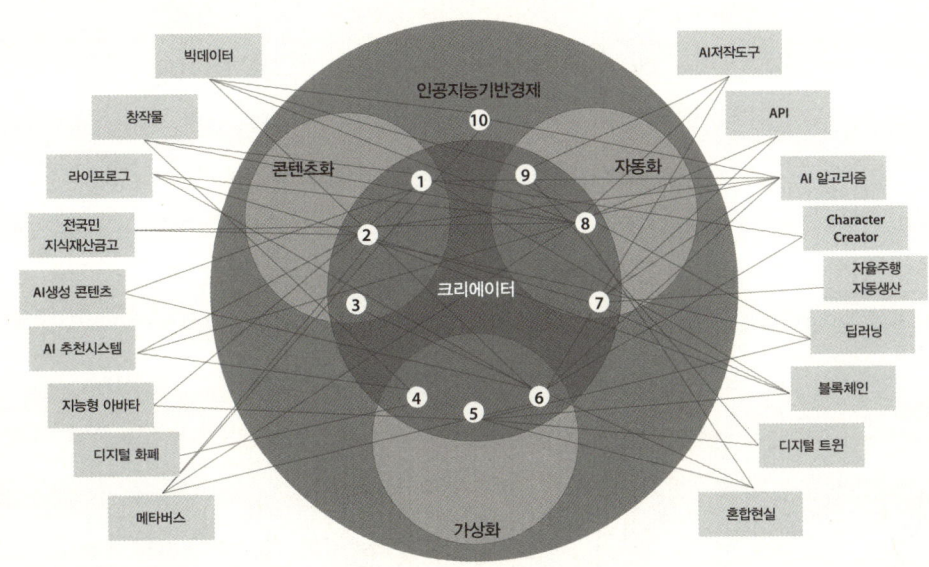

특징 구분		번호	주요내용	
인공지능 기반경제	콘텐츠화	①	'빅데이터'와 '창작물'이라는 양면성이 고도로 발휘됨.	크리에이터 시대
		②	경제적 가치와 문화적 가치를 포괄, 전면적으로 형성	
		③	인공지능기술과 융합, 폭증하는 콘텐츠 수요에 대응	
	가상화	④	사람과 사물 혹은 경제시스템과 인공지능을 연결	
		⑤	시간적, 물리적 제약이 없는 몰입형 상호작용, 커뮤니케이션	
		⑥	독자적 가상세계, 가상경제를 형성, 무한확장(메타버스)	
	자동화	⑦	직업과 직무의 대변동, 단순반복노동 → 창의력, 사고력 중심	
		⑧	고용관계(노동자)<<(지식재산)계약관계(크리에이터)	
		⑨	창조적 파괴의 양면성(초월적인 혁신vs 부의 집중, 양극화)	
	-	⑩	인공지능기술의 실용화가 전면적, 포괄적으로 진행	

1 콘텐츠화_콘텐츠의 양면성, 동시성이 고도로 발휘된다.

빅데이터를 포함하면서, 빅데이터보다 훨씬 포괄적인 콘텐츠는 인공지능시대의 첫번째 작동원리가 된다. 콘텐츠는 기계가 다른 생물과도 차별화되는 인간 만의 활동이라는 측면에서 더욱 그렇다. 인공지능 시대의 콘텐츠는 인공지능 알고리즘, 빅데이터, 빅데이터에서 도출할 수 있는 맥락이나 통찰까지도 포함하게 된다. 콘텐츠는 인간의 사상과 감정을 표현한 창작물이라는 인공지능이 대체할 수 없는 본원적이며 고유한 영역이면서, 동시에 빅데이터나 알고리즘과 같은 인공지능 그 자체를 포괄함으로써 인공지능시대의 첫번째 작동원리가 된다.

인공지능 시스템은 빅데이터를 수집, 저장하고, 이를 분석, 판단하여 의사결정을 내린다. 경제시스템이나 생산방식에 영향을 미치고, 정치, 교육, 문화, 복지 등 사회 전분야로 응용 범위가 확산된다. 인공지능은 스스로의 심화학습(딥러닝)을 통해서, 인간의 활동이 어떻게 변환되고 최적화될 수 있는지 까지 제안할 수 있다. 콘텐츠는 빅데이터적 측면과 심미적, 감성적 요소까지 모두 포함함으로써, 인공지능이 넘어설 수 없는 차별화된 위상을 갖게 된다.

콘텐츠란 원래 게임, 방송, 영화, 음악, 애니메이션과 같은 문화산업이 인터넷과 디지털 기술의 영향을 받아 콘텐츠로 표현되었다. 콘텐츠는 인터넷을 통해 생성, 배포, 소비되는 디지털미디어도 포함하게 되어, 디지털기술에 최적화된 웹툰, 웹소설과 같은 디지털 콘텐츠나 가상현실과 같은 융복합형 콘텐츠 등 디지털 미디어의 특징을 갖게 된다.

인공지능 기술의 발전과 병행하여 새로운 유형의 콘텐츠와 서비스도 끊임없이 확산된다. 나아가서, 사진, 영상, 이미지, 정보, 데이터 등 인터넷 상에서 생성되고 유통되는 모든 것을 포괄하는 개념으로 일반화될 것이다.

콘텐츠는 재미와 감동, 정서적 향유라는 문화적 측면과 새로운 부가가치와 일자리 창출과 같은 경제적 활동에 동시에 기여한다. 인공지능은 콘텐츠의 성장과 영향력을 더욱 가속화 한다. 인공지능의 등장으로 콘텐츠의 역할과 의미는 더욱 확대된다. 부가가치와 일자리 창출, 문화체험의 기회를 제공하는 콘텐츠의 위상과 중요성은 더욱 높아진다.

우리나라 콘텐츠산업은 '한류', 'K콘텐츠'로 해외에 널리 알려져 있다. K-Pop, 게임, 드라마, 영화, 웹툰 등 K콘텐츠는 전 세계인들이 사랑과 관심을 나타내는 하나의 문화 현상이 되었다. K콘텐츠는 우리 국민의 자부심이자 정체성의 원천이 되었으며, 우리 문화와 가치를 세계에 알리는 메신저 역할을 한다.

인공지능시대의 콘텐츠는 '빅데이터'와 '창작물'이라는 양면성을 갖게 된다. 인공지능을 응용하고, 고도화하기 위해서는 대규모 데이터, 빅데이터가 필수적이다. 콘텐츠는 생성과 동시에 빅데이터로서 인공지능의 자기학습을 위한 필수요소가 된다. 콘텐츠의 경제적 역할과 사회 문화적 역할이 확대되고, 사회적 위상도 병행해서 강화된다.

콘텐츠는 콘텐츠산업이라는 제한된 영역을 넘어, 전면적이고 포괄적으로 경제를 견인하고 부가가치를 창출하는 중요한 요소가 되었다. 콘텐츠의 다양한 표현 기술과 방법은 교육, 국방, 의료, 복지 등 사회의 전 분야에서 필수적으로 활용되게 된다. 콘텐츠는 '빅데이터'와 '창작물'이라는 성격을 유감없이 발휘하게 된다. 인공지능의 확산이 현재 진행형으로 전개되고 있는 현 시점에서 경제적 측면에서 사회 문화적 측면에 이르기까지 콘텐츠의 범위와 적용도 병행해서 확산되고 있다.

자율주행 서비스는 서비스가 진행되는 동안, 대규모의 사용자 활동 데이터를 생성한다. 차량 안에서 운전대신 사용자가 하는 활동, 시간대별 선호도, 자율주행의 상세정보, 외부 환경 등의 사용자 활동 데이터가 생성된다. 이를 기반으로 알고리즘을 개발하여, 사용자에게 최적화된 맞춤형 서비스를 제공한다. 자율주행 서비스의 만족도는 증가하며, 경제적 부가가치와 생산성 향상으로 이어진다. 자율주행 서비스 이용자에게는 선호도와 취향에 맞는 다양한 콘텐츠들이 추천될 수 있다. 이용자와 콘텐츠 크리에이터는 실시간으로 상호작용한다. 이동공간에서 새로운 라이프 스타일, 이전에는 경험할 수 없었던 문화 체험과 자극이 형성된다.

콘텐츠는 인공지능 시스템의 발전과 향상을 위한 중요한 요소이자 인간의 생각과 감성을 표현한 창의적인 결과물이다. 방대한 양의 데이터(빅데이터)를 생성하고 처리하는 기능을 통해 인공지능(AI)시스템은 스스로 학습하고 개선할 수 있으며, 콘텐츠 생성은 인공지능 시스템에 필요한 데이터 입력을 제공한다. 빅데이터와 콘텐츠 생성 간의 상호작용은 서로 밀접하게 얽혀 있고 상호 의존적으로 진행된다.

빅데이터와 콘텐츠 생성의 결합은 경제활동에 지대한 영향을 미치고 있다. 콘텐츠 기업은 빅데이터를 사용하여 콘텐츠 개발 투자를 최적화할 수 있다. 소비자 선호도와 시장 동향을 분석하여 성공 가능성이 가장 높은 콘텐츠 유형을 식별하고 식별된 정보를 사용하여 콘텐츠 개발 전략을 수립한다. 이는 보다 창의적이고 소비자에게 재미와 감동을 줄 수 있는 콘텐츠 제작으로 이어져 수익 증가와 경제 성장으로 이어진다.

콘텐츠 제작은 인공지능의 확산으로 새로운 국면에 도달하게 된다. 새롭고 혁신적인 콘텐츠의 생산은 수요를 주도하고 경제성장을 위한 새로운 기회를 창출한다. 기계학습, 자연어 처리와 같은 인공지능 기술을 활용하여 고품질 콘텐츠를 어느 때보다 수월하게 제작할 수 있다. 이는 새로운 형태의 콘텐츠와 비즈니스 모델이 출현하는 계기가 된다.

빅데이터는 콘텐츠를 제작하고 유통하는 과정에서 생성되고 수집되는 대량의 데이터를 의미한다. 이 데이터를 분석하여 소비자 선호도, 시장 동향, 정보에 입각한 비즈니스 결정을 내리는 데 통찰을 얻을 수 있다. 효율성과 경쟁력을 향상시키기 위한 빅데이터의 수집, 분석은 비즈니스의 출발점이 된다. 가상 개인비서를 만드는 회사는 가상 개인비서와 사용자의 상호작용 데이터를 사용하여 성능을 개선하고 사용자의 요구에 적응할 수 있다. 이러한 방식으로 콘텐츠는 비즈니스에서 인공지능(AI)의 발전과 자가 학습을 위한 귀중한 데이터 소스 역할을 할 수 있다.

콘텐츠는 인공지능의 고도화와 자가학습을 위한 빅데이터로 활용된다. 대량의 데이터를 처리하고 분석하는 능력은 인공지능의 성능향상, 고도화의 핵심요소이다. 텍스트, 이미지, 비디오, 영상, 디지털 데이터의 형태로 제공될 수 있는 콘텐츠는 인공지능(AI) 시스템의 자가학습을 위한 데이터 소스 역할을 수행한다.

챗GPT, Mid Journey, DALL.E와 같은 여러가지 유형의 인공지능 서비스가 앞다투어 소개되고 있다. Mid-Journey는 딥 러닝기술을 사용하여 이미지를 인식하고 이해하는 컴퓨터 비전 시스템이다. 대규모 이미지 데이터 세트에 의해 자기학습을 수행한다. 높은 정확도로 이미지 개체, 장면, 활동을 식별하며, 사용자의 요구에 따른 이미지를 생성한다. DALL.E는 자연어 명령에 따라 이미지를 생성할 수 있는 시스템이다. 주어진 설명과 일치하는 이미지를 생성하는 방법을 학습하기 위해 대규모 이미지 데이터 세트가 사용한다.

이미지와 음성, 텍스트 형식의 콘텐츠가 인공지능을 훈련하고, 인공지능의 성능을 개선하기 위한 빅데이터로 사용되는 것을 알 수 있다. 빅데이터로 활용되는 대규모의 콘텐츠 세트(set)가 없다면, 인공지능에게 이미지와 음성, 텍스트를 이해하고 생성하는 능력을 학습하고 향상시킬 수 없게 된다.

성능이 고도화된 인공지능 시스템은 콘텐츠의 기획, 제작 혹은 서비스를 위한 저작도구로 활용된다. 이미지 생성이나 스토리 구성과 소재개발, 사운드 제작이나 영상과 애니메이션 등 콘텐츠 창제작의 모든 분야에서 인공지능 저작도구의 활용이 확산된다. 새로운 시도와 기획이 확대되고, 비용과 시간을 절약하며, 고품질의 콘텐츠를 개발할 수 있고, 폭발적인 콘텐츠 수요에 효과적으로 대응할 수 있게 된다.

자율주행차량을 제작하는 회사는 인공지능(AI) 시스템을 훈련시키기 위해 교통 패턴, 도로 상태, 여러 주행환경 요인에 대한 많은 양의 데이터가 필요하다. 자동차가 운전되는 동안 지속적으로 정보를 기록하고 수집하는 카메라와 센서를 자동차에 장착하여 데이터를 수집할 수 있

콘텐츠 창제작단계에 활용가능한 인공지능 저작도구

창제작단계 구분	명칭	사이트(유료/무료/병행)
기획	ChatGPT	https://chat.openai.com/(병행)
기획	Bard	https://bard.google.com/(무)
기획	Ms Bing	https://www.bing.com(무)
그래픽	Mid Journey	https://docs.midjourney.com/v1/en(유)
그래픽	Dalle.E	https://openai.com/dall-e-2(유)
그래픽	Stable diffusion	https://stablediffusionweb.com/(유)
그래픽	Novel AI	https://novelai.net/image(유)
프로그래밍	Github Copilot	https://github.com/features/copilot(유)
프로그래밍	Rider	https://www.jetbrains.com/rider/(유)

다. 그런 다음 이 데이터를 사용하여 인공지능(AI)시스템이 더 나은 결정을 내리고 성능을 개선하도록 훈련한다.

자율주행(오토파일럿, Autopilot)시스템은 카메라나 레이더, 초음파 센서나 GPS(위치확인시스템)의 조합을 사용하여 차량 주변에 대한 데이터를 수집한다. 이 데이터는 인공 지능(AI) 알고리즘에 의해 처리되어 자동차가 환경에 어떻게 반응해야 하는지를 결정한다. 자율주행 시스템이 경로에서 다른 차량을 감지하면 충돌을 피하기 위해 자동으로 속도를 줄이거나 차선을 변경한다.

자율주행 시스템에서는 지형과 건축물을 인식하기 위한 고화질 지도가 필수적이다. 차량의 카메라와 센서에서 데이터를 수집하면서 지도가 생성되고, 신호등, 정지 표지판, 주요 건물 (랜드마크)과 같은 차량 주변에 대한 자세한 정보를 제공한다. 자율주행 시스템은 이 데이터를 사용하여 보다 안전하고 효율적으로 주행정보를 탐색하며 자율주행 차량이 주변환경을 이해하고 더 나은 결정을 내리도록 지원한다.

빅데이터가 사용되는 또다른 방법은 기계학습(머신러닝) 알고리즘을 사용하는 것이다. 알고리즘은 다양한 상황을 인식하고 대응하는 방법을 배우기 위해 실제 운전 시나리오의 비디오 영상과 같은 대량의 데이터에 의해 교육을 받는다. 더 많은 데이터가 지원될수록 더 다양한 운전 시나리오를 더 잘 인식하고 대응할 수 있다.

사람들의 일상생활은 소셜 미디어의 영향을 받으며 데이터 생성의 중요한 원천이 된다. 스마트폰과 인터넷의 사용이 일상화됨에 따라 사람들의 활동과 기호, 관심사가 대규모로 기록되고 분석되고 있다. '라이프 로그'[6] 데이터는 소셜 네트워크 서비스와 플랫폼의 고도화, 제품과

---

[6] '헬스케어에서 인공지능을 활용한 라이프프로그 분석과 미래', 박민서, 국제문화기술진흥원, 2022

서비스를 수요자의 수요에 맞게 개발하는 중요한 자원이 된다.

'라이프 로그' 데이터는 사람들의 소셜 미디어 활동에서 생성된 데이터를 분석한 후, 개인화된 추천 알고리즘을 통하여 사람들의 관심사를 학습하고 맞춤형 콘텐츠를 제안한다. 소비자 맞춤형 콘텐츠는 보다 개인화된 경험을 제공하고, 플랫폼에 대한 참여도를 높인다. 메타(Facebook)의 뉴스피드(소식정보 공유창) 알고리즘은 기계 학습을 사용하여 사용자의 관심사에 따라 콘텐츠를 큐레이팅, 더 높은 참여 기회를 제공한다.

'라이프 로그' 데이터가 소셜 미디어에서 활용되는 또다른 방식은 타깃 광고다. '라이프 로그'데이터를 활용하여 사람들의 온라인 행동과 선호도를 분석함으로써 소셜 미디어 플랫폼은 사용자와 더 관련성이 높은 광고를 제공할 수 있다. 이로 인해 클릭률이 높아지고 플랫폼의 수익이 증가한다. 인스타그램(Instagram)과 같은 소셜미디어들은 '라이프 로그' 데이터를 사용하여 사용자의 관심과 활동을 기반으로 콘텐츠를 타겟팅하여 보다 효과적이고 수익성 있는 캠페인을 유도한다.

'라이프 로그' 데이터는 소셜 미디어 외에도 전자상거래, 승차 공유 서비스 등 플랫폼 서비스에서도 활용된다. 아마존(Amazon)은 고객 행동, 구매 내역에서 생성된 데이터를 활용하여 제품 권장사항을 개인화, 고객 참여와 판매를 늘린다. 승차 공유 플랫폼은 사람들의 이동 패턴, 행동 데이터를 사용하여 경로를 최적화하고 대기 시간을 줄이며 고객 경험을 개선한다.

인공지능이 확산됨에 따라 소셜 미디어를 통해 생성되는 '라이프 로그' 데이터는 소셜 미디어 서비스와 플랫폼 서비스를 고도화하기 위한 소중한 자원이 된다. 생성되는 개인화된 경험을 바탕으로 콘텐츠와 광고를 효과적으로 타겟팅 하며, 고객의 요구를 충족하도록 서비스를 최적화할 수 있다. '라이프 로그' 데이터는 개인 감성이 중시되는 인공지능 시대에 빅데이터와 콘텐츠의 원천이 된다.

콘텐츠는 인공지능기반 경제에서 질적, 양적으로 새로운 국면에 도달하게 된다. 콘텐츠는 경제활동의 새로운 성장엔진으로 작용하여 다양한 사업과 장르의 기업들이 운영하는 경제 시스템과 생산방식에 근본적인 변화를 가져오게 될 것이다. 사회문화 전반 특히 교육 내용과 과정에도 근본적인 변화가 불가피하게 된다.

2 가상화_현실세계와 가상세계가 중첩되어 작동한다.

'무지를 배척하고 지혜를 미덕으로 여긴다면, 이 기술은 인류의 지성을 노예화하는 대신에 해방으로 이끌 것이다.' 1992년도에 개봉되었던 가상현실을 소재로한 영화 '론머맨'의 한 구절이다. 가상현실에 몰입된 주인공이 현실의 삶을 포기하고 가상의 세계로 빨려 들어가는 장면이 오래도록 기억에 남는다.

자동화와 지능화로 구현된 인공지능은 사람과 사물 혹은 경제시스템을 가상화된 공간을 통해서 연결한다. 인공지능기반의 경제시스템은 인공지능을 매개로 방대하고도 다양한 생산요소들이 유기적이고 통합적으로 운영된다. 시간과 장소의 제약이 없이 실시간 연결이 가능해야 한다. 방대한 데이터가 실기간으로 수집되고 분석되어 필요한 생산체계에 공유되고, 의사결정이 집행되어야 하기 때문이다.

기존의 생산시스템은 원자재가 일련의 단계를 거쳐 완제품으로 변형되는 라인작업, 선형생산을 특징으로 한다. 자동차공장의 경우 반제품으로 입고된 수많은 부품을 라인작업을 통해서 조립 가공하는 공정을 특징으로 하고 있다. 인공지능기반 경제에서는 로봇화된 자동화 생산 공정의 연결, 분리, 변형이 상시적으로 보장된다. 인공지능은 수요와 공급의 변화와 예측에 따라 빠르게 적응할 수 있는 유연하고 통합적인 생산시스템을 가동한다.

인공지능이전에도 디지털기술에 의해서 발전한 커뮤니케이션은 경제시스템에서도 시간과 장소의 제약이 없는 커뮤니케이션을 가능하게 하여 생산성 향상에 크게 기여하였다. 스마트폰과 고성능 유무선 네트워크는 현장 노동자의 이동성을 현저히 증가시켰다. 원격근무와 화상회의가 도입되고, 온라인 업무시스템이 상시적으로 가동하고 있다. 그러나 시간과 장소의 제약을 근본적으로 해소하기에는 제한적이고 부분적이다. 실시간으로 가동되는 3차원의 가상공간은 물리적 위치와 상관없이 개인과 개인 혹은 조직 간의 일체의 제약과 제한이 없는 실시간 협업과 커뮤니케이션을 가능하게 할 것이다. 더 빠른 의사 결정, 효율성, 생산성 향상을 추진한다. 가상공간은 새롭고 혁신적인 솔루션을 만들기 위해 인공지능의 힘을 활용하여 협력적이고 동적인 방식으로 새로운 제품과 서비스의 개발을 진행하게 된다.

3차원 가상공간을 통해 소비자를 위한 몰입형 상호작용 경험을 만들 수 있다. 상황에 따라서는 사용자 스스로가 인공지능기반 기술을 사용하여 생산과정에 참여할 수 있고, 새롭고 혁신적인 체험도 가능하게 된다. 현실세계와 차이를 느끼지 못하는 몰입형 상호작용이 가능한 가상세계에서 사용자는 빅데이터 정보와 상호작용의 추가적인 작용(레이어)을 통해 제품과 서비스의 실제환경을 체험할 수 있다.

> 가상공간의 인공지능은 생산시설의 기계와 장비를 모니터링하고, 데이터를 분석하고, 다운 타임(작업공정 지체)이나 장애가 발생하기 전에 잠재적인 문제를 식별한다. 컴퓨터비전을 사용하여 제품이 생산 공정을 통과할 때 제품의 결함과 이상을 감지할 수 있다. 이를 통해 제품이 필요한 품질 표준을 충족하고 결함이 없는지 확인한다. 수집 분석된 정보는 가상공간에 참여하는 개인과 조직에 의해서 모니터링되며 의상결정과 집행에 적용된다.
> 가상공간의 인공지능 알고리즘은 센서와 사물 인터넷(IOT)기반의 데이터 소스를 분석하여 생산 일정을 조정하고 재고수준을 모니터링하며 워크플로우를 최적화할 수 있다. 이를 통해 폐기물을 줄이고 효율성을 개선하여 비용을 절감하고 생산량을 높일 수 있다. 보다 개인화된 제품을 제안할 수 있으며, 고객 데이터를 분석하여 개별 고객의 특정 요구와 선호도에 맞는 제품을 디자인한다.
> 결과적으로 인공지능기반 경제는 현실세계와 가상세계가 중첩되고 연결되어 있는 일종의 하이브리드한 구조라고 할 수 있다. 인공지능과 가상세계는 사물의 내용과 형식을 이루어 서로 떼어낼 수 없는 관계로 구조화된다. 동전의 양면과도 같은 불가분리의 구조라고 할 수 있다. 가상세계가 뒷받침되지 않는다면 인공지능의 적용은 부분적이고 제한적일 수 밖에 없다.

빅데이터 활용없이 인공지능은 성립할 수 없다. 데이터는 인공지능의 생명선이며 가상세계는 방대하고 사실상 무제한의 데이터 소스를 제공한다. 센서, 네트워크 장치, 데이터 수집기술을 포괄하는 가상세계는 인공지능 알고리즘으로 분석하여 통찰력을 얻고 예측된 빅데이터 정보의 지속적인 흐름을 제공한다. 가상세계는 물리적 개체, 시스템의 가상 복제본을 생성한다. 실제세계가 반영된 가상세계는 테스트와 실험을 위한 안전하고 제어된 공간을 제공하여 비용과 시간이 많이 소요되는 물리적 프로토타입 없이도 새로운 제품과 서비스를 개발할 수 있다.

가상세계는 독립적이거나 혹은 실제세계와 연동되어 자산과 상품을 거래하는 시장으로서 인공지능기반 경제에서 필수적으로 작동한다. 가상세계의 거래플랫폼을 통해서 기업은 고객에게 다가갈 수 있고 소비자는 집에서 편안하게 다양한 제품과 서비스에 액세스할 수 있다. 인공 지능과 가상세계는 분리할 수 없으며 무한 광대한 상호 연결된 복합적 구조를 이룬다.

가상세계의 발전수준은 인공지능기반 경제의 발전수준을 규정하는 측면이 있다. 텍스트 기반의 발전수준으로 인공지능 사용자가 텍스트 명령을 사용하여 서로 상호작용하는 경우, 상호작용 및 몰입도 측면에서 매우 제한적이며, 인공지능기반 경제의 확산도 부분적이고 제한적 수준에 머문다. 텍스트기반의 생성형 인공지능의 활용이 이 경우에 해당할 수 있다.

2차원이나 3차원 그래픽, 동영상 기반의 가상세계는 텍스크기반 보다 한 단계 높은 몰입감을 제공하고, 인공지능 사용자가 자신의 아바타를 2차원이나 3차원 그래픽기술을 활용하여 제작하여, 가상세계에서 인공지능이나 다른 사람들과 상호작용할 수 있다. 소셜미디어 형태의 가상세계라고 할 수 있다.

다음으로는 가상현실(VR)이나 증강 현실(AR) 기술을 이용한 가상세계의 구축과 인공지능의 활용이라고 할 수 있다. 가상현실은 훨씬 더 몰입감있는 경험이 가능하고, 증강현실은 현실세계에 수많은 가상정보를 통합한다. 인공지능은 일정수준과 단계에 이른 가상세계를 활용, 인공지능기반 경제를 확산해 나간다.

가상세계의 궁극적 단계는 사용자가 매끄럽게 상호 연결된 환경에서 서로 상호작용하고 가상개체와도 상호작용할 수 있는 완전히 몰입되는 가상세계이다. 이 단계에서는 이전까지 구현되었던 모든 가상세계의 구현요소와 가상현실이나 증강현실과 같은 구현기술들이 통합된다. 인공지능기반 경제는 전면적이고 포괄적으로 확산된다. 현실세계와 가상세계는 중첩되며, 연결되고 확장된다.

이 최종단계를 뒷받침하는 가상세계를 메타버스라고 한다. 메타버스는 실재세계가 아닌 우리가 살고 있는 실재세계의 너머에 있는 또 하나의 세계이다. 영화나 소설과 같은 픽션을 넘어 메타버스 개념을 활용한 다양한 도전과 실험들이 현재에도 활발하게 진행 중에 있다. 실험과 도전은 크게 두가지 축으로 진행되고 있다. 하나는 메타버스라는 가상세계 내에서의 다양한 실험과 도전이며, 다른 하나는 메타버스와 현실세계의 연결과 확장이라는 축이다.

온라인에서 점점 더 많은 시간을 보내면서 메타버스는 새로운 아이디어를 탐색하고 가능한 모든 것의 경계를 넓힐 수 있는 장소가 되고 있다. 메타버스는 개인과 그룹이 함께 모여 새롭고 혁신적인 경험을 만들어내는 곳이다. 게임, 가상 콘서트, 사회적 상호작용에 이르기까지 메타버스는 개인이 활동 가능한 범위를 무한히 넓힐 수 있는 다양한 기회를 제공한다.

메타버스라는 가상세계를 일종의 테스트베드로 활용하여, 인공지능기반 경제의 전면적이고 포괄적인 확장을 위한 실험을 진행한다. 인공지능기반 경제는 이제까지 경험하지 못한 여러가지 경제시스템과 운영방안들을 포함하고 있다. 경우에 따라서는 이해충돌과 사회적 갈등으로 적지 않은 비용과 희생도 불가피할 수 있다. 실재와 다름없는 가상공간에서 여러가지 시스템과 방안들을 설치하여 가능성과 문제점, 시행착오 등을 검증 평가해 보는 것은 매력적인 일이다.

가상실험 외에도 메타버스는 가상세계와 현실세계 간의 연결과 확장의 과제도 제공한다. 메타버스가 일상 생활과 더욱 통합됨에 따라 사람과 사람, 사람과 환경의 연결과 소통, 상호작용하는 방식에 근본적인 변화가 일어난다. 팬데믹 상황에서 사이버공간을 활용한 원격 교육, 재택근무, 온라인 쇼핑의 확대를 통해서 메타버스를 매개로 한 사회변화를 어느 정도 가늠해 볼 수 있다. 메타버스에 구축된 실재 업무 환경에서 동료들과 함께 근무하는 날이 멀지 않음을 실감할 수 있다.

궁극적으로 메타버스에 인공지능 기술을 자유롭게 적용함으로써, 인공지능기반 경제를 가속화할 수 있다. 인공지능은 메타버스 내에서 사용자와 자연스럽고 매력적인 대화를 제공할 수 있다. 전 세계 사람들이 교류하는 메타버스에서는 언어의 장벽이 큰 걸림돌이 될 수 있는데, 인공지능을 활용한 실시간 통역과 번역을 통해 모국어로 대화하며, 보다 포괄적이고 다양한 커뮤니티가 가능하다.

인공지능은 메타버스 내에서 유기적이고 통합적이며 시간과 장소의 제약이 없는 실시간 경제시스템과 생산활동을 구현할 수 있게 된다. 콘텐츠 제작의 경우, 인공지능을 활용하여 최적화된 가상세계의 캐릭터와 대화를 생성할 수 있다. 크리에이터는 기술적인 세부 사항보다는 작업의 창의적인 측면에 더 집중할 수 있으므로 더 높은 품질의 콘텐츠와 더 즐거운 사용자 경험을 제공할 수 있다. 사용자가 가상환경을 탐색하고 질문에 답하고 지원을 제공한다.

메타버스와 인공지능(AI)기술이 포괄적으로 적용되어 사용자 경험을 향상시키고 소통과 확산을 촉진하며 생산프로세스를 개선하고 사용자에게 실질적인 도움을 주는 등 궁극적인 시너지 효과를 가져올 수 있다. 메타버스는 현실세계와 중첩되고, 인공지능의 진화와 병행하여 메타버스의 기능과 역할을 향상시킬 수 있는 잠재력을 갖추고 있다. 메타버스는 지속적으로 확장되고, 성장하면서 인공지능기반 경제를 가속화하는 엔진이 될 것이다.

3 자동화_창조적 파괴를 통해 생산시스템을 재구조화한다.

인공지능은 음성 인식이나 텍스트 분석을 포함하여 인간의 언어를 이해하고 생성하는 자연어 처리(NLP, Natural Language Processing)기능이 있으며, 이미지, 영상과 같은 시각정보를 해석하고 이해하는 사물인식, 컴퓨터비전 기술 등이 있다. 자율주행 차량과 무인 드론 등 물리적 물체와 환경을 제어하고 조작하는 로보틱스, 데이터 예측을 기반으로 결정을 내리고 조치를 취하는 계획을 수립하고, 의사결정을 하는 기능이 있다.

인공지능을 기반으로 하는 기계와 생산시스템은 반복적이고 노동 집약적인 작업을 자동화하여 노동력의 추가 투입 없이 생산성과 효율성을 유지하거나 높일 수 있다. 인공지능은 변화하는 조건에 적응하고 그에 따라 성능을 조정할 수 있으므로 움직이는 동적환경에서도 사용하기에 이상적이다.

인공지능은 형상과 패턴 인식, 자연어의 이해와 의사 결정과 같이 인간과 같은 지능이 필요한 작업을 수행할 수 있으므로 복잡하고 구조화된 작업도 시간이 흐름에 따라 처리 가능하다. 인공지능 시스템은 데이터와 경험을 통해 학습할 수 있으므로 스스로 성능을 개선하고 새로운 상황에 적응할 수 있다. 사물 인터넷(IoT), 빅데이터와 같은 여러 기술과 시스템을 통합하여 스마트하고 연결된 환경을 만들 수 있다.

인공지능의 다재다능함과 변화하는 조건에 적응하는 능력은 복잡하고도 정밀한 다양한 환경에서도 사용하기에 적합하다. 시간이 지남에 따라 인공지능 스스로 지속가능한 성능향상도 가능하다. 인공지능 시스템은 형태, 패턴 인식, 자연어 이해, 의사 결정 등 인간과 같은 능력이 필요한 작업을 수행할 수 있게 된다.

인공지능 시스템은 대량의 데이터 처리를 통해 지속적으로 학습하고 개선할 수 있으며, 복잡하고 구조화된 작업을 처리할 수 있어 예측가능한 유지관리, 이상감지와 같은 애플리케이션에 사용하기에 이상적이다. 사물 인터넷(IoT), 빅데이터, 여러 시스템과 통합할 수 있는 인공지능의 능력은 포괄적인 산업에서 혁신과 성장을 주도할 수 있고, 더 스마트하고 연결된 생산시스템의 잠재력을 창출한다.

인공지능을 핵심적이면서도 포괄적인 기술로 운용하고 활용하는 경제시스템과 생산방식을 인공지능기반 경제라고 부를 수 있다. 인공지능(AI) 기술은 단순한 도구가 아니라 전체 경제시스템, 생산 방식의 핵심 구성 요소이며 다양한 산업과 비즈니스에서 인공지능(AI) 기술이 포괄적으로 채택되고 통합이 이루어진다.

인공지능기반 경제는 인공지능이 제조, 서비스, 금융 등 다양한 산업과 부문에 널리 채택되고 통합되는 경제이다. 작업 자동화, 의사 결정 개선 및 효율성과 생산성 향상이 지속적으로 가능하다. 새로운 산업이나 비즈니스 모델이 출현하게 되며, 기존 산업의 재편 혹은 파괴로 이어질 수 있다. 단순 반복적인 노동은 인공지능에 대체되고, 인공지능 기술, 데이터 분석에 대한 지식과 전문성을 갖춘 노동자에 대한 수요가 증가하면서 인력 운용에 필요한 기술세트의 변화로 이어진다.

인공지기반 경제에서 기획, 설계, 생산, 소비에 이르는 시스템과 프로세스의 작동 메커니즘을 가치사슬에 따라 살펴보자. 먼저, 계획단계에는 특정 제품 또는 서비스에 대한 요구 사항을 식별하고 대상 시장과 고객을 결정하는 작업이 포함된다. 이 단계는 인공지능 관련 솔루션을 구현하려는 기업이나 조직에서 수행된다. 설계단계에는 알고리즘 생성, 데이터에 대한 시스템 교육, 성능 테스트가 포함될 수 있는 인공지능기반 시스템 또는 솔루션 개발이 포함된다. 이 단계는 디자이너, 엔지니어, 데이터 과학자, 해당 분야의 전문가가 수행한다.

생산단계에서는 고객이 사용할 최종 제품 또는 서비스를 만드는 단계가 포함된다. 여기에는 하드웨어 제조, 소프트웨어 배포, 인공지능(AI)기반 시스템을 기존 시스템이나 프로세스에 통합하는 작업이 포함될 수 있다. 유통단계에는 고객에게 제품이나 서비스를 제공하는 단계가 포함된다. 여기에는 제품 배송, 소프트웨어에 대한 액세스 제공 또는 현장에서 인공지능(AI)기반 시스템 설정이 포함될 수 있다. 다음으로는 고객이 제품이나 서비스를 사용하는 최종단계이다. 데이터를 분석하고 프로세스를 자동화하거나 의사 결정을 내리는 것이 포함될 수 있다.

자동화, 지능화의 확산에 따라 기존의 연속적이지 않거나 불균형적 혁신과 달리 지속적이거나 영구적인 혁신이 가능한 경제시스템이나 생산 방식으로 발전한다. 머신러닝과 빅데이터를 활용한 자기 학습, 새로운 상황에 대한 유연한 변화와 적응으로 지속적이고 영구적인 혁신이 가능한 생산 방식이 될 수 있다. 인공지능(AI) 알고리즘은 생산 공정을 실시간으로 분석하고 최적화하여 효율성 향상과 비용 절감으로 이어진다. 제조 공장은 생산 라인의 병목 현상을 식별하고 프로세스를 자동으로 조정하여 낭비를 제거하고 가동중지 시간을 줄인다.

고객 선호도와 고객의 행동에 대한 대량의 데이터를 수집하고 분석하여 고도로 개인화된 제품과 서비스를 생성할 수 있다. 고객의 과거 구매 내역을 기반으로 제품을 추천하여 고객 만족도와 충성도를 높일 수 있다. 시장 상황을 분석하고 가격을 실시간으로 동적으로 조정할 수 있다. 인공지능(AI) 기반 항공사는 항공편 수요, 기상 조건, 항공사간 경쟁 요인에 따라 티켓 가격을 조정하여 수익성을 향상시킬 수 있다.

전통적인 경제에서 의료 조직은 수동 데이터 입력, 수기 입력, 수동 프로세스에 의존하여 오류와 비효율성을 초래할 수 있다. 의료 분야의 인공지능(AI) 시스템은 기계학습 알고리즘을 활용하여 환자 데이터를 분석하고 진단과 치료 옵션에 대한 예측을 할 수 있다. 더 빠르고 정확한 진단과 더 나은 치료결과를 얻을 수 있다.

농민들은 노동 집약적인 작물재배를 위해 육체 노동과 수작업 과정에 의존한다. 농업의 인공지능기반 경제는 컴퓨터 비전과 연관 기술을 활용하여 작물 파종, 재배, 수확과 같은 작업을 자동화하고 작물의 성장과 기상 조건을 실시간으로 모니터링할 수 있다. 이를 통해 효율성과 생산성이 향상되고 더 나은 품질의 작물이 생산될 수 있는 것이다.

인공지능(AI)기반 경제에서는 기존 경제에서 적용된 한계 수확체감의 원리가 적용되지 않고 한계수확량이 유지되거나 혹은 증가할 수 있다. 인공지능 알고리즘을 활용하여 생산 프로세스를 자동적으로 최적화하고 효율성을 극대화하기 때문이다. 노동력의 추가 투입 없이 산출량의 증가를 유지하거나 오히려 늘릴 수 있다는 뜻이다.

생산프로세스를 자동적으로 최적화하여 수요 예측이 가능하고, 생산시스템의 병목 현상을 식별할 수 있다. 실시간으로 가장 효율적인 자원 사용 결정을 통해 재고 관리를 최적화할 수 있고, 이를 통해 폐기물 감소, 비용 절감, 고객 만족도 향상을 가져올 수 있다. 한발 더 나아가, 예측 유지보수를 통해서 잠재적인 문제가 발생하기 전에 문제를 식별한다. 이는 유지보수 비용 절감, 장비 신뢰성 향상, 생산지연(다운타임) 감소로 이어진다. 인공지능(AI) 알고리즘은 수요를 예측하고, 공급망을 자동으로 조정하여 최적화한다. 비용이 절감되고 효율성이 향상되며 배송시간이 단축된다.

실시간으로 결함을 감지하고 시정 조치를 제시할 수 있는 품질관리를 기계학습 알고리즘을 사용하여 수행할 수 있다. 이는 폐기물 감소, 제품의 품질 향상, 고객 만족도 향상으로 이어질 것이다. 인공지능(AI)기반 챗봇(chat bot)은 24시간 항상, 고객 지원을 제공하여 상담원이 보다 복잡한 작업에 집중할 수 있도록 한다. 그 결과 고객 만족도가 향상되고 대기 시간이 줄어들며 비용이 절감된다.

그 이전의 경제시스템이나 생산방식과 달리 규모의 경제와 규모의 수익은 자율적이고 지속적으로 유지될 수 있다. 이는 생산 규모가 커질수록 평균 생산 비용이 감소하고 생산 공정의 효율성이 향상된다는 것을 의미한다. 인공지능(AI)은 자기 학습 인공지능(AI) 시스템을 사용하여 생산 공정을 최적화하고 인력의 필요성을 줄여 이를 달성할 수 있게 된다.

인공지능기반 경제는 경제시스템이나 생산방식에서 궁극적으로는 기계가 인간을 완전히 대체하는 것을 의미하기 때문에 기존의 경제원리나 혁신원리가 더 이상 작동하지 않게 된다. 이상적으로는 노동력의 추가투입이 없이도 수확량이 증대하며, 경제의 혁신이 끊김없이, 균형감 있게, 자율조정되면서, 진행된다. 일하지 않고도 일상생활을 정신적으로나 물질적으로 여유롭게 지낼 수 있는 마치 유토피아적 미래가 펼쳐질 수 있다는 기대감을 가질 수 있다.

물론, 인공지능(AI)의 구현 및 사용은 잠재적인 이점이 부정적인 영향을 능가하고 윤리적 및 사회적 고려 사항이 신중하게 규제되어야 한다는 점에 유의해야 한다. 인공지능(AI)는 혁신을 주도하고 생산 효율성을 향상시킬 수 있는 잠재력을 가지고 있지만 모든 경제적 문제를 자동으로 해결할 수 있는 마법의 솔루션은 아니다.

현실적으로는 인공지능기반 경제의 순기능과 다양한 잠재적인 이점들이 거론되면서도 가장 부정적인 영향과 역기능으로 제기되는 이슈는 고용 이슈일 것이다. 로보틱스와 알고리즘이 인간 노동력을 대체 가능하게 되는 순간부터, 광범위한 해고나 실직이 발생하고 노동자의 생존권이 위협받을 수 있다. 실업에 대한 불안과 공포는 노동자들의 강력한 저항을 부르고, 사회적 위기감은 고조된다.

인공지능(AI)이 불러올 노동이슈는 이미 수년 전부터 많은 전문가와 학자들이 거론해온 이슈였지만 뚜렷한 방향과 해법이 없이 직접 이해 당자들에게 맡겨져 있던가, 발생한 쟁점과 이슈에 제한되어 많은 사회적 비용을 치르고 직접 이해당사자인 노동자의 경우 각자도생에 내몰려 고통받고 있다. 인공지능의 전면적이고 포괄적인 적용은 기존 시스템을 해체하고, 인공지능기반 경제라는 새로운 사회 경제시스템을 창출하는 혁신과 변혁의 과제이다. 개인과 이해 당사자만의 노력으로 해결할 수 없다.

대학생과 청소년들, 미래세대의 경우도 마찬가지이다. 현실화되는 인공지능기반 경제에서 사회적 역할과 자기 진로를 어떻게 할 것인지에 대한 뚜렷한 해법이 없이 방황과 정체를 거듭하고 있는 상황이다. 미래를 준비해야 할 교육시스템과 프로그램도 사회변화의 흐름과 요구에 현저히 미치지 못하고 있다. 사회 구성원의 선택 여하에 따라 '눈물의 계곡'이 될 수도 있고, '희망의 구름다리'가 될 수도 있는 갈림길 앞에 놓여 있다.

인공지능기반 경제는 인공지능(AI) 기술이 단순한 생산이나 작업도구가 아니라 전체 경제 시스템과 생산 방식의 핵심 구성요소이며 다양한 산업 및 비즈니스에서 인공지능(AI)기술의 광범위한 채택과 통합이 이루어지는 경제이다. 정치, 문화, 교육, 복지, 국방 등 사회 모든 분야에 영향을 미친다. 심지어는 한 사회의 도덕과 윤리규범과 같은 가치체계에도 광범위한 영향을 미친다.

제2장 개인과 국가의 명운을 뒤바꿀 게임체인저

요약

챗GPT의 기세가 무섭다. 2007년이 스마트 폰이 등장한 해로 기억되고 있듯이, 챗GPT가 본격적인 서비스를 선 보인 2023년은 인공지능이 실용화된 한 해로 기억될 것이다. 최근의 기술발전 속도를 감안할 때, 향후 5~10년 내외에 인공지능이 스마트폰처럼 일상적으로 활용되는 인공지능시대로의 대변환이 예측된다.

인공지능이 국가와 개인의의 명운을 뒤바꿀 것이라는 점이 명확하게 예측되고 있지만, 이전과는 달리 정부를 비롯한 사회 구성주체들의 대응 차원은 의외로 미약하다고 볼 수 있다. 해당 분야 전문가들의 개별적이고 산발적 수준에 그치고 있다는 느낌을 지울 수가 없다. 대응과 논의의 수준이 확산되지 못하는 것은 역설적으로 사회 모든 분야에 미치는 파급효과가 심대하며, 미처 대응하기가 어려울 정도로 기술발전의 속도가 빠르기 때문으로 보인다.

인공지능 기술의 혁신이 파괴적 속성을 띠고 있는 데에도 기인하는 바가 크다고 할 수 있다. 완전 자동화로 일자리가 사라지는 것이 대표적인 사례라고 할 수 있다. 이를 기존의 경제 시스템에 적용하게 되면, 사람들의 생존권을 위협하는 심각한 상황을 초래할 수 있는 것이다. 인공지능의 발전속도 또한 가공할 수준으로 전개되고 있다. 기술발전의 예측과 전망도 매우 어렵다. 군사전략에서 말하는 비대칭 전력처럼 이전의 혁신과는 비교가 허용되지 않는 아주 강력한 절대값의 혁신이라고도 할 수 있다. 기존의 혁신 흐름들을 블랙홀처럼 빨아들이고 만능 해결사처럼 모든 분야에 적용되기 때문이다.

혁신(革新)이란 '바꾸어(革) 새롭게(新) 한다는 의미이다. 경제활동과 사회발전의 근원적 관심사라고 할 수 있다. 혁신의 관점에서 인공지능 혁신의 성격과 이전의 혁신의 차이점이 무엇인지를 명확히 하는 것이, 인공지능 혁신 이후의 경제와 사회의 전개 방향을 통찰하는 출발점이라고 할 수 있다.

1 챗GPT, 인공지능 확산의 뇌관이 되다.

2016년은 인공지능의 거대한 파고가 일어났던 한 해로 기억된다. 이세돌 9단과 인공지능 알파고의 바둑대결은 인간의 자존심을 건 한판으로 세계의 이목을 끌기에 충분했다. 그 해, 스위스의 다보스에서 열린 세계경제포럼도 인공지능을 주제로 한 4차산업혁명이었다.[7] 자녀의 장래에 민감한 학부모들을 겨냥한 코딩열풍이 불고, 알파고시대의 자녀 교육을 책임진다는 학원가의 홍보문구가 낯설지 않게 되었다. 기업과 정부도 인공지능 기술의 개발과 인력양성에 열을 올리면서, 새로운 시대의 개막을 예감하게 하였다.

인공지능이 경제활동에 미치는 영향은 전방위적으로 확산되고 있다. 자율주행, 유전공학, 3D프린팅, 로봇공학 등 경제와 생활의 모든 영역에서 이슈가 되더니 최근 등장한 챗GPT는 게임 체인저로 등극해도 손색이 없을 정도로 인공지능의 확산에 새로운 변곡점이 될 것으로 보인다. 챗GPT(GPT: Generative Pre-trained Transformer)는 오픈AI에서 개발한 인공지능 언어모델이다.[8]

오픈 AI는 2015년에 인류에게 유용한 혜택을 제공하는 인공지능 개발을 목표로 설립된 미국의 인공지능연구소이다. 마이크로소프트의 빌 게이츠, 테슬라의 일런 머스크가 참여하였고, 인공지능 연구자이며 벤처사업가인 샘 알트만이 대표를 맡고 있다. 챗GPT는 방대한 데이터와 전문가에 의해서 미리 훈련되고(Pre-Trained), 사용자의 요청에 맞는 텍스트를 자동적으로 생성하며(Generative), 완성형 문장으로 출력하는(Transformer) 인공지능 언어모델이다. 2022년 11월에 출시된 GPT3.5버전은 출시된 지 2개월도 안되 월간 이용자가 1억명에 도달했는데, 1억명 도달에 유튜브가 2년6개월, 페이스북이 3년2개월이 걸린 점에 비하면 어느 정도 빠른 속도인지 짐작할 수 있다. 무료버전과 유료버전으로 운영 중이며, 2023년 4월에는 성능이 훨씬 향상된 GPT4.0버전, 11월에는 4.0Turbo가 출시되어 서비스 중이다.

챗GPT는 일관되고 매력적인 텍스트를 생성할 수 있으며, 개발자와 연구자들, 일반 사용자들 사이에서 빠르게 확산되고 있다. 챗GPT는 인공지능과 자연어 처리 분야에서 획기적인 발전을 의미한다. 생활밀착형 스마트 폰 앱, 고객 서비스, 유통, 의료, 금융 등 다양한 분야로 이용이 확산되고 있다. 인공지능 기술의 활용효과를 일반 대중이 피부로 이해할 수 있는 생생한

---

[7] '4차산업혁명' 클라우드 슈밥 지음, 송경진 옮김, 새로운 현재 출판, 2016)
[8] '챗GPT 거부할 수 없는 미래', 서지영 지음, 길벗출판사, 2023, 05

챗GPT의 특징 및 응용분야

구분	주요내용	비고
개요	-초거대 인공지능 언어모델(Large Language Model)) -유튜브, 페이스 북을 능가하는 빠른 이용 확산 -질의응답만이 아니고, 다양한 분야에 응용가능	오픈AI(미국)
기술적 특징[9]	-입출력 기능을 갖는 변환기(트랜스포머) 신경망 -문맥정보를 효과적으로 파악하는 self-attention 메커니즘 -언어의 순차적 통합을 구현하는 위치 인코딩 -강화학습(전문가 평가 및 피드백을 통한 스스로 성능향상)	
주요 기능	-문법적 정확도, 맥락이해, 질문에 대한 매력적인 응답 -다양한 분야에 응용 가능한 API를 제공 -매개변수를 개발자가 임의로 정의할 수 있는 기능 -생성, 요약, 코딩, 번역 등 다중 기능 가능	(각주9)참조 모델크기
응용분야	-온라인 소매업체, 은행 등 서비스 업체의 고객 지원 -뉴스, 정신건강, 법률, 지식교육 등 지식 정보서비스 -재무, 마케팅, 인사 노무 등 업무지원서비스 -스크립트, 시나리오 등 기획창작 지원서비스 등	챗봇 AI비서
의의	-프롬프트 디자이너, 엔지니어와 같은 새로운 직업 창출 -음성, 이미지, 영상 등 다중 모드의 구현 -인공지능시대의 개막	멀티모달

계기가 되고 있다.

챗GPT는 해당 주제분야의 전문가들이 참여하는 반복학습, 평가 및 피드백을 하는 강화학습(RLHF: Reinforcement Learning from Human Feedback)방법을 적용하여 스스로 성능을 향상하고 있다. 강화학습은 사용자의 입력에 대한 응답을 생성한 다음 전문가로부터 해당 응답에 대한 피드백을 받는다. 전문가는 평가, 수정 또는 개선을 위한 제안의 형태로 피드백을 제공할 수 있다. 피드백을 사용하여 챗GPT는 응답 생성 전략을 조정하고, 시간이 지남에 따라 성능을 향상시킬 수 있다. 강화학습을 통해 챗GPT는 전문가로부터 배우고 인간의 지식과 선호도를 자신의 응답에 통합하여 세련되고 정확도가 높은 응답을 생성한다.

문법적 정확도와 문맥적 적절성을 갖추고, 질문에 대해서 매력적인 응답을 생성해야 하는 챗GPT와 같은 인공지능 언어모델에 강화학습은 특히 유용하다. 전문가의 피드백을 통합함으로써 보다 정확하고 유익하며 매력적인 응답을 생성하는 방법을 학습하여 보다 효과적인 대화형

---

[9] 'ChatGPT활용서', 작가와 지음, 노벨북 출판사, 2023

에이전트로 진화해 나간다.

챗GPT는 신경망 알고리즘을 사용하여 텍스트를 생성하는 아키텍처(프로그래밍 설계구조)를 기반으로 한다. 이 아키텍처에는 긴 텍스트 시퀀스를 처리하는 기능과 단어 간의 문맥 관계를 학습하는 기능을 포함하는 장점이 있다. 최대 1750억 개의 매개변수가 있는, 사용 가능한 가장 큰 언어 모델이다. 정확하고 다양한 응답을 생성할 수 있으며 더 넓은 범위의 작업을 처리할 수 있다. 책, 기사, 웹 페이지를 포함한 방대한 양의 텍스트, 현존하는 모든 지식이라고 해도 될 정도의 데이터에 의해 교육을 받아, 그 어떤 모델보다 인간 언어와 더 유사한 텍스트를 생성할 수 있다.[10]

챗GPT에는 입력 텍스트의 맥락을 이해하고 관련 응답을 생성할 수 있는 큰 컨텍스트 창이 있다. 여기에 사용자가 '프롬프트'라고 하는 어휘나 문장을 입력하면, 광범위한 어휘를 이용, 다양한 스타일과 어조로 텍스트를 생성한다. 프롬프트가 프로그램 명령어로 제안되면, 코딩생성도 가능하다. 응용력이 뛰어나 다양한 애플리케이션에 적용되고 있다.

온라인 소매업체, 은행, 서비스 제공업체의 고객 지원을 제공하는 데 적용되고 있으며, 고객 문의에 응답하고 제품 정보를 제공하며 기술적인 문제를 해결할 수 있다. 정신건강 문제를 겪고 있는 개인에게 지원과 지침을 제공하는 정신건강 챗봇으로 사용될 수 있고, 정신건강 주제에 대한 정보를 제공하고 대처전략을 제공하며 필요한 경우 사용자를 전문 리소스로 안내한다. 학생들의 숙제를 돕고, 복잡한 개념에 대한 설명을 제공하고, 다양한 학과목과 관련된 질문에 답하는 가상 튜터(개인지도)로 사용할 수 있다.

뉴스 이벤트, 날씨 업데이트, 지역 뉴스에 대한 최신 정보를 제공하는 뉴스 봇으로 사용할 수 있으며, 개인비서로 사용하여 약속일정 잡기, 예약, 미리 알림 제공과 같은 일상 업무를 관리할 수 있다. 개인 재무관리를 지원하고 사용자 기본 설정에 따라 개인화된 권장 사항을 제공할 수 있다. 콘텐츠 분야의 경우, 유용한 기획자료를 확보한다든가, 스크립트나 시나리오를 작성하는 데 폭넓게 활용되고 있다. 이미지나 영상을 생성하는 인공지능 저작도구와 연결되어 보다 정교한 결과물을 생성하는 데에 활용되고 있다.

이전 질문에 대한 정보를 기억하고 있기 때문에 특정 주제에 대한 연속적이고 심층적인 대화와 접근이 가능하다. 구글, 네이버, 다음 등 포털사이트에서 제공하는 검색기능과 비교가 안

---

[10] '챗GPT가 뭐길래? 다스뵈이다 속 박태웅 강의 모아보기' 참조(https://www.youtube.com/watch?v=-jB_2RZEqQ5w)

될 정도로 지식과 정보를 체계적으로 제공받을 수 있다. 사용자의 문의에 연중무휴 24시간 응답이 가능한 가용성, 고객문의에 즉각 응답하는 즉시성, 수많은 사용자의 질의를 동시에 처리할 수 있는 동시성, 비용 효율성 등 다양한 장점들이 평가되고 있다. 무서운 속도로 사용자가 늘어나고 있는 이유이기도 하다. 플랫폼기업들의 아성을 무너뜨리는 게임 체인저로 평가받기 시작하면서, 글로벌 플랫폼기업들도 비상사태를 선포하고 유사 서비스 개발과 출시를 서두르고 있다.

챗GPT 3.5(무료버전)의 화면 이미지

프로그램이나 코딩에 대한 지식없이, 스마트 폰의 앱과 같은 기능을 하는 인공지능 서비스를 만들 수 있다. 챗GPT는 API[11]를 활용하여 구글이나 네이버의 정보를 연결하여 활용하기도 하고, 특별한 기능을 수행하기도 한다. 이미지 생성, 글쓰기, 업무지원, 프로그래밍, 교육, 일상생활 등 모든 분야에 적용 될 수 있다.

하루가 멀다 하고 분초를 다투며 새로운 서비스들이 쏟아지고 있으며, 새로운 개념의 스마트폰이 출현한 것으로 비유되고 있다. 유료버전인 챗GPT4.0에서는 앱스토어나 플레이 마켓같은 GPT스토어 즉 GPTs의 출시를 서두르고 있다.

---

11   API(Application Programming Interface)는 프로그램과 프로그램 사이를 연결하는 일종의 약속으로 데이터나 처리된 내용들을 서로 주고받을 수 있는 통로역할을 한다.

GPTs

Discover and create custom versions of ChatGPT that combine instructions, extra knowledge, and any combination of skills.

Q Search public GPTs

Top Picks   DALL·E   Writing   Productivity   Research & Analysis   Programming   Education   Lifestyle

Featured
Curated top picks from this week

Wolfram
Access computation, math, curated knowledge & real-time data from Wolfram|Alpha and Wolfram...
By wolfram.com

ElevenLabs Text To Speech
Convert text into lifelike speech with ElevenLabs (limited to 1,500 characters)
By Ammaar Reshi

Whimsical Diagrams
Explains and visualizes concepts with flowcharts, mindmaps and sequence diagrams.
By whimsical.com

Consensus
Your AI Research Assistant. Search 200M academic papers from Consensus, get science-based...
By consensus.app

준비중인 GPT스토어의 메인 화면 2024.02.20 현재

상당수의 글로벌 기업들이나 테크기업들은 이미 물류, 생산, 유통 등 다양한 공정에서 로봇 등 인공지능 기술을 도입해서 활동하고 있다. 이들에게도 비상이 걸린 것은 마찬가지이다. 이제까지 다루어 보지 못한 새롭고도 막강한 혁신수단이 등장했기 때문이다. 선도적인 기업들은 막대한 투자에도 불구하고, 기업활동에 인공지능 기술들을 앞다투어 도입하는 이유는 무엇일까? 기업활동을 혁신해서 생산성을 향상하고 부가가치를 높여 치열한 경쟁환경에서 생존하기 위함이다. 혁신에 기업의 사활이 달려있다. 혁신은 경제활동이 시작된 이래, 기업의 생존과 번영을 위한 변함없는 화두이고 주제였다.

인공지능을 통한 기업혁신은 기업활동의 문제점을 개선하여 생산성을 향상한다는 측면에서 인공지능 이전의 혁신과 넓은 의미에서는 동일하지만, 좀 더 구체적으로 들여다 보면 전혀 새로운 의미를 지닌다. 인공지능은 이론적으로는 생산현장에서 로봇이 인간을 대신해서 생산활

동을 수행한다는 뜻이며, 인간지능 수준의 컴퓨터(소프트웨어 혹은 알고리즘)가 작업지시와 검증을 진행한다는 의미이다. 인간의 노동력이 경제활동에서 더 이상 필요하지 않을 수 있다는 점이 인공지능 이전의 경제시스템에서 작용되는 혁신원리와 비교해서 가장 큰 차이라고 할 수 있다.

'우리는 더 이상 일하지 않을 것이다.' 제레미 리프킨은 우리가 일하는 것은 물리적이고, 반복적이며, 지루하고 위험한 일을 하는 기계적인 팔과 다리이지, 창의적인 두뇌가 아니다. 따라서 기계가 그 일을 해낼 수 있는 이상, 우리는 노동시장에서 경쟁할 가치가 없어질 것이라고 하였다.[12] 노동의 종말 이후의 세상에 대한 다소 포괄적인 끝맺음에 아쉬움이 남지만, 인공지능이 경제활동 특히, 물리적 노동을 대체할 수 있다는 점을 명확히 하고 있다.

세계경제포럼(WEF)은 '일자리의 미래(Future of Jobs, 2023)'보고서를 통해서 인공지능(AI)과 기술혁신으로 2023년부터 2027년까지 5년간 6900만 개의 새로운 일자리가 창출되고, 8300만 개의 일자리가 사라져, 전세계 고용의 2%에 해당하는 1400만 개의 일자리가 줄어들 것으로 예측하였다. 조사대상기업 803개 가운데 75%가 향후 5년간 인공지능 기술을 채택할 것으로 답변하였고, 인공지능이 '노동시장에 중대한 변화'를 초래할 것으로 예측했다.

'앞으로 20년 이내에 로봇이 여러 직업군의 일자리를 대체할 것이다. 현재 노동자가 수입의 일정 부문을 세금으로 내는 것처럼 로봇에게도 같은 수준의 세금을 매길 수 있다. (중략)고도의 자동화로 일자리를 잃는 사람들에 대한 재교육을 위한 재원이나 보호가 필요한 노인과 아이들을 돌보는 데 로봇세가 기여할 수 있다.' 마이크로 소프트의 빌 게이츠는 인공지능이 몰고올 변화에 대한 새로운 제도를 주장하기도 하였다.[13]

오픈AI의 대표, 샘 알트만은 자신의 블로그[14]에서 '향후 5년 안에 인공지능이 법률 문서를 읽고, 의학적 조언을 제공할 수 있을 것이며, 10년 안에 인공지능 생산시스템이 조립 라인(Assembly-line Work) 공정을 스스로 할 수 있게 된다. 이후 수십년 안에 과학적 발견을 포함하여, 세상의 모든 것이라고 할 수 있는 것을 인공지능이 하게 될 것'이라고 전망하였다. 싫든 좋든 거대한 변화의 소용돌이의 한복판에 서 있다는 것을 실감하게 된다.

---

12 "노동의 종말" 제레미 리프킨 지음, 조현욱 옮김, 사이언스북스, 2017

13 https://qz.com/911968/bill-gates-the-robot-that-takes-your-job-should-pay-taxes

14 '모든 것을 위한 무어의 법칙' 샘 알트만, 2023,

2 경제활동과 사회발전의 최고 관심사, 혁신(革新)

혁신의 원인과 동력에 대한 연구

원인과 동력	성명	주요내용	저서 등
구조적 요소 (산업혁명)	애덤 스미스	분업에 의한 생산성 증대	국부론
	칼 마르크스	잉여가치의 재투자, 생산확대	자본론
생산·기술적 요소 (디지털 정보혁명)	조셉 슘페터	창조적 파괴를 통한 발전 신소비재, 신생산·수송방법, 신조직	(각주17)참조
	피터 드러커	기존자원을 응용, 새로운 부를 창출 정보혁명에 기반 지식경영	위대한 혁신 21세기 지식경영
	엘빈 토플러	정보혁명과 지식기반생산 가속	제3의물결
	클라우스 슈밥	4차산업혁명과 기술융복합	제4차산업혁명
기술·제도요소 (인공지능 혁명)	로베르토M.웅거	지식경제(과학과 기술집약생산) 포용적 전위(지식경제 성과공유)	지식경제의 도래
	제레미 레프킨	자동화, 노동의 소멸, 인간다운 삶	노동의 종말
	빌 게이츠	인간을 대체하는 로봇세(Tax)	(각주13)참조
	샘 알트만	인공지능 혁신, 기본소득, 국민배당	(각주14)참조
입지조건 등	매트 리들리	혁신의 관점에서 모든 진보 해석	(각주23)참조
	균형발전위	혁신 클러스터의 형성과 발전	혁신 클러스터

'혁신(革新)'이란 '바꾸어(革) 새롭게(新)한다' 는 뜻으로 기업경영과 경제활동에서 새롭거나 개선된 제품, 서비스, 프로세스 또는 비즈니스 모델이나 경제시스템의 도입을 의미한다. 새로운 기술, 새로운 시장의 개발 또는 관행의 채택, 새로운 조직 구조의 생성을 포함한다. 혁신은 기업과 조직이 생산성을 향상하고 효율성을 높이며 소비자와 시장의 변화하는 요구를 충족할 수 있도록 하기 때문에 기업의 성장과 경쟁우위 확보에 필수적이다.

혁신은 새로운 일자리와 산업을 창출하고 사람들의 삶을 개선하는 새로운 제품과 서비스를 개발한다는 측면에서 모든 경제시스템, 생산방식의 제일의 관심사이며, 경제시스템이나 생산방식이 작동하는 기제(메커니즘)라고 할 수 있다. 국민총생산이나 일인당 국민 소득을 따지는 것도 해당 국가의 혁신의 척도(바로미터)라는 측면이 있다.

혁신과 관련된 이론과 주장들도 현대경제가 태동된 산업혁명 시기부터 중요 의제였다. 경제와 경영연구자들은 혁신의 원인과 원동력을 규명하기 위해 노력했고, 혁신이 작동되는 구조와 메커니즘을 파악하고 검증하기 위한 노력을 기울여 왔다. 산업혁명이 시작되고, 현대경제가 태동된 시기를 대표하는 경제학자인 애덤 스미스(Adam Smith)[15]는 '국부론'에서' 분업과 그로 인

---

[15] "국부론" 아담 스미스 지음, 김수행 옮김, 비봉출판사, 2009

한 생산성 증가'를 현대경제의 혁신 요인이라고 하였다.

　노동자가 특정 업무에 전문화되고 숙련될수록 생산성이 향상되어 경제 성장으로 이어진다는 것이다. 혁신 요인의 원동력은 경제적 이익에 대한 욕구와 사적인 이익 추구라고 보았다. 애덤 스미스는 나아가 '시장의 보이지 않는 손'이 개인과 기업으로 하여금 사회 전체에 이익이 되는 결정을 내리도록 안내할 것이라고 주장하였다. 국부론의 첫번째 문장은 '분업은 노동의 효율을 최대로 제고시키는 주요 원인이다.'로 시작하며, 현대경제의 원리를 분업에 의한 생산성의 증대로부터 설명한다. 국부론은 후대의 자본주의 시장경제 연구에 심대한 영향을 미친다. 이로 말미암아 애덤 스미스는 경제학의 아버지로 여겨지며 자본주의와 자유무역에 대한 이론적 심화를 제공했다.

　칼 마르크스는 혁신과 경제 성장의 원동력을 자본가의 노동 착취라고 보았다. 생산 수단을 소유한 자본가가 노동자의 노동에서 잉여 가치를 뽑아내어 새로운 기술에 투자하고 생산성을 향상시키는 데 사용한다는 것이다. 이것은 차례로 혁신과 경제 성장으로 이어진다는 이론이다. 마르크스는 이 과정이 궁극적으로 노동계급의 소외와 억압으로 이어지기 때문에 보다 공평한 사회를 만들기 위해서는 사회주의 또는 공산주의 혁명이 필요하다고 주장하였다.[16]

　혁신의 원인에 대한 다른 주목할 만한 이론가들이 있다. 오스트리아 경제학자 조셉 슘페터(Joseph Schumpeter)는 "창조적 파괴" 이론을 제안했다. 혁신은 새로운 제품, 기술 또는 생산 방법의 도입을 통해 기존 시장 구조를 파괴하는 기업가에 의해 주도된다는 이론이다.[17] 피터 드러커는 기존 자원이 새로운 부가가치를 창출할 수 있도록 기회를 찾고 활용하는 능력이 혁신을 주도한다고 제안했다. 혁신은 새로운 기술, 소비자 선호도의 변화 또는 시장 조건의 변화를 비롯한 다양한 요인에 의해 주도될 수 있다고 하였다.[18]

　20세기 후반 디지털 정보혁명이 가속화되자, 정보혁명에 기반한 지식경영이 새로운 화두로 떠올랐고, 과학기술을 융복합한 4차산업혁명이 혁신의 주요 테마로 자리잡게 된다.[19] 인공지능 기술의 파괴적 혁신을 목도하면서, 과학과 기술이 집약된 가장 혁신적인 시스템으로 인정하면서도 과학기술의 혁신성과가 사회구성원 모두에게 공유되고 확산되기 위해 제도적 개혁이 병행되어야 한다는 의견과 주장이 제기 되고 있다. 기술의 혁신과 경제사회의 제도개혁을 포괄적

16　'자본론' 1(하) 자본의 생산과정. 칼 마르크스 지음, 김수행 옮김, 비봉출판사, 2015

17　'자본주의 사회주의 민주주의' 조셉 슘페터 지음, 이종인 옮김, 북길드, 2016

18　"위대한 혁신" 피터 드러커 지음, 권영설, 전미옥 옮김, 한국경제신문, 2006

19　각주 10참조

으로 추진해야 한다는 것이다.[20]

지식과 기술의 발전에 의해 주도되거나, 물적 자본의 축적이 아니라 새로운 아이디어의 창출에 의해 혁신이 이루어진다는 의견도 있다. 혹은, 국가 또는 정부가 경제에 대한 전략적 산업에 투자하고, 연구 개발을 촉진하고, 최적화된 입지를 선정하여, 인프라와 여러 지원을 집적화하여 제공해야 한다는 이론도 있다.[21] 시장의 힘과 소비자 수요에 의해 주도되어, 소비자의 선택과 경쟁이 기업이 경쟁력을 유지하고 소비자의 요구를 충족시키기 위해 혁신하도록 유도한다는 주장도 있다.

현대 경제의 시작에서부터 혁신의 원인과 원동력을 규명하는 것이 경제와 경영 연구자들의 핵심 주제였음을 알 수 있고, 현대 경제가 양적, 질적으로 확대되고 고도화됨에 따라, 그 원인과 동력을 규명하는 과정에서 다른 요소에 더 중점을 둔 다양한 이론들이 있을 수 있다는 것을 이해할 수 있다. 혁신은 새로운 아이디어, 방법 또는 제품을 도입하는 과정, 신기술 개발부터 새로운 비즈니스 모델 도입, 새로운 제품 및 서비스 창출에 이르기까지 광범위한 활동을 포함한다.

기업 또는 조직 간의 경쟁은 기업이 차별화하고 경쟁 우위를 확보할 방법을 모색함에 따라 혁신을 주도할 수 있다. 사회 및 문화의 변화는 소비자 행동의 변화 또는 정부 정책의 변화와 같은 혁신 요인을 형성할 수 있다. 개인과 조직의 창의성은 문제를 해결하거나 가치를 창출하는 새로운 방법을 모색하여 혁신의 원동력이 된다. 혁신에 의해 증대된 부가가치를 공정하고 투명하게 배분하는 것도 새로운 자극과 동기유발로 이어져 혁신의 기폭제가 된다.

디지털 정보혁명에 이은 인공지능 기술혁명의 창조적 파괴가 진행되고 있는 현시점에서는 과학기술혁명에 따른 기업경영과 경제활동의 포괄적 변화, 변화된 경제시스템이나 프로세스를 작동시키는 주된 특징과 원리, 혁신의 성과를 공정하고 투명하게 분배하기 위한 시장원리와 제도적 뒷받침, 정치적, 문화적, 환경적 요인에 대한 종합적인 고려가 혁신의 원인과 동력을 규명하는 요인이며 접근방안이라고 하겠다.

산업혁명 이후 혁신의 흐름도 다양한 시각에서 제시할 수 있지만, 경제와 사회에 심대한 영향을 미치는 과학기술혁명, 경제시스템이나 생산방식의 변화, 혁신을 결정짓는 특징적 요소에 따라 대략 세가지 단계로 구분지을 수 있다.

---

20 '지식경제의 도래', 로베르토M, 웅거 지음 이재승 옮김, 다른백년출판사, 2022.
21 '(선진국의)혁신 클러스터, 균형발전위원회 지음, 2004

혁신의 발전단계

구분	주요특징	혁신요소
산업혁명 (증기기관~컴퓨터)	- 기계제 대공장 - 대량생산, 대량소비 - 수직계열화	- 노동력(근력), 숙련도 - 분업과 전문화 - 초과이윤(잉여가치)의 재투자
디지털·정보혁명 (컴퓨터 ~현재까지)	- 플랫폼 경제 - 글로컬라이제이션 - 수평적 협업화	- 지식, 정보력 - 정보기술, 디지털기술 - 산업과 기술의 융복합
인공지능 혁명[22] (현재~)	- 콘텐츠화 - 가상화(메타버스) - 자동화	- 상상력, 창의력, 문제해결능력 - 인공지능기반 경제 - 크리에이터 비즈니스

18세기 후반 증기기관의 발명으로 산업혁명이 일어나자, '엔진과 기계를 이용한 제조업' 이 출현하였다. 19세기 후반에는 대규모 공장을 통한 대량생산의 시대가 열리게 되었다. 카네기 철강, 포드자동차, 제너럴 일렉트릭, 듀퐁 등과 같은 기업들이 이때 등장하여 오늘날까지 세계를 대표하는 글로벌 기업들로 성장 발전하였다. 기계나 컨베이어 벨트를 활용한 대규모 조립라인으로 대량생산이 가능해졌으며, 끊임없는 혁신을 거듭하여 기계제 대공업은 오늘날에도 대표적인 경제시스템, 생산방식으로 자리매김 하고 있다.

기계와 대공장을 통한 대량생산의 최우선적인 특징은 노동분업과 협업, 그리고 각종 기계시스템을 활용한 생산성 향상이다. 생산 공정을 일련의 특수 작업으로 나누고 각 작업자는 특정 작업을 수행한다. 교환 가능한 부품과 기계시스템을 활용하여 대량 생산 및 효율성 향상이 가능하며 상품이 컨베이어 벨트를 따라 이동되고 다른 작업자가 각 품목에 대해 다른 작업을 수행하는 조립라인 생산 프로세스를 활용한다. 특정 디자인과 사양에 따라 제품을 대량으로 생산하는 제품 표준화와 품질관리가 병행해서 발전하여 왔다.

20세기 후반에는 디지털기술과 전자·정보통신기술을 활용하는 새로운 경제시스템, 생산 방식이 출현하게 된다. 컴퓨터의 발명은 1945년에 펜실베니아 대학에서 발명한 애니악(ENIAC)으로 알려져 있지만,[23] 개인용 컴퓨터가 출현한 1970년대 중후반부터 대량으로 보급되기 시작하는 1980년대를 전자·정보통신혁명의 시작점으로 보았다. 디지털기술과 정보 통신기술은 디지털혁명, 정보혁명으로 불릴 정도로 경제 혁신에 지대한 영향을 미쳐 새로운 산업을 창출하고

---

[22] 주요특징 및 혁신요소는 2장을 참조하기 바람.
[23] '혁신에 대한 모든 것' 6장 참조. 매트 미들리 지음, 이한음 옮김. 청림출판, 2023

기존 산업을 재편했다. 효율성과 생산성을 높이고 성장과 혁신을 위한 기회를 창출했다. 세계 경제를 대표하는 수많은 테크기업과 인터넷기업들이 새롭게 출현했으며, 경제의 판도를 완전히 뒤바꾸었다.

디지털 기술과 정보 기술은 데이터 처리를 위한 통신의 속도와 효율성을 크게 향상시켰다. 온라인 플랫폼, 빅데이터 분석과 같은 생산 혁신으로 소비자의 선호도나 취향에 맞는 제품이나 서비스를 신속하게 생성할 수 있게 하였다. 정보의 가용성과 접근성을 크게 확장하여 클라우드 소싱(불특정 다수 참여방식), 개방형 혁신과 같은 새로운 형태의 협업과 혁신을 가능하게 했다. 인터넷과 모바일 기술의 발전으로 공유 경제나 온라인 시장과 같은 새로운 비즈니스 모델이 개발되었다. 기업활동과 산업체계도 대기업에서 중소기업으로 이어지는 원청과 하청의 수직 계열화 형태에서 산업 부문별, 벨류체인(가치사슬)[24]별 수평적 협력체계를 확산시켰다.

최근 50년간의 기술과 경제의 발전이 지난 수 백년 동안의 발전보다 빠를 정도로 공간적 확산과 시간적 속도는 엄청나며, 인공지능이라는 기술과 경제혁신의 새로운 게임체인저의 등장으로 이어져 현재 진행중이다.

---

[24] '경쟁 우위: 우수한 성과 창출과 유지' 마이클 포터 지음, 박성원 외 옮김, 비봉출판사, 1990.

3 혁신, 종말에 직면하다.

인공지능 전후의 기술혁신 비교

		인공지능 이전			인공지능 이후
불균형·불연속적인 혁신	적용지연 등	- 기존 시스템과 통합, 호환의 어려움 - 기존 조직의 저항, 적응(재교육 등) - 투자, 전문인력의 부족 등 자원문제 - 규범이나 제도의 미비, 문화적 저항	초월적인 혁신	연속성	- 인공지능의 자기학습, 자가발전 - 가상경제의 무한 확산 - 장기적이고 지속가능 - 예측 불가능한 침체와 순환 종료 - 성과와 이익이 균형있게 실현
	중장기 주기	- 성장과 침체의 주기적 반복 (콘트라에프 주기 혹은 파동) - 단기적 과대평가, 장기적 과소평가 (아마라 법칙, 가트너 하이프 커브)		완전성	- 혁신의 혜택을 더 많은 사람들과 기업들이 공유 - 경제적 이익과 성과를 조금 더 공평하게 분배 - 사회 전반에 혁신의 기회를 제공하여 전체적인 경제 성장과 발전
	경제원리	- 한계수확체감의 법칙 (생산요소와 생산량의 증가가 불일치) - 규모의 경제 (규모의 경제에서 비경제로 전환)		포괄성	- 경제적 혁신의 성과와 이익이 모든 측면에서 균형있게 실현 - 환경보호, 경제적 약자에 대한 지원 등 사회적 가치도 동시추구 - 개인정보 보호 등 윤리적 대응 - 기업, 정부, 시민사회, 학계 등 참여 가능한 개방형 플랫폼

초월이란 상상초월과 같이 우리의 생각이나 경험을 뛰어넘는 것을 말한다. 기존의 한계를 넘어서며 새로운 수준으로 도달하는 혁신을 초월적 혁신이라 할 수 있다. 통상적인 혁신과는 달리 혁신적인 아이디어나 기술을 사용하여 기존의 방식이나 제한을 완전히 넘어서는 것이다. 기존의 상상력을 초월하여 새로운 영역을 개척하거나, 문제를 해결하는 새로운 방법을 창조하는 것을 포함한다. 인터넷이나 스마트 폰의 발명, 우주 탐사 기술 등은 기존의 개념과 경계를 넘어서며 새로운 시대를 열고 사회와 경제의 다양한 측면에 영향을 미쳤다는 점에서 초월적인 혁신의 사례들이라고 할 수 있다.

인공지능 기술혁신은 궁극적이고 최종적인, 기존의 모든 혁신을 넘어서는 초월적인 혁신의 분기점에 이르렀다고 할 수 있다. 인공지능 기술의 실용화가 진전되어, 경제와 사회의 전 부문에 전면적이고 포괄적으로 활용되게 된다면, 인간 삶에 미치는 영향은 가늠하기 조차 어렵다. 상상하기에 따라서는 사이보그(인조인간)가 등장하여 인간이 해야 하는 시시콜콜한 일까지도 대신해 주는 소설 속의 한 장면이 현실화 될 수도 있고, 의식주에 대한 고뇌가 없는 평안한 세계에 도달할 수 있다.

모든 기업들이 혁신에 열을 올리고 투자를 아끼지 않는 이유는 역설적으로 혁신이 연속적이지 않다는 데에 있다. 혁신이 아무런 작용을 하지 않아도 자연법칙처럼 저절로 이루어진다면 치열한 경쟁 속에서 탈락하는 기업도 없을 것이고, 생산과 물자의 부족 때문에 허덕이는 일도 없고, 노동자들이 실업과 고용불안에 내몰리거나 경기호황에 따른 물가상승 등의 부작용에 힘들어질 일도 없을 것이다.

기업의 생산성을 크게 향상시킬 수 있는 새로운 과학기술을 발명하거나 발견하였다고 해도 많은 실험과 생산현장에 적용하는 방법을 찾아 내는 데에는 적지 않은 시간이 소요된다. 인공지능 기술만 하더라도 그 개념과 원리가 제기된 것만해도 수십년 전의 일이다. 현실에 적용하는 데에 걸리는 시간에다가 기존 시스템의 적응이나 조직의 반대 등 다양한 이유로 말미암아 실제 상황에 적용하는 것은 결코 쉬운 일이 아니다. 혁신은 연속적이지 않고 기업과 경제활동마다 불연속적이라고 할 수 있다.[25]

과학적 발명의 경우, 반복적 실험과 연구를 통해 새로운 과학원리를 발견했다고 해도 이를 곧바로 생산활동에 적용하는 데에는 여러가지 난관이 있다. 기존 시스템과 통합에 따른 기술적 어려움, 호환성 문제, 전문 기술의 필요성으로 인해 새로운 기술을 구현하는 것이 어려울 수 있다.

비즈니스 운영에 미치는 영향에 대한 우려, 직원 재교육의 필요성, 미지의 세계에 대한 두려움 때문에 기존 조직은 혁신이 가져다 줄 새로운 경제시스템이나 생산방식의 변화에 저항할 수 있다. 노동자의 생존권이나 기존 조직의 기득권에 영향을 미칠 때는 훨씬 더 격렬한 저항과 반대가 있을 수 있다. 조직 내 유연성과 민첩성 부족, 사일로(원통형 칸막이로 조직 관료화에 따른 소통 부재의 예로 자주 사용됨)현상, 관료주의로 인해 방해받을 수 있다. 적절한 인센티브가 부족하면 직원들이 위험을 감수하고 새로운 아이디어를 추구하는 데 방해가 될 수 있으며, 투자재원이나 수행인력의 전문성과 같은 자원 부족에 직면한다.

높은 연구 개발 비용, 새로운 기술, 프로세스 구현 비용과 같은 재정적 한계는 회사의 혁신에 걸림돌이 될 수 있다. 새로운 작업 방식 채택에 대한 저항, 개인 정보 보호와 보안 우려로 인한 반대, 기존 규범이나 관행 변경에 대한 거부감과 같은 사회적, 문화적 저항으로 지체될 수 있다. 각종 규제 장벽도 문제가 된다. 법률과 제도에 의한 정부 규제는 새로운 기술의 사용에 제한을 두거나 비용이 많이 드는 승인 절차를 요구한다. 까다롭고 충분한 실험과 검증절차들을 설치함으로써 혁신의 장벽으로 작용한다.

---

25 각주21, 지식경제의 도래, 1장2절(요약인용)

혁신을 구현하는 데에 직면하는 난관들을 극복하기 위해서 기업들은 많은 노력과 투자를 기울이고 있다. 생산과 경영의 혁신 해법과 노하우가 축적된 기업들은 혁신기업으로 나아가는 데에 직면하는 문제들에 신속하고 정확하게 대처할 수 있다. 치열한 경쟁환경에서 기업의 생존권을 보장하고, 성장을 뒷받침한다.

혁신기업들은 신기술 구현의 기술적 어려움을 해결하기 위해서 새로운 기술을 출시하기 전에 철저한 출시 계획, 테스트를 수행하여 잠재적인 기술적 문제를 식별하고, 기존 시스템의 중단을 최소화한다. 새로운 기술을 기존 시스템과 통합하는 것은 어렵지만, API, 미들웨어(조정 중계 기능 소프트웨어)사용과 같은 다양한 전략이 격차를 해소하고, 기존 시스템과 새로운 시스템 간의 다리 구축을 통해 호환성을 보장한다. 직원 교육과 재개발에 투자하여, 신기술을 효과적으로 사용하고 유지하는 데 필요한 기술을 갖추도록 한다.

효과적인 커뮤니케이션은 변화에 대한 조직의 반대와 저항을 극복하는 데 중요하다. 직원이나 이해 관계자와 적극적으로 소통하여 우려 사항을 이해하고, 커뮤니케이션을 통해 신뢰를 구축하여 변화에 대한 동의를 높일 수 있다. 이해당사자를 변화 과정에 참여시키면 주인의식을 높이고 저항을 최소화한다. 이해당사자의 피드백을 반영하고 혁신에 대한 변화를 설계하고, 혁신을 구현할 수 있는 기회를 제공한다.

새로운 기술이나 프로세스로 전환하는 직원을 지원할 수 있다. 재교육 프로그램, 적응에 도움이 되는 리소스(자원), 변화의 이점에 대한 확실한 커뮤니케이션을 제공한다. 지원을 통해, 업무 중단을 최소화하고 전환을 용이하게 하여 변화에 대한 자신감을 제고할 수 있다. 혁신에 대한 사회적, 문화적 공감대를 형성하는 활동을 통해서 새로운 기술과 변화의 이점에 대한 인식을 높여 거부감을 해소해 나간다. 교육이나 홍보활동을 통해 이해 관계자와 광범위한 사회 커뮤니티에 혁신의 잠재적 이점을 공유해 나간다.

개인 정보 보호와 보안, 환경과 에너지, 교통난과 도심 과밀화 등 여러가지 사회적 우려사항에 대한 정교한 대응방안 등을 소개하고 대처한다. 투명한 정책과 관행을 개발하여 사회적 우려 해소에도 주력한다. 사회 문화적 파급력이 큰 혁신의 경우 점진적, 단계적으로 채택하는 것도 부정적 인식과 저항을 해결하는 데 도움이 될 수 있다. 파일럿 프로젝트(시범사업)이나 테스트 단계로 시작하여 단계적으로 혁신 사항을 구현하고 점진적으로 확장해 나간다.

끊임없는 투자와 노력에도 불구하고 혁신의 불완전한 지속과 불균형을 완전히 해소하는 것은 거의 불가능에 가깝다. 불완전한 지속과 불균형으로 경제시스템이나 생산방식에서 성장과 정체가 반복되게 된다. 혁신이 적용되어 생산성이 향상되고 기업 성과가 증대되면 성장이 확대되고, 그 반대면 정체와 침체가 반복된다고 할 수 있다. 개인과 국가에도 마찬가지로 적용될 수 있다.

정체 기간이 길어지면, 경제가 침체되고 이는 실직과 경제 활동 감소로 이어져 생업에 종사하는 대다수의 사람들에게는 불평등과 경제활동 위축의 어려움을 초래한다. 기업은 경쟁 업체에 뒤처지게 되고, 세계의 모든 기업과 경쟁하게 되는 글로벌 시장에서 어려움은 가중된다. 혁신이 정체되면 생산성과 효율성 감소로 이어져 경제의 전반적인 산출량과 수익을 감소시키며, 실직과 경제 활동 감소는 많은 사람들의 빈곤 증가와 생활 수준 저하를 유발하는 악순환이 진행된다. 최신의 첨단 기술과 제품에 접근할 수 없기 때문에 혁신의 부족은 삶의 질 저하로 이어질 수도 있고, 의료, 교육 등 필수 서비스에 대한 접근성이 떨어지게 된다.

성장과 침체가 주기적으로 반복되는 현상을 '콘드라티에프 장파" 또는 '콘드라티에프 파동'[26]의 개념으로 설명하기도 하였다. 현대 경제가 성장과 침체의 장기 주기를 거치며 각 주기는 약 50-60년 동안 지속된다는 주장이다. 이러한 주기는 특정 부문과 기술의 흥망성쇠를 특징으로 하며, 혁신의 불연속성과 경제 침체를 극복하기 위한 기술 변화의 필요성에 의해 주도된다고 한다.

아마라(Amara)의 법칙은 사람들이 신기술의 영향을 단기적으로 과대평가하고 장기적으로는 과소평가하는 경향을 말한다.[27] 기술혁신의 변동성과 불연속성을 나타내는 대표적인 법칙이다. 인터넷의 등장을 예로 들어보자. 1990년대 인터넷 등장에 열광하다가 닷컴 버블이 꺼지고, 한동안 잊혀진 시기가 있었지만, 다시 10년 후에 보니 기존 사업 모델을 교란하고 파괴하고 있었고, 예측불허의 급진적인 양상을 보인 것을 알 수 있다. 블록체인, 자율주행, 메타버스, 유전공학과 같은 최근 화제가 되고 있는 신기술도 아마라의 법칙에서 자유로울 수가 없다. 세계적인 컨설팅그룹인 가트너사는 아마라의 법칙을 하이프 사이클로 구체화하여 기술혁신의 변화과정을 예측하고 있다.[28]

성장과 침체가 반복되는 혁신의 불연속성은 경제시스템과 생산방식이 직면하고 있는 불균형과 독과점과 같은 주요 문제에서 벗어나지 못하는 요인이기도 하다. 혁신의 단절은 대체적으로

---

26 (https://ko.wikipedia.org/wiki/%EC%BD%98%EB%93%9C%EB%9D%BC%ED%8B%B0%EC%98%88%ED%94%84_%ED%8C%8C%EB%8F%99)

27 '혁신에 대한 모든 것' e북 65p. 매트 리들리 지음, 이한음 옮김, 청림출판, 2023.

28 https://en.wikipedia.org/wiki/Gartner_hype_cycle

기업의 역량과 자원, 급변하는 시장 상황과 기술 간의 불일치로 이어진다. 이로 인해 기업은 진행되는 비즈니스 모델에 뿌리를 내리고 새로운 기회와 위협에 적응할 수 없다. 혁신의 단절은 변화를 효과적으로 탐색할 수 있는 소수의 기업으로 권력이 집중되어 불균형과 독과점으로 이어질 수 있다. 혁신의 불연속성은 기업과 경제가 지속가능한 성장을 달성하고 사회 경제적 문제를 해결하는 데 중요한 장애물이 되게 된다.

지속적이지 않거나 불균형적으로 진행되는 혁신의 상황을 구조적이고 필연적으로 설명하는 경제원리로 한계 수확체감이나 규모의 경제 등이 있다. 한계 수확체감은 한 생산요소의 양이 증가하고 다른 요소는 일정하게 유지되면 결국 추가 생산량이 감소한다는 것이다. 한 가지를 계속 더 추가할수록 각 추가 단위에서 얻는 이점이 감소한다는 의미이다. 규모의 경제는 모든 생산요소를 골고루 추가할 경우, 단위당 평균비용이 감소하여 규모확대 효과를 가져오지만, 일정규모에 도달하게 되면 평균비용이 증가하여 규모확대 효과가 사라지는 규모의 불경제가 시작된다는 것이다.[29]

빵집 주인이 매일 생산하는 케이크의 수를 늘리고 싶어 한다. 다른 생산요소는 일정하게 유지한 채, 우선 주방에서 일할 직원을 한 명 더 고용한다. 추가된 직원의 도움을 받으면 더 많은 케이크를 생산할 수 있고 전체 생산량이 증가한다. 그러나 계속해서 더 많은 작업자를 고용하면 결국 더 많은 작업자를 추가해도 이전만큼 생산량이 증가하지 않고 오히려 감소하는 지점에 도달하게 된다. 직원을 계속 고용하지만 주방을 확장하지 않으면 직원들은 결국 서로의 길을 방해하고 속도를 늦추기 시작할 것이다. 이것이 한계 수확체감의 지점이다. 한계 수확체감의 지점에서 성장은 끊기며 정체와 침체가 시작되는 순간이라 할 수 있다.

규모의 경제(한계비용 체감)는 경제시스템이나 생산방식이 성장하고, 더 많이 생산할수록 단위당 평균 비용이 감소한다는 원리이다. 더 많이 생산할수록 각 단위를 생산하는 것이 더 저렴하다는 원리이다. 쿠키 하나를 만드는 데 드는 재료 비용이 100원이라면, 쿠키를 하나만 만들면 쿠키당 비용은 100원이 된다. 그러나 쿠키 100개를 만들면 재료를 대량으로 구입하고 생산도구와 노동력을 적절히 증가하여, 재료비용을 쿠키 1개가 아닌 100개에 분산하기 때문에 쿠키당 재료 비용이 낮아져 쿠키당 비용이 100원 미만으로 낮아진다는 것이다.

재료의 대량구매 외에도 광고, 설비, 기술개발, 물류 유통 등 여러 분야에서 규모의 경제는 규모가 작은 회사보다 큰 회사에 경쟁 우위를 제공할 수 있다. 더 큰 규모로 생산함으로써 비용

---

[29] '미시경제학' 11장, 12장 참조. 김영산, 왕규호, 박영사, 2020.

을 낮추고 더 낮은 가격에 제품을 판매할 수 있어 소비자에게 매력적이며, 동일제품을 생산하는 기업과의 경쟁에서 우위에 설 수 있다.

규모의 경제도 항상 우 상향하는 것이 아니고, 역(마이너스)의 포물선을 취한다. 단위 규모의 증강에 따라 늘어나는 한계 비용이 체감하다가 늘어날 수 밖에 없다. 무한정 규모가 확대될 수 없기 때문에 규모확대가 벽에 부딪히는 순간, 증가된 비용이 예상수익을 초과하게 된다. 성장이 지체되면 생산성도 떨어진다. 규모의 경제와 규모의 비경제가 서로 교차한다. 포물선의 꼭 지점에서 성장은 끊기며 정체와 침체가 시작되게 된다.

인공지능과 빅데이터, 머신러닝[30]과 같은 기술을 경제시스템과 생산활동에 전면적이고 포괄적으로 적용하면, 경제 구조를 인공지능기반 경제로 탈바꿈하게 된다. 인공지능 기술은 사람, 조직, 시스템의 상호 연결성을 크게 증가시켜 더 큰 커뮤니케이션과 협업을 가능하게 한다. 무인 자동화는 이전과 비교할 수 없는 생산성 향상, 비용 절감으로 이어진다. 빅데이터를 기반으로 하는 의사결정은 개인화된 제품과 서비스를 가능하게 하여 고객의 만족도를 향상한다.

인공지능(AI: Artificial Intelligence)은 경제시스템과 생산방식에 적용되는 기술적 측면에서 이전과는 차원이 다른 구성요소를 지니고 있다. 머신러닝과 강화학습과 같은 인공지능 기술은 명시적으로 프로그래밍하지 않고도 방대한 데이터를 인공지능 알고리즘이 스스로 활용해서 학습하고 시간이 지남에 따라 스스로 성능을 향상시킨다.

인공지능 기술을 경제시스템이나 생산활동에 부분적이고 제한적으로 적용하게 되면, 산업구조나 경제구조에 미치는 영향은 제한적이다. 반면에 전면적이고 포괄적인 적용은 근본적인 변화를 초래한다. 경제 시스템과 생산 방식을 근본적으로 변화시킨다. 우선 기존의 부분적이고, 불완전하며, 연속적이지 않은 경제 혁신을 초월하는 포괄적이며, 완전하고, 연속적인 혁신이 가능하게 된다.

'포괄성'은 단순히 혁신에 성공한 기업이 경쟁에서 앞서서 그렇지 못한 기업들을 도태시키는 것을 넘어서, 혁신의 혜택을 더 많은 사람들과 기업들이 공유할 수 있도록 하는 개념이다. 포괄성은 혁신을 통해 발생하는 경제적 이익과 성과를 조금 더 공평하게 분배하고, 사회 전반에 혁

---

30 경험을 통해 자동으로 개선하는 컴퓨터 알고리즘으로 인공지능 기술의 한 분야이다. 컴퓨터가 스스로 학습할 수 있도록 알고리즘과 기술을 개발하는 분야이다. 기술의 핵심은 표현(representation)과 일반화(generalization)에 있다. 표현이란 데이터의 평가이며, 일반화란 아직 알 수 없는 데이터에 대한 처리이다. 다양한 응용사례가 존재하는데, 문자인식, 음성인식은 가장 잘 알려진 사례이다.

신의 기회를 제공하여 전체적인 경제 성장과 발전을 촉진한다.

'완전성'은 경제적 혁신의 성과와 이익이 모든 측면에서 균형있게 실현되는 것을 의미한다. 경제적 가치와 더불어 환경보호, 경제적 약자에 대한 지원과 같은 사회적 가치도 동시에 추구해야 하며, 새로운 기술과 서비스 적용에 다른 부작용, 즉 개인정보 보호나 오남용 방지와 같은 윤리적 쟁점도 동시에 고려해야 한다. 개방적 플랫폼을 형성해서 기업, 정부, 시민사회, 학계 등 다양한 이해관계자들의 의견이 반영될 수 있도록 한다.

'연속성'은 끊임이 없는 장기적이고 지속가능한 혁신을 의미하며, 혁신의 연속성을 통해서 예측 불가능한 경기침체와 순환이 마침내 종료되게 된다. 인공지능의 자기학습, 자가발전은 연속적인 혁신을 통해서 장기적이고 지속가능한 발전을 가능하게 한다. 인공지능 기술을 장착한 개별적 기업들은 포괄성, 완전성과 결합하여 경제 시스템의 연속적 혁신을 가능하게 한다.

인공지능 기술은 사물과 인간을 효율적으로 매개하여 이제까지의 경제시스템이 골머리를 앓아왔던 불완전하고 제한적인 생산활동을 제거하고 완전하고 포괄적인 혁신 시스템을 작동하게 한다. 인공지능은 자원과 생산의 효율적인 시스템을 가능하게 하여 자율적 소비를 뒷받침한다. 예측 불가능한 경기침체와 성장의 순환은 종료된다. 한계수확이 체감하고, 규모의 경제가 무너지는 상황을 종료하고 새로운 차원의 경제시스템에 도달하게 된다.

인공지능기반 경제(AI-based Economy)란 생산, 유통, 소비 등 경제시스템 전반에 인공지능 기술과 서비스, 사업모델이 적용되는 경제를 말한다. 경제활동이나 생산에 부문적 제한적으로 인공지능 기술을 응용하는 것이 아니고 전면적이고 포괄적으로 활용하는 것이다. 부분적이고 제한적인 응용과 달리 인공지능의 전면적이고 포괄적인 적용은 지금까지의 주요한 경제개념들과 경제 운영규칙에도 전면적이고 포괄적인 변화를 가져온다. 인공지능의 특성과 원리가 이제까지 적용되던 기술이나 생산시스템과는 본질적인 차이가 있기 때문이다.

제3장   변하지 않는 기업은 생존할 수 없다.

요약

'우리는 하나의 유기적인 과정을 다루고 있는 것이므로 그 유기적 과정의 특정한 일부분인, 개별기업 또는 개별산업에서 생기는 현상이라는 것은 해당 기구의 세부를 밝히는 것이기는 하나 그 이상으로 결정적이지는 못하다.(중략)사업전략의 모든 단편은 창조적 파괴가 지속되는 열풍 속에서 그 자신이 맡은 바 역할 속에서 포착되어야 한다.' (슘페터)

주요기업들의 움직임이 인공지능 기술에 의한 창조적 파괴가 지속되는 동안 주요 기업들의 경영활동에 어떤 영향을 미치는지, 해당 기업들은 기술혁신의 파고에 어떠한 사업전략으로 대응하는지를 파악하는 것이다. 창조적 파괴의 규모와 성격에 따라서 기업활동에 미치는 영향과 파급효과는 뚜렷한 차이가 있다. 기업들의 대응사례를 종합함으로써 산업과 경제의 흐름을 전망할 수 있다.

콘텐츠화, 가상화, 자동화라는 인공지능기반 경제의 특성들은 창조적 파괴의 동력으로 장기간에 걸쳐 기업경영과 경제시스템을 새로운 혁신체계로 변화시킬 것이다. 주요기업들이 인공지능기반 경제의 혁신동력을 어떻게 흡수하고 기업 내외의 역량과 환경으로 재창조를 통해서 기업의 생존과 활로를 모색하는 것을 탐색하는 것이 동향파악의 일차적 목적이다. 아울러서 파악된 동향들을 토대로 제반 경제적 특성들이 실질적으로 작동되고 있는지를 검증하고 보완하는 과정이 병행되어야 한다.

우선적으로 현대 경제를 주도하는 산업분야의 기업동향들을 일차적으로 파악해보고자 한다.가장 오랜 세월동안 성장과 발전을 지속해 온 제조 대기업, 디지털정보혁명시기에 출현하여 글로벌 경제를 대표하는 플랫폼기업, 폭발적인 성장이 전망되는 콘텐츠 기업이 그것이다.

1 태풍의 눈 안에 들어간 제조대기업

제조 대기업의 분야별 변화 동향

체크포인트	주요내용	비고

생산시스템	- 공급망 프로세스 최적화
	  (자원과 재료 및 납품주기를 제 때에 맞춤)
	- 로봇과 자동화시스템 전면 적용
	  (단순 무한반복 노동 → 자동화, 창의적 활동 증대)
	- 의사결정 시스템 변화
	  (수평적 관계의 확산, 현장중심 의사결정)
		- 현장노동자의
		  크리에이터 전환 배경

제품과 서비스	- 개인화, 맞춤화
	  (다품종 소량 혹은 다품종 대량생산)
	- 제품과 서비스의 감성 비중 확대
	  (소비자 감성, 커뮤니케이션 중심)
		- 로봇, 자동화

직업과 직무변동	- 현장 작업자의 직무역량 변화
	  (프로그래밍, 데이터 분석, 기계학습 역량)
	- 커뮤니케이션을 통한 문제해결 능력
	  (인간 ↔ 인간, 인간 ↔ AI ↔ 인간)
	- 고용관계 변화
	  (직무발명 인센티브 혹은 지재권 계약관계 확대)
		- 직무교육, 전환교육
		- 온라인(재택) 근무

인공지능기반 경제는 직업과 경제활동의 중심이 알고리즘과 빅데이터를 중심으로 포괄적이고 심층적으로 이동한다. 기업의 경제시스템과 생산방식도 인공지능 알고리즘과 빅데이터를 중심으로 재편된다. 세계경제를 대표하는 기업들의 움직임도 분주하다. 삼성전자, 제너럴 일렉트릭, 벤츠 같은 제조기반의 기업들도 생산방식과 경제시스템에 큰 변화가 불가피하다.

인공지능 이전에는 제조 프로세스가 대부분 수동이거나 제한된 자동화에 의존했다. 하지만 인공지능(AI) 기술이 도입되면서 로봇과 자동화 시스템의 의존도가 크게 늘어 나게 된다. 삼성전자의 2011년부터 2021년까지 지난 10년동안의 고용자수와 매출액의 추이를 살펴 보면, 국내 사업장의 고용 총 인원은 101,973명에서 113,485명으로 10년간에 걸쳐서 10% 증가하였다. 반면 매출액은 165조에서 279조 4백억으로 70%로 증가하였다. 10년 동안 매출액 증가율이 고용인력 증가율을 60% 이상 상회한다는 것을 알 수 있다.[31]

---

[31] https://www.shinailbo.co.kr/news/articleView.html?idxno=14486860, www.donga.com/news/Economy/article/all/20220107/111134840/1 참조

60% 이상 상회하는 매출액 증가는 고용 총 인원의 증가보다는 로봇이나 자동화에 의한 기술혁신과 생산시스템의 고도화에 있다고 추정해 볼 수 있다. 자동화, 첨단화 기반의 인공지능 기술에 대한 투자규모를 짐작하게 해준다. 반면, 디자인, 엔지니어링, 프로그램 분야 인력을 대규모로 확대하는 고용인력 구조의 변화를 위한 투자를 엿볼 수 있다.[32] 자동화 로봇이나 첨단 기술, 인공지능으로 대체하기 어려운 분야가 대부분이다. 다른 기업과 차별화된 제품과 서비스를 디자인하고 생산할 수 있는 영역이다.

인공지능기반 시스템은 대량의 데이터를 실시간으로 분석할 수 있어 개별고객의 특정 요구와 선호도를 충족하도록 제품과 서비스를 개인화 할 수 있다. 생산시스템을 유연하게 구성하여, 단일품종의 대량생산 개념에서 다품종의 대량 혹은 소량 개념으로 바뀐다. 생산규모에 관계없이 생산이 가능한 생산방식을 통해 고객 맞춤형 제품군을 출시한다. 공급망 프로세스에 인공지능 시스템을 적용, 수요를 예측하고 낭비를 줄이며 자원과 재료의 조정을 개선하고, 공급망 프로세스를 최적화하여 비용을 절감하고 제때의 납품주기를 실현한다. 방대한 데이터를 수집하고 분석하여 과학적인 정보에 입각한 결정을 내리고 혁신을 추진하는 데 사용할 수 있는 귀중한 통찰력과 정보를 활용하고 있다.

제조현장에서 작업 노동자의 직무와 업무영역에도 커다란 변화가 진행되고 있다. 인공지능 기술 도입 이전에 작업자가 수행했던 많은 작업을 자동화하여 특정작업 역할이 제거되고, 새로운 역할들이 생성되고 있다. 품질관리, 데이터 분석, 조립라인 작업이 자동화되어 작업자가 더 복잡하고 높은 수준의 작업에 집중하게 된다. 현장 작업자는 인공지능 프로그래밍, 데이터 분석, 기계학습 분야에 대한 이해가 뒷받침되고 전문화되야 작업이 가능하게 된다. 작업자가 단순 반복적 역할에서 보다 전문적인 위치로 이동하는 변화가 이어지고 있다.

현대자동차는 고객의 가치를 실현하기 위해 모든 것을 유기적으로 연결, 제조 시스템의 혁신을 추구하는 스마트팩토리 생태계'를 추진하고 있다. 유연한 자동화, 지능화, 인간 친화를 핵심 가치로 추구한다. 유연한 자동화는 물류, 조립, 검사 등의 생산과정을 고도화된 자동화를 통해 다양한 모빌리티 제조 환경에 신속하게 대응, 고객 만족을 극대화한다는 개념이다. 로봇이 스스로 차종을 찾아 유연하게 개발하겠다는 개념이다. 지능화는 인공지능(AI), 빅데이터 등 미래기반 지능형 공장 관리 시스템으로 공장을 효율적으로 운영해 최상의 품질을 제공하겠다는 것이다. 인간 친화는 유해한 작업 환경을 자동화하거나 작업자 부담을 덜기 위한 협업 로봇 등 인

---

[32] https://www.etnews.com/20170719000286 참조

간 친화적 스마트기술을 적용해 미래 모빌리티 경험을 제안한다.[33]

작업자는 작업장의 변화하는 요구사항을 따라잡기 위해 자신의 기술을 업그레이드해야 한다. 이전에 수동 작업을 담당했던 작업자는 인공지능 시스템을 사용하고 유지하는 방법을 배워야 하거나 데이터 분석을 담당했던 작업자는 인공지능 알고리즘을 프로그래밍하는 방법을 익혀서 적응하는 과정들이 진행되고 있다. 인공지능과 디지털 기술을 융합하여 인터넷에 액세스할 수 있는 한 작업자는 전 세계 어디에서나 작업이 가능하게 되었다. 노동자가 더 이상 공장이나 사무실에 실제로 있을 필요가 없기 때문에 작업 영역의 변화로 이어지고 있다. 코로나 팬데믹으로 원격근무 재택근무가 전반적으로 확산되고 있는 흐름과도 일맥상통한다.

현장작업자는 일상업무의 일부로 인공지능 시스템이나 알고리즘과의 협업을 일상적으로 진행하게 된다. 이는 인공지능 시스템과 함께 작업하는 방법을 배우고 이를 사용하여 자신의 능력을 향상시키므로 작업방식의 대대적인 변화로 이어지고 있다. 전반적으로 인공지능 기술이 제조현장에 접목되면서 노동자의 직업군, 직무영역, 업무 프로세스에 근본적인 변화가 진행되고 있다.

인공지능기반 경제에서는 고객 맞춤형, 혁신적인 제품과 서비스 개발이 집중된다. 디자인, 설계, 프로그래밍과 같은 고객의 감성에 호소할 수 있는 창의적 작업의 중요성이 높아지고 있다. 기술과 창의적 작업 사이의 경계가 점점 모호해지고 융복합이 활발하게 진행되고, 작업자는 제작역량, 기술과 창의적 능력을 동시에 추구하거나, 이업종, 연관분야와 함께하는 커뮤니케이션을 통한 문제해결 능력이 더욱 중요해지고 있다.

세계경제포럼의 일자리 보고서에서도 향후 5년간의 기술교육의 우선 순위를 다음과 같이 예측하고 있다. 기술교육의 최우선 순위는 분석적 사고이며, 두번째는 창의적 사고를 기르는 것이다. 이어서, 인공지능과 빅데이터 기술교육, 리더십과 사회적 영향력, 회복 탄력성, 민첩성, 유연성 등이 강조되고 있다.

직무발명에 대한 추가 보상제도가 더욱 활성화되어 발명에 대한 직원들의 동기부여를 강화하고 있다. 로열티기반 시스템을 통해 발명에 대한 보상을 작업자가 선택할 수 있도록 하고 있다. 경우에 따라 작업자의 특허를 매입하여 발명에 대한 지불을 제공하고, 특허사용에 대한 지속적인 보상시스템을 개발하고, 작업자가 회사의 성공을 공유할 수 있도록 스톡옵션 이상의 인센티브를 더욱 확대하고 있다.

---

[33] www.hankyung.com/economy/article/2021101963871 참조.

우리나라에는 이미 직무발명에 대한 보상이 법률로 규정되어 있다. 직원은 직무발명에 대하여 특허 등을 받을 수 있는 권리나 특허권 등을 계약이나 근무규정에 따라 사용자 등에게 승계하게 하거나 전용실시권(독점적 사용권)을 설정한 경우에는 정당한 보상을 받을 권리를 갖게 된다. 사용자 등이 직무발명에 대한 권리를 승계한 후, 활용하지 않는다고 해도 정당한 보상을 받을 권리가 있다.[34]

직무발명이나 특허보상이 전면적으로 확대되기 위해서는 지적 재산에 대한 권리관계를 투명하고 공정하게 관리할 수 있는 시스템이나 블록체인기술을 활용하여 권리관계가 변형되지 않도록 뒷받침되어야 한다. 발명된 지적 재산이 창출한 수익을 실시간으로 추적하고 분배할 수 있는 인공지능이 뒷받침된다면 더욱 빠르게 고용관계의 변화에 작용할 수 있다.

제조업들은 기존의 수직적이고 계열화된 의사결정 구조와 생산방식에서 수평적이고 유연한 형태의 커뮤니케이션을 채택하여 계층구조를 평탄화하고 전통적인 권력구조를 무너뜨릴 것으로 예상된다. 작업자사이의 협업을 증가시키고 투명성과 책임성을 높이고, 현장작업자에게 권한을 부여하여 작업에 대한 더 많은 선택권과 통제권을 부여해 나간다.

인공지능을 비서나 현장스텝 혹은 협력파트너로 하는 현장작업자들은 이전과는 비교할 수 없을 정도로 생산성 향상을 촉진할 수 있다. 현장작업자 한 사람이 여러 사람 몫의 업무를 수행할 수 있기 때문이다. 인공지능을 다루는 능력상승에 비례해서 생산시스템이 보강된다면, 혼자서 수행할 수 있는 작업량을 가늠하기는 쉽지 않다. 이전시대와는 달리, 현장작업자의 활동에 유연성과 자율성을 부여하는 것이 업무효율을 극대화하는 방향으로 바뀌게 된다. 포괄적이고 유연한 현장중심의 권한 이양, 보다 창의적 작업으로의 업무 중심이동, 현장 작업자의 전문화, 개인화, 근무형태의 다양화와 같은 경제시스템과 생산방식의 변화가 진행되고 있다.

특정 작업을 자동화하고 성능, 유지 관리 요구 사항, 재고 수준에 대한 실시간 피드백을 제공하여 제조 공정에서 인적 오류를 줄이는 데 인공지능 기술을 활용하고 있다. 특정 작업에서 작업자의 필요성을 줄여 나간다. 장비의 작동, 유지 관리, 품질 관리 검사, 원자재 또는 완제품과 같은 물리적 자재의 취급에서 작업자의 필요성이 줄어들고 있다. 현장 작업자가 작업하는 방식에 큰 변화가 발생한다. 적어도 현장 작업자는 인공지능의 기능을 활용하여 그전과 비교할 수 없을 정도로 작업능률을 향상하여, 생산 프로세스를 최적화하는 보다 효율적이고 간소화된 프로세스를 구현할 수 있게 된다.

---

34 발명진흥법 15조, 16조 참조.

인공지능이 생산 현장에서 중앙 제어장치가 됨에 따라 기술향상과 훈련은 관련성을 유지하고 업무를 효과적으로 수행하기 위해 현장 작업자의 업무에서 필수적인 부분이다. 작업자는 유지 관리 요구 사항에 대한 피드백 제공, 결함 식별 또는 장비 성능 모니터링과 같은 특정 작업을 수행하기 위해 인공지능과 협업해야 한다. 이를 위해 작업자는 자연어 인터페이스를 통해 인공지능과 통신하고 관련 데이터 또는 정보를 제공하고 제공받을 수 있다.

현장 여러 공정에서 활동하는 현장 작업자의 책임에도 근본적인 변화가 발생하고 있다. 일부 혹은 전부의 작업이 인공지능에 의해 자동화되거나 처리되면서 작업자는 물리적 자재 취급, 품질관리 검사수행과 같이 자동화가 불가능한 영역에서 전문 지식을 활용하는 새로운 역할을 맡게 된다. 현장 작업자는 인공지능과 함께 효과적으로 작업하기 위해 새로운 프로토콜을 채택하게 된다.

인공지능이 특정 작업을 수행하면 '인간' 작업자에게 인공지능(AI)의 성능을 감독하고 개선을 위한 피드백을 제공하는 것과 같은 새로운 책임이 부여된다. 생산 프로세스를 간소화하고 최적화하여 효율성과 출력을 높인다. 이로 인해 작업 일정이 변경되고 인간 작업자의 생산성 향상이 증가한다. 인간 작업자는 생산목표를 달성하기 위해 연관된 자동화 시스템과 더 긴밀하게 협업하게 된다.

인공지능과 함께 작업하는 방법을 배우고 기능을 이해해야 하기위한 직무교육이 대규모로 진행될 것이다. 온 오프 직무교육, 특강, 세미나를 통해서 인공지능 적용사례 발표가 확산되고 있다. 기존 업무에 투입되었던 직원들에게는 인공지능 기술을 활용하는 직무전환교육을 진행하고, 새롭게 선발된 인원들에 대해서는 시작부터 인공지능 생산시스템의 작동원리와 방법과 같은 전환된 생산시스템의 적용과정을 이해할 수 있도록 교육하게 된다.

인공지능의 도입이 진행되면서 현장 작업자의 활동 변화는 불가피하다. 작업자는 지침이나 피드백을 받기 위해 인공지능과 더 자주 커뮤니케이션해야 할 수 있으며, 이로 인해 보다 디지털화되고 가상화된 커뮤니케이션 문화로 전환되게 된다. 인공지능을 중앙제어장치로 사용하면 작업자가 생산 목표를 달성하기 위해 서로 더 긴밀하게 협력해야 하며, 이를 위해 보다 더 팀 지향적인 문화로 이어질 수 있다. 의사결정을 내리고 프로세스를 최적화하기 위해 데이터 분석에 크게 의존할 수 있으므로 조직문화에서 데이터 기반 의사결정이 더욱 중요해지게 된다.

대량의 데이터를 실시간으로 분석하여 프로세스 개선을 위한 통찰력과 권장 사항을 제공한다. 이는 생산 공정의 비효율성을 식별하고, 제조 과정에서 제품의 결함이나 이상을 감지하여 불량 제품 수를 줄이고 전반적인 제품 품질을 향상시킬 수 있다. 인력이 변경되어 일부 작업자가 다른 작업이나 역할에 재배치될 수 있다. 데이터 분석, 프로그래밍 기술을 갖춘 새로운 직원을 고용하거나 기존 직원의 재교육과 전환배치가 이루어지게 된다.

인공지능은 자연어를 이해하고 생성하는 고급 기술이다. 그것은 경제 시스템과 생산 방식을 포함하여 다양한 분야에서 인공지능기술과 소통하고 상호작용하는 방식을 혁신할 수 있는 무한한 잠재력을 가지고 있다. 각 생산공정의 부문별 영역에서부터 중앙 제어장치에 이르기까지 생산의 전 영역에 적용될 수 있으며, 인간 작업자의 비약적 생산효율의 향상, 자동화, 직무영역의 변동 등 변화를 수반한다.

기업활동에 가져올 가장 큰 변화는 현재 인간이 수행하는 많은 작업의 자동화이다. 이는 기업의 효율성과 생산성 향상은 물론 비용 절감으로 이어질 것이다. 고객 서비스, 재고 관리, 품질 관리 및 프로세스 최적화와 같은 작업에 사용할 수 있다. 이를 통해 인간 작업자는 디자인, 설계, 종합계획, 전략 수립과 실행과 같은 보다 고도의 작업에 집중할 수 있다. 비즈니스에 가져올 또다른 변화는 대량의 데이터를 빠르고 정확하게 분석하고 해석하는 기능이다. 이를 통해 기업은 실시간 정보, 추세를 기반으로 더 나은 결정을 내리고 성장 혁신을 위한 새로운 기회를 식별할 수 있다.

현장 작업자에게 미치는 영향은 가늠하기 힘들다. 작업이 자동화됨에 따라 일부 작업은 쓸모 없게 될 수 있지만 기술을 지원하고 유지하기 위해 새로운 작업이 생성된다. 현장 노동자 고용 시장에서 경쟁력을 유지하기 위해 새로운 기술을 개발하고 새로운 업무 방식에 적응해야 한다. 현장 작업자는 여전히 장비를 작동 및 유지 관리하고 품질 관리 검사를 수행하며 원자재 또는 완제품과 같은 물리적 자재를 취급하지만, 자동화 확산은 불가피하다. 공감과 감성 지능이 필수적인 고객 서비스, 소프트웨어, 디자인, 전략기획과 같은 콘텐츠 크리에이터 영역의 비중은 확대되고, 인간의 감성과 상상력의 터치를 손길을 대체할 수 있는 인공지능은 없다.

제조공정[35]과 챗GPT

챗GPT는 제조업에 어떻게 적용될 수 있을까. 제조업이 고용인력 구성비에서는 서비스업에 왕좌의 자리를 내 놓았다고 해도 여전히 우리 사회의 지배적인 경제시스템이고 생산방식이라

---

35   제조공정은 1.투입(생산에 필요한 원료, 인력, 기계설비, 기술, 정보 등) 2.변환(투입된 요소들을 활용하여 제품과 서비스를 생성하는 공정) 3.산출(변환을 통해 최종적으로 산출된 결과물) 4.피드백(고객 요구나 생산 개선정보의 반영)으로 구분하여 파악. '생산과 서비스 경영' 장문철, e상문사, 2013

고 할 수 있다. 고용파급효과가 크고, 수출 등 경제 총생산에서 차지하는 비중이 여전히 높기 때문이다. 챗GPT가 삼성, 현대, 엘지, 포항제철과 같은 제조 대기업에 적용되어 생산과 고용에 변화를 일으킨다면 그 변화는 제조 대기업의 변화에 그치지 않고 경제의 전 분야와 사회 각 방면에도 광범위한 파장과 변화를 일으킬 것이라는 것은 어렵지 않게 생각할 수 있다.

챗GPT는 거대 자연어 생성모델로서, 동영상이나 이미지와 같은 시각적 정보를 처리하는 기능이나 데이터분석 능력은 제한적이었다. 그러나 23년 11월에 발표된 GPT4-Turbo버전의 경우 다양한 포맷의 정보와 데이터의 변환이 가능한 멀티모달 기능을 지원하고, 진전된 데이터 분석기능(ADA, Advanced Data Analysis)과 개인별 용도에 특화된 GPTs가 가능해 짐에 따라 제조 공정에 적용되고 확산되는 것은 시간문제에 불과하다고 할 수 있다.

챗GPT는 재고 수준, 원자재나 소모품 주문을 관리하는 데에 적용할 수 있다. 생산 일정, 판매 예측, 공급업체 리드타임에 대한 데이터를 분석하여 재고 수준을 최적화하고 낭비를 줄인다. 창고, 제조 현장의 재고 수준에 대한 CCTV를 통해서 수집된 데이터를 분석한다. 재고에서 제거할 수 있는 느리게 움직이거나 사용되지 않는 재고 품목을 식별하여 운반 비용을 줄이고 보관 공간을 확보함으로써 폐기물을 줄이는 데 활용할 수 있다. 재고 수준이 특정 임계값 이하로 떨어지거나 초과할 때 창고 또는 재고 관리자에게 경고를 보낼 수 있다. 재고수준, 사용률, 주문패턴 및 폐기물 감소에 대한 보고서를 생성할 수 있다.

제조 프로세스에 대한 실시간 피드백을 제공하여 프로세스가 권장 매개변수 내에서 작동하는지 확인한다. 이 피드백은 기계 설정, 여러 프로세스 매개변수를 조정하여 최적의 성능을 유지하는 데 사용된다. 시간이 지남에 따라 제조 프로세스를 모니터링하여 생산량, 주기 시간 및 재료 사용의 변화를 식별한다. 이러한 변화를 분석하여 프로세스 최적화 및 지속적인 개선을 위한 새로운 기회를 식별할 수 있다. 실시간으로 생산 프로세스를 제어하는 것은 다양한 소스에서 데이터를 수집하고, 데이터를 분석하여 패턴과 개선 기회를 식별하고, 데이터 분석에서 얻은 통찰력을 기반으로 제조 프로세스를 최적화하고, 프로세스에 대한 실시간 피드백을 제공하고, 시간이 지남에 따라 프로세스를 지속적으로 모니터링하고 개선한다.

품질관리 분야를 예로 들면, 센서의 이미지나 데이터를 분석하여 품질 문제를 나타낼 수 있는 패턴이나 편차를 식별할 수 있다. 제조 공정을 모니터링하는 센서나 카메라에서 데이터를 수집한다. 이 데이터에는 제조 공정의 다양한 측면을 캡처하는 이미지, 비디오 또는 센서 판독값이 포함될 수 있다. 다음으로 데이터를 전 처리하여 분석을 준비한다. 여기에는 데이터를 정리하여 노이즈나 아티팩트(흠결)를 제거하거나, 데이터를 공통 범위로 확장하거나, 데이터를 분석에 적합한 형식으로 변환하는 작업이 포함될 수 있다.

전 처리된 데이터를 분석, 제조 공정의 결함이나 이상을 식별한다. 잘못 정렬된 구성 요소나 결함을 나타낼 수 있는 패턴이나 편차를 인식하도록 훈련한다. 품질 문제를 식별하면 제조 팀이나 품질 관리 담당자에게 경고를 알릴 수 있다. 알림에는 문제의 특성, 결함 위치 및 팀이 문제를 진단하고 해결하는 데 도움이 되는 기타 관련 정보에 대한 세부 정보가 포함될 수 있다. 제조 팀은 챗GPT에서 제공하는 피드백을 사용하여 제조 프로세스를 개선하고 향후 유사한 품질 문제를 방지할 수 있다. 팀이 결함의 근본 원인을 식별하고, 프로세스 개선의 효과를 추적하며, 프로세스를 지속적으로 개선하여 품질과 효율성을 개선하는 데 활용된다.

장비가 고장날 가능성이 있는 시기를 예측하고 그에 따라 유지 관리를 예약할 수 있다. 장비 성능, 환경 조건 및 사용 패턴에 대한 데이터를 분석하여 유지 보수가 필요한 시기를 예측하고 수요가 적거나 가동 중지 시간 동안 일정을 잡을 수 있다. 장비 성능, 환경 조건, 사용 패턴에 대한 데이터를 캡처하는 센서와 모니터링 장비를 통해 다양한 소스에서 데이터를 수집한다. 수집된 데이터를 분석하여 장비 상태에 대한 통찰력을 제공할 수 있는 패턴, 상관 관계, 이상 현상을 식별한다.

데이터 분석에서 얻은 인사이트(통찰)를 기반으로 유지 관리가 필요한 시기를 예측하고 수요가 적거나 가동 중지 시간 동안 일정을 잡을 수 있다. 예상 유지 보수 일정은 장비 성능, 사용 패턴의 변화에 따라 실시간으로 업데이트될 수 있다. 예측된 유지보수 일정이 생성되면 그에 따라 유지보수를 실행할 수 있다. 유지 보수에는 수리, 부품 교체, 청소와 같은 다양한 활동이 포함될 수 있다. 장비의 성능, 사용 패턴을 모니터링하여 예측 유지 관리에 영향을 줄 수 있는 변경 사항을 식별할 수 있게 된다.

챗GPT는 중앙 제어기능을 수행하는 데 사용할 수 있다. 부분별 생산공정과 생산 현장의 각 부서를 연결하고 이들 간의 커뮤니케이션을 수행하는 데 사용할 수 있다. 생산공정을 간소화하고 각 부서별 생산 공정의 상태를 실시간으로 파악할 수 있다. 생산 공정에서 데이터를 캡처하는 다양한 센서 및 모니터링 장치를 더 큰 시스템에 통합하여, 이 데이터를 분석하여 병목 현상이나 문제를 식별하고 생산을 최적화하기 위한 변경 사항을 가이드할 수 있다. 생산 공정 상태에 대한 실시간 업데이트에 따라 부서 간 커뮤니케이션을 지원하며, 한 부서에서 문제가 감지되면 관련 부서에 경고하고 문제 해결을 위한 조치를 권장할 수 있다. 생산 현장의 각 부서를 연결하고 부서 간의 커뮤니케이션과 협업을 촉진하여 원활하고 효율적인 생산 프로세스를 보장한다.

중앙 제어 장치로 챗GPT가 작동하는 생산 현장에도 여전히 현장 작업자는 존재한다. 생산 프로세스를 최적화하고 문제를 감지하는 데 도움을 줄 수 있지만, 현장 작업자를 모두 대체할 수는 없을 것이다. 생산 공정의 특성에 따라 다양한 분야에서 현장 작업자가 필요할 수 있다. 장비 작동, 유지 관리, 품질 관리 검사, 원자재 또는 완제품과 같은 물리적 자재의 취급이 원활하게 진행되는지 현장에서 육안으로 확인하는 필수 현장 작업자가 있다. 챗GPT와 상호작용하고 생산 프로세스에 대한 피드백이나 입력을 제공하기 위한 현장 작업자도 필요하다. 챗GPT가 생산 프로세스에 대한 변경을 가이드할 경우, 현장 작업자는 이러한 변경의 타당성을 평가하고 구현 방법에 대한 의견을 제공해야 할 수 있다. 현장 작업자는 작업자 상호간의 커뮤니케이션 못지않게 챗GPT와 커뮤니케이션이 중요한 업무로 된다.

현장 작업자는 자동화된 로봇이나 다른 형태의 자동화로 대체될 수 있다. 현장 작업자를 대체할 수 있는 정도는 생산 공정의 특성, 관련 작업의 복잡성, 자동화의 비용 효율성 등 여러 요인에 따라 달라진다. 구성 요소의 조립, 제품 포장과 같이 반복적이고 숙련도가 낮은 작업이 포함된 제조시설에서 자동화가 인간 작업자를 대체할 수 있다. 그러나 복잡한 의사결정이 필요하거나 창의적인 부문에서는 인간 작업자가 더 효과적일 수 있다.

비즈니스, 제품 기획, 디자인, 소프트웨어 프로그래밍 분야는 챗GPT와 같은 인공지능을 사용하여 자동화하기 어려운 높은 수준의 창의성이나 문제 해결 능력, 고도로 감각적인 의사결정을 포함한다. 이러한 작업에는 종종 인간의 직관, 시장 동향, 소비자 선호도에 대한 이해, 비판적이고 창의적인 사고능력이 필요하다. 챗GPT와 같은 인공지능 도구는 여전히 이러한 작업에서 인간을 돕는 데 중요한 역할을 할 수 있다. 제품 디자인에 대한 새로운 아이디어를 생성하고, 시장 동향이나 고객 피드백을 분석하고, 코드나 문서 작성을 지원할 수 있다. 챗GPT 같은 인공지능(AI)도구를 전문 지식과 함께 사용함으로써 이러한 영역에서 효율성, 정확성, 혁신을 추구할 수 있다.

챗GPT가 생산 공정에 광범위하게 적용됨에 따라 새로운 기술과 직무를 배워야 할 수 있다. 업 스킬링과 훈련은 관련성을 유지하고 업무를 효과적으로 수행하기 위한 현장 작업자의 필수적인 부분이다. 예를 들면, 작업자는 유지관리 요구 사항에 대한 피드백 제공, 결함 식별, 장비 성능 모니터링과 같은 특정 작업을 수행하기 위해 챗GPT와 협업해야 할 수 있다. 이를 위해 작업자는 자연어 인터페이스를 통해 챗GPT와 통신하고 관련 데이터 또는 정보를 제공하고 제공받을 수 있다.

현장 여러 공정에서 활동하는 현장 작업자의 책임에도 근본적인 변화가 발생할 수 있다. 일부 혹은 전부의 작업이 챗GPT에 의해 자동화되거나 처리되면서 작업자는 물리적 자재 검사 또는 품질 관리 검사 수행과 같이 자동화가 어려운 영역에서 전문 지식을 활용하는 새로운 역할을 맡아야 할 수도 있다. 현장 작업자는 챗GPT와 함께 효과적으로 작업하기 위해 새로운 커뮤니케이션 프로토콜을 채택하게 된다.

챗GPT가 생산현장에 도입되면 정도와 수준에 따라 다르겠지만, 현장 작업자의 활동 변화는 불가피하다. 작업자는 지침이나 피드백을 받기 위해 챗GPT와 더 자주 커뮤니케이션해야 할 수 있으며, 현장은 강화된 디지털 가상 커뮤니케이션 문화로 전환될 수 있다. 챗GPT를 중앙 제어 장치로 사용하면 작업자가 생산 목표를 달성하기 위해 서로 더 긴밀하게 협력해야 하며, 이는 보다 팀 지향적인 문화로의 전환으로 이어질 수 있다. 의사 결정의 프로세스를 최적화하기 위해 데이터 분석에 크게 의존하게 되며, 조직 문화에서 데이터 기반 의사 결정이 강조되게 된다.

새로운 도전과 기회에 적응하고 빠르게 진화하는 생산공정을 따라잡기 위해 기술과 지식을 지속적으로 업데이트해야 하며, 이는 일상적인 학습사회와 개발 문화로 이어질 수 있다. 챗GPT가 새로운 프로세스와 작업 방식을 도입함에 따라 현장 작업자는 변화에 개방적이고 민첩성과 유연성을 중시하는 문화로 이어진다. 수직적인 명령체계에 의한 생산시스템의 작동보다는 인공지능과 현장 노동자 중심의 수평적인 협업체계가 작동되게 된다.

챗GPT는 인공 지능(AI)을 사용하여 자연어를 이해하고 생성하는 고급 기술이다. 그것은 경제 시스템과 생산 방식을 포함하여 다양한 분야에서 인공지능기술과 소통하고 상호작용하는 방식을 혁신할 수 있는 무한한 잠재력을 가지고 있다. 각 생산공정의 부문별 영역에서부터 중앙제어장치에 이르기까지 생산의 전 영역에 적용될 수 있으며, 현장 작업자의 생산능력과 효율의 비약적 향상, 자동화, 직무영역의 변동을 수반한다.

경제 시스템과 생산 방식의 변화는 사회 전체에 큰 영향을 미칠 것이다. 자동화는 효율성과 생산성 향상으로 이어질 수 있지만 현장 노동자의 실직과 소득 불평등으로 이어질 수도 있다. 새로운 사회 안전망을 개발하고 노동자들이 새로운 직업과 활동으로 전환하기 위한 투자와 전환교육 프로그램을 실시해야 한다. 인공지능 사용이 증가하면 개인 정보의 침해, 데이터 보호에 대한 윤리적 문제가 제기될 수 있다. 노동자와 소비자를 보호하기 위한 명확한 지침과 규정을 수립하는 것이 중요하다. 파일럿 프로그램이나 테스트베드를 활용, 소규모 실험을 통하여 시행착오를 사전에 제거하는 노력이 필요하다.

챗GPT와 같은 인공지능 기술과 시스템이 제조공정에 전면적이고 포괄적으로 적용되는 것은 시간문제로 보인다. 경제시스템과 생산방식, 일상생활 전반에 중대한 변화가 본격적으로 시작되는 또 하나의 신호탄이 될 수 있다. 모든 사회적 변화의 흐름은 밑바닥에서 도도한 변화의 흐름이 형성되다가 어느 날 뜻밖의 우연적 계기에 의해서 분출되는 경우가 많다. 새로운 경제의 서막은 예기치 않게 열릴 수 있다.

모든 변화는 양면성, 다면성을 지닌다. 인공지능은 효율성, 생산성, 혁신을 높일 수 있는 잠재력이 무한하지만, 고용과 일자리의 변화, 인공지능의 악용에 따른 윤리적 문제도 현실적이고 위협적으로 이어질 수 있다. 변화에 대처할 수 있는 지혜와 역량이 어느 때보다도 중요하다. 개인, 기업, 국가 모두, 20세기 후반에 시작된 디지털혁명, 정보혁명의 파고 속에서 생존과 번영을 위해 분투해 왔다. 인공지능의 대변혁에서 누가 최후에 웃는 자가 될 것인지는 아무도 모르지만, 챗GPT가 그 시작인 것만은 분명해 보인다.

2 생사의 기로에 선 플랫폼기업

정보기술의 발전과 플랫폼 기업의 특징 동향

구분	특징 동향	사업모델
초창기 (~2007)	- 디지털기술기반의 새로운 사업모델 - OSP(Online Service Provider) - DCMA(각주37)등 제도적 뒷받침 - 혁신적인 벤처산업으로 인식됨	- 검색서비스 기반의 SEM (Search Engine Marketing) - 광고수익, 유료 콘텐츠 서비스 등
스마트 폰의 등장(성장기) (2007~현재)	- SNS 등 비즈니스 중심으로 부상 - 스마트폰 앱과 모바일 확산 - 글로벌 확산, 플랫폼경제 (검색, 광고, 콘텐츠, 유통 등)	- 광고, 콘텐츠, 온라인 쇼핑 등 (비즈니스 전 분야로 확산) - 신기술개발의 주심, 혁신주도
인공지능 혁명 (현재~)	-주도적 위상에 거센 도전 (인공지능의 검색서비스 대체 등) -메타버스 등 플랫폼 대체자 등장 (크리에이터 활동무대 변화)	- 기존 사업모델의 재정비 - 메타버스, 인공지능 서비스 진출

플랫폼기업을 대표하는 다음카카오, 네이버, 구글과 같은 기업들은 제조기업의 최소 수십년에서 백여 년이 넘는 기업역사에 비해 매우 짧다. 인터넷, 디지털기술의 발전과 함께 등장했기 때문이다. 역사는 비교적 짧지만, 경제에 미치는 영향은 그에 못지 않거나 오히려 그 이상이라고 할 정도로 막강하다.

플랫폼 기업들은 인터넷, 디지털 기술을 태생으로 하기 때문에 인공지능기반 경제에서는 훨씬 더 큰 변화와 혁신을 주도할 것으로 당연시되기도 하고 실재로 인공지능기술을 기반으로 하는 투자와 서비스에 과열되어 있으나 역설적으로 기업활동의 위상이 크게 흔들리고 심지어는 존폐의 위기에 노출될 수 있는 역설적인 상황에 직면해 있는 것으로 보인다.

플랫폼 기업의 시초는 2000년대 초반, 인터넷 비즈니스가 본격적으로 형성되던 시기에 등장한 온라인서비스 제공자(OSP, Online Service Provider)라고 할 수 있다. 온라인서비스 제공자는 인터넷 사용자들의 활동을 편리하게 할 목적으로 정보공유를 중개하는 기능과 정보검색 기능 등을 위주로 하는 사업모델이다. 온라인서비스 제공자는 법적, 제도적 시스템이 부족한 인터넷 서비스 초창기 상황에서 저작권 침해, 개인정보 노출 등 부정적인 이슈를 양산하기도 하였다. 그러나, 디지털혁신과 새로운 기술산업에 대한 실험정신, 벤처정신의 활성화라는 차원에서 적극적 지원과 육성의 필요성이 제기되기도 하였다.

'디지털 밀레니엄 저작권법'(DMCA, Digital Millennium Copyright Act)[36]은 온라인서비스 제공자가 저작권 침해에 대한 책임을 지지 않고 사용자가 생성하거나 혹은 업로드(등록)한 콘텐츠를 서비스할 수 있는 프레임워크를 제공한다. 이 법의 가이드라인은 정보통신이나 특허관련 법률에도 유사하게 적용된다. 플랫폼을 둘러싼 이해관계자, 플랫폼 사업자, 저작권자, 사용자를 둘러싼 저작권침해 논란은 치열했다. 이 과정에서 플랫폼사업자는 이법을 통해서 저작권 침해의 일차적책임으로부터 면책될 수 있는 합법적, 제도적 길이 열리게 되었다.

플랫폼 사업자는 새로운 가이드라인과 비즈니스 프레임워크가 적용되기 시작하자 거침없는 성장가도를 달려왔다. 20여 년이 지난 지금, 수많은 창작자들이 처한 경제적, 사회적 어려움들을 생각하면, 공룡처럼 성장한 플랫폼기업들의 현주소를 보면서, 당시의 논의와 입법화에 많은 아쉬움이 남는다.

온라인서비스 사업자의 사업모델은 인터넷, 디지털기술의 발전과 함께 진화한다. 동영상을 업로드하고 공유할 수 있는 유튜브 혹은 텍스트, 이미지, 영상 콘텐츠를 게시하고 공유할 수 있는 메타(Facebook), 트위터, 인스타그램(Instagram)등 오늘날 현대인의 삶에 일부분이 된 다양한 방식의 소셜미디어 플랫폼도 등장하게 됐다. 소셜미디어와 같은 수평적인 플랫폼 비즈니스는 더욱 확산하여, 하나의 업종을 대표하는 배달 앱과 같은 수직적인 플랫폼으로 이어졌다. 플랫폼은 전면적, 포괄적으로 경제시스템에 적용되어, 현대경제는 생산, 유통, 소비과정을 플랫폼들이 종횡으로 연결된 플랫폼 경제라고 할 수 있다.

검색엔진 기술의 발달로 방대한 양의 정보를 효율적으로 분류하여 검색할 수 있게 된다. 구글, 네이버 등 온라인서비스 사업자는 사용자에게 관련 정보를 빠르고 쉽게 제공할 수 있는 편리한 검색엔진을 구축하여 인터넷 사용자가 일상적으로 방문하는 정보의 바다를 이루었다. 전자 상거래, 온라인 광고의 부상도 온라인 포털, 플랫폼의 성공에 중요한 역할을 했다.

상품과 서비스를 온라인으로 판매하고, 특정 인구통계에 광고를 타겟팅하는 기능을 통해 막대한 수익을 창출하고 빠르게 성장할 수 있었다. 클라우드 컴퓨팅, 데이터 스토리지와 같은 신기술, 인터넷의 전 세계적인 도달 범위로 인해 단순한 온라인서비스제공자는 광고, 온라인쇼핑, 콘텐츠 서비스 등 비즈니스모델을 확장하며 플랫폼 기업으로 성장하게 된다.

플랫폼 기업은 경제혁신의 중심적인 역할을 수행하고 수많은 글로벌기업을 탄생시켰으며,

---

36 디지털기술과 인터넷의 확산에 따라 디지털 콘텐츠의 저작권을 포괄적으로 보호하기 위해 미국 의회에서 1998년에 제정된 법.(https://en.wikipedia.org/wiki/Digital_Millennium_Copyright_Act)

고용과 부가가치의 창출에도 많은 기여를 했다. 그러나 한편으로는 적지 않은 부정적 요인을 누적해 온 것도 사실이다. 초대형 글로벌 플랫폼의 지배력은 경쟁 감소와 높은 가격으로 이어진다. 광고, 뉴스, 커뮤니케이션, 콘텐츠 퍼블리싱, 홈쇼핑 등 모든 사업에서 검색엔진의 독점권을 활용하고, 구체적인 사례와 수치 정보를 활용해 문어발 확장을 반복한다. 이는 결과적으로 경쟁부족으로 이어져 가격상승과 혁신감소로 이어지고 있다.

구글은 전 세계 검색광고시장의 92.64%의 압도적인 점유율(2023년 6월기준)[37]을 기록하면서, 세계인들의 일상생활이 된 유튜브, 안드로이드(구글 플레이 같은 오픈마켓) 등 주요 플랫폼들도 함께 운영하고 있다. 다음카카오의 카카오톡은 2021년 기준, 모바일 사용자의 87% 이상이 사용하고 있다.[38] 사용자 점유율을 바탕으로 콘텐츠, 전자 상거래, 모빌리티, 금융, 운송 등 수많은 영역으로 사업을 확장한다. 100개가 넘는 기업을 계열사로 거느리고 전 업종으로 확대한다. 문어발 확장과 불공정거래를 이유로 사회적 지탄의 대상이 되는 이유이기도 하다.

플랫폼기업들은 플랫폼 사용자가 창출한 수익의 많은 부분을 차지하여 노동자와 창작자에게 거의 남겨두지 않음으로써 소득 불평등을 악화시키고 있다는 비난에도 직면하고 있다. 플랫폼 기업과 연결된 여러 유형의 플랫폼 노동자(택배, 물류 등)는 전통적인 노동보호와 혜택에 접근하는 데에 많은 어려움을 겪고 있다. 노동자의 지위에도 해석의 여지가 있고, 고립적 활동으로 인해 노동조합활동에도 어려움을 겪고 있다.

크리에이터와 관련해서는 수익분배 구조의 불평등이 발생하고 있다. 우선, 투명성 부족이다. 플랫폼은 종종 수익을 계산하고 분배하는 방법을 공개하지 않고 있다. 불균등한 권력분배로 크리에이터와 협상에서 더 많은 영향력을 행사하고 조건을 제시한다. 플랫폼이 제공하는 미니멈 개런티(MG, Minimum Guarantee, 최소 수익 보장금)이외에는 크리에이터가 수익을 창출할 수 있는 옵션이 매우 제한적이어서 크리에이터는 플랫폼과의 계약에 의존적일 수밖에 없다. 계약조건 협상이 불리하고, 알고리즘에 의한 보상결정으로 협상 여지가 좁다는 것이다.

특히 새롭고 혁신적인 콘텐츠 비즈니스가 주목받을 때 투명성 부족과 불균등한 권력관계, 수익분배 등이 더욱 논란이 된다. 동종 플랫폼사이의 경쟁격화, 개별적이고 고립적인 콘텐츠크리에이터의 대응역량, 법적 제도적 장치가 미비하기 때문이다.

한국 웹툰의 경우, 최근 수년간 급속한 성장을 통해서 압도적인 세계1위의 창작역량을 갖추

---

[37] https://gs.statcounter.com/search-engine-market-share

[38] https://biz.newdaily.co.kr/site/data/html/2022/05/20/2022052000054.html

고 있다. 네이버의 발표에 따르면, 네이버 웹툰의 원고료를 제외한 수익 보상금액이 2022년 말 기준으로 2조 원을 넘어서서 10년만에 87배이상 성장하였다고 한다. 연간 거래액이 1억 원 이상을 기록한 웹툰, 웹소설은 2013년 1편에 불과했으나 지난해 904편으로 늘었다. 연간 거래액이 10억 원 이상인 작품은 136편, 100억 원 이상인 작품도 5편에 달한다. 절반이상(52%)은 해외에서 매출이 나온다.[39] 상상할 수 없는 성장세이다. 한국 웹툰의 세계시장에서의 독보적인 지위를 감안하면, 그 성장세가 어디까지 이어질지 가늠하기 어렵다.

웹툰의 눈부신 성장에도 의문은 여전히 남는다. 플랫폼기업이 웹툰 기획부터 퍼블리싱까지 전 영역을 다루는 웹툰 기반 기업을 계열사로 두고 있다. 웹툰 전문 포털사이트의 인수 합병이 독과점에 따른 불공정의 원인은 아닌지 생각하게 한다. 수십만 명 이상의 아마추어 작가들이 올리는 무료 웹툰의 페이지 뷰와 광고매출 공헌도, 네이버 매출과 수익에서 콘텐츠 장르와 영역이 어느 정도 기여하는지 여전히 불투명하다. 이와 같은 내용이 투명하게 공개되지 않고는 공정한 계약이 이루어지기 어렵다. 창작자와 진행하는 계약의 수익분배 비율의 기초가 되기 때문이다. 다른 플랫폼과의 과당경쟁으로 유명작가에게 과도한 제작비를 지급하는 입도선매 형식의 선계약행위는 신인작가의 진입장벽을 그만큼 높게 한다.

글로벌 플랫폼에 대한 국가레벨의 견제와 대응도 주요이슈로 부상하고 있다. 초대형 플랫폼의 급속한 성장은 각 나라의 규제 노력을 앞지르며, 국경을 넘나드는 글로벌 플랫폼의 활동으로 많은 국가가 데이터에 대한 통제력 상실 및 잠재적인 보안 위험에 노출되고 있다. 개인 데이터를 수집하고 사용하면서 정보보호, 보안에 대한 문제가 끊임없이 발생하고 있으며, 개인정보 침해에 거의 속수무책이다. 초대형 플랫폼은 상당한 정치적 영향력마저 행사하며, 잠재적으로는 특정 관점에 대한 검열, 억압으로 정치적 이슈로까지 부각되고 있다.

챗GPT와 같은 생성형 인공지능은 플랫폼기업의 출발점이었고 핵심 사업모델인 정보제공, 정보검색 서비스의 패러다임을 지능형, 대화형, 학습형으로 바꾸고 있다. 플랫폼 기업들도 인공지능 서비스에 앞다투어 뛰어들고 있지만, 전 세계 누구라도 자유롭게 접근할 수 있고, 챗GPT의 개방된 API를 통해서 수백, 수천 개씩 쏟아져 나오는 새로운 서비스나 경쟁적인 사업모델을 플랫폼 기업들이 감당할 수 있을지 확실하지 않다.

지식과 정보를 체계적으로 제공할 수 있는 장점 외에도 사용자의 문의에 연중무휴 24시간 응답이 가능한 가용성, 고객문의에 즉각 응답하는 즉시성, 수많은 사용자의 질의를 동시에 처

---

[39] https://www.sedaily.com/NewsView/29OGSJ254Z

리할 수 있는 확장성, 이전질의에 대한 사전학습을 토대로 일관적이고 심층적인 답변을 제공할 수 있고, 비용 효율성 등 다양한 장점들이 평가되고 있다. 플랫폼기업들의 아성을 무너뜨리는 게임 체인저로 평가받기도 하고, 글로벌 플랫폼 기업들은 비상사태를 선포하고 챗GPT와 같은 인공지능 서비스를 서두르고 있다.

구글의 정보검색 서비스가 위협받고 있으며 플랫폼기업들이 사라질지 모른다는 전망들도 잇따르고 있다. 인공지능 서비스를 위한 기술적 준비를 완료한다 해도, 저작권 침해와 같은 법률적 쟁점과 사회 윤리적 문제들이 여전히 발목을 잡을 수 있다. 플랫폼 기업들이 인공지능 학습에 활용된 방대한 데이터와 관련한 저작권 이슈에 대응하고 있다는 소식은 거의 접하기 어렵지만, 소송을 준비하고 있는 저작권 단체들의 움직임은 부산하다. 플랫폼 서비스의 탄생시기에 혁신적인 서비스로 평가받았던 P2P서비스가 저작권 문제라는 암초에 걸려서 한순간에 사라진 사실을 기억하고 있다.

플랫폼 기업은 투명성과 공정성에 대한 대안적 문제제기인 웹3.0과 메타버스의 도전에도 직면해 있다. 플랫폼 기업들은 정보의 터미널 기능을 넘어서 콘텐츠의 모든 벨류체인으로 사업영역이 확장되어 있다. 플랫폼경제라 불릴 만큼 정보혁명의 최대 수혜자이기도 하지만, 독과점으로 지탄의 대상이 되고 규제와 감시의 대상이 된 지도 이미 오래다. 규모의 비경제가 작동하고 있으며, 독과점의 비효율, 고비용 구조는 인공지능 혁신으로 나아가는 데 최대 장애가 되고 있다.

크리에이터의 거센 도전에도 직면해 있다. 크리에이터는 인공지능 기술을 활용한 새로운 제품과 서비스를 봇물처럼 쏟아 내고 있다. 혁신의 무게중심이 크리에이터로 이동중에 있다. 플랫폼 기업들의 준비와 대응과는 비교할 수 없는 속도와 혁신으로 새로운 실험과 사례가 발표되고 있다. 플랫폼 기업은 인공지능 혁신의 주체가 아니라 20여 년 전에 그들이 혁신의 대상으로 삼았던 기업들처럼 크리에이터 혁신의 대상일지도 모른다.

3 콘텐츠기업, 새롭게 날아 오르다.

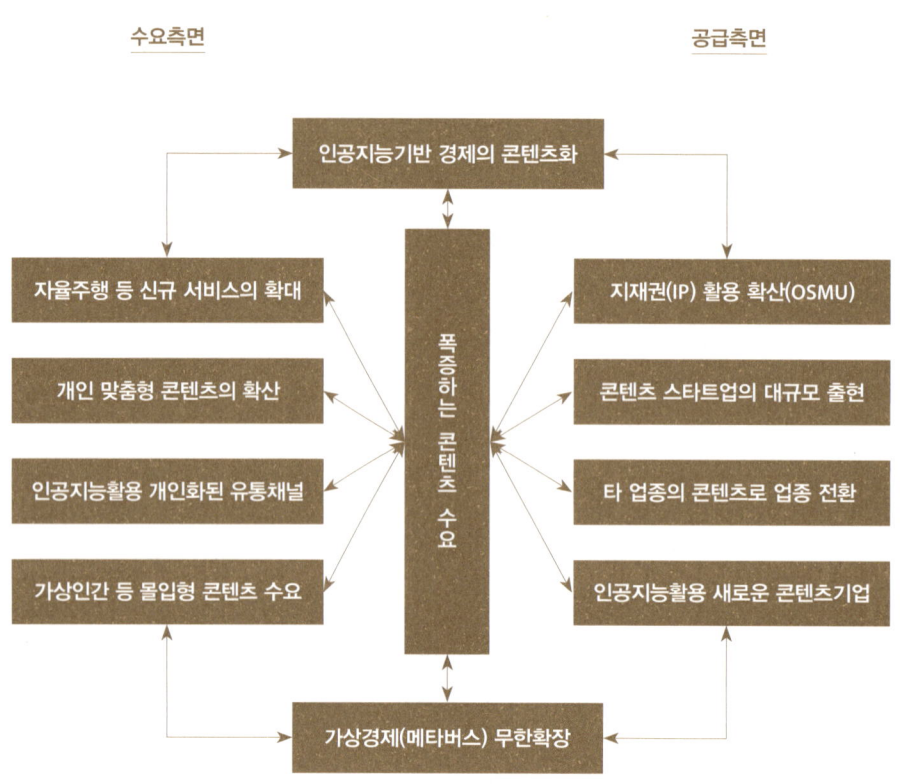

콘텐츠기업, 엔터테인먼트기업은 게임, 방송, 음악, 영화, 공연, 애니메이션 등 콘텐츠산업이나 연예, 예능, 테마파크, 복합 리조트 등 엔터테인먼트산업의 기획, 개발, 서비스와 관련된 회사들이다. 엔씨소프트나 스마일게이트와 같은 게임기업, 방탄소년단, 블랙핑크가 소속된 하이브엔터테인먼트나 YG엔터테인먼트 같은 연예기획사, 넷플릭스, 디지니같은 제작 서비스회사가 포함되어 있다.

인공지능기반 경제의 콘텐츠화, 가상화에 따라 콘텐츠의 수요는 이전과는 비교할 수 없는 수준으로 폭발적으로 증가한다. 이미 디지털기술이나 인터넷의 발전에 따라 다른 산업과 비교할 수 없을 정도로 콘텐츠기업은 양적 질적으로 지속적으로 발전해 왔다. 그러나 인공 지능기반 경제는 그 경제 자체 혹은 사회 자체가 콘텐츠화를 특징으로 하고 있기 때문에 콘텐츠 수요의 폭증은 그 이전 수준과는 비교할 수 없을 정도이다.

폭발적인 수요 증가는 기존의 콘텐츠기업들에게는 새로운 기회요인이 될 것이며, 새로운 수요에 대응하기 위해 콘텐츠 스타트업들이 대규모로 출현할 수 있다. 콘텐츠 스타트업들의 창업과 사업화를 지원하는 획기적인 정책이 필요하다. 청년 등 미래세대, 제조업 등에서 전환되는 풍부한 인적자원은 새로운 콘텐츠 기업의 토대가 될 수 있다. 이들이 폭증하는 콘텐츠 수요에 대응하여 활동할 수 있는 사회적 여건이 마련되어야 한다.

폭증하는 수요에 대응하기 위해서 이미 개발되어 수요자들에게 사랑과 호평을 받는 IP(Intellectual Property, 지적 재산권)를 활용한 비즈니스의 확대의 경향도 뚜렷하다. 콘텐츠 기업은 전통적으로 지적 재산권을 활용하여 수익을 극대화해왔다. 인공지능기반 경제로 인공지능의 활용이 전사회적으로 확산된다. 인공지능의 확산과 병행하여 폭증하는 콘텐츠의 수요에 대응하기 위해 검증된 IP를 활용한 원소스멀티유즈(OSMU, One Source Multi Use)가 더욱 활성화 될 것이다.

다른 분야와의 협력과 협업도 전면적으로 확산된다. 자율주행차량 기업들은 달리는 차 안에서 고객들에게 제공할 다양한 콘텐츠들을 고민하고 있다. 자동차회사와 콘텐츠 기업이 협력하여 새로운 개념의 자동차개발에 나서는 것도 낯설지가 않다[40] 농업기계 제작기업과 가상 현실 콘텐츠 기업이 협업하여, 원격농업 시스템을 구축하기도 한다. 가상공간을 활용한 교육시스템에도 방대한 콘텐츠가 활용된다.

인공지능기반 경제에서 콘텐츠의 중요성을 인식한 수많은 기업들이 콘텐츠 기업으로 전환을 서두르고 있거나 인수합병과 같은 방법으로 콘텐츠분야로의 진출을 강화하고 있다. 이는 새로운 기회 요인이며 경쟁이 격화되는 위기 요인으로 작용할 수도 있다. 콘텐츠를 통해서 콘텐츠에 내재된 지식재산을 확보하기 위한 노력이며, 동시에 콘텐츠 제작 노하우와 인력을 빠른 시간 내에 확보하기 위한 계산이다.

특히 플랫폼기업들의 콘텐츠기업에 대한 인수합병이 눈에 띈다. 인수합병 행위의 정당성은 논외로 하고, 폭증하는 콘텐츠 수요에 대한 대응이며 취약한 IP(Intellectual Property, 지적 재산권)를 확보하기 위한 전략이다. 지적재산을 대규모로 확보함으로써 지적재산을 기반으로 파생되는 다양한 비즈니스 파급효과를 기대하는 것이다. 23년 초, 뜨겁게 달아올랐던 SM엔터테인먼트 인수전에 다음카카오가 뛰어 들어 최종적으로 경영권을 확보한 것이 대표적인 사례라 할 수 있다. 사실상 네이버와 다음카카오, 양대 플랫폼은 게임부터 영화, 방송, 음악 등 모든 장르를 계열사로 거느리고, 뉴스마저 킬러 콘텐츠로 활용하고 있으니 명실공히 미디어 콘텐츠 복합그

---

40 https://www.businesspost.co.kr/BP?command=article_view&num=297171 참조

룸이라고 할 수 있다. 최근에는 웹툰, 웹소설 전문기업이나 스튜디오에 경쟁적인 투자와 선점을 통해 콘텐츠 패권을 차지하기위한 치열한 경쟁을 이어가고 있다.

제작과 수요 양 측면에서 가장 눈에 띄는 변화는 초개인화 경향이다. 인공지능 알고리즘은 콘텐츠 사용자의 행동, 선호도, 활동 이력에 대한 데이터를 수집하고 분석하여 맞춤형 콘텐츠와 경험을 제공할 수 있다. 맞춤형 권장 사항, 개인화된 광고, 맞춤형 인터페이스가 포함된다.[41] 개인화는 즐겁고 매력적인 사용자 경험으로 이어져 고객 충성도와 만족도를 제고한다.

초개인화 경향은 창작과 제작과정에도 적용되어 프리랜서(개인 전문용역 사업자)가 더욱 확대되고, 일인 미디어, 크리에이터의 협업과 공동작업도 더욱 확대될 것이다. 챗GPT와 같은 인공지능 저작도구는 콘텐츠 창작과 제작과정의 효율성을 획기적으로 개선한다. 사전 제작단계에서 많은 시간과 자원이 투입되는 자료 수집과 콘텐츠 기획을 지원하며, 인공지능 알고리즘은 제작공정을 효율화한다. 이전에는 많은 투자가 필요한 고가의 제작시스템을 거의 무상에 가깝게 활용할 수 있기 때문에, 투자비 부담이 없는 저작도구와 시스템을 활용하여, 고품질의 콘텐츠를 창작할 수 있는 크리에이터의 확산은 생태계에 지각변동을 일으킨다.

메타버스 또한 콘텐츠 기업에 수요와 공급 양 측면에서 커다란 영향을 미친다. 메타버스는 콘텐츠의 제작과 수요가 동시에 이루어지는 가상세계이다. 인공지능도 메타버스 안에 구현되면서 콘텐츠 비즈니스 환경에도 근본적인 변화가 예견된다. 먼저 제작 프로세스의 변화이다. 이전의 직선적인 제작 프로세스는 가상세계 안에서 통합되면서 기획, 사전제작, 메인 프로덕션, 포스트 프로덕션(후반제작)이 동시에 진행된다. 핵심 크리에이터를 중심으로 제작 프로세스의 여러 부문이 병렬적, 동시적으로 참여하는 형식을 띠게 된다.

메타버스는 수요자의 참여도 동시적으로 보장하여 제작과정을 모니터링하면서 참여할 수 있고, 출시된 콘텐츠를 소비하며 메타버스 자체가 하나의 완결된 콘텐츠의 생산과 소비생태계를 형성한다. 이미 게임이나 엔터테인먼트분야에서 메타버스형 비즈니스 모델들이 선보이고 있다. 게임콘텐츠 속에서 유명 가수가 참여하는 가상콘서트가 개최되거나, 일인 개발자나 독립 스튜디오가 개발한 게임을 서비스하는 게임 메타버스, 현실세계의 유명 패션 브랜드를 디지털 굿즈(상품)형식의 아이템으로 개발하여 판매하는 등 다양한 사례가 출시되고 있다.

인공지능 저작도구와 제작시스템은 콘텐츠 제작을 위한 새로운 아이디어와 제안을 생성하고, 여러 유형의 브레인스토밍 프로세스를 지원할 수 있다. 스토리 라인, 캐릭터 개발을 분석하

---

[41] 넷플릭스 추천 알고리즘 (https://brunch.co.kr/@cysstory/159)

고 수요자에게 재미와 감동을 줄 수 있는 개선 사항을 제안한다. 인공지능 기술을 기반으로 하는 특수효과는 보다 사실적이고 매력적인 시각적 경험을 제공한다.

정교한 컴퓨터 그래픽스 기술로 제작된 인간과 꼭 닮은 '가상인간(디지털 휴먼)'이 소셜미디어에서 인플루언서나 광고모델로 활동하면서 인기를 얻고 있다. 가상인간에 인공지능 기술이 활용되면, 지능형 가상인간으로 가상공간에서 인간을 대신하기도 하고, 배우들과 함께 영화에 출연하여 자연스럽게 연기하는 콘텐츠가 구현될 수 있다.

인공지능 알고리즘으로 소비자 트렌드, 선호도, 행동을 분석하여 가장 효과적인 콘텐츠 유통 채널을 식별할 수 있다. 콘텐츠 배포 프로세스를 자동화하여 대상고객에게 도달하는데 필요한 시간과 리소스를 줄일 수 있다. 효율적인 배포는 사용자 경험을 향상시키고 노출과 수익을 증가시킨다. 인공지능기반 챗봇과 가상 도우미는 고객 문의와 요청에 빠르고 개인화된 응답을 제공할 수 있다. 개인화된 추천과 대화형 경험은 콘텐츠에 대한 참여와 관심을 높일 수 있고, 고객 만족도와 충성도를 개선한다.

인공지능 알고리즘은 소비자 트렌드, 행동 및 선호도에 대한 데이터를 분석하여 향후 콘텐츠 제작과 배포 전략을 예측할 수 있다. 예측 분석은 콘텐츠기업이나 엔터테인먼트 회사가 데이터 기반 의사결정을 내리고 실패위험을 줄여 재무결과를 개선한다. 예측 분석은 또한 새로운 비즈니스 기회와 성장영역을 식별하도록 지원한다.

콘텐츠기업들은 정보기술과 인터넷의 발전에 따라 양적, 질적으로 지속적인 성장발전을 거듭하여 왔다. 유선인터넷에서 무선인터넷으로, 스마트폰의 출현과 가상현실 기술의 발전이 변곡점이 되어 콘텐츠기업이 함께 성장하고 새로운 유형의 콘텐츠기업들이 새롭게 탄생하여 시장을 주도하여 왔다.

인공지능 기술의 전면적인 확대에 따라 새로운 유형의 콘텐츠 기업들이 속속 등장하고 있다. 생성형 인공지능을 활용하여 콘텐츠를 전문적으로 창작하는 콘텐츠 기업이 등장하고 있다. 인공지능으로 생성된 콘텐츠를 활용한 데이터마켓(에셋 스토어), 최적의 명령어(프롬프트)를 디자인해주는 기업, 인공지능 저작도구로 기획부터 제작까지 자동 완성하는 콘텐츠 기업 등이 등장하고 있는데, 대규모의 새로운 유형들이 출현할 것으로 기대된다.

인공지능 기술은 이전의 정보기술과 인터넷의 발전을 모두 합친 것보다 더 큰 범위에서 콘텐츠기업의 성장과 발전에 영향을 미칠 것으로 예견되고 있다. 예측하기 힘든 규모로의 콘텐츠 수요의 폭증, 제작 프로세스와 시스템의 완전한 변화, 콘텐츠 수요와 소비 형태의 대변동 등 콘텐츠기업의 모든 활동분야에서 이전과는 전혀 다른 시나리오가 기다리고 있다.

2부

**K콘텐츠의 주역,
크리에이터의 시대가 온다.**

제4장   크리에이터의 시대를 준비하자.

요약

크리에이터는 제작·개발·창작 및 서비스 활동을 하는 독자적인 비즈니스의 주체이며, 일인 혹은 소수의 독립적인 활동을 하는 창작자라고 할 수 있다. 크리에이터는 UCC(User Created Content, 사용자 생성 콘텐츠)를 계기로 형성되었으며, 모바일과 소셜 미디어의 확산에 따라 디지

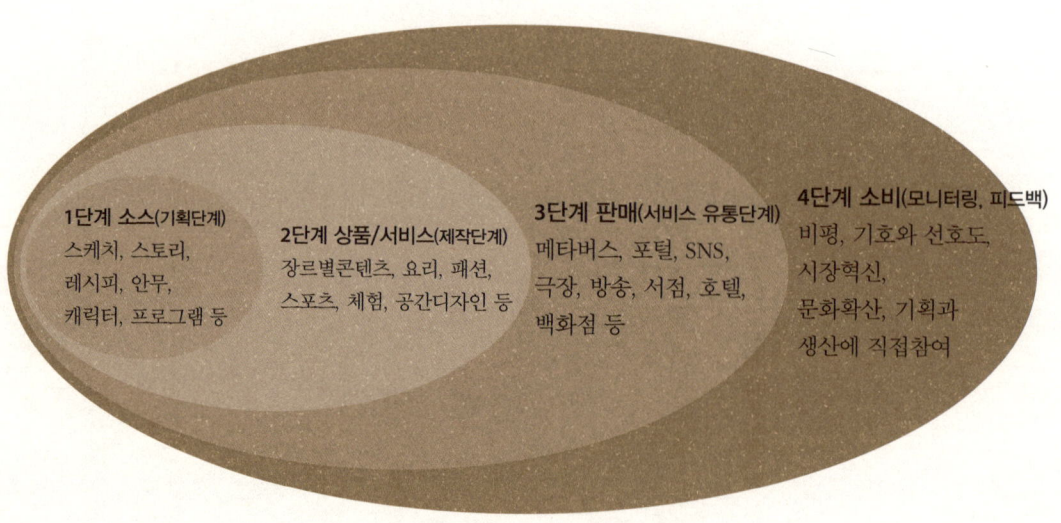

가치사슬 단계별로 분류한 크리에이터의 구성

털 콘텐츠의 영역에서 테마 카페·체험공간 등 오프라인 영역으로 확산되면서 더욱 성장 하고 있으며, 사회적 역할도 중대하고 있으나 법률적, 제도적 뒷받침은 매우 제한적이다.

　인공지능기반 경제와 더불어 크리에이터의 활동은 양적 질적으로 더욱 확대되고 있으며, 경제적, 사회적 위상도 대폭 강화되어 전면적이고 포괄적인 크리에이터 시대를 주도하게 된다. 미래세대가 크리에이터 시대를 준비하기 위한 교육 과정의 대전환이 시급하며, 누구라도 크리에이터 활동이 가능하도록 하는 사회적 시스템과 제도적 뒷받침이 절실한 시점이다.

1   크리에이터는 어떻게 진화해 왔을까?

크리에이터에 대한 정의는 일정하지 않지만, 우선 다양한 주제의 영상이나 콘텐츠를 제작 하여 유튜브나 인스타그램과 같은 플랫폼으로 스트리밍하여 경제활동(비즈니스)를 하는 1인 미디어, 창작자라 할 수 있다. 웹소설, 웹툰 같은 웹콘텐츠 창작자, 일러스터, 애니메이터, 프로그래머, 엔지니어, 작사가, 작곡가와 같은 콘텐츠 영역별 제작자도 포함된다. 카페, 패션, 전시, 체험, 힐링, 운동, 요가 등에서 활동하는 디자이너, 메이커, 큐레이터, 인스트럭터(강사), 전업 활동가 등 다양한 직무와 직종을 포함한다고 할 수 있다.

업종별로도 건축, 관광, 광고, 게임, 디자인, 만화, 미술, 문학, 무용, 방송, 소프트웨어, 영화, 영상, 음악, 음식, 사진, 애니메이션, 에듀테인먼트, 전시, 조경, 카페, 캐릭터, 테마파크, 패션, 스포츠 등 셀 수 없이 많은 분야에서 활동하고 있다. 인공지능기반 경제가 진화함에 따라 하루가 멀다 하고 새로운 직업과 경제활동으로 확산되고 있다.

크리에이터는 인공지능으로 대체할 수 없는 감성이나 취향, 아이디어와 상상력이 생명이다. 인공지능 기술과 서비스가 확산되고 보편적으로 적용됨에 따라, 로봇으로 대체할 수 있는 단순 반복적인 업무는 사라지고 있지만, 크리에이터는 가속페달을 밟은 것처럼 확산되고 있다. 로봇 개발자, 미디어아티스트, IT전문가, 3D프린팅 개발자, 비즈니스 플랫폼 개발자, 여행 플래너, 공예품 개발자, 전통시장 문화기획자 등 다양한 이름으로 호칭되며, 카페와 랩(Lab), 작은 동아리방에서 시작하고, 디지털 플랫폼을 통해서 네트워크와 비즈니스를 전개하며 성장해 나가고 있다.[42]

현황 및 문제점

국세청 통계에 따르면[43], 우리나라 '비임금노동자'수는 2021년 기준 788만 명 수준으로 무려 전체 경제활동인구의 3분의1 수준에 달하고 있고, 주요 선진국 중에서 가장 높은 수준이다. 디지털, 정보화에 따른 프리랜서활동이 확산되어 있고, 자영업 종사가 차지하는 비중이 큰 점이 주요 이유로 거론되고 있다. '비임금노동자'란 프리랜서(독립계약노동자), 라이더와 같은 플랫폼 노동자, 카페 경영 등 기업과의 정규적인 노동계약을 제외한 모든 노동형태를 망라한다. 여

---

42   https://if-blog.tistory.com/7129 참조

43   https://news.sbs.co.kr/news/endPage.do?news_id=N1007111485 참조

러 개의 일거리를 병행한다는 의미에서 'N잡러'라고도 부른다. 높은 경제활동 비중에도 불구하고, 고립 분산적인 활동으로 마땅한 법률적, 제도적 시스템에 의해서 거의 보호받지 못하고 사각지대에 놓여 있는 실정이다.

2017년 7월 개정된 통계청의 한국표준직업분류에 '미디어 콘텐츠 창작자(크리에이터)'라는 항목이 생겼다.[44] 그리고 국세청 홈페이지의 국세정책/제도 카테고리에서 소개하는 신종 업무 세무안내란에도 관련 내용이 소개되고 있다. 1인 미디어 창작자와 거래유형을 유튜브나 아프리카TV, 트위치같은 플랫폼에 영상을 올리는 유튜버, 스트리머, 크리에이터, BJ 등으로 예시하고 사업자 등록부터 세금에 대한 안내를 하고 있다.[45] 크리에이터를 영화 영상분야의 신종 직업 가운데 하나로 한정적으로 소개하고 있는 수준이다.

스트리머와 같은 일인미디어도 크리에이터 활동의 주요 분야 가운데 하나이지만, 인공지능 기반 경제에서 크리에이터의 활동은 훨씬 포괄적이고 광범위하다. 앞서 설명했듯이 인공지능이 대체할 수 없는 감성이나 취향, 아이디어와 상상력을 기반으로 하는 모든 직업과 업종을 포괄하는 개념이다. 일인 혹은 독립적으로 활동하는 창작자이며 독립적인 비즈니스의 활동주체라고 할 수 있다.

포괄적이고 광범위한 개념의 크리에이터들은 현재의 통계시스템이나 제도에서는 '비임금 노동자'에 포함되어 집계되고 있다고 볼 수 있다. 수많은 크리에이터 지망생, 프리랜서, 인디 개발자, 일인 미디어, 여러 직업을 병행하는 크리에이터 등 미래 시대의 새로운 주역들이 현재는 경제적 통계시스템에서는 아예 집계되지도 않거나, 법률적, 제도적 사각지대에서 활동하고 있다고 해도 과언이 아니다.

하루가 멀다 하고 새로운 일거리와 직업이 생겨나고 있는데, 공적인 제도와 법률이 이를 뒷받침하지 못하는 상황이다. 일부 사회적 논의 마저도 최저임금보장이나 개인사업자 보호 혹은 국민연금이나 의료보험의 혜택을 주는 방안 수준에서 거론되고 있다. 물론 최저 수준을 확보하기 위한 활동도 필요하지만, 크리에이터 라는 새로운 차원에서 연구와 접근이 절실하다고 하겠다.[46]

---

44 '한국표준직업분류'7차 개정안, 통계청, 2017

45 https://www.nts.go.kr/nts/cm/cntnts/cntntsView.do?mi=2479&cntntsId=7801 참조

46 '개인미디어 콘텐츠크리에이터 실태조사' 한국콘텐츠진흥원, 2021

크리에이터의 형성과 발전

크리에이터의 등장은, 시간적으로 거슬러 올라가면, 인터넷 시대가 시작되면서부터라고 할 수 있다. 디지털기술과 인터넷서비스가 출현함에 따라 실시간 쌍방향 소통이 가능해졌다. 콘텐츠의 소비자이거나 청중인 사용자들이 카페나 커뮤니티를 통해 콘텐츠 제작에 참여하게된다. 사용자들이 제작한 콘텐츠(UCC, User-created Content)가 관심을 끌게 되면서 사용자이면서 동시에 콘텐츠 창작자라는 개념이 크리에이터의 시초라고 할 수 있다.

UCC는 유튜브와 같은 소셜 미디어 플랫폼이 등장하기 전까지는 미미한 수준이었다. 사용자가 자신의 동영상을 쉽게 업로드하고 공유할 수 있는 플랫폼의 등장은 UCC가 양적, 질적으로 성장하는 전환점이 되었다. 크리에이터가 콘텐츠를 수익화 할 수 있게 된 것은 UCC의 성장을 이끈 핵심 요인 중 하나이다. 수만 명에서부터 수천만 명에 이르는 구독자를 확보한 콘텐츠 크리에이터는 광고, 구독, 후원을 통해 수익을 창출한다. 콘텐츠 개발과 비즈니스의 새로운 등용문이 탄생하게 된다.

크리에이터를 희망하는 수많은 지망생들이 나오게 되었고, 크리에이터는 초등학생의 장래희망에서도 항상 상위권에 랭크되는 인기있는 분야가 되었다.[47] 일인 방송(유튜버), 일인 혹은 소수의 독립적인 스튜디오를 통해서 제작 서비스가 가능한 웹소설, 웹툰과 같은 장르와 포맷은 크리에이터에 최적화된 분야이다. 왜냐하면, 제작 시설과 장비에 대한 투자 비용 부담이 적고, 아이디어와 상상력에 대한 의존도가 절대적이며, 표현 기술이 비교적 용이하고, 수많은 팬 층을 형성하여 수익창출이 가능하기 때문이다.

MCN(Multi Channel Network)은 콘텐츠 크리에이터의 활동을 지원하는 기업으로 연예인 전문 기획사의 기능과 유사하다. MCN은 크리에이터의 콘텐츠 기획, 제작, 마케팅, 저작권, 유통 및 사업의 전반적 또는 일부를 제공하는 사업자로서 크리에이터가 창출하는 수익의 일부를 분배받는 방식으로 매출을 올리고 있다.[48]

연예인 전문 기획사의 경우, 기획사와 소속 연예인의 계약 관계와 수익배분이 명확한 반면에 MCN과 크리에이터의 관계는 여러 유형들이 혼재해 있다. 소속사 형태에서부터 법률지원이나 회계와 같이 크리에이터들이 필요한 서비스를 선택적으로 활용하는 방식까지 다양하다. 크리에이터의 활동영역, 분야, 방식 등이 매우 다양하기 때문에, 크리에이터의 생태계는 현재진행

---

[47] https://news.imaeil.com/page/view/2019121014494929565 참조
[48] 'MCN사업의 현황과 과제' 초록. 김치형, 인문콘텐츠학회, 2016

형이라고 할 수 있다.⁴⁹

콘텐츠기업이 고도화 전문화되고, 디지털기술의 발달로 커뮤니케이션과 대용량 데이터의 전송이 가능해짐에 따라 콘텐츠 제작의 아웃소싱이 확대되었다. 콘텐츠 개발분야의 전문 개발자들이 회사에서 독립하여 일인 개발자나 독립 스튜디오 형식으로 활동하게 되는 크리에이터도 증대하고 있다. 인터넷, 디지털 기술의 발달로 방송국 수준의 고품질 콘텐츠를 혼자서도 제작하는 것이 가능해진 점, 청중과 소비자의 취향이 세분화되고 개인화되는 콘텐츠 소비문화, 감성취향의 변동도 주요 요인이다.

인공지능기반 경제와 크리에이터

인공지능기반 경제에서 크리에이터는 새로운 국면을 맞고 있다. 먼저, 양적으로 크게 확대되고 기술과 품질, 서비스 수준도 질적으로 크게 진화되고 있다. 더욱 중요한 것은 크리에이터가 인공지능기반 경제를 주도해 나가는 핵심적 위상으로 거듭나고 있다는 점이다. 인공지능 등 제작기술의 발전으로 혼자서도 고품질의 콘텐츠 제작이 가능하다. 인공지능은 크리에이터가 콘텐츠 제작과 관련된 반복적이고 수동적인 작업을 자동화할 수 있도록 했다. 인공지능 제작도구의 도움으로 콘텐츠 크리에이터는 보다 창의적이고 혁신적인 측면에 집중하여 시간과 리소스

---

49 〈개인미디어 콘텐츠 크리에이터 생태계 구조〉 각주 48 참조.

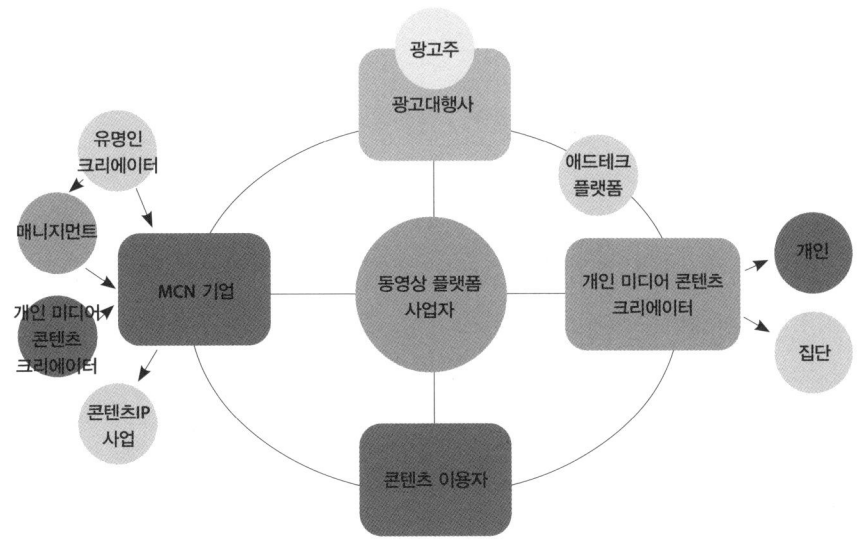

를 확보할 수 있다. 기사나 블로그를 작성하는 데 몇 시간이 걸리던 것과는 달리 인공지능 저작도구를 활용하면 불과 몇 분 만에도 콘텐츠를 생성할 수 있다.

인공지능 기술의 광범위한 채택으로 개인이 콘텐츠를 만들고 배포하는 것이 그 어느 때보다 쉬워졌다. 표현의 자유가 확대되고, 타인의 생각을 공유하는 문화가 이전 보다 훨씬 확산되고 있다. 자신을 표현하고 자신의 아이디어와 경험을 세상과 공유할 수 있는 새로운 세대의 크리에이터가 탄생하고 있다. 크리에이터는 수요자 개개인이 자신의 목소리를 사용하고 영향을 미칠 수 있도록 권한을 부여한다.

콘텐츠제작의 새로운 가능성도 열렸다. 컴퓨터 비전, 자연어 처리와 같은 인공지능기술 덕분에 이전 시대에는 불가능했던 새로운 형태의 콘텐츠를 제작할 수 있다. 지능형 아바타, 인공지능 자동생성 콘텐츠는 새롭고 혁신적인 방식으로 크리에이티브 영역을 확대하고 청중과 소통할 수 있는 방법을 제시한다.

크리에이터는 콘텐츠의 효율적인 배포를 통해서 새로운 청중에게 도달하고 새로운 수입원을 창출할 수 있게 되었다. 인공지능(AI)시스템은 개인의 선호도를 분석하고 취향을 파악하여 개인에게 맞춤화된, 고도로 개인화된 콘텐츠를 생성할 수 있다. 이를 통해 콘텐츠 크리에이터는 더욱 수월하게 수익을 창출하고 더 많은 청중에게 다가갈 수 있다.

콘텐츠 소비패턴도 변화하고 있다. 인공지능기반 경제의 확산은 생성되고 소비되는 콘텐츠의 질적 양적 증가로 이어진다. 로보틱스나 자율주행차량과 같은 새로운 장치나 시스템의 출현은 콘텐츠를 서비스할 수 있는 환경과 여건, 소비패턴에 중대한 변화를 준다. 이로 인해 개인 수준에서 소비자의 공감을 불러일으키는 고품질의 매력적인 콘텐츠에 대한 수요도 증가한다. 대형 기업이나 프러덕션은 세분화되고 개인화되는 흐름에 즉각적으로 반응하기가 쉽지 않다. 반면에 일인 크리에이터는 신속하게 반응하며, 표현 방법도 수요자 친화적이다.

크리에이터는 수요자 개개인이 자신의 목소리를 사용하고 영향을 미칠 수 있도록 권한을 부여한다. 크리에이터 활동은 창작활동과 공감활동으로 이루어진다. 이전의 활동이 크리에이터의 제작역량, 아이디어, 상상력 등 창작활동이 중심이었다면, 현재는 작품을 공유하고, 수요자와 공감하며, 수요자의 의견을 작품에 반영하여, 수요자 스스로가 제작과정에 참여하는 주인의식에 도달할 수 있도록 하는 크리에이터의 공감능력과 태도가 중요한 역할을 하게 된다.

인공지능(AI) 기반 경제는 인공지능(AI)알고리즘과 빅데이터가 경제혁신과 부가가치 창출의 핵심적인 역할을 하면서, 일과 비즈니스의 지형을 빠르게 변화시키고 있다. 인공지능이 점점 더 육체 노동과 반복적인 작업을 대체함에 따라 창의적이고 혁신적인 사고와 문제해결 역량의 중요성이 더욱 부각되고 있다. 크리에이터는 변화하는 환경에서 핵심적인 역할을 담당하고 있고, 미래의 일과 경제에서 중추적인 역할을 할 준비가 되어 있다.

2 교육에서부터 시작하자.

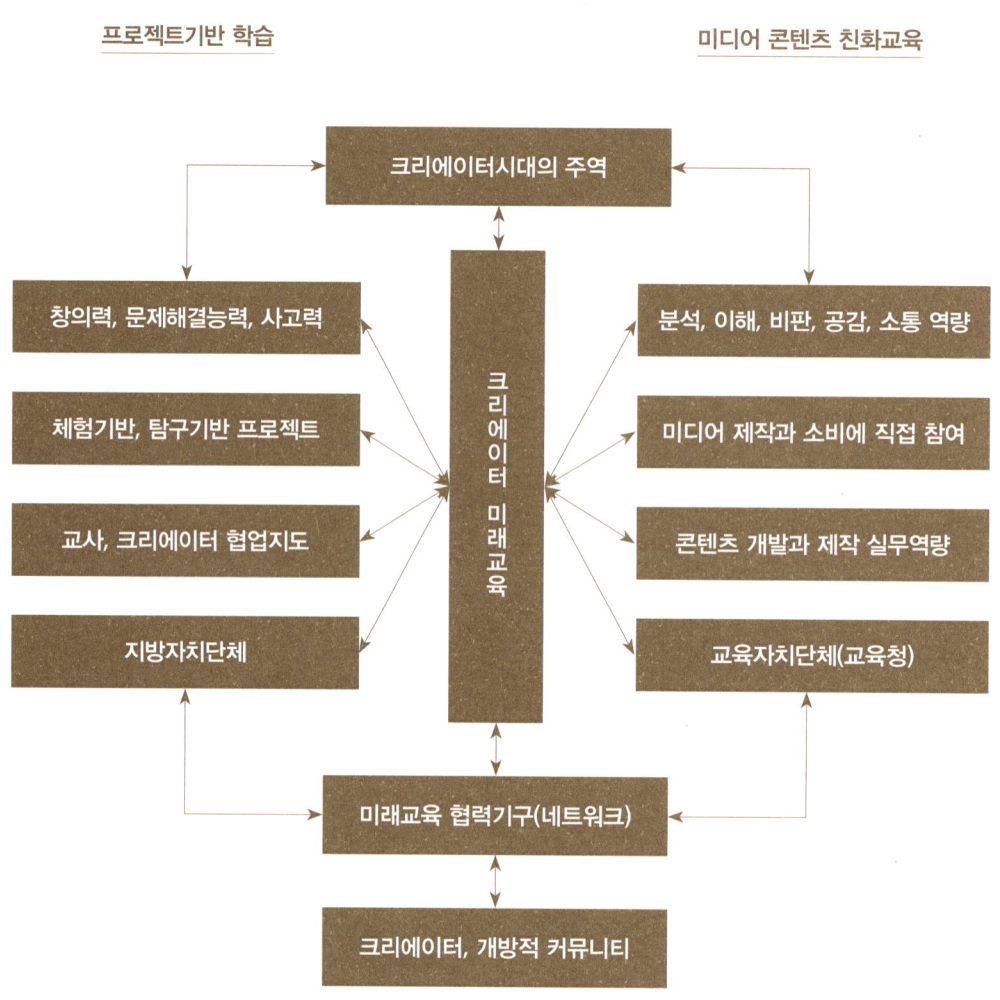

　인공지능기반 경제에서 콘텐츠는 '빅데이터'와 '창작물'이라는 양면성을 동시에 갖게 된다. 크리에이터는 빅데이터 생성과 콘텐츠 창작을 동시에 수행한다. 이를 통해 경제적 혁신, 부가가치 창출과 일자리(일거리)창출의 대안이 될 수 있다. 교육문화적 역할까지 수행하면서, 크리에이터는 중추적 역할을 수행한다. 크리에이터가 전 사회영역으로 확산되고, 포괄적인 역할을 수행함에 따라, 가장 시급한 것은 미래세대가 크리에이터로 활동하기 위한 미래교육을 준비하는 것이다.

　최고의 테크 기업의 기업가들은 사고력과 분석력을 포함하여 문제해결 능력과 능동적 학습 역량을 가장 중요한 필요 업무역량으로 평가하고 있다. 스트레스에 대한 내성, 유연성, 회복력과 같은 자기 관리 역량을 아울러서 강조하고 있다.[50] 미래세대는 데이터 작업, 알고리즘 설계, 솔루션 개발과 관련된 실습활동을 통해 필요 업무역량으로 발전할 수 있는 예비적 경험과 지식을 축적할 수 있다. 여러 형태의 미디어 메시지를 분석, 이해하고, 비판적 관점을 생성하는 역량을 길러낸다. 문제 해결 능력을 개발하면서 비판적이고 창의적으로 생각하도록 격려되고, 동기가 부여된다.

미래세대인 초중등 학생들의 교육과정에서도 프로젝트기반 학습방법을 활용하여 창의력, 문제 해결능력, 사고 능력을 개발해야 한다. 학생들의 성장단계에 최적화된 여러 유형의 프로젝트 케이스를 설계하여, 프로젝트를 수행하는 과정에서 문제의 핵심에 접근하게 하고, 해결방법을 스스로 모색하며, 테스트와 검증을 진행하도록 한다.

프로젝트기반 학습방법은 문제기반, 체험기반, 탐구기반의 학습방법이다. 주어진 과제에 도전하는 과정에서 직간접의 다양한 체험활동을 수행하게 되며, 반복되는 실패와 성공의 체험과정을 통해서 문제해결의 지혜를 얻고, 다양한 탐구방안을 시도하여 문제 본질에 근접하는 탐구방법을 찾아내게 된다. 혼자서 해결하기 어려운 문제는 소모임이나 그룹을 형성하여 공동의 노력을 통해서 해결하고 소통과 공감, 집단적 의사결정 과정을 체득한다.

프로젝트기반 학습방법을 성공적으로 수행하기 위해서는 학생들의 프로젝트 수행과정을 모니터링하고 컨설팅하는 인스트럭터(지도자)의 역할이 중요하다. 풍부한 프로젝트 경험, 전문적인 지식과 인성을 지닌 현장의 크리에이터들이 인스트럭터로 참여하여, 교사들과의 협업을 통해서 인지능력과 성장발달에 맞는 학습수준과 현장 실무경험을 융합한 다양한 유형의 프로젝트를 활용한 교육을 실시한다.

교육기관, 크리에이터, 전문가 등이 참여하는 워킹그룹을 구성하여 교육 커리큘럼을 설계, 개발한다. 커리큘럼은 정규교육과정과 통합하여 운영되고, 검증 보완한다. 온라인 오프라인 교육네트워크를 확산하여, 시간과 장소의 제약이 없이 프로젝트기반 학습이 이루어질 수 있도록 뒷받침한다.

미디어 리터러시(친화) 교육은 텔레비전, 영화, 디지털 미디어, 커뮤니케이션을 포함한 다양한 형태의 미디어 메시지를 분석, 이해하고, 비판적 관점을 생성하는 능력을 육성한다. 미디어는 콘텐츠가 발현되는 윈도우 역할을 한다. 미래세대가 크리에이터로 성장하기 위해서는 미디어 리터러시 교육을 통한 준비가 필요하다. 일상적으로 접하는 미디어 메시지를 비판적으로 평

---

[50] '일자리의 미래' 세계경제포럼 지음, 2023

가하고 분석하는 방법을 배우고, 이러한 메시지가 우리의 인식과 믿음을 형성하는 과정과 방법을 이해하는 것이 포함된다. 자신의 미디어 메시지를 효과적으로 만들고 전달하는 방법도 배워야 한다.

콘텐츠 제작과 소비가 일상 생활의 중심이 되는 인공지능기반 경제에서 미디어 리터러시 교육은 이전보다 그 중요성이 훨씬 더 커지고 있다. 미래세대가 크리에이터와 미디어 소비자가 될 수 있도록 준비하기 위해서는 미디어 리터러시 교육이 초중등 교육의 정규 과정에 포함되어야 한다.

미디어 리터러시 교육은 초중등 교육에서 언어, 사회, 기술 등 다양한 교과로 통합되어야 한다. 언어 수업에서 학생들은 광고, 뉴스 기사, 영화 등 미디어 텍스트가 전달하는 메시지를 분석하고 평가하는 방법을 배운다. 사회수업에서 학생들은 문화적 신념과 태도를 형성하는 미디어의 역할과 미디어를 사용하여 다양한 관점과 의견을 촉진하는 방법에 대해 학습한다. 기술수업에서 학생들은 비디오 제작, 그래픽 디자인, 디지털 사진 등 미디어 제작, 시스템 작동의 기초를 배울 수 있다. 기술을 효과적으로 사용하여 자신의 미디어 메시지를 만들고 전달하는 방법을 배우고 기술이 미디어를 소비하고 만드는 방식을 어떻게 변화시키고 있는지 이해할 수 있게 된다.

학생들이 교실 밖에서 미디어 제작과 소비에 참여하도록 격려한다. 학생들은 학교에서 후원하는 미디어클럽이나 온라인 커뮤니티에 참여하여 미디어 리터러시 기술을 개발하고 자신의 창작물을 다른 사람들과 공유할 수 있다. 미디어 리터러시 교육을 초등 교육과 중등 교육 모두에 통합함으로써 미래세대가 미디어에 대해 정통한 소비자이자 자신의 미디어 메시지를 효과적으로 작성하는 사람이 되도록 역량을 키워줄 수 있다.

급변하는 인공지능기술 세계에서는 미디어에 효과적으로 참여하고 콘텐츠를 이해하는 데 필요한 기술을 학생들에게 제공하는 것이 그 어느 때보다 중요하다. 교육 이니셔티브의 효과를 극대화하기 위해서는 개방적인 커뮤니티를 형성하고, 크리에이터가 미디어 리터러시 교육이나 커뮤니티 프로그램에 적극적으로 참여하는 것이 필수적이다.

미디어 리터러시 교육의 핵심 목표 중 하나는 학생들이 다양한 형태의 미디어에 담긴 메시지를 분석하는 데 필요한 비판적 사고 능력을 갖추도록 하는 것이다. 학생들에게 메시지의 출처를 식별하고 신뢰성을 평가하며 의도된 목적을 이해하는 방법을 가르치는 것이 포함된다. 제시된 정보에 의문을 제기하고 정보의 신뢰성과 잠재적 편향에 대해 비판적으로 생각하는 방법을 배움으로써 점점 더 복잡해지는 미디어 환경을 탐색할 준비를 갖추게 된다.

미디어 리터러시 교육에 크리에이터가 참여하면, 실무적 관련성과 적용 수준을 높이는 데 효과적이다. 현업에서 활동하고 있는 크리에이터들의 제작경험, 당면한 문제, 그 과정에서 습득한 기술과 지식을 공유할 수 있다. 미디어 리터러시 교육에 참여하는 학생들이 크리에이터의 풍부한 피드백을 기반으로 자신이 만든 콘텐츠에 대해 전문적인 식견과 판단을 참조하여 결정을 내리는 데 도움이 된다.

개방적인 커뮤니티는 지원적이고 협력적인 환경에서 배운 기술과 지식을 적용할 수 있는 공간을 제공할 수 있다. 학생들은 다양한 형태의 미디어에 대한 생각과 의견을 공유하고, 건설적인 토론에 참여하고, 다른 사람들로부터 피드백과 지원을 받을 수 있는 온라인 포럼, 토론 그룹에 참여할 수 있다. 이러한 커뮤니티는 학생들에게 자신의 콘텐츠를 만들고 공유할 수 있는 기회를 제공하여 디지털 세계에서 성공하는 데 필요한 도구와 기술을 직접 체험할 수 있도록 한다.

학교와 연계된 지역사회에는 개방적 커뮤니티로 활용할 수 있는 다양한 미디어 거점기관이나 콘텐츠 시설들이 존재하고 있다. 각 급 지역의 미디어센터, 콘텐츠나 미디어기술 관련 스타트업을 지원하기 위해 운영되고 있는 공공 지원시설, 무엇보다 초중등학교와 인접한 대학에는 풍부한 시설자원과 커뮤니티에 참여할 수 있는 인적자원이 풍부하다. 지역사회 거점기관이나 시설들이 인센티브나 협력체계(거버넌스)를 통해서 초중등학생들에게 개방적이고 포용적인 커뮤니티로 거듭나야 한다.

미디어 리터러시 교육을 초등학교, 중학교 커리큘럼에 통합하는 것은 미래세대가 인공지능기반 경제의 도전과 기회에 대비하는 데 필수적이다. 개방적인 커뮤니티와 프로그램들에 크리에이터를 참여시킴으로써, 크리에이터 전문가에게 권한을 부여하는 교육 프로그램을 만들어 학생들에게 실용적 관련성이 있고, 자신감 있고 효과적인 기술, 미디어 사용자가 되도록 뒷받침한다.

미디어 리터러시 교육과 병행하여 인공지능기반 경제의 또다른 축인 인공지능 알고리즘과 빅데이터의 발전과 활용에 대응하기 위해 기획, 디자인, 프로그래밍 프로세스를 이해하고 실행하는 교육을 제공해야 한다. 체험형 교육 프로그램을 통해 문제 해결력과 사고력을 키우는 데 중점을 두어야 한다. 학제 간 커리큘럼, 인공지능과 빅데이터 관련분야의 전문가, 업계 리더와의 파트너십, 체험에 기반한 학습 방법론, 오픈소스 도구, 리소스에 대한 액세스, 커리큘럼의 지속적인 개선을 통해 교육목표를 달성할 수 있다.

본질적으로 학제 간 교과 과정을 구축하는 것부터 시작하는 것이 필수적이다. 컴퓨터 과학과 수학, 통계, 연관 분야를 포함해야 한다. 이를 통해 인공지능기반 기술의 다양한 측면을 전반적으로 이해할 수 있다. 이러한 기술의 실제적용에 대한 사례연구를 포함하는 것이 유용하다. 이를 통해 학생들은 인공지능(AI)기반 기술의 실질적인 의미를 이해할 수 있다.

초중등학교와 교육기관은 학생들에게 최신 기술과 도구에 대한 액세스를 제공하기 위해 업계 리더와 파트너십을 개발해야 한다. 이를 통해 학생들은 실제 프로젝트를 수행하고 실용적인 기술을 개발할 수 있다. 기업은 학생들에게 견학, 워크샵 및 초청 강의를 제공할 수 있다.

학생들이 기술을 개발하고 인공지능 알고리즘과 빅데이터의 작동원리를 체험할 수 있는 오픈 소스 도구, 리소스에 대한 액세스를 제공하는 것이 중요하다. 학생들은 자신의 발전속도와 관심사에 따라 학습할 수 있다. 학생들에게 해당 분야의 전문가가 만든 온라인 과정이나 자습서에 대한 액세스를 제공하는 것이 유용하다. 이를 통해 학생들은 가장 경험이 풍부한 최고의 실무자로부터 배울 수 있다.

교육기관은 커리큘럼을 지속적으로 업데이트하고 인공지능 기술의 최신동향과 발전에 보조를 맞추도록 해야 한다. 이를 통해 학생들은 항상 가장 관련성이 높은 최신 기술을 배울 수 있다. 교육 기관은 프로그램의 효율성을 평가하고 지속적으로 개선하기 위한 메커니즘을 개발해서 운영한다.

교육기관, 크리에이터, 전문가 등이 참여하는 워킹그룹을 구성하여 교육 커리큘럼을 설계, 개발한다. 커리큘럼은 정규교육과정과 통합하여 운영되고, 검증 보완한다. 온라인 오프라인 교육네트워크를 확산하여, 시간과 장소의 제약이 없이 프로젝트기반 학습이 이루어질 수 있도록 뒷받침한다.

3 크리에이터 지망생이 서식할 수 있는 환경

고등학교와 대학은 많은 노력에도 불구하고 여전히 이전 경제시스템의 직업교육에 초점을 맞춘 교육과 진로지도로 인해 인공지능기반 경제와 심각한 불일치를 겪고 있다. 이미 소멸 되고 있거나, 이전에 비해 경제적, 사회적 중요도가 감소하고 있는 분야에 대한 교육도 여전히 높은 비중을 차지하고 있는 것이 현실이다. 인공지능(AI) 알고리즘이나 빅데이터 개발과 운용, 콘텐츠 제작과 관련된 교육 수요가 급증하고 있음에도 불구하고 입시교육, 지식교육, 줄세우기 교육에 열을 올리고 있다. 많은 학생들이 교육을 마친 후에도 직업과 진로에 대한 고민이 거듭되고 있다.

이러한 불일치는 학생과 교육자 모두에게 많은 어려움을 안겨준다. 미래를 준비하는 학생들이 인공지능기반 경제에서 활동하는 데 필요한 기술과 직무역량을 갖추지 못하고 학업을 마무리한다. 가장 큰 문제는 학생들이 대학에서 제공하는 교육과정을 통해서가 아니라, 학교를 졸업한 이후에 고립된 환경속에서 실시간으로 변화하는 직업시장에 직접 대비해야 하는 이중 삼중의 어려움을 겪어야 한다는 점이다. 인공지능기반 경제의 새로운 작동원리에 따라, 해당 분야에서 필요한 기술과 역량을 갖출 수 있도록 교육과정의 대전환이 필요하다.

교육과정에서 최첨단 기술을 사용하여 작업하는 실습경험을 제공해야 한다. 실제 환경에서 자신의 지식을 실험하고 적용할 수 있는 실용적인 프로젝트기반 학습에 중점을 두어야 한다.

이미 실행되고 있는 프로젝트기반 학습을 고도화하여 실제 상황과 가까운 프로젝트기반 학습이 실행될 수 있도록 해야 한다.

고등학교와 대학이 인공지능기반 경제에 대비하기 위해 선제적인 접근방식을 취해야 한다. 인공지능, 콘텐츠 리터러시 교육을 기존 커리큘럼에 통합하고, 인공지능의 활용, 콘텐츠 개발에 중점을 둔 새로운 코스와 프로그램을 만들고, 기업이나 연관 조직과 협력하여 최신 동향을 반영한 프로젝트 실습 경험을 제공해야 한다.

고등교육과 인공지능기반 경제의 필요 요구 사이의 불일치는 상당한 도전과 어려움에 직면하게 하지만, 혁신과 변혁을 위한 흥미진진한 기회도 제공한다. 고등교육은 변화하는 직업과 직무에 대비하고 인공지능기반 경제에서 필요한 기술과 지식을 제공함으로써 급변하는 사회의 미래를 준비하는 데에 중요한 역할을 할 수 있다. 교육자들은 가장 최적화된 교육을 제공하기 위해 인공지능이나 콘텐츠 분야의 최신 동향을 반영한 지속적인 전문성 개발과 기존 커리큘럼에 새로운 기술과 기법을 통합하는 노력을 해야 한다.

콘텐츠 리터러시 교육에서 크리에이터의 역할은 인공지능기반 경제의 미래 인적자원을 형성하는 데 매우 중요하다. 인공지능기반 경제의 최전선에 있는 디지털 원주민으로서 전업으로 활동하는 크리에이터는 학생들과 공유할 수 있는 풍부한 경험과 지식을 가지고 있어 빠르게 진화하는 인공지능 환경에서 성공하는 데 필요한 기술을 가르치고 공유하는 데 효과적이다.

크리에이터는 초청강의나 워크숍을 통해서 교육에 참여할 수 있다. 크리에이터의 도전과 기회에 대한 경험과 통찰을 공유함으로써 크리에이터로서 필요한 기술과 지식에 대한 현실적이고 실용적인 이해를 학생들에게 제공할 수 있다.

크리에이터가 교육에 참여할 수 있는 또다른 방법은 멘토십 프로그램이다. 멘토십 프로그램은 고품질 콘텐츠를 제작하고 필요한 기술을 개발하는데 도움을 줄 수 있는 숙련된 크리에이터의 일대일 지도를 지원한다. 멘토십을 통해 콘텐츠 제작에 대한 실무 경험을 쌓고, 최신 트렌드와 기술에 대해 배우고, 경력 전반에 걸쳐 지원가능한 전문가 네트워크를 형성한다.

크리에이터는 온라인 학습자료와 리소스를 개발하여 제공한다. 온라인 교육 플랫폼의 등장으로 크리에이터는 자신의 전문 지식을 활용하여 학생들에게 개념 개발에서 포스트 프로덕션에 이르기까지 콘텐츠 제작 프로세스에 대한 포괄적인 개요를 제공하는 온라인 커리큘럼을 개발, 현장활동과 교육활동을 병행하게 된다.

크리에이터는 인턴십이나 업무 기반 학습 프로그램을 통해 교육에 참여할 수도 있다. 이 프로그램은 학생들에게 숙련된 크리에이터와 함께 작업하고, 업무가 수행되는 실제 메커니즘을 익히고, 포트폴리오를 구축하게 한다. 경쟁이 치열한 취업시장에서는 즉각적으로 투입될 수 있는 실무역량을 기대한다. 실질적인 효과가 있는 실제 경험을 학생들이 얻을 수 있도록 기회를 제공한다.

고등학생이나 대학생은 크리에이터를 꿈꾸고 있는 지망생이라고 할 수 있다. 영상을 제작하여 유튜브에 소개하거나 웹소설이나 웹툰을 제작하여 플랫폼에 게시하기도 하고, 디자인이나 일러스트를 인스타그램에 게시하여 피드백을 받기도 한다. 고등학생이나 대학생은 크리에이터 지망생으로서 학업과 창작활동을 병행하고 있다. 크리에이터를 꿈꾸는 학생으로서 학업과 창작활동의 균형을 맞추는 것은 고등학생과 대학생에게 중요한 도전이 될 수 있다. 그들은 콘텐츠 제작에 대한 열정을 추구하는 동시에 학업을 수행해야 한다. 스트레스와 창작 에너지소진으로 동기 부여와 성과가 저하될 위험이 있다.

크리에이터 지망생에게 적절한 지도와 멘토링을 제공한다. 이것은 학생들에게 역할 모델과 창의적인 여정을 탐색할 때 존경할 누군가를 떠올리게 한다. 인턴십 프로그램은 학생들이 콘텐츠 제작자로서 배우고 성장할 수 있는 실습 경험을 제공할 수 있다. 인턴십은 미래의 직업 기회로 이어질 수 있어 커다란 동기부여가 된다.

크리에이터 지망생은 창의적인 열정을 추구하는 동안 재정문제로 어려움을 겪는다. 정부와 교육기관은 장학금, 상금, 지원금 등 여러 유형의 금전적 보상프로그램을 지원하여 학생들이 콘텐츠 제작을 계속할 수 있는 여건과 동기를 부여한다. 워크샵, 프로모션 이벤트를 통해서 크리에이터와 전문가를 접촉하여 네트워크를 형성하고 제작방법을 배우고 영감을 얻을 수 있는 기회를 제공한다.

예비적인 콘텐츠 크리에이터로서 자신의 업적과 공헌을 인정받을 수 있는 다양한 수상 프로그램과 공모전, 실적 인정 제도를 활용할 수 있다. 그러한 인정들은 학생들의 노력에 대한 동기부여와 검증을 제공하고 그들이 계속해서 콘텐츠를 만들도록 격려할 것이며, 향후 직업적인 크리에이터로 활동할 수 있는 경력이나 업적의 토대가 된다.

대학을 마친 크리에이터 지망생의 경우 생활의 불안정, 비즈니스 네트워크의 어려움, 창작물에 대한 보상의 불투명성, 계약 상 각종 권리 침해, 결과물에 대한 가치평가의 어려움 등 많은 난관을 경험한다. 크리에이터 지망생에게 이러한 어려움은 압도적일 수 있으며 열정과 희망을 추구하는 데 커다란 장애가 되고, 좌절의 계기가 된다. 인공지능기반 경제에서 증대되는 크리에이터의 위상과 역할에 비추어, 포용적인 공공의 프로그램 설치와 운영이 필요하다.

대부분의 크리에이터 지망생은 임시직이나 단기 계약직 등 불안정한 직업이나 직무 아웃소싱을 통해서 생계를 해결하고 창작활동의 시간을 확보하여 활동하고 있다. 여러 직무를 병행 수행하는 데에 따른 불안정성은 지망생들에게 가장 큰 위협이 된다. 보다 정밀한 실태조사를 통해서 최소 생활보장이나 사회안전망, 불안정성을 해소할 수 있는 제도와 전문적인 상담 프로그램과 같은 지원 프로그램의 운영이 필요하다.

크리에이터 지망생은 콘텐츠분야에서 네트워킹은 핵심인 반면, 해당 분야의 다른 전문가와 연결하는 데 많은 어려움을 겪고 있다. 예비 지망생, 업계 관계자, 전문가, 크리에이터가 참여하는 이벤트 행사, 컨퍼런스를 정례화하고 온라인 포럼, 오프라인 활동모임 등 커뮤니티활동이 상시적으로 운영되어야 한다.

크리에이터는 특히 경력 초기단계에서 창작물에 대한 보상의 불투명성 때문에 적절한 보상을 받지 못할 수 있다. 계약 위반 또는 지적 재산권 침해와 같은 법적문제에 직면할 수도 있다. 지금도 플랫폼과 콘텐츠 크리에이터 사이에 크고 작은 분쟁이 끊이지 않고 있다. 상대적 약자로서 권리확보가 쉽지 않은 상황이다. 지망생이라는 이유만으로, 공모전의 출품작이라는 이유만으로 아무런 대가도 없이 콘텐츠가 게재되고 있다. 지망생이나 경력 초기단계일수록 투명한 분배나 보상이 이루어지기 위한 법률적, 제도적 뒷받침이 더욱 필요하다.

크리에이터 지망생은 특히 콘텐츠 수익 창출과 관련하여 작업의 성공과 가치를 측정하는 데 어려움을 겪을 수 있다. 엄연한 경제활동임에도 가치평가나 신용평가의 어려움이 있다. 크리에이터를 대상으로 하는 관련 경제교육 프로그램을 지원하고 콘텐츠와 경제, 콘텐츠와 금융활동에 대한 전문 상담, 자문 프로그램을 활성화해야 한다.

제5장　크리에이터 비즈니스가 임계점을 넘어 폭발하고 있다.

요약

　인공지능기반 경제가 본격화되면, 정보혁명시기부터 서서히 증가하기 시작한 크리에이터 비즈니스가 섭씨 100도를 넘으면 물이 끓듯이, 임계점을 넘어서며 경제활동을 주도하게 된다.
　인공지능기반 경제의 특징인 콘텐츠화, 가상화, 자동화가 확산되면, 크리에이터 비즈니스는 콘텐츠산업이나 제조업 등 연관산업 분야로도 폭넓게 확산된다. 일상생활이나 경제활동, 사회활동을 위한 다양한 기능과 체험 공간, 거점이나 커뮤니티, 편의시설에도 크리에이터 비즈니스 네트워크가 스며들어, 누구나 크리에이터가 될 수 있는 사회적 뒷받침을 하게 되며, 인공지능기반 경제와 크리에이터 시대를 완성해 나간다.

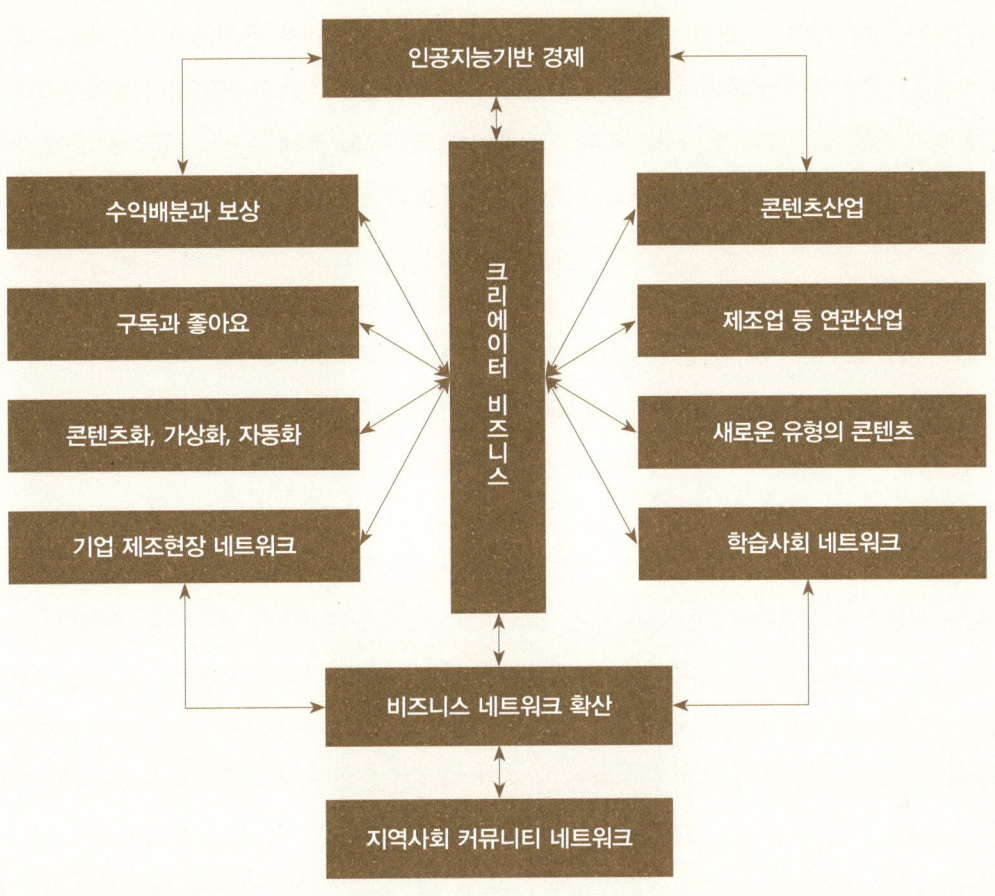

1 크리에이터 비즈니스란?

'인공지능과 콘텐츠는 과학기술과 예술, 경제와 문화라는 양면성의 최종적 현현(顯現)이라고 할 수 있다. 역사의 시작과 동시에 분리 발전하여 온 양면성은 최종적 국면에서 불가분리의 융합을 통해 폭발적인 힘을 발휘하게 된다. 그 폭발적 에너지를 통해 누구나 크리에이터로 거듭날 수 있으며, 인공지능기반 경제와 크리에이터 시대로 나아가게 된다.' -프롤로그-

크리에이터 비즈니스란 콘텐츠의 저작권이나 지적 재산권을 소유한 크리에이터와 중간 매개자 혹은 최종 소비자 사이에 상품과 서비스를 거래하는 행위 일체라고 할 수 있다. 저작자는 콘텐츠의 저작권을 유지한 채, 다양한 권리를 행사하는 방식으로 진행된다. 콘텐츠의 경우 복제, 전시, 방송, 전송, 공연, 대여, 2차적 저작물 등 다양한 권리가 발생하며, 크리에이터는 계약조건에 따라 전부 혹은 일부의 권리를 행사할 수 있다. 경우에 따라 콘텐츠의 저작권을 전부 양도할 수 있으나, 그런 경우에도 크리에이터는 원 저작자임을 나타낼 수 있고, 저작권을 양도받은 사람도 크리에이터의 허락없이 함부로 변경할 수 없다. 지적 재산권의 경우에도 제품과 서비스의 디자인, 상표, 발명에 대한 특허 등을 법률로서 보호하며, 저작권과 마찬가지로 권리 행사가 가능하다.[51]

크리에이터는 콘텐츠의 사용을 허락하고, 중간 매개자나 최종 사용자로부터 계약조건에 따른 대가를 지급받는다. 지불 방식은 크게 수익배분방식과 보상방식으로 구분할 수 있다. 수익배분방식에는 다운로드 회수나 일정기간에 따라 일정액을 지급하는 정액제, 발생한 수익의 일정비율을 분배하기로 정하고 이에 따라 지급하는 정률제, 우선 콘텐츠를 무료로 이용한 후, 콘텐츠에서 서비스하는 아이템이나 서비스 이용조건을 선택적으로 구매하는 부분유료화 등 다양한 방식이 있다. 보상방식은 공중파를 이용한 방송 콘텐츠와 같이, 최종 이용자가 불특정 다수이고, 시청이나 사용 회수 등을 측정하기 어려운 경우, 계약 쌍방의 협약에 의해서 일정 금액을 일괄 보상하는 방식이라고 할 수 있다.

특정 제품에 대한 소비자의 구매행동은 제품이나 회사에 대한 브랜드를 인지하고, 제품의 상세 성능이나 기능을 파악한 후에, 구매를 결정하게 된다. 구매 이후 제품 사용의 만족도는 제품

---

[51] 저작권법, 상표법, 디자인 보호법, 특허법, 실용신안법(한국법령정보센터) 참조

현재까지의 크리에이터 비즈니스의 주요개념과 사업모델

구분			주요내용	비고
주요 개념			- 저작권, 지식재산권을 거래하는 계약 행위 일체 - 권리행사 방식으로 전부 혹은 부분 행사 가능 　(복제, 전시, 방송, 전송, 공연, 대여, 2차적 저작물 등) - 인공지능기반 경제의 중심적인 비즈니스로 부상	* 소유권양도에는 옵션이 있음
사업 모델	수익 배분	정액제	· 다운로드 횟수에 따라 지급. · 일정기간에 정액 지급	* 음원 * 게임, 음원
		부분 유료화	· 무료 이용 후, 아이템 거래 · 플레이, 이용 조건에 따라 과금	* 게임 * 웹툰, 게임
		정률제	· 수익의 일정비율을 나누는 방식	* 오픈마켓
	보상		· 사용자가 불특정 다수이거나 이용내역의 산출이 어려움 · 현실적인 과금 방식이 어렵거나 불가능할 때 · 쌍방의 협약에 의해 일정 금액 일괄 지급	* 방송 * 빅데이터 * 보상 청구권

에 대한 충성도로 이어져 반복구매와 다른 소비자에 대한 추천으로 이어질 수 있다.[52] 구매 의사결정과 행동의 선순환적인 사이클은 생산과 소비의 확대로 이어져 비즈니스를 형성하게 된다.

특정제품에 대한 소비자의 구매의사결정과 행동에 비추어 보았을 때, '구독과 좋아요'는 크리에이터와 소비자를 연결하는 크리에이터 비즈니스의 핵심적인 키워드라고 할 수 있다. '구독'의 유무는 콘텐츠와 크리에이터에 대한 인지도, 신뢰도, 충성도의 지표가 되며, '좋아요'는 개별 콘텐츠의 소비와 이에 대한 평가로서 반복 구매의 척도가 되고 있기 때문이다. '구독과 좋아요'는 크리에이터 비즈니스의 주요 수익모델인 광고 수익을 배분하는 핵심적인 지표가 된다.[53] '구독과 좋아요'에 의해서 형성된 크리에이터의 영향력과 소비자의 충성도는 크리에이터의 지적재산을 활용한 새로운 제품 브랜드의 개발로 이어지며, 타사와 제휴한 광고 마케팅에 활용되고 있다.

크리에이터는 광고 수익의 분배 외에도 정기적 정액 후원, 부정기적 후원, 슈패챗(유튜브), 별풍선(아프리카TV)과 같은 사이버 머니를 활용한 후원 등 콘텐츠 개발과 서비스에 대한 후원, 플랫폼 사업자의 펀드(기금), 콘텐츠 제작역량을 활용한 광고 콘텐츠 제작, 콘텐츠 저작권을 활용한 다양한 사업모델을 통해서 수익을 극대화하기 위한 노력을 기울이고 있다.

---

[52] 'Data-Driven Marketing' p54 Mark Jeffery지음, John Wiley & Sons, Inc. 출판사. 2010
[53] '2023, 크리에이터 이코노미는 계속된다' 한정원, '미디어 이슈&트렌드' v54, 한국전파진흥원 2023

'세상의 모든 순간을 포착하고 공유한다'는 인증샷 문화[54]는 사진이나 영상으로 포착하고 공유하는 순간, 잉크방울이 퍼지듯이 SNS를 통해서 순식간에 공유되고 전파된다. 카페, 전시, 공연, 체험, 이벤트 등 장소 마케팅의 필수적인 방법으로 활용, 크리에이터 비즈니스의 영역을 온라인 오프라인을 구분하지 않고 전면적이고 포괄적으로 확산하고 있다.

크리에이터 비즈니스는 일반 비즈니스와 다르게 저작권, 지식재산권을 기반으로 하며, 수익모델 또한 일반 비즈니스나 고용계약과는 다른 다양한 방식들로 구성되어 있으며 기술과 환경의 변화에 따라 끊임없이 진화하고 있다는 것을 알 수 있다. 크리에이터 비즈니스의 소비자는 '구독과 좋아요'를 통해서 콘텐츠에 대한 인지도와 충성도를 직접 표현하며, SNS를 통한 시간과 공간을 초월한 확산, 온 오프라인의 연결 등을 실행한다.

인공지능기반 경제에서 인공지능이 실용화되고 확산됨에 따라 크리에이터 비즈니스는 부분적 제한적 영역에서 전면적이고 포괄적으로 확산한다. 콘텐츠의 수요가 폭발적으로 증대되고, 콘텐츠의 역할이 빅데이터와 창작물을 동시에 생성하는 시대가 됨에 따라 크리에이터가 양적 질적으로 증대되고, 콘텐츠의 위상과 역할에도 근본적인 변화가 일어나기 때문이다.

자율주행 서비스와 같은 이동방식의 근본적인 변화는 차량이동 중에 연계될 수 있는 콘텐츠 서비스와 사업모델의 필요성을 제기하고 있다. 차량운전에서 자유로워진 탑승자들은 차량 내에 설치된 다양한 디스플레이 장치나 디바이스를 활용하여 콘텐츠 서비스를 접속하여 이용하게 된다. 동시에 차량이용자가 생성한 콘텐츠는 인공지능의 자기학습을 위한 빅데이터로 활용되어 자율주행 서비스의 성능 고도화를 위해 활용되게 된다. 이와 같이 인공지능기반 경제에서 크리에이터는 경제시스템을 가동하고, 생산하며 동시에 창작자로 활동하게 된다.

인공지능기반 경제의 가상화, 메타버스화는 크리에이터의 활동영역을 가상공간의 영역으로 무한히 확장하게 된다. 가상화, 메타버스화는 콘텐츠의 표현영역을 확대하고 콘텐츠 체험 장르를 확대하여 이전과는 완전히 다른 콘텐츠 신세계를 경험하게 된다. 디지털 미디어와 상호작용하는 방식을 변화시키고 창의적인 표현과 엔터테인먼트를 위한 새로운 기회를 제공할 수 있는 무한한 잠재력을 가지고 있다.

'메타버스 크리에이터'[55]는 메타버스와 크리에이터를 합친 개념이라 할 수 있다. 메타버스에서 크리에이터로 활동하며, 메타버스 안에서 콘텐츠를 개발하고 비즈니스를 전개한다. 가상공

---

54 크리에이터의시대, 2019 트렌드를 읽다. 정진수지음, 천그루 숲 출판.2018
55 (우리 모두)메타버스 크리에이터, 온은주, 김현희, 영진닷컴, 2022

간에서 방문할 수 있는 소비자를 정의하고, 공간과 체험을 설계하고, 라이브 이벤트를 기획하고, 수익모델을 운영하는 확장된 크리에이터 비즈니스의 영역이라고 할 수 있다.

인공지능기반 경제의 자동화는 기업과 생산 현장에 크리에이터 비즈니스를 확산한다. 단순 반복적인 생산활동은 자동화 로봇에 의해서 대체되고, 기획, 디자인, 설계, 전략적 의사결정 같은 창의력과 사고력을 필요로 하는 직무와 인공지능과 빅데이터의 분석, 판단을 위한 전문역량을 중심으로 재편된다. 고용계약은 축소되거나 전환되고, 저작권과 창의성을 기반으로 하는 크리에이터 비즈니스는 확대된다.

크리에이터는 제조현장에서 생산과 창작활동을 동시에 수행한다. 크리에이터 자신과 혹은 팀의 아이디어와 상상력을 발휘하여 제품을 기획하고 디자인하고 시제품을 제작하여 테스트하고 검증한다. 인공지능 콘트롤 타워와 자동화 공장시스템에 제품생산을 지시하면 자동 공정으로 제품은 생산된다. 심지어는 창의성을 발휘하는 과정에도 인공지능의 조력은 필수적이다. 크리에이터의 활동은 자율적이고 수평적이다. 지시나 감독은 크리에이터 활동방식과 충돌한다. 자율적이고 수평적인 방향으로 작업방식이 변화되며, 크리에이터를 중심으로 제조현장도 재편된다.

크리에이터의 창의적 활동은 지적재산으로 평가되며, 고용과 피고용의 급여 지급방식과 지적재산의 창출과 수익분배나 보상지급이라는 방식이 병행하게 된다. 크리에이터가 생산과 창작활동을 동시에 병행한다는 점에서 필연적이다. 크리에이터의 지적재산 창출과 보상지급이 확대되면 노동방식에도 변화가 진행되어, 현장 귀속 활동방식에서 현장을 매개로 하는 네트워크형 활동방식으로 전환한다.

인공지능으로 자동 생성된 콘텐츠는 인공지능의 등장으로 가능해진 또다른 차원의 콘텐츠이다. 인공지능으로 생성된 콘텐츠는 음악, 예술, 글쓰기 등과 같은 다양한 형태의 콘텐츠 생성을 자동화하는 데 사용될 수 있다. 인공지능기반 음악 생성기는 몇 초 만에 새 노래를 만들 수 있으며, 인공지능기반 작성도구는 기사, 블로그 게시물, 문서를 생성할 수 있다. 콘텐츠가 생성되고 소비되는 방식을 혁신할 수 있는 잠재력을 가지고 있으며, 창의적인 표현을 위한 새로운 기회를 제공하고 사용자가 이전에는 사용할 수 없었던 방대한 콘텐츠에 액세스할 수 있도록 한다. 표현 역량이 부족한 경우에도 인공지능의 도움으로 누구나 크리에이터로 활동할 수 있게 된다.

일상생활이 생성하는 라이프로그가 빅데이터 생성과정이 되어 인공지능을 고도화하고, 제조현장에서 유입되는 노동자들이나 콘텐츠 창작을 희망하는 크리에이터 지망생이 증대되면서 콘텐츠 공급도 질적 양적으로 증가하는 선순환을 이루게 된다. 경제시스템과 사회구조는 크리에이터 비즈니스를 중심으로 서서히 혹은 급격하게 변환된다.

인공지능의 포괄적이고 전면적인 확대와 병행하여, 콘텐츠 수요와 공급 양 측면에서 근본적인 변화가 진행된다. 크리에이터 비즈니스는 부분적이고 제한적인 역할에서 전면적이고 포괄적인 역할로 중심이 이동하게 된다. 조연배우에서 주인공으로 역할이 바뀐다. 크리에이터 비즈니스는 경제활동의 중심적인 비즈니스로 부상하게 되며, 사람을 평가하는 기준도 재산이나 사회적 배경, 학력 등에서 개인 감성, 매력, 지적능력, 추구하는 가치로 바뀌게 된다. 임계점을 지난 크리에이터 비즈니스는 거대한 선순환을 거듭하면서 고도화 한다.

인공지능과 새롭게 생성되는 콘텐츠 유형(예시)

구분	내용
인공지능 생성 콘텐츠	- 인공지능 저작도구의 자동생성 - 인공지능기반의 서비스(자율주행 등)
라이프로그(데이터)	- 생명활동이나 자연현상의 자동기록 - 일상생활에서 생성되는 콘텐츠
가상공간(메타버스)	- 메타버스 크리에이터 생성 콘텐츠의 일부(공간 이동 등) - 메타버스와 인공지능이 융합하여 생성되는 콘텐츠
생산현장	- 자동화시스템과 기기(로봇)에서 생성되는 콘텐츠 - 창의적 활동(기획, 디자인, 설계, 전략적 의사결정 등)

주지하다시피 챗GPT와 같은 거대 언어 모델 인공지능을 학습하는 데에는 방대한 양의 콘텐츠가 활용되고 있다. 이를 둘러싼 저작권 분쟁이 끊이지 않고 벌어지고 있다. 인공지능의 실용화가 확대되면서 콘텐츠에 대한 수요와 공급도 폭발적으로 증대한다. 필연적으로 확장되는 크리에이터 비즈니스의 사업모델을 위한 저작권, 지적재산권 관련 법률적, 제도적 장치의 보완이 필요하다.

2 비즈니스 플레이어들이 새롭게 바뀌고 있다.

스위프트 노믹스

미국 시사 주간지 '타임'이 2023년 올해의 인물로 가수 테일러 스위프트를 선정했다. '타임'이 올해의 인물을 선정한 96년 동안, 대중 연예인이 단독 올해의 인물로 선정된 것은 이번이 처음이다. 예술과 상업성의 시너지로 핵융합과 같은 에너지를 분출했다는 것이 선정 이유이다. 미국 공연 산업 전문지에 따르면 테일러 스위프트의 '디 에라스 투어'는 올해 10억 4천 만 달러 (약 1조 3,728억 원) 가량의 수익을 기록했다. 이 공연은 대중음악 투어 역사상 최초로 10억 달러를 돌파한 투어로 기록됐다. 투어의 파급 효과 덕분에, '스위프트 노믹스(테일러 스위프트와 경제의 합성어)'라는 합성어도 탄생했다. 공연을 위해 방문하는 지역마다 지역 경제가 크게 활성화되었기 때문이다. [56]

대규모 기업과 게임, 방송, 영화, 음악, 애니메이션 등으로 편재된 콘텐츠산업은 크리에이터 비즈니스의 핵심 영역 가운데에 하나이다. 콘텐츠산업의 생태계도 크리에이터 비즈니스의 확산과 고도화를 중심으로 재편되고 있다. 인공지능기반 경제에서 크리에이터 비즈니스는 콘텐츠산업을 포괄하면서 경제와 사회 모든 분야로 확산한다. 크리에이터는 다양한 네트워크로 콘텐츠산업과 연결되어 비즈니스의 핵심 축을 담당한다.

콘텐츠산업은 거대자본이 투자되며, 콘텐츠의 흥행 실패는 기업의 흥망성쇠와 직결된다. 실패 위험을 최소화하기 위해, 트렌드(유행)에 민감하고, 대규모 팬덤과 스타시스템을 가동하여 공식화된 성공방정식을 가동한다. 반복된 비즈니스 패턴은 콘텐츠를 식상하게 하고 소비자의 외면을 초래하여 산업전체의 침체로 이어지기도 한다. 크리에이터는 새로운 실험과 도전으로 콘텐츠산업을 자극하고 긴장과 활력의 기폭제역할을 한다. 콘텐츠산업은 고도화된 시스템과 비즈니스 노하우를 크리에이터 비즈니스에 확산한다.

콘텐츠의 위상과 역할이 전면적으로 부상하게 되고, 인공지능기반 경제가 확산됨에 따라 콘텐츠 산업의 플레이어들, 모든 산업을 망라하는 기업과 개인 모두 새로운 환경변화에 대응하기 위해 동분서주하고 있다. 제조대기업, 유통업, 플랫폼 기업 등 분야와 업종을 가리지 않고 콘텐츠분야에 진출하거나 관련 분야를 강화하고 있다. 삼성전자, 테슬라, 소니, 구글, 메타, 애플, 마이크로소프트, 아마존 등 글로벌기업들은 예외 없이 다양한 형태의 콘텐츠를 활용하거나 생성

---

[56] https://star.ohmynews.com/NWS_Web/OhmyStar/at_pg.aspx?CNTN_CD=A0002984794

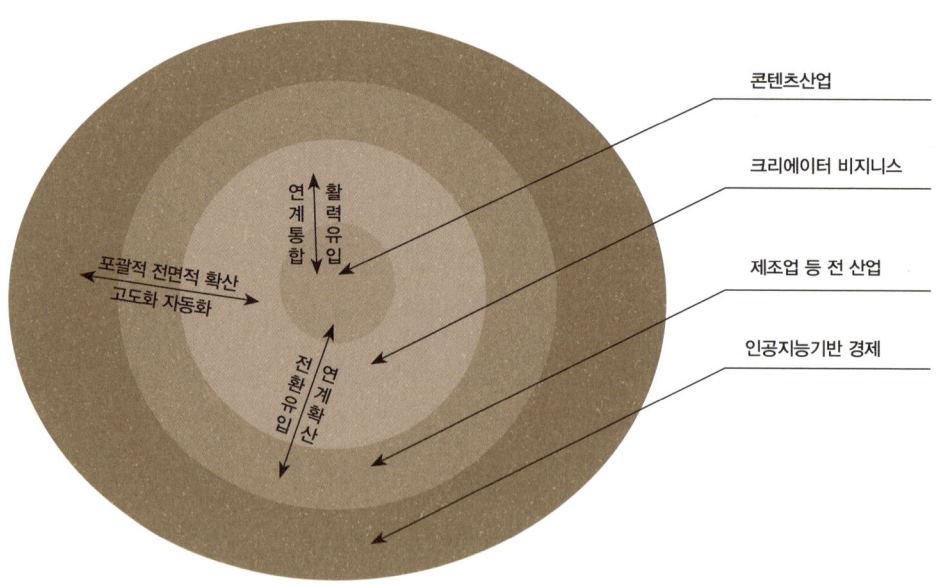

크리에이터 비즈니스 연관 구조도

하고 있다. 콘텐츠산업의 확산과 고도화는 크리에이터 비즈니스의 확산과 고도화로 연결되어 인공지능기반 경제와 크리에이터 시대의 전면적이고 포괄적인 실현으로 이어지게 된다.

삼성전자는 소프트웨어와 디자인에 기반하여 고객에게 어필하는 스마트폰, TV와 같은 가전제품을 생산한다. 테슬라의 전기 자동차도 미학과 사용자 경험에 중점을 두고 설계, 디자인되며 자율주행 중인 차량 안에서의 콘텐츠 활동에 고심하고 있다. 소니는 음악, 게임, 영화 등 엔터테인먼트 콘텐츠로 유명하다. 소니는 자동차 제조회사와 손잡고, 전기자동차 생산에 새롭게 도전하고 있는데, 콘텐츠와 자동차기술의 결합을 주된 의제로 선포하고 있다.

구글과 애플, 메타(Facebook)등은 이미 콘텐츠 기업이며, 디지털 광고에서 수익을 창출하고 비즈니스 모델의 상당 부분이 콘텐츠 큐레이팅이나 배포를 기반으로 한다. 아마존은 책, 음악, 영상, 영화정보 서비스, 여러 유형의 콘텐츠서비스로 사업영역을 확장하고 있다. 마이크로소프트의 제품과 서비스에는 Xbox와 게임이 포함되며, 윈도우 운영 체제를 사용하여 다양한 형태의 콘텐츠에 액세스하고 콘텐츠를 생성한다. 마이크로소프트는 챗GPT를 활용한 인공지능 검색서비스를 출시하여 구글의 아성에 도전장을 내밀고 있다.

업종과 분야별 동향을 살펴보면 아마존, 알리바바, 월마트와 같은 도소매, 전자 상거래 회사는 쇼핑 경험을 개인화하고 보다 매력적인 양방향 콘텐츠를 생성하며 고객 데이터를 분석하여 통찰력을 얻음으로써 콘텐츠 회사로 변모하고 있다. 화이자, 노바티스, 존슨 앤 존슨 같은 의료, 제약 회사는 인공지능기술을 활용하여 개인화된 의료 솔루션을 개발하고 환자 교육, 건강 지원을 제공하며 대화형 의료 보건, 건강 콘텐츠를 생성한다.

지엠, 크라이슬러, 벤츠와 같은 자동차, 운송 회사는 전기자동차와 자율주행차량을 개발하며, 차량 내 엔터테인먼트 시스템을 개발하며 운전 데이터를 분석하고 차량이용자에 최적화된 서비스를 개발하고 있다. 에너지, 유틸리티 회사는 에너지 효율성을 개선하고 스마트 그리드 시스템을 만들고 에너지 교육, 친환경 에너지 인식을 위한 대화형 콘텐츠를 개발하고 있다. 은행, 금융서비스 회사도 개인화된 금융조언을 생성하고, 챗봇 어드바이저를 개발하고, 고객 데이터를 분석하여 금융소비자에 대한 맞춤형 콘텐츠 서비스를 시행하고 있다.

콘텐츠분야에 대한 인공지능의 적용과 확산에 따라 새로운 유형의 콘텐츠기업들이 하루가 멀다 하고 새롭게 등장하고 있다. 인공지능기술을 활용하여 콘텐츠를 자동으로 생성하는 활동은 콘텐츠개발에 파괴적인 파급효과를 미치고 있다. 자연어 처리, 컴퓨터 비전, 기계 학습과 같은 기술을 통해 명령어만 입력하면, 텍스트, 이미지, 영상 등을 자동 생성하며 심지어 코딩까지도 가능하다.

콘텐츠를 자동으로 생성, 지원하는 다양한 유형의 기업들이 새로운 서비스를 출시하고 있다. 새롭고 혁신적인 형태의 콘텐츠를 제공하고 콘텐츠 개발자의 시간과 리소스를 획기적으로 확보하며 콘텐츠의 효율적인 배포, 수익창출이 가능하다. 인공지능을 활용한 콘텐츠 자동생성은 현재 진행형으로 그 가능성은 무한하다. 인공지능은 자료수집, 영상편집과 같은 제작 과정의 시간과 노력을 절감한다.

인공지능을 활용한 고도로 개인화된 음악이나 영상 콘텐츠를 생성하는 사업 모델들이 잇달아 출시되고 있다. 인공지능기반의 뉴스 매체도 속속 등장하고 있다. 고급 알고리즘을 사용하여 데이터를 분석하고 실시간으로 뉴스 기사를 생성한다. 인공지능 시스템에 의해 생성된 기사는 사용자에게 다양한 주제에 대한 최신정보를 제공한다. 여러 언어로 기사를 생성할 수 있는 기능을 통해 전 세계 사용자가 자유롭게 액세스할 수 있도록 한다.

개인화된 콘텐츠 제공서비스는 기계 학습, 자연어 처리와 같은 인공지능기술을 활용해 사용자에게 맞추어진 최적화된 콘텐츠 경험을 제공한다. 각 개별 사용자의 선호도와 행동을 기반으로 고유하고 맞춤화된 경험을 만드는 것이다. 개인화된 뉴스피드(제공) 서비스는 사용자의 독서 이력을 분석하고 관심사와 관련된 기사와 뉴스 항목을 추천할 수 있다. 콘텐츠를 더욱 개인화하기 위해 사용자의 위치, 시간과 같은 요소를 고려할 수 있다. 사용자에게 관련된 콘텐츠만 제시함으로써 사용자의 시간을 절약하고, 그들이 즐길 가능성이 더 높은 콘텐츠를 제시함으로써 사용자의 전반적인 경험을 향상시킨다.

개인화된 음악 추천 스트리밍 플랫폼은 인공지능 알고리즘을 이용, 사용자의 감상 이력, 음악적 취향, 기분까지 분석해 좋아할 만한 신곡을 추천한다. 이는 사용자가 즐길 수 있는 음악을 제공하여 사용자의 전반적인 경험을 향상시키고, 다른 방법으로는 찾지 못한 새로운 음악을 발견하도록 한다.

가상현실과 증강현실, 지능형 아바타, 디지털 휴먼, 인공지능기반 콘텐츠, 새로운 형태의 콘텐츠 확산은 대화형 콘텐츠 서비스의 등장으로 이어진다. 대화형 콘텐츠 서비스는 사람들이 콘텐츠에 참여하는 방법과 사용자가 주변 세계와 상호작용하고 경험할 수 있는 새롭고 혁신적인 방법을 제공한다. 대화형 콘텐츠는 사람들이 콘텐츠를 경험하는 방식을 변화시키고, 크리에이터를 위한 새로운 기회도 창출하고 있다. 사용자가 콘텐츠와 상호작용할 수 있는 새롭고 혁신적인 방법을 제공, 구현 가능한 범위를 확장하고, 창의성과 혁신을 위한 새로운 길로 소비자에게 도달하고 수입을 창출할 수 있는 기회를 제공한다.

증강현실 콘텐츠는 디지털 데이터와 그래픽을 현실 세계에 추가하여 콘텐츠를 경험하고 상호작용할 수 있는 새로운 방법을 제공한다. 증강현실 기술은 인공지능(AI)알고리즘을 사용하여 물리적 물체와 표면을 인식하고 추적하여 디지털 콘텐츠를 현실 세계에 실시간으로 오버레이(표시)할 수 있다. 증강현실 기술은 소매업이나 마케팅에서 교육, 엔터테인먼트에 이르기까지 다양한 분야를 변화시킬 수 있는 잠재력을 가지고 있다.

콘텐츠 애그리게이터(CA, Content Aggregator)는 다양한 소스의 콘텐츠를 수집, 구성하고 단일 중앙집중식 플랫폼을 통해 사용자가 사용할 수 있도록 하는 일을 담당한다. 사용자는 콘텐츠 애그리게이터를 통해 콘텐츠를 검색하지 않고도 콘텐츠에 쉽게 액세스하고 사용할 수 있다. 넷플릭스, 쿠팡 플레이, 티빙, 아마존 프라임, 디즈니 플러스 등 스트리밍 플랫폼은 대표적인 콘텐츠 애그리게이터라고 할 수 있다.

콘텐츠 애그리게이터의 주요 이점은 사용자에게 능률적이고 편리한 콘텐츠 경험을 제공하는 구독서비스라는 점이다. 인공지능 추천시스템을 활용하여 폭증하는 콘텐츠의 홍수 속에서 원하는 것을 찾기 위해 여러 소스를 탐색할 필요없이 사용자가 선호하는 콘텐츠를 액세스할 수 있도록 지원한다. 소비자의 취향과 선호도를 분석하여 크리에이터에게 제공하여 소비자에게 더욱 재미와 감동을 줄 수 있는 콘텐츠를 서비스할 수 있게 한다.

다양한 유형의 개방적인 플랫폼이 확산됨 뒴에 따라 플랫폼마다 차별화된 콘텐츠 수요가 폭발적으로 증가하게 되고, 크리에이터의 생성과 확산, 대응역량의 증대는 눈부시다. 크리에이터는 인공지능 저작도구를 활용해서, 스크립트와 시나리오 개발 능력을 크게 향상하고 다양한 콘텐츠 포맷에도 탄력적으로 대응하고 있다. 숏츠(2~30초 혹은 1~2분의 짧은 영상)을 통해서 수백, 수천만 횟수의 조회수를 기록하고 광고와 구독형태의 수익구조로 이어지고 있다. 오리지널 콘텐츠를 패러디하여 2차적으로 활용하는 비즈니스모델이나 플랫폼도 늘어나고 있는데, 무료로 배포되고 있는 디지털 저작도구나 인공지능 도구를 활용해서 누구나 고품질의 콘텐츠를 제작할 수 있는 기회를 활용하고 있다.

소셜 콘텐츠 플랫폼은 기능과 역할이 확대되어 일상생활의 필수적인 부분이 될 것이다. 인공지능 기술과 연계되어 소셜 콘텐츠 플랫폼은 사용자에게 개인취향에 맞는 독특하고 개인화된 경험을 제공한다. 소셜 콘텐츠 플랫폼에서 생성되는 엄청난 양의 데이터는 빅데이터를 기반으로 하는 수익 창출의 새로운 시대를 열었으며, 전례 없는 속도로 성장하고 있다.

시각적 콘텐츠를 공유하고 소비하는 방식을 바꾼 플랫폼인 인스타그램(Instagram)[57]은 이전에는 사진 배포가 지역사회와 가까운 친구, 가족에 국한됐다. 지금은 시각적 스토리텔링의 세계로 수문(水門)을 열어 사용자가 위치에 관계없이 전 세계 사람들과 연결할 수 있도록 한다. 플랫폼은 인공지능 기술의 통합으로 관심사, 취향, 선호도와 같은 사용자 데이터를 분석하여 보다 개인화된 경험을 생성하고 참여가능성이 높은 콘텐츠를 보여줄 수 있다.

사용자에게 뉴스, 의견, 이슈 토론 등의 실시간 피드를 제공하는 플랫폼인 X(이전 '트위터')는 인공지능 기술의 통합으로 각 사용자에 대해 보다 개인화된 경험을 선별하여 그들이 가장 관심을 가질 만한 트윗과 주제를 보여줄 수 있다. 사용자 경험을 향상시키고, 대상 광고나 후원 콘텐츠를 통해 보다 효과적으로 수익을 창출할 수 있다. 콘텐츠 수요의 폭발적 증가와 더불어, 인공지능기술과의 융복합을 통해 콘텐츠산업, 제조업 등 연관 산업은 크리에이터 비즈니스로 재편과 전환이 서서히 혹은 급격하게 진행되며, 새로운 유형의 서비스와 비즈니스 모델로 확장된 플레이어도 대규모로 출현하게 됨으로써, 전면적이고 포괄적인 크리에이터 비즈니스의 확장으로 나아가게 된다.

---

[57] https://gs.statcounter.com/social-media-stats

3 사회의 모든 분야와 영역으로 확산하는 크리에이터 비즈니스

인공지능기반 경제는 경제활동의 의미, 일상활동 전반에 걸쳐 큰 변화를 동반한다. 고용 시장의 커다란 변동도 예상된다. 제조 대기업, 금융회사, 운송회사, 공기업 등 인공지능기반 경제와 함께 대규모 고용변동을 겪을 수 있는 기업들에서도 콘텐츠 친화(리터러시), 미디어 친화(리터러시)프로그램의 운영이 필요하다. 크리에이터로 활동하기 위한 선제적 프로그램이며, 직장내 직무 변동에 대응할 수 있는 프로그램이다.

인공지능기반 경제는 직업세계에 큰 변화를 가져오고 있으며, 많은 산업에서 대규모 일자리 변동으로 이어지고 있다. 제조, 금융, 운송, 공기업은 이러한 새로운 현실에 적응하려고 노력하면서 어려움에 직면해 있다. 현장 노동자에게는 어려운 시기일 수 있지만, 콘텐츠 리터러시, 미디어 리터러시 교육 프로그램을 통해 크리에이터 비즈니스를 병행하거나, 진로를 전환할 수 있는 기회와 계기가 제공되어야 한다.

소속 직원의 현재 기술을 평가하고 추가 교육이 필요한 영역을 식별한다. 이 정보는 현장 노동자의 요구를 충족하고 직업과 직무의 전환에 필요한 기술개발을 지원하기 위해 특별히 설계된 교육 프로그램을 맞춤화하는 데에 활용한다. 콘텐츠 리터러시, 미디어 친화 교육과 관련된 전문가와 협력하여 현장 노동자의 특정 요구에 맞는 교육 프로그램을 만든다. 제조회사는 데이터 분석과 시각화 기술 개발에 집중할 수 있고, 판매 서비스 회사는 디지털 마케팅이나 미디어 서비스 교육을 우선시할 수 있다.

직장에서 콘텐츠 리터러시, 미디어 리터러시 교육을 제공하는 또다른 방법은 진로나 직무 전환에 초점을 맞춘 워크숍과 세미나를 제공하는 것이다. 이러한 이벤트는 모든 직원에게 공개될 수 있으며 실습 학습과 실제 경험을 허용하는 방식으로 구성될 수 있다. 조직 내에서 실제수준에 버금가는 프로젝트를 수행하여 실무 경험을 쌓을 수 있는 현장실습 프로그램을 수립할 수 있다. 참여를 더욱 장려하기 위해 프로그램에 참여하는 직원에게 금전적 보상이나 혜택을 제공할 수 있다. 회사는 교육 세션에 참석하기 위해 수업료 상환 또는 유급 휴가를 제공한다. 리터러시 교육 프로그램에 참여하는 직원에게 미치는 영향을 정기적으로 평가하고 프로그램을 지속적으로 개선하여 구성원과 조직 전체에 최대의 혜택을 제공한다.

노동시간 단축의 추세와 여러가지 직업이나 직무를 병행해서 활동하는 'N잡러(여러가지 직업을 병행)' 현상이 일반화되고 있다. 현장 노동자와 크리에이터를 병행하는 것도 가능하다. 휴대폰만으로도 누구나 크리에이터가 될 수 있다. 현장 노동자가 크리에이터 활동(活動)을 병행할 수 있도록 미디어 리터러시, 콘텐츠 리터러시 교육과 함께 다양한 지원과 협력 프로그램도 필요하다.

크리에이터로 전환 혹은 병행을 추구하는 현장 노동자에게는 지원 커뮤니티가 필수적이다. 이 커뮤니티는 크리에이터가 자신의 경험을 공유하고 아이디어를 교환하고 프로젝트에서 협업할 수 있는 플랫폼 역할을 할 수 있다. 커뮤니티는 모든 배경의 현장 노동자가 접근할 수 있어야 하며 자신을 표현하고 기술을 개발할 수 있는 안전하고 친근한 환경을 제공해야 한다.

비즈니스 네트워크는 콘텐츠 크리에이터로서 성공을 위한 네트워크로 운영되어야 한다. 네트워크는 노동자에게 크리에이터로 전환할 수 있는 계기나 취업 기회를 제공할 수 있다. 비즈니스 네트워크는 멘토링, 교육, 협업의 형태로 운영될 수 있다. 커뮤니티와 비즈니스 네트워크는 파트너십과 온라인 플랫폼, 소셜 미디어를 통해 연계 운영될 수 있다.

콘텐츠 창작과 개발에 필요한 시설과 리소스가 필수적이다. 기술, 장비에 대한 접근은 물론 작업자가 작업하고 협업할 수 있는 공간이 포함될 수 있다. 이러한 시설은 지역 사회, 기업, 대학, 정부 기관에서 제공할 수 있으며 모든 활동가가 접근할 수 있어야 하고, 저렴해야 한다.

현장 노동자와 콘텐츠 크리에이터를 병행해서 활동하거나 전환, 전직이라는 주제는 기업현장에서는 생소하고 이질적이며, 갈등적인 주제일 수 있다. 경영자, 노동조합, 사회단체, 전문가 등 다양한 이해 당사자와 관계자들의 공론화 과정과 합의가 필요하다. 포용적 문화와 실험적 활동들이 허용될 수 있는 현장 분위기가 선행되어야 한다.

'학습사회'란 연령과 성별에 관계없이 모든 사회 구성원이 교육에 접근하고 장려하는 사회 시스템이다. 학습사회는 인공지능기반 경제에서 매우 중요한 사회적 개념 중에 하나다. 기술이 급속도로 발전하고 콘텐츠 제작이 경제 성장의 견인차 역할을 하는 사회에서 콘텐츠 크리에이터로 전환하고 참여하기 위해 필요한 기술과 지식을 갖추는 것은 매우 중요하다. 콘텐츠 리터러시, 미디어 리터러시 교육이 학습사회에 통합되어 잘 짜여진 프로그램으로 운영될 수 있도록 해야 한다.

사회 구성원 모두가 교육에 접근할 수 있도록 '고용지원센터' 이상의 포용적이고 개방적인 지원 인프라를 구축해야 한다. 이는 공식, 비공식 교육 프로그램의 조합, 전용 시설 및 자원의 창출을 통해 달성할 수 있다. 콘텐츠 리터러시, 미디어 리터러시에 대한 워크샵, 수업, 리소스, 설비, 기자재를 제공하는 커뮤니티 학습센터를 설립하여 콘텐츠제작에 필요한 지식과 기술을 제공한다.

정부와 공적 기구들은 콘텐츠 리터러시, 미디어 리터러시 교육을 희망하는 개인에게 재정적 지원과 인센티브를 제공함으로써 학습사회를 만드는 데 중요한 역할을 수행한다. 이는 교부금, 장학금, 교육 프로그램 보조금, 직원 교육, 개발에 투자하는 회사에 대한 세금 인센티브가 기능을 할 수 있다.

현장에서 활동하는 크리에이터가 전문가로 참여하여, 멘토링, 지침, 지원을 제공할 수 있도록 비즈니스 네트워크를 가동해야 한다. 이 비즈니스 네트워크는 크리에이터, 교수 등 전문가, 콘텐츠분야에 관심이 있는 기업가, 투자자, 스타트업 등 다양한 분야의 활동가들의 참여를 보장해야 한다. 참여와 지원의 리소스(자원)네트워크를 제공함으로써, 네트워크에 참여하는 개인이 크리에이터가 되기 위한 종종 어려운 경로를 탐색할 때 지침과 지원을 받는다.

개방적이고 포용적인 공동체 구축이 중요하다. 개방형 커뮤니티는 지식 공유, 협업을 위한 플랫폼 역할을 할 수 있으며 사회구성원이 네트워크를 형성하고 아이디어를 교환할 수 있는 공간을 제공할 수 있다. 개인은 기술을 배우고, 관계를 구축하며 크리에이터로 나아가기 위한 새로운 기회를 얻는다.

인공지능기반 경제로의 사회 변화는 남녀노소를 불문하고 평범한 사회 구성원이 크리에이터가 될 수 있는 새로운 기회를 만들고 있다. 크리에이터의 역할은 경제적 가치와 문화적 향유를 창출하고 사회 전반의 웰빙에 기여하는 데 점점 더 중요해지고 있다. 평범한 사회 구성원이 크리에이터로 전환하기 위해서 사회 전반에 걸쳐 넓고 촘촘한 지원 구조를 구축한다.

커뮤니티는 지원 구조의 필수 요소이다. 크리에이터를 꿈꾸는 사람들이 정보를 교환하고 경험을 공유하며 서로 협력할 수 있는 공간을 제공할 수 있다. 커뮤니티는 또한 학습 자료, 도구, 시설, 비즈니스 네트워크와 같은 리소스에 대한 액세스를 제공할 수 있다. 주민센터, 도서관, 복지관, 문화센터와 같은 개인에 밀착되고 친근한 기관과 시설들이 역할을 수행할 수 있다. 커뮤니티가 효과적이기 위해서는 성별과 연령에 관계없이 사회의 모든 구성원에게 열려 있어야 하며, 포용적이고 지원적인 구조로 구성되어야 한다.

비즈니스 네트워크는 크리에이터에게 잠재 고객, 파트너에 대한 액세스, 협업 및 합작 투자 기회를 제공한다. 네트워크는 업계 동향, 규정 및 정책, 크리에이터 활동과 관련된 문제에 대한 정보와 조언을 제공할 수 있다. 유관기관, 협단체, 노동조합, 협동조합, 전문가 등의 참여가 보장되는 네트워크가 잘 조직되고 강한 공동체 의식을 가져야 하며, 모든 구성원이 포괄적으로 접근할 수 있어야 한다.

커뮤니티의 시설과 프로그램은 교육 프로그램, 워크숍, 멘토십 프로그램, 도구 및 리소스에 대한 액세스가 포함될 수 있다. 워크숍, 멘토링 프로그램은 크리에이터 지망생에게 콘텐츠 제작, 배포에 대한 실무 경험과 실질적인 조언을 제공할 수 있다. 컴퓨터, 소프트웨어, 장비와 같은 도구, 콘텐츠 제작에 활용되는 데이터 등 리소스에 대한 액세스도 크리에이터의 성공에 매우 중요한 요소이다. 지역단위의 미디어센터, 콘텐츠 관련 진흥기관 등이 활용될 수 있으나 더 많은 시설과 프로그램이 준비되어 사회의 모든 구성원이 이용할 수 있어야 하며, 누구나 접근 가능하도록 포괄적으로 설계되어야 한다.

크리에이터를 위한 지원과 협력 구조를 사회 전반에 제공되도록 하는 거버넌스(협력체계)가 필요하다. 지원과 협력 구조를 구축하기 위해 지역 사회, 학교, 대학, 기업, 행정조직, 공공단체가 협력하여야 한다. 크리에이터로 전환하기 위한 커뮤니티, 비즈니스 네트워크, 시설 및 프로그램은 사회의 모든 구성원에게 개방되어야 하며 포괄적이고 지원적인 구조로 구성되고 운영되어야 한다.

제6장　크리에이터 비즈니스의 메커니즘

요약

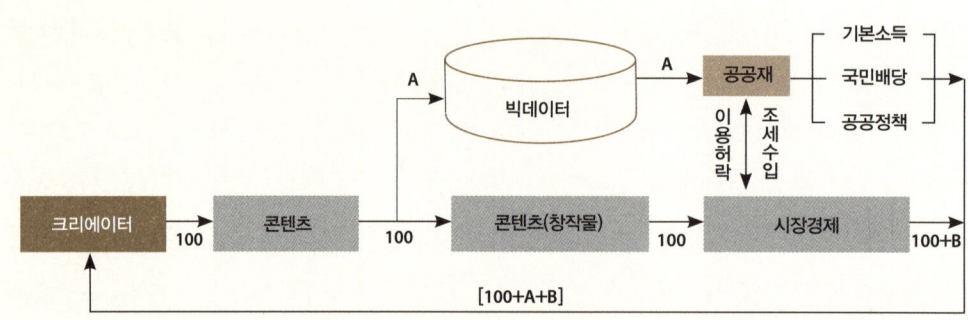

크리에이터 비즈니스의 작동 메커니즘은 인공지능기반 경제에서 크리에이터에 의해서 생성된 콘텐츠가 부가가치를 창출하면서 순환하는 구조와 프로세스를 의미한다. 먼저 크리에이터는 100의 가치가 있는 콘텐츠를 생성한다. 인공지능기반 경제의 첫번째 특징인 콘텐츠화의 원리에 따라 콘텐츠는 생성과 동시에 빅데이터(A)와 창작물(100)이라는 양면성을 발휘하면서 '100+A'라는 가치를 창출하게 된다.

빅데이터로서 창출된 가치(A)는 공공재의 형식으로 시장경제에 이용이 허락되어 인공지능의 고도화, 자기학습에 활용되게 된다. 이용대가는 조세수입이나 주식기금으로 회수되어 기본소득, 국민배당, 공공정책의 형식으로 크리에이터(일반 국민)에게 환원된다. 창작물(100)은 시장경제에서 새로운 부가가치(B)를 추가하여 크리에이터의 수익으로 회수된다. 결과론적으로 크리에이터에 의해서 100의 가치로 창출된 콘텐츠는 크리에이터 비즈니스의 작동 메커니즘에 따라 [100+A+B]가 되어 크리에이터에게 회수 환원되어야 한다.

   빅데이터의 생성주체인 크리에이터에게 인공지능기반 경제에서 최초로 실현된 빅데이터의 가치(A)가 환원되는 것은 비즈니스의 투명성과 공정성을 담보하기 위한 핵심적인 메커니즘이라고 할 수 있다. 인공지능을 활용하는 기업이나 플랫폼 기업에 가치가 귀속된다면, 인공지능기반 경제는 시작과 함께 불공정한 시스템이 작동하게 되며, 또다른 소득과 자산의 양극화와 쏠림 현장을 재현하게 될 것이다.

1   콘텐츠(빅데이터)의 생성과 배포, 보상시스템을 이해하자.

　인공지능기반 경제는 인공지능이 실용화, 보편화된 경제시스템이다. 콘텐츠는 빅데이터와 창작물이라는 양면성을 갖게 된다. 인공지능이 보편적이고 포괄적으로 적용되기 이전에는 콘텐츠 산업이라는 제한된 영역을 통해 일자리와 부가가치 창출에 기여했다. 인공지능의 확산에 따라 콘텐츠는 인공지능을 학습하고 고도화하는 데에 필수적인 빅데이터로서 경제혁신과 부가가치 창출을 위한 보편적이고 포괄적인 기능을 하게 된다. 감성적 지적 풍요를 추구하는 문화적 역할은 콘텐츠의 본래적 기능이다. 문화적 기능과 병행해서 동시에 경제적 역할을 보편적 포괄적으로 수행하게 된다.

　인공지능기반 경제에서 생성된 빅데이터에 대한 권리를 누가 소유하고 해당 빅데이터가 어떻게 배포되고 활용되어야 하는지에 대한 명확하고 공정한 규칙이 있어야 한다. 빅데이터는 지적재산으로 해당 자산의 소유와 권리관계를 명확하게 규명하는 것은 인공지능기반 경제의 공정하고 투명한 운영의 토대가 된다. 생성된 빅데이터를 누가 어떻게 생성하고 어떤 방식으로 가공되어 활용되는지 하는 문제이다. 지적재산권과 저작권에 관한 문제가 명확하게 정리되지 않으면 갈등과 분쟁에 휩싸이게 된다. 빅데이터의 생성과 활용은 콘텐츠의 제작자와 소유자가 적절한 보상과 보호를 받을 수 있도록 지적재산권 관련 법률이나 제도의 정비가 필요하다. 빅데이터의 소유권과 배포, 분배나 보상의 이슈는 인공지능기반 경제의 작동원리에 맞게 체계화되어야 한다.

　빅데이터의 생성을 포괄적으로 적용한다면 사회구성원 모두가 빅데이터 생성의 주체이기 때문에 빅데이터의 지적재산권을 명확히 하는 것은 쉽지 않은 주제이다. 권리관계를 명확히 하고, 권리주체를 특정하고, 분배나 보상과 같은 규칙을 정하는 것이기 때문이다. 일반인에 의해서 일상적으로 발생하는 라이프 로그 데이터의 경우 더욱 그러하다. 챗GPT와 같은 특정 주제나 영역에 제한되지 않는 범용적인 인공지능, 초거대 인공지능의 경우 자기학습에 사용되는 방대한 양의 데이터를 사전 사후에 권리관계를 특정하고 활용하는 것은 거의 불가능에 가깝다.

　챗GPT 3.5버전에는 웹에서 수집된 말뭉치 4,100억 개, 책 말뭉치 670억 개, 추가 웹 텍스트 190억 개, 위키피디아 단어 30억 개를 알고리즘 학습에 이용했다고 한다. 사실상 현존하는 모든 텍스트(문자 혹은 언어) 빅데이터를 활용했다고 해도 과언이 아니다. 개발과정 어디에도 사용된 학습 데이터의 저작권문제를 사전에 해결했다는 정보는 없다. 개발주체인 오픈 AI가 재단법인이기 때문에 공익적 목적의 활용이나 무상이용과 같은 범위를 넘어서는 순간 저작권 침해 분쟁에 휘말릴 수 밖에 없는 구조이다. 실제로 생성형 AI에 대한 저작권침해 소송이 잇따르고 있으며, 국가적인 차원에서도 규제 가이드라인에 착수하고 있다.[58]

음악 저작물의 경우, 작사, 작곡가가 저작자, 창작자로서 저작재산권을 행사하고 있다. 창작자가 개별적으로 대응하기 어렵기 때문에 '한국음악저작권협회'와 같은 신탁기구에 음악 저작물을 신탁하고 배포와 계약, 보상 등을 관리하고 있다. 인공지능 알고리즘에 활용되는 빅데이터의 경우 성격이 확연하게 달라진다. 우선 빅데이터의 생성자가 수백, 수천만 명에 달할 수 있으며, 라이프 로그와 같이 실시간으로 입력되는 경우와 같이 빅데이터 생성자를 특정하기가 매우 어렵다. 기술적 방법을 활용해서 특정한다 해도 특정된 당사자가 해당 창작물의 저작자, 창작자인지 확정하는 것은 거의 불가능에 가깝다.

인공지능 알고리즘의 학습에 활용된 빅데이터는 개인이나 기업과 같이 민간에게 소유권을 인정하는 사유재(私有財, Private Goods)로 접근하기 보다는 일종의 공공재(公共財, Public Goods)로 접근하는 것이 불가피하다. 공공재(公共財, Public Goods)는 어떠한 경제주체에 의해서 생산이 이루어지면 구성원 모두가 소비혜택을 누릴 수 있는 재화나 서비스를 말한다. 물, 공기, 전기, 전파(방송)등이 대표적인 예이다. 재화의 규모가 무한정에 가까워 경합하지 않는 특징이 있다.

빅데이터는 저작권과 지적재산권의 권리관계를 명확히 하기가 쉽지 않고, 시민 개개인의 민감한 정보가 포함됨으로써 인권침해의 소지도 있어 공적기구와 제도의 역할이 필요하다. 국가를 넘어서는 범위에서 빅데이터는 활용되고 있으며, 국부유출이나 정보의 왜곡, 오남용 등으로 국가 간에 격렬한 분쟁이 발생할 수도 있다.

인공지능 알고리즘의 학습에 활용되는 빅데이터는 그 사회구성원이 시간적, 공간적으로 생성하고, 축적해온 한 사회의 지적인 결과물이다. 개인이나 기업과 같은 사적 영역이 불공정하게 소유하고 되고, 그로부터 발생하는 이익을 차지하게 된다면 새로운 불평등의 시작점이 될 수도 있다. 빅데이터를 공공재로 접근해야 한다는 것은 여러가지 법적, 제도적, 사회적 함의를 갖는다.

법적인 관점에서 볼 때 빅데이터를 공공재로 취급한다는 것은 이 데이터의 사용에 최소한의 제한이 있음을 의미한다. 이것은 정보와 데이터의 자유로운 흐름을 허용하여 더 큰 혁신과 발전으로 이어질 수 있지만, 개인과 회사가 자신의 데이터를 완전히 통제하고 수익을 얻을 수 없다는 것을 의미한다. 제도적 관점에서 볼 때 빅데이터를 공공재로 다루려면 데이터가 윤리적이고 책임있는 방식으로 수집, 저장, 사용되도록 보장하는 일련의 제도와 규정이 필요하다. 여기에

---

[58] https://www.mk.co.kr/news/it/10724417 참조

는 개인 정보를 보호하고 데이터가 유해한 목적으로 오남용되지 않도록 하는 조치가 포함된다.

빅데이터를 공공재로 활용하는 것은 비즈니스 측면에서는 개인과 기업 간의 협업과 협력을 장려할 것이다. 복잡한 문제를 해결하고 혁신을 주도하기 위해 데이터와 리소스를 협력과 협업을 위한 비즈니스 풀로 활용할 수 있다. 소수의 대기업이 시장을 장악하고 빅데이터 사용을 독점하는 상황으로 이어져 경쟁이 줄어들고 혁신에 대한 인센티브가 줄어드는 것을 모니터링하고 견제하는 것이 필요하다.

빅데이터를 공공재로 활용하기 위해서는 정보의 자유로운 흐름을 허용하고 개인의 권리를 보호하는 것과 데이터가 윤리적이고 책임 있는 방식으로 수집, 저장, 사용되도록 보장하는 일련의 제도와 규정을 만드는 것 사이에서 균형을 맞춰야 한다. 모든 국민이 범용적인 인공지능과 빅데이터를 공공재 즉, 사회적 축적물과 성과물로서 자유롭게 이용할 수 있어야 한다.

인공지능 서비스와 빅데이터의 다양하고 포괄적인 이용을 위한 주요 기능들이 필요하다. 개방형 데이터 포털을 운영한다. 포털은 주제별, 영역별로 구성된 사용 가능한 데이터 세트의 카탈로그를 제공하고, 데이터 보안, 개인 정보보호를 보장하기 위해 데이터 액세스 권한과 사용에 대한 지침을 지원한다. 사용자가 데이터를 탐색하고 이해하는 데 도움이 되는 데이터 시각화 도구를 지원하고, 데이터 품질을 평가하고 데이터가 정확하고 최신인지 확인하는 메커니즘이 필요하다. 아이디어를 교환하고 프로젝트에 대해 협업할 수 있는 커뮤니티 포럼을 운영한다.

공공기반의 인공지능 이니셔티브(기구)를 추진한다. 이니셔티브는 학술연구, 산업연구 프로젝트에 대한 자금지원을 포함하여 인공지능의 연구와 개발을 지원한다. 새로운 인공지능을 테스트하고 검증할 수 있도록 인공지능 프로토타입, 파일럿 프로젝트 개발을 지원한다. 교육, 기술지원을 포함하여 인공지능 기술을 채택하려는 조직에 컨설팅과 자문을 제공한다. 인공지능의 개발 과 사용에 대한 윤리적 지침을 수립하여 인공지능(AI)이 책임감 있고 지속가능한 방식으로 사용되도록 한다. 시민과 조직이 새로운 인공지능 애플리케이션이나 솔루션을 개발하도록 장려하기 위한 개발 콘테스트를 조직할 수 있다.

인공지능과 빅데이터를 활용하기 위해 참여하는 기관은 데이터 공유조건을 정의하는 데이터 공유계약을 체결할 수 있다. 데이터 액세스 권한과 사용을 관리하는 거버넌스 구조를 운영, 데이터가 책임감 있고 안전한 방식으로 사용되도록 뒷받침한다. 데이터 분석, 모델링 서비스를 제공하여 참여기관이 데이터에서 통찰력을 추출하도록 지원한다. 데이터 소유자의 프라이버시를 보호하고 데이터가 안전한 방식으로 사용되도록 보장하는 메커니즘을 운용한다. 데이터에 대한 명확한 소유권을 설정하여 데이터 소유자가 데이터에 대한 통제권을 유지할 수 있도록 한다.

이니셔티브는 시민들에게 인공지능, 빅데이터 교육과정을 제공하고, 이러한 기술을 사용하는 데 필요한 기술을 가르칠 수 있다. 시민들이 지식을 적용하고 실용적인 기술을 개발할 수 있도록 실습 교육을 제공할 수 있다. 온라인 학습 옵션을 제공하여 시민들이 훈련과 교육에 더 쉽게 접근할 수 있도록 한다. 업계와 협력하여 직업 교육, 배치 지원을 연계하여 시민들이 인공지능, 빅데이터 분야에서 일자리를 찾도록 지원한다. 인공지능, 빅데이터에 대한 기술과 지식을 인정하는 인증 프로그램을 제공할 수 있다.

이니셔티브는 또한, 데이터가 안전하고 책임있는 방식으로 사용되도록 보장하는 프라이버시 보호표준을 설정하는 윤리적, 법적 프레임워크를 운용한다. 인공지능과 빅데이터 사용의 투명성과 책임성을 촉진하여 참여기관이나 개인이 자신의 행동에 대해 책임을 지도록 한다. 인공지능의 개발, 사용에 대한 윤리적 지침을 수립하여 인공지능이 책임감 있고 지속가능한 방식으로 사용되도록 보장할 수 있다. 인공지능과 빅데이터 사용을 관리하는 법적 프레임워크를 설정, 자신의 행동에 대해 책임을 지도록 함으로써 안전한 시민참여를 촉진할 수 있다.

빅데이터 활용을 기반으로 한 인공지능의 자기학습과 고도화는 경제시스템과 생산방식의 부가가치 창출과 생산성 향상에 기여한다. 빅데이터의 부가가치 창출과 생산성 향상에 기여한 부문은 합당한 가치가 환산되어야 한다. 빅데이터를 생성한 모든 시민에게 분배 혹은 보상 등 다양한 형식으로 지급되어야 한다.

인공지능(AI) 알고리즘, 빅데이터를 사용하여 작업하고, 필요한 기술과 지식을 개발하는 데 도움이 되는 교육과 훈련 프로그램에 대한 투자를 진행한다. 민간, 공공기구 혹은 정부의 재원을 활용하며, 참여를 희망하는 모든 시민을 대상으로 온 오프라인, 고급, 인증 프로그램 등 다양한 방식의 프로그램을 지원한다. 사회 안전망 강화, 평생 학습 촉진, 기업가 정신 지원과 같은 노동존중 프로그램은 노동자를 보호하고 지원 재교육을 받을 수 있도록 한다. 민간부문과 정부 혹은 민관합동방식의 재원을 활용하고, 직업 안정성 향상, 노동기회 증가, 임금이나 관련 혜택 개선을 촉진한다.

누진세(Progressive Taxation)나 인공지능 수익기금과 같은 재원을 마련한다. 생산성 향상으로 더 많은 혜택을 받는 기업이나 부유층이 소득의 더 높은 비율을 세금으로 지불하도록 조세제도를 개선한다. 인공지능과 빅데이터를 활용한 기업이나 기관들이 획득한 초과 수익을 재원으로 하는 사회기금을 조성하여, 모든 시민에게 혜택을 주는 공공재의 생성이나 서비스에 대한 보상과 지원을 위한 재원으로 활용한다.

2   보상방안으로는 보편적 기본소득이나 국민배당을 활용하자.

보편적 기본소득(UBI, Universal Basic Income)[59]은 빅데이터를 생성하는 모든 시민이 공공기구나 정부로부터 동일한 금액을 일괄적으로 받는 방안이다. 생성되는 빅데이터를 개별적으로 측정하여, 각각이 생성한 빅데이터가 경제적으로 어느 정도 공헌했는지 산정하기가 쉽지 않은 상황에서 선택할 수 있는 포괄적이고 일괄적인 보상방식이다.

빅데이터의 지식재산권적 의미를 포괄적으로 신탁하여 관리하는 신탁기구나 공공법인을 설립 운영한다. 개선된 조세제도에 의해서 조성된 재원이나 정부의 재정 등을 활용하고, 모든 시민들을 대상으로 지급하고 지급규모와 방식에 대해서 사회적 합의를 도출한다.

빅데이터를 공공재로 운용함으로써 빅데이터 생성의 주인공인 일반 시민들의 소외감이나 불공정 인식을 최소화할 수 있다. 빅데이터의 소유와 권리관계에 대한 지적재산권이나 저작권 분쟁에 따른 사회적 갈등과 에너지 소모를 지양할 수 있다. 데이터 이용의 효능감을 극대화하고 데이터가치를 투명하게 산정하여 데이터 생성의 주인공인 일반 시민들에게 분배 보상함으로써, 사회적 불평등을 완화 해소하는 것은 지속가능한 사회의 단단한 토대가 될 수 있다.

인공지능기반 경제의 등장은 많은 변화를 가져왔고 그 중 하나는 크리에이터의 중추적 역할이다. 크리에이터는 디지털 환경을 만들고 형성하며, 경제를 뒷받침하는 빅데이터 생산을 담당한다. 그러나 이들이 자유롭게 창작 활동을 하기 위해서는 안정적인 경제적 기반이 필요하다. 빅데이터 생성에 따른 경제적 보상과 할당이라는 차원에서 보편적 기본소득(UBI)의 지급 방안이라는 아이디어가 제안된 것이다.

보편적 기본소득(UBI)은 고용상태나 소득에 관계없이 모든 시민에게 지급되는 보장된 최소 소득이다. 누구나 기본적인 생활을 누리고 경제적 불안을 걱정하지 않고 창작활동에 전념할 수 있도록 하는 제도이다. 크리에이터가 생산한 데이터에 대한 보상을 받아 최소한의 재정적 안정 장치를 갖고 누구나 콘텐츠 창작과 제작에 집중할 수 있다. 이는 고품질의 빅데이터와 창작물의 생성으로 이어져 경제와 사회 전체구조의 선순환으로 작용한다.

보편적 기본소득(UBI)의 구현은 사회에 많은 혜택을 제공할 것이다. 하나는 생계에 어려움을 겪는 개인에게 안전망을 제공하여 걱정없이 창작 활동에 집중할 수 있도록 하는 것이다. 또한 개인이 더 이상 재정 상황에 의해 제한되지 않기 때문에 더 큰 경제적 이동성을 허용한다. 자유

---

59   '보통사람들의 전쟁' 앤드류 양 지음, 장용원 번역, 흐름출판, 2019년.

롭게 새로운 아이디어를 탐색하고 새로운 기회를 추구할 수 있으므로 더 창의적이고 혁신적인 사회가 조성될 것이다.

보편적 기본소득(UBI)의 또다른 측면은 소득 불평등을 해결하는 데 도움이 된다는 것이다. 현재의 경제 시스템은 종종 이미 부유한 사람들에게 더 많은 보상과 혜택이 주어지고, 생계를 유지하기 위해 고군분투하는 사람들은 더욱 어려워지는 측면이 있다. 보편적 기본소득(UBI)은 재정상황에 관계없이 모든 사람에게 기본소득을 제공하여 소득 불평등을 줄이고 사회정의를 촉진한다.

크리에이터의 빅데이터 생성과 창작활동 결과물의 가치를 투명하고 공정하게 평가하고 이를 신용융자나 투자 시스템과 연계하는 방안이 추진되어야 한다. 인공지능기반 경제에서 콘텐츠 크리에이터의 역할은 새로운 데이터 소스를 제공하고 가치를 추가하는 역할을 한다. 창작 활동의 가치와 작업 결과가 투명하고 공정하게 평가되는 것이 중요하다. 그렇지 않으면, 크리에이터가 투자나 융자 등 금융지원을 확보하는 데 장애가 될 수 있으며, 이는 궁극적으로 창작활동을 지속하고 확장하며, 콘텐츠를 계속 만드는 능력을 제한할 수 있다.

빅데이터 생성, 창작 활동의 결과물을 활용하는 플랫폼과 신용 융자나 투자 시스템을 연결하여 운영한다. 데이터기반 분석 방법을 사용하여 관객 참여, 시장 수요, 콘텐츠의 전반적인 영향과 같은 요소를 분석하여 창작활동과 결과에 공정한 가치를 부여한다. 구독자 수, 후원과 좋아요 같은 활동지표가 활용될 수 있다. 이러한 평가를 사용한, 대출이나 투자 등 금융지원 시스템이 결정됨에 따라, 크리에이터는 콘텐츠 운영을 확장하는 데 필요한 자금과 리소스에 접근할 수 있다.

빅데이터 배당은 데이터 생성자가 개인 데이터에서 생성된 이익의 일부를 배당 혹은 분배받는 프로그램이다. 인공지능이나 블록체인과 같은 기술적 방법의 출현과 적용은 개인이 생성한 데이터의 권리관계를 정리하고 각각의 데이터에 대한 가치를 산정하여 지급하는 방식을 가능하게 한다.[60] 새로운 기술을 활용함으로써 개인이 생성한 콘텐츠의 공정하고 투명한 분배와 배당이 이루어지도록 제도적으로 뒷받침한다.

특정한 영역이나 기능의 인공지능에 활용되는 빅데이터에 대한 배당은 현재의 제도를 활용하여도 얼마든지 가능하다. 스톡옵션과 같은 제도를 활용하여 빅데이터 생성과 인공지능을 활용한 혁신의 성과를 평가하여 배당하는 방법이다. 발명과 특허에 따른 보상시스템을 활용하여

---

[60] '블록체인노믹스' 오세현, 김종승 지음. 한국경제신문. 2017년 참조.

지급하는 것도 가능하다. 모든 국민에게 보편적 기본소득의 형태로 일률적인 배당도 가능하다.

오픈AI 대표 샘 알트만은 인공지능 발전에 따른 부의 양극화를 지양하고, 혁신적인 자본주의와 포용적인 경제시스템을 실현하기 위한 방안으로 '미국 주식 기금(America equity Fund)'을 제안하였다. 제안의 주된 내용은 상장기업의 연간 주식가치 상승분의 2.5%에 해당하는 부분을 주식으로 발행, 기금에 납부하고, 개인이나 기업이 보유하고 있는 토지에 대해서는 연간 상승분의 2.5%를 현금으로 기금에 납부하여, 미국주식기금을 조성하자는 것이다. 기금에 납부된 현금과 주식을 활용하여, 미국 성인 모두에게 일률적으로 배당금을 지급하는 방식이다. 주식자산 가치가 2배로 상승하는 10년 후에는 미국 성인 일인당 연간 13,500달러, 매달 1,125달러를 지급할 수 있다고 하였다.[61]

샘 알트만이 주식가치 상승분의 일정부문을 국민배당의 성격으로 매년 지급하는 구체적인 방법론을 제시한 것은 참신하고 획기적이다. 더군다나 챗GPT를 개발한 오픈 AI의 대표가 인공지능에 의한 중장기 전망을 토대로 제안한 방안이기 때문에 새롭게 주목받고 있다. 여기서 주목해야 할 것은 국민배당의 근거가 되는 것은 해당 사회구성원 모두를 포함하고, 크리에이터가 생성한 인공지능과 빅데이터라는 점이다. 보편적 기본소득이든 국민배당이든 빅데이터 생성 주체에 대한 공정하고 투명한 지적재산의 분배라는 관점에서 접근해야 한다.

---

[61] https://moores.samaltman.com/ 참조

3   개인의 지적재산을 관리하는 '전국민지식재산금고'를 제안한다.

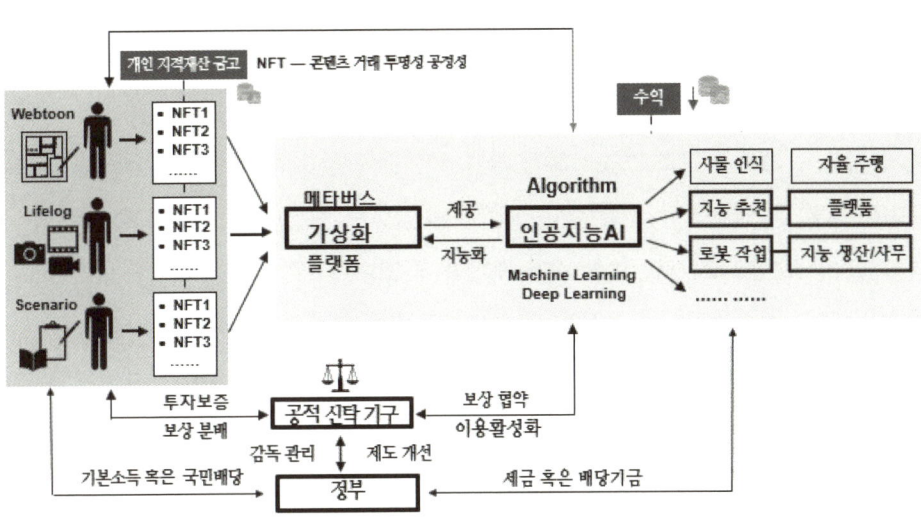

크리에이터가 생성한 결과물을 블록체인 기술 중의 하나인 변형불가토큰(NFT, Non-Fungible Token, 이하 NFT)으로 생성과 동시에 즉시 저장하고 관리할 수 있는 일종의 '전국민지식재산금고'의 설치와 운영에 대한 검토가 필요하다. NFT는 블록체인에 저장되는 고유한 디지털 자산이다. NFT는 디지털 자산의 진위와 소유권을 확인할 수 있는 기능이 있어 자신의 창작물을 보호하고, 투명하고 안전하게 거래하고, 저작권을 보호받고자 하는 크리에이터에게 이상적인 수단이 될 수 있다. NFT를 사용하여 중간거래 없이 최종 소비자에 크리에이터의 작품이 안전하고 편리하게 거래 또는 판매될 수 있다.

NFT는 콘텐츠 생성에 대한 평가 프로세스의 투명성과 공정성을 높이는 데 도움이 될 수 있다. NFT를 사용하면 콘텐츠 창작물을 신용 대출이나 투자 시스템과 연결하여 콘텐츠 제작자가 작업에 대한 적절한 보상을 받을 수 있다. 또한 NFT를 사용하면 디지털 자산의 소유권과 사용을 추적할 수 있으므로 계약 위반 또는 저작권 침해 위험을 줄일 수 있다.

NFT를 기반으로 한 '전국민지식재산금고'의 생성은 크리에이터에게 안전하고 공정한 환경을 제공할 수 있는 잠재력이 있지만, '전국민지식재산금고'를 구축하기 위해서는 특정 기술에 대한 제도화 문제가 선행적으로 해결되어야 한다. NFT를 저장하고 관리하기 위한 인프라가 안전하고 신뢰할 수 있는지 확인하는 것이 필요하다. NFT의 공정하고 투명한 사용을 보장하기 위한 규정과 법적 프레임워크도 갖추어야 한다. 개인 창작물의 보상협약을 전담하고, 보상분배 업무를 추진할 수 있는 '공적신탁기구'의 도입도 검토되어야 한다.

크리에이터의 빅데이터 생성과 창작활동 결과물의 가치를 투명하고 공정하게 평가하고 이를 신용융자나 투자 시스템과 연계하는 방안이 추진되어야 한다. 인공지능기반 경제에서 콘텐츠 크리에이터의 역할은 새로운 데이터 소스를 제공하고 가치를 추가하는 역할을 한다. 창작 활동의 가치와 작업 결과가 투명하고 공정하게 평가되는 것이 중요하다. 그렇지 않으면, 크리에이터가 투자나 융자 등 금융지원을 확보하는 데 장애가 될 수 있으며, 이는 궁극적으로 창작활동을 지속하고, 콘텐츠를 계속 만드는 능력을 제한할 수 있다.

빅데이터 생성, 창작 활동의 결과물을 활용하는 플랫폼과 신용 융자나 투자 시스템을 연결하여 운영한다. 콘텐츠의 가치와 콘텐츠가 다양한 산업과 사회영역에 미치는 잠재적 영향을 평가할 수 있는 데이터기반 분석 방법을 사용하여 달성할 수 있다. 관객 참여, 시장 수요, 전반적인 영향과 같은 요소를 분석하여 창작활동과 결과에 공정한 가치를 부여한다. 구독자 수, 후원과 좋아요 같은 활동지표가 활용될 수 있다. 이러한 평가를 사용한, 대출이나 투자 등 금융지원 시스템이 결정됨에 따라, 크리에이터의 성장은 지속가능하고, 콘텐츠 운영을 확장하는 데 필요한 자금과 리소스에 접근할 수 있다.

크리에이터, 대출기관, 투자자 간의 파트너십을 통해 신용 융자와 투자 흐름을 촉진한다. 이러한 파트너십을 통해 콘텐츠 제작자는 성장에 필요한 자금을 이용할 수 있으며 대출기관과 투자자는 빅데이터 생성이나 창작활동을 지원함으로써 얻을 수 있는 잠재적인 수익을 이해하게 된다. 창작활동의 여러 가치와 크리에이터의 결과물을 금융지원시스템에 연결하면, 크리에이터에게 보다 우호적인 환경이 조성된다. 이는 콘텐츠의 성장, 일자리 창출, 혁신적인 신제품 및 서비스 개발로 이어진다. 크리에이터와 그들이 하는 일을 투자와 융자와 같은 금융시스템과 연계, 지원함으로써 인공지능기반 경제의 혜택이 포괄적이고 공정하게 공유되도록 하고 모두를 위한 보다 번영되고 포용적인 사회를 만들 수 있다.

인공지능을 활용한 기술 등 최신, 첨단의 기술변화와 적용은 콘텐츠 제작에 가장 큰 파급효과를 미칠 수 있는 요인이다. 인공지능 저작도구는 자연어 처리, 기계학습 알고리즘을 사용하여 크리에이터가 고품질의 콘텐츠를 제작하도록 지원한다. 콘텐츠 생성의 속도, 효율성, 품질을 개선하여 크리에이터가 더 짧은 시간에 더 많은 콘텐츠를 더 많이 제작할 수 있도록 한다. 고품질 콘텐츠를 제작하려면 대량의 정보와 데이터를 관리해야 한다. 인공지능 어시스턴트를 사용하면 콘텐츠 크리에이터가 데이터와 정보를 효율적으로 관리하여 작업의 창의적인 측면에 집중할 수 있다.

인공지능 기술을 포함, 고가의 첨단 제작 장비나 자원에 대한 접근, 고품질 콘텐츠를 만드는 데 필요한 고급기술과 제작 노하우에 중점을 둔 교육 이니셔티브를 지원해야 한다. 크리에이터가 급변하는 기술발전에 대응하지 못할 경우 도태하거나 쇠퇴할 수 있다. '인공지능 콘텐츠 랩'과 같은 고도의 실험 연구기관을 통해서 기술변화와 콘텐츠 품질을 고도화하는 데 신속히 대응할 수 있도록 한다.

카페를 운영하면서 유튜버로 활동한다거나, 관광해설사를 하면서 관광 콘텐츠를 서비스하고, 지역사회 커뮤니티에서 멘토로 활동하는 동시에 크리에이터로 활동하는 것에 대한 인센티브를 제공하고, 활동 제약을 없애는 방안을 검토해야 한다. '원소스 멀티유즈', 하나의 활동으로 다양한 콘텐츠를 창출하는 측면에서 접근한다. 한 사람이 여러 사람처럼 크리에이터로 활동하는 것과 같은 승수효과(레버리지)를 일으켜 보다 풍부한 콘텐츠를 제공한다.

한 번에 여러 작업을 동시에 병행하는 크리에이터의 활동에 대한 격려와 지원은 창작활동을 촉진하는 자극제가 될 수 있다. 콘텐츠 제작은 어렵고, 시간이 많이 걸리며, 수많은 크리에이터가 생계를 유지하며 지속가능한 활동을 하기 위해 분투하고 있다. 제한없이 여러 작업을 수행할 수 있도록 장려함으로써 창의적인 활동을 추구하고 가치 있는 콘텐츠를 지속적으로 개발한다.

여러 직업 보유자에게 인센티브를 제공하면 창의적인 노력을 더욱 장려하고 지원할 수 있다. 여러 직업을 가진 크리에이터를 위한 개별적인 세금 정산 또는 보조금은 재정적 안정을 제공하여 콘텐츠를 추가로 개발하는 데 사용할 수 있는 리소스를 확보할 수 있다. 여러 직업을 가진 크리에이터에게 제한을 없애고 인센티브를 제공하는 것은 크리에이터와 사회 모두에게 윈-윈 상황이 될 수 있다. 크리에이터는 문화적, 경제적 발전에 기여하는 고품질 콘텐츠를 지속적으로 생산할 수 있다.

크리에이터의 창작활동을 촉진하기 위한 방안으로 가상공간, 카페, 주거지 등 장소적 제약이나 물리적 제약없이 사업자 등록을 복수로 허용하여 복합적인 경제활동, 다양한 활동이 가능하도록 지원한다. 크리에이터가 직면한 문제 중 하나는 작업을 수익화하고 지속가능한 수입원을 확보하는 데 어려움이 있다는 것이다. 가상공간같이 무한한 확장성이 있고, 물리적 공간의 제약이 없는 곳에서 창업이나 경제활동을 할 수 있게 하고, 그 가치를 추가적으로 평가함으로써 크리에이터는 보다 수월하게 작품을 수익화하고 창작가치를 인정받을 수 있다.

크리에이터는 새로운 아이디어와 비즈니스 모델을 보다 쉽게 실험할 수 있으므로 창의성과 혁신을 장려한다. 다양한 직업에 참여하고 자신의 활동을 평가함으로써 크리에이터는 창의적인 열정을 추구하고 더 많은 청중과 공감할 수 있는 콘텐츠를 만들 수 있다.

창의성은 항상 발휘되는 것 아니다. 실패와 도전이 반복되면서 경험과 역량이 축적되고 비로소 빛을 발할 수 있게 된다. 크리에이터는 창작 활동의 실패에 대한 두려움이 있다. 실패 후에도 자기 계발을 통해 회복할 수 있는 일종의 회복 프로그램을 지원하고, 실패 요인에 대한 피드백을 통해 수정 보완하고, 다시 시도할 수 있도록 한다. 콘텐츠 제작과정에는 종종 위험을 감수하고 새로운 아이디어를 실험하고 한계를 뛰어넘는 작업이 포함된다.

실패에 대한 두려움은 크리에이터에게 해당 분야에서 성공을 추구하는 데 방해가 되는 주요 장애물이 될 수 있다. 어떤 사람은 이 두려움을 극복하고 지속해낼 수 있는 반면, 다른 사람들은 낙담하고 창의적인 추구를 완전히 포기할 수 있다. 크리에이터를 지원하고 실패에 대한 두려움을 극복할 수 있도록 자기 계발의 기회를 제공하고 실패를 통한 성장을 유도하는 종합적인 회복프로그램이 필요하다.

회복프로그램의 중요한 측면 중 하나는 피드백이다. 실패를 경험한 크리에이터는 왜 실패했는지, 어떤 요인이 실패로 이어졌는지, 앞으로 같은 실수를 반복하지 않기 위해 무엇을 할 수 있는지 알아야 한다. 피드백은 멘토, 업계 전문가, 동료를 포함한 다양한 네트워크에서 나올 수 있으며, 정직하고 건설적이어야 하고 콘텐츠 크리에이터의 상황개선과 성장을 돕는 데 중점을 두어야 한다.

이 회복프로그램의 또다른 중요한 측면은 자기 계발이다. 콘텐츠 제작자는 기술, 지식, 능력을 키우고 향상시키는 데 필요한 도구와 리소스를 제공받아야 한다. 여기에는 창의성, 제작기술, 비즈니스 통찰력을 개발하는 데 도움이 되는 교육, 워크숍, 수업에 대한 액세스가 포함될 수 있다. 크리에이터가 다른 크리에이터와 네트워크를 형성하고 프로젝트에서 공동 작업하며 새로운 아이디어와 관점을 접할 수 있는 기회를 제공하는 것이 중요하다.

회복프로그램은 콘텐츠 크리에이터가 다시 시도하도록 권장해야 한다. 실패는 길의 끝이 아니라 배우고 성장할 수 있는 기회이다. 지원과 격려를 제공받음으로써 크리에이터는 자신을 선택하고 다시 시도하고 창의적인 추구에서 새로운 차원에 도달할 수 있는 권한을 얻을 수 있다. 크리에이터를 위한 포괄적인 회복 프로그램은 실패에 대한 두려움을 극복하고 창의적인 열정을 추구하는 데 필수적이다. 올바른 지원, 피드백, 성장 기회를 통해 크리에이터는 더 자신감 있고 탄력적이 되며 성공으로 나아갈 수 있다.

크리에이터에게 회복과 자기 계발을 위한 '시간은행(Time Bank)'을 제공하는 것은 창의성을 촉진하고 실패에 대한 두려움을 극복하는 데 유익한 접근 방식이 될 수 있다. 시간은 콘텐츠 크리에이터에게 귀중한 자원이다. 회복과 자기 계발을 위한 시간을 지원하면 제작 역량을 향상하고 실패의 원인이 될 수 있는 장애물을 극복하는 데 활용한다.

'시간은행' 시스템에서 크리에이터는 워크샵 참석, 기술 학습, 멘토링 찾기, 개인 프로젝트 작업과 같은 다양한 목적으로 시간을 할당하여 사용할 수 있다. 시간은행 시스템은 그들이 개선하는 데 필요한 자원을 제공하고, 크리에이터가 자율적인 의지를 바탕으로 열정을 가진 프로젝트에서 작업할 수 있는 기회를 준다.

크리에이터에게 자기 계발의 시간을 주어 실패를 극복할 수 있는 기회를 제공함으로써, 회복탄력성과 정신적 강인함을 키울 수 있게 한다. 실패는 창작과정의 정상적인 부분이며, 좌절 후에 다시 돌아올 수 있는 능력은 궁극적인 성공을 위해 필수적이다. 실패 요인에 대한 피드백을 통해 크리에이터가 개선할 영역을 식별하고 성장 마인드를 개발한다. 실수로부터 배우면 미래에 더 나은 결정을 내리고 같은 실수를 반복하지 않을 수 있다.

자기 계발을 위한 혹은 자기회복을 위한 시간은행은 크리에이터에게 실패에 대한 두려움을 극복하고 기술을 향상시키며 잠재력을 최대한 발휘하는 데 필요한 리소스와 지원을 제공할 수 있다. 크리에이터에게 성장할 수 있는 기회와 리소스를 제공함으로써 창의성을 위한 보다 지원적이고 포용적인 환경을 만들 수 있다.

주거-창작-문화활동-비즈니스-생태-힐링이 융성한 크리에이터 타운을 형성하고 국가적, 세계적 네트워크를 확장하는 프로그램이 필요하다. 지역과 농촌은 소멸위기에 처해 있으며 이러한 추세는 지역사회와 경제에 심각한 영향을 미친다. 크리에이터 타운을 조성하는 프로그램이 해결책이 될 수 있다. 크리에이터 타운은 주거, 창작활동, 문화활동, 비즈니스, 생태, 힐링이 한데 어우러지는 네트워크형 공동체이다.

콘텐츠 크리에이터 타운 조성의 첫걸음은 크리에이터에게 주거와 창작 활동을 위한 주택을 제공하는 것이다. 폐건물, 유휴시설과 같은 활용되지 않는 기존 주택자원을 활용하여 크리에이터를 위한 주택이나 공간으로 전환할 수 있다. 그러한 공간은 워크숍, 전시, 공연을 위한 공간과 함께 창의적인 활동과 문화 교류를 장려하도록 설계되어야 한다.

지자체나 민간이 카페, 레스토랑, 갤러리 등 업무와 문화 시설 조성에 투자할 수 있다. 크리에이터는 비즈니스를 개발하고 콘텐츠를 제작 판매하며 문화 활동을 주도한다. 지방정부는 크리에이터, 기업, 지역 사회를 하나로 모으는 행사와 프로그램을 조직하여 네트워크를 형성한다.

생태와 치유를 크리에이터 타운에 통합하여 운영하는 것은 도시에서 소진된 창작 에너지를 재충전하는 데에 효과적이다. 타운은 녹지 공간과 재활용, 에너지 절약을 위한 시설과 함께 환경적 지속 가능성을 우선시하도록 설계되어야 한다. 마을은 공원, 온천, 사찰 등 휴식과 휴양을 위한 공간으로 크리에이터의 힐링 공간이 되어야 한다. 이는 크리에이터에게 건강과 창작 활동의 에너지를 부여한다. 국내외 네트워크를 확대하여, 크리에이터 타운은 다양한 프로그램, 이벤트를 통해 다른 지역, 국가의 크리에이터 타운과 연결될 수 있다. 크리에이터의 창작 활동을 확대하고 더 넓은 교류협력 네트워크에 참여할 수 있게 한다.

상대적으로 시설과 장비의 부담이 적은 웹툰, 웹소설과 같은 창작활동은 지방과 농촌이 오히려 유리한 여건일 수 있다. 웹툰, 웹소설분야의 예비적 크리에이터, 지망생을 위한 아카데미를 개설하고 크리에이터로 성장할 수 있도록 교육을 제공한다. 웹툰, 웹소설의 창작활동은 지방과 농촌 지역의 크리에이터 지망생들에게 역량을 키우고 재능을 펼칠 수 있는 좋은 기회가 된다. 시설과 장비로부터 상대적으로 자유롭기 때문에 해당 분야의 크리에이터들이 더 쉽게 참여할 수 있다.

아카데미는 스토리 개발, 캐릭터 디자인, 일러스트레이션과 같은 콘텐츠의 다양한 측면에 대한 프로그램을 제공한다. 웹툰, 웹소설의 제작에 사용되는 디지털 도구, 플랫폼에 대한 프로그램도 지원한다. 아카데미는 크리에이터의 워크숍과 초청강의를 제공하여 크리에이터에게 현장에서 성공하는 방법과 통찰력, 실용적인 지식을 제공한다.

아카데미에서 제공하는 교육은 지방과 농촌 지역의 크리에이터 지망생이 제작기술을 개발하고 콘텐츠산업의 요구 사항에 대비할 수 있도록 지원한다. 아카데미는 지망생들이 다른 사람들과 네트워크를 형성할 수 있는 플랫폼을 제공하여 그들이 관계를 구축하고 업계의 다른 전문가와 연결할 수 있도록 한다.

크리에이터가 핵심 역할을 하는 인공지능기반 경제를 우리가 살고 있는 사회에서 즉각적으로 구현하는 것은 결코 쉬운 과제는 아니다. 그것은 인공지능의 기술적 요소를 도구적으로 활용하거나 콘텐츠산업의 확산에 머무는 것이 아니고, 경제 사회 전반에 걸친 전면적이고 포괄적인 변화를 추구하는 일이기 때문이다.

이미 빅데이터를 소유하고 있는 기업이나 개인은 데이터 소유권을 주장하고 기본소득이나 데이터 배당에 반대할 수 있다. 빅데이터를 소유한 사람들은 보편적 기본 소득이나 데이터 배당금과 같은 이니셔티브에 반대하기 위해 자신의 힘과 영향력을 사용하여 데이터 소유권과 통제권을 주장할 수 있다. 그들은 그러한 정책이 부를 부당하게 재분배하고 데이터 자산을 통제하고 이익을 얻을 수 있는 권리를 약화시킬 것이라고 주장할 수 있다.

그러한 주장은 빅데이터는 사회 전체에 혜택을 줄 수 있는 공통 자원이라는 점을 인식하고 개인과 기업이 생성한 데이터는 공공의 이익을 지원하는 데 사용할 수 있는 공유 자원으로 보아야 한다는 생각과 충돌한다. 빅데이터를 공정하고 공평하게 사용할 수 있도록 하는 정책과 메커니즘을 둘러싸고 다양한 이해충돌이 일어날 수 있는 지점이다.

기존 산업과 경제 시스템, 전통적인 제조산업도 인공지능기반 경제로의 전환에 많은 어려움과 이해충돌에 직면할 수 있다. 자동화에 의해 일자리가 감소하고, 사라지는 분야의 고용 안정과 직무전환이 대표적인 사례이다.

크리에이터가 핵심적인 역할을 수행하는 인공지능기반 경제는 이전 사회가 보편적으로 경험해보지 못했기 때문에 좋고 나쁨을 구분하기가 쉽지 않다. 개인의 삶과 진로에 미치는 영향이 너무 커서 좋고 나쁨을 떠나서 누구나 당황하기 마련이고 심리적 거부감이 생길 수도 있다.

여러 이해충돌을 극복하고 어느 정도 사회적 합의에 도달하였다고 해도, 법률과 제도를 새롭게 만드는 정치적 이해관계와 조정에 많은 시간과 노력이 필요할 수 있다. 크리에이터가 핵심 역할을 하는 인공지능기반 기반 경제를 구현하려면 법률과 제도에 상당한 변화가 불가피하다. 입법과정은 정부, 의회, 이익단체 등 정치적, 사회적 조직의 문법과 이해가 조정되고 정리되는 복잡하고 시간이 많이 걸리는 프로세스이다.

인적 물적 인프라와 기술에 대한 대규모 투자도 요구된다. 알고리즘, 빅데이터 처리도구, 콘텐츠 생성, 배포를 지원하는 기술의 개발, 지원, 디지털 기술, 프로그래밍, 데이터 분석, 연관 분야에 대한 교육과 훈련이 필수적이다. 교육 훈련은 미래세대를 위한 공교육을 포함하여 성별, 연령, 사회경제적 지위에 관계없이 모든 사람이 접근할 수 있어야 한다.

새로운 경제 모델의 구현에는 항상 위험이 수반되며 인공지능기반 경제도 예외는 아니다. 대전환에서 시행착오는 사회 전체 구성원의 삶에 직간접적으로 커다란 영향을 미친다. 경제위기나 대공황과 같은 과정에서 얼마나 큰 고통이 수반되는지 우리는 잘 알고 있다.

인공지능기반 경제와 크리에이터가 핵심 역할을 하는 사회는 거스르기 어려운 사회경제구조의 커다란 변동으로 진행되고 있다. 그럼에도 불구하고, 위에서 거론된 여러 이유들로 말미암아 선택과 변화를 주저하고 있거나 애써 외면하고 있는지도 모른다. 그에 따른 사회적 비용이나 사회 전체 구성원의 고통은 가늠하기 힘들다.

반면에, 역사적으로 대전환의 시기가 갖는 궁극적 의미는 뭐니뭐니 해도 우리 사회가 이전까지 걸어오면서 누적된 문제점을 일시에 해결할 수 있는 기회를 제공한다는 측면이다. 인공지능기반 경제와 크리에이터가 중심적인 역할을 수행하는 사회적 대전환이 가져올 변화를 잘 예측하고 대응한다면 새로운 사회의 효능과 기대감은 질적으로 향상될 수 있을 것이다.

3부

무한한 성장엔진, K콘텐츠 메타버스

제7장   메타버스란 무엇인가?

요약

구분		주요내용
개요		- 닐 스티븐슨의 '스노크래시(Snow Crash)'에 처음 등장 - 우주 너머의 또다른 우주, 가상공간, 가상의 세계
주요특성	상호작용성	현실과 가상의 연결, 확장현실, 가상 혼합 경제
	무한 확장성	호환성, 통합 가능성,
	가상 실재성	세계관, 기억과 존재의 영역, 삶과 경제생활 가능
주요 기능	비즈니스적 기능	거버넌스, 수익화, 디지털 화폐, 상호운용성, 확장성 등
	기술적 기능	인공지능, 가상개체와 몰입형 환경, 지능형 아바타 등
사례	엔터테인먼트형	쇼핑, 교류, 게임, 이벤트 등 다양한 활동 사례
	게임확장형	게임개발 및 서비스기능, 교육, 이벤트 등 다른 기능 확산
	블록체인 응용형	블록체인 기술, 분산형 구조, 가상화폐 등

　메타버스는 인공지능기반기반 경제의 주요 특징인 가상화의 궁극적 단계로 인공지능 기술의 구현을 뒷받침하고 크리에이터 비즈니스의 성장을 무한히 확장할 수 있는 새로운 성장엔진이라고 할 수 있다. 메타버스의 개념은 현재진행형이지만, 메타버스의 어원적 의미, 현 단계에서 주요개념과 특징, 주요 사례와 기능을 통해서 메타버스의 활용 방안과 가능성을 모색한다.

1 역사적, 어원적으로 살펴본 메타버스의 의미

'메타버스(metaverse)'는 닐 스티븐슨의 1992년 소설 '스노크래시(Snow Crash)'[62]에 처음 등장한다. 당시 수준에서 사용되던 인터넷의 진화된 모델로 묘사된다. 메타버스는 가상현실기반 세계를 언급하면서 처음으로 만들어졌다. '메타'(meta-'저쪽'에 또는 '초월'을 의미)와 '유니버스'(universe)의 합성어로 '우리 우주 너머에 존재하는 또다른 우주'를 암시한다. 이 우주는 물리적 실체를 가진 우주가 아닌 디지털기술에 의해서 만들어진 우주이다. 한마디로 물리적인 세계와 구별되는, 디지털기술로 생성된 가상의 공간, 가상의 세계라고 할 수 있다.

닐 스티븐슨에 이어서 공상과학 소설가, 미래학자 및 가상세계 디자이너인 베너 빈지도 확장된 메타버스의 세계에 대해서 언급하였다. 2006년에 출판된 소설 '무지개 끝'(Rainbows End)에서 인터넷이 고도의 몰입감을 제공하고 상호작용하는 미래세계를 묘사한다. 베너 빈지는 기술진보가 너무 빨라, 미래의 발전을 예측할 수 없게 되는 시점인 '기술적 특이점'[63]이라는 개념으로도 유명하다. 그는 메타버스가 기술적 특이점의 잠재적인 결과이며 메타버스가 사회와 우리 삶의 방식에 심오한 영향을 미칠 것이라고 주장한다.

사용자가 실시간으로 상호작용할 수 있는 가상의 공유공간인 메타버스는 수십 년 동안 공상과학 소설의 주제였지만 최근에는 그러한 공간이 이론적으로 현실적으로 구현 가능할 정도로 기술이 발전함에 따라 주목을 받게 된 것이다. 공상과학 영화분야도 소설의 영역 못지않게 메타버스 개념과 상상력을 자극한 분야이다.

1999년에 개봉된 "매트릭스"(The Matrix)는 자신이 살고 있는 세계가 사이보그에 의해서 만들어진 가상세계라는 것을 깨달은 주인공이 그들을 향한 반란에 가담한다는 내용으로 메타버스의 세계를 잘 묘사하고 있다. 최근에 개봉된 영화로는 '써로게이트'(Surrogates, 2009), '알리타'(Alita: Battle Ange, 2019), '레디 플레이어 원'(Ready Player One, 2018)등이 있다. 메타버스와 가상현실 기술의 발전에 지대한 공헌을 한 여러 과학자와 기술자들도 있다.

가상현실의 선구자로 간주되는 재런 러니어(Jaron Lanier)는 컴퓨터공학자, 예술가, 음악가로서 1980년대에 "가상현실"이라는 용어를 만들고, 최초의 가상현실 시스템 중 일부를 개발했

---

[62] '스노크래쉬' 닐 스티븐슨 지음, 남명성 옮김, 문학세계사, 2021년

[63] 기술적 특이점(Technological Singularity) 하단 참조 https://ko.wikipedia.org/wiki/%EA%B8%B0%EC%88%A0%EC%A0%81_%ED%8A%B9%EC%9D%B4%EC%A0%90

으며, 메타버스 주제의 광범위한 논문을 발표하였다. 메타(Facebook)의 CEO인 마크 쥬커버그(Mark Zuckerberg)는 메타버스에 대한 비전으로 회사명을 메타(Meta)로 바꾸고, 2014년 오큘러스(Oculus VR)을 인수하면서 가상현실, 증강현실 기술에 대규모의 투자를 진행하고 있다.

린든 랩(Linden Lab)의 설립자 필립 로즈데일(Philip Rosedale)은 최초의 멀티플레이어 온라인 가상 세계 중 하나이자 메타버스 개발에 큰 영향을 미친 '세컨드 라이프'(Second Life)를 개발하였다. 메타버스와 가상현실 기술개발에 종사하는 수많은 과학자, 기술자가 메타버스 개념과 기술의 발전에 공헌하고 있으며, 컴퓨터공학, 수학, 물리학 등 다양한 배경을 가지고 있다.

메타버스는 최근 몇 년 동안 더 집중적으로 조명되고 있으며 가상세계, 온라인 게임, 소셜 VR을 포함한 광범위한 가상현실, 증강현실 경험을 지칭하는 데 사용되었다. 사람들이 몰입형 환경에서 상호작용하고, 거래하고, 창조할 수 있는 가상의 공유공간이다. 메타버스라는 맥락에서 실재의 우주 너머에 존재하는 우주의 개념은 물리적 세계와 분리된 가상의 공유공간을 의미한다. 가상현실이나 증강현실 기술을 이용하여 사용자가 실시간으로 상호작용할 수 있는 컴퓨터 생성 환경인 것이다.

메타버스는 사용자가 공유공간에서 소통하고, 거래하고, 창조할 수 있는 탈중앙화된 몰입형 세계라고 할 수 있다. 메타버스의 아이디어는 사람들이 실제 세계처럼 느껴지는 방식으로 컴퓨터 생성 개체, 환경과 서로 상호작용할 수 있는 가상공간이다. 사교, 게임, 교육, 상업과 같은 다양한 목적으로 사용될 수 있다. 사용자는 자신을 디지털로 표현한 아바타로 표현되며, 손 제스처, 음성 명령, 햅틱[64] 피드백과 같은 형태의 입력을 사용하여 가상세계를 탐색할 수 있다.

기술이 계속 발전함에 따라 메타버스의 개념은 점점 현실화되고 있으며, 미래에는 현재의 물리적 세계와 마찬가지로 사람들이 상당한 시간을 보낼 수 있는 장소가 될 것으로 예상된다. 메타버스 개념은 아직 초기 단계이지만 이미 게임, 소셜 VR과 같은 일부 영역에서 주목받기 시작했으며 앞으로도 계속 발전할 것으로 예상된다.

메타버스와 가상현실(VR), 증강현실(AR)

메타버스와 가상현실(VR), 증강현실(AR)은 기술적 측면과 사용자가 경험하는 방식면에서 몇 가지 유사점이 있다. 메타버스와 VR/AR은 모두 머리 장착형 디스플레이(HMD, Head Mounted Display)같은 특수 기술을 사용하여 사용자가 실시간으로 상호작용할 수 있는 컴퓨터 생성환경

---

64 햅틱(Haptic), 손가락 관절 마디마디의 신경동작을 디지털 신호로 변환하여 인식하는 기술.

이다. 사용자가 가상환경에 완전히 몰입하고 그 안에 물리적으로 존재하는 것처럼 느끼게 하는 아이디어를 공유한다. 메타버스와 VR/AR 모두 아바타를 사용하여 사람들이 가상환경에서 서로 상호작용할 수 있도록 한다. 또한 게임, 사교, 교육, 훈련, 전자 상거래와 같은 광범위한 응용 분야에 사용될 수 있다.

   메타버스와 VR/AR의 주요 차이점은 환경의 범위와 규모이다. 가상현실과 증강현실은 일반적으로 단일 게임이나 앱과 같이 제한된 범위 내에서 몰입형 경험을 만드는 데 사용된다. 반면에 메타버스는 사용자가 서로 다른 가상공간 사이를 자유롭게 이동하고 광범위한 컴퓨터 생성 개체, 가상환경과 상호작용할 수 있는 훨씬 더 크고 광범위한 가상세계를 구상한다. 물리적 세계와 분리된 사람이 물리적 우주를 소유하고 지배할 수 없듯이, 그 자체로 존재하는 탈중앙화를 목표로 하며, 단일 회사나 조직에 의해 통제되지 않음을 의미한다. 가상공간에 제한된 가상현실과 다르게 실제세계와 실시간으로 연결 확장될 수 있고, 증강현실과 달리 독립적인 가상공간으로 무한 확장한다.

2 여러 연구자들이 주장하는 메타버스의 특성과 구성요소

메타버스의 주요특성과 구성요소

구분	항목	주요내용	비고
주요 특성	상호 작용성	- 시공간적 제약을 넘은 현실과 가상의 연결 - 혼합현실, 확장현실의 개념 적용 - 가상융합경제의 개념	연구자 공통
	무한 확장성	- 가상세계의 무한 확장성 - 다양한 메타버스의 호환과 통합 - 확장의 주체는 크리에이터, 참여자	연구자 공통
	가상 실재성	- 가상의 독립된 세계(세계관, 메커니즘=질서) - 시간과 공간의 인식, 경험과 기억의 존재 - 경제활동과 일상생활(삶)의 영역	항목 통합
구성 요소	비즈니스 요소	거버넌스, 수익화, 디지털 화폐, 상호운용성, 확장성, 비상시 대처 등	사례 종합
	기술요소	인공지능, 분산형 구조, 가상개체와 몰입형 환경, 지능형 아바타, 사용자 생성 콘텐츠 등	

메타버스의 개념이 등장한 것은 오래 전의 일이지만, 메타버스에 대한 관심이 최근에 폭증하는 이유는 팬데믹이 장기화되면서 메타버스 개념을 응용한 서비스들이 등장하였고, 메타버스 구현 기술의 실용화가 멀지 않았다고 예측되고 있기 때문이다. 인공지능 기술, 인공지능기반 경제의 주요 작동원리 가운데에 하나인 가상화의 최종적 단계로서 메타버스는 인공지능 기술의 포괄적이고 전면적인 활용에 필수요건이기도 하다.

메타버스관련 특허 출원 수는 최근 10년간 (2012년~2021년) 연평균 24%로 증가하였고, 2021년에는 1,828건이 출원되어 전년 대비 2배의 증가를 보이고 있다. 과학기술정통부, 문화체육관광부 등 메타버스 관련 주요 정책부서에서도 2016년부터 메타버스 구현기술인 AR·VR·XR 등의 연구개발, 융복합 콘텐츠 제작 지원, 인재 양성[65] 등의 계획이 발표되고 있으며, 메타버스 실현을 위한 기술 투자와 정책지원을 확대해 나가고 있다. 메타버스가 지닌 방대한 융복합 영역의 특성상 여러 부처가 공동으로 참여하여, 디지털 콘텐츠 플래그십 프로젝트, 5G+ 전략실행계획, 선도형 실감 콘텐츠 활성화 전략, AR·VR 분야 선제적 규제 혁신 로드맵, 가상 융합경제 발전 전략, 디지털 콘텐츠 산업 육성 지원사업, 디지털 뉴딜 정책, 메타버스 작업반, 메타버스 얼라이언스 등 9개의 국가 전략분야를 합동으로 추진하고 있다, 메타버스를 지원하기 위한 근거법안을 발의하여 제도적으로 뒷받침하고 있다.[66]

---

[65] '메타버스 신산업 선도전략' 과학기술정보통신부(관계부처합동), 2022 참조
[66] '콘텐츠분야 메타버스 생태계 활성화방안 연구' 요약문 참조, 한국콘텐츠진흥원, 2022.

문화체육관광부가 주관하는 2023년 문화기술 정책지정 연구과제 41개 가운데에 5개과제는 메타버스 플랫폼 등 메타버스개발에 직접 적용이 가능한 기술분야이다. 메타버스와 적용되는 사업영역이나 응용분야는 패션, 공연, 이스포츠, 문화재 복원 등 다양한 분야로 확장되고 있는 것을 보여 주고 있다. 5개 과제이외의 다른 36개 정책 과제들의 기술개발 주제도 메타버스 구현에 필요한 실감 콘텐츠 응용기술들로 구성되어 있어 메타버스 관련 연구가 문화기술 연구의 주된 흐름을 형성하고 있는 것을 일목요연하게 알 수 있다.[67]

주요 특성

메타버스관련 연구가 활기를 띠면서 메타버스의 특성을 규명하기 위한 국내외 연구자들의 연구도 활발하게 진행되고 있다. 김상균[68]은 현실 세계에서 인간이 존재하고 살아가는 것처럼 아바타를 통해서 메타버스 안에서 기억과 정보가 연속되는 연속성(Seamlessness), 가상 세계에서 현실세계와 같은 물리적인 접촉은 없지만, 현실처럼 몰입할 수 있는 실재감(Presence), 현실 세계와 메타버스의 콘텐츠, 데이터, 정보가 상호 연동되는 상호운영성(Interoperability), 여러 명의 사용자가 동시에 하나의 메타버스 세계관에서 활동하는 것, 같은 시간에 같은 세계관에서 서로 다른 경험을 할 수 있는 동시성(Concurrence), 실물경제 와도 연동이 가능한 재화와 거래가 가능한 경제흐름(Economy)을 속성으로 제시한다.

김상균은 자신이 주장한 5가지 특성의 이니셜을 이용하여 스파이스(spice, 향신료) 즉, 대항해

---

[67] '2023년 문화체육관광 연구개발사업 신규지원 대상과제 통합공고', 한국콘텐츠진흥원, 2023,
[68] '메타버스 새로운 기회' 22-26p. 김상균, 신병호 지음, 베가북스, 2021

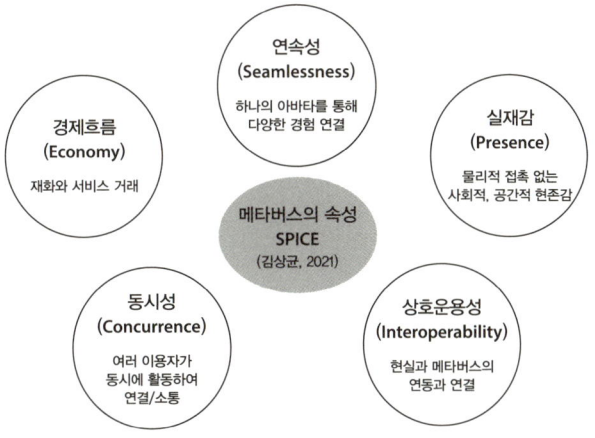

시대에 세계를 바꾼 원동력이었던 향신료와 같은 역할을 할 것이라는 의미의 모델을 제시하기도 하였다.

이승환[69]은 먼저, 편의성, 상호작용 방식, 화면·공간 확장성 측면에서 기존 PC, 모바일 기반의 인터넷시대와 메타버스시대는 차이가 존재한다고 하였다. AR 안경(Glass)등과 같이 기존 휴대이용 형태에서 착용(Wearable)의 시대로 전환되면서 편의성이 증대하였고, 상호작용 측면에서 인터넷 시대에는 키보드, 터치 방식을 활용하였으나, 메타버스 시대는 음성, 동작, 시선 등 오감(五感)으로 발전하고 있다. 2D 웹(Web)화면의 제약이 사라진 3D 공간(Spatial)으로 진화 중이다.

두 번째는 기술적 측면이다. 메타버스를 구현하는 핵심기술은 범용기술(General Purpose Technology, 여러 산업에 공통 활용되어 혁신을 촉진하고 기술진화가 빠른 파괴적 기술)의 복합체이다. 확장현실(XR, eXtended Reality, 가상현실, 증강현실 등 다양한 가상세계 구현기술이 포함된 혼합현실, 융합 현실), 데이터(Data), 네트워크(Network), 인공지능(AI, Artificial Intelligence)은 메타버스를 구현하는 주요 범용기술이다. 메타버스는 다양한 범용기술이 복합 적용되어 구현되며 이를 통해 현실과 가상의 경계가 소멸 되고 있다.

세 번째는 경제적 측면이다. 메타버스 시대의 경제 패러다임으로 가상융합경제에 주목하고 있다. 메타버스는 기술 진화의 개념을 넘어, 사회경제 전반의 혁신적 변화를 초래하는데, 메타버스 시대의 경제 전략으로 '실감 경제(Immersive Economy)', '가상융합경제' 개념을 제시하고 있다. 가상융합경제는 확장현실등 범용기술을 활용해 경제활동(일·여가·소통) 이 현실에서 가상공간까지 확장되어 새로운 경험과 경제적 가치를 창출한다고 하였다.[70]

정완[71]에 의하면 첫째, 메타버스의 공간은 설계자와 참여자들에 의해 채워지고 확장되어 간다. 메타버스의 주 이용층인 디지털 세대는 콘텐츠나 서비스를 설계자 의도대로 수동적으로 소비하는 것이 아니라 함께 즐기고 경험할 수 있도록 콘텐츠를 소비 하고 생산하고 확산하는 매우 능동적인 사용자이다. 둘째, 메타버스에서는 누구나 콘텐츠를 창작할 수 있다. 메타버스는

---

69 '로그인(Log In) 메타버스 : 인간×공간×시간의 혁명' 04p. 이승환 작성, 소프트웨어정책연구소 이슈레포트, 2021.03

70 '로그인(Log In) 메타버스 : 인간×공간×시간의 혁명' 04p. 이승환 작성, 소프트웨어정책연구소 이슈레포트, 2021.03

71 '메타버스의 법적 이슈에 대한 고찰' 04p. 정완, 경희법학, 2022.03게재.

디지털 콘텐츠로 만들어진 세계이며, 누구나 그 세계를 확장할 수 있다는 점에서 참여자가 자발적으로 세계를 만들어 가는 창작자이자 이용자이다. 셋째, 메타버스에서는 생산이나 소비가 가능한 디지털 화폐가 통용된다. 많은 수의 사람들이 경제영역을 메타버스라는 디지털 공간으로 확대하면서 메타버스의 디지털 화폐는 통화로서의 영향력을 증가시켜 나갈 것으로 보인다. 넷째, 메타버스에서 연속적인 일상생활이 가능하다. 즉, 친구를 만나거나 쇼핑을 하고, 학교에 가거나 직장에서 회의를 하는 등 일상적인 여가와 경제 활동이 지속적으로 진행될 수 있다. 다섯째, 메타버스에서는 다른 메타버스와 연결하거나, 아바타를 통한 사람과 사람을 연결함으로써 현실과 가상을 연결하게 된다. 즉, 시공간을 넘어서 지식과 정보를 공유할 수 있다고 하였다.

션 머피(Sean Murphy)[72]는 지속성(Persistence), 상호운용성(Interoperability) 동시성(Synchronicity), 가용성(Availability)으로 제시하고 있다. 첫째, 메타버스는 시간과 장소에 관계 없이 존재한다(지속성). 메타버스는 이용자들이 접속하고 나가더라도 그 공간은 항상 존재한다는 의미이다. 둘째, 메타버스는 참가자들이 실시간으로 서로 디지털 세계와 상호 소통할 수 있고, 현실 세계와 마찬가지로 가상 환경에서 서로 접속할 수 있다 (동시성). 셋째, 메타버스는 모든 사용자가 동시에 접속할 수 있으며, 참가자의 수는 제한이 없다 (가용성). 또한, 경제 측면에서는 기업을 포함한 참가자는 다른 사람들이 인정하는 가치에 대한 대가로 재화와 서비스를 공급할 수 있다. 온라인 게임 내에서 현재 이미 사용하는 게임화폐, 대체 불가능한 가상화폐(NFT: Non-Fungible Token), 이미 전통적으로 사용하는 화폐가 사용될 수 있다. 넷째, 참가자가 메타버스의 다양한 환경에서 자신의 가상 아이템을 사용할 수 있도록 한다.(상호운용성) 사용자가 특정 아이템으로 레이싱 게임을 하는데 다른 게임에서도 사용할 수 있도록 허용한다든가, 가상 의류를 구매하여 착용 후, 다른 공간에 있는 가수의 콘서트에 갈 수 있도록 가상 환경이 조성된다고 볼 수 있다.

연구자들의 견해는 접근 기준이나 방식, 혹은 연구 전문 영역에 따라 매우 다양한 의견을 제시하고 있다. 메타버스는 현재진행형으로 새로운 응용사례나 연구의 진전에 따라 메타버스의 특성 또한 추가되거나 새롭게 제안될 수 있다. 여러 연구자들의 견해를 현재 수준에서 종합해 보면, 대략 3가지 공통 사항으로 정리해 볼 수 있는데, 상호작용성, 무한확장성, 가상실재성이 그것이다. 상호작용성과 무한확장성은 여러 연구자들이 제안하고 있는 항목이고, 가상실재성은 유사한 속성 항목들을 통합해서 표현해 본 것이다.

---

[72] '콘텐츠분야 메타버스 생태계 활성화방안 연구' 재인용, 한국콘텐츠진흥원, 2022.

먼저 현실세계와의 상호작용성이다. 메타버스는 가상세계에 국한되지 않고 물리적 실재세계와 끊임없이 상호작용하면서 진화해 나간다는 것이다. 상호작용의 방식과 내용도 메타버스의 의도에 따라 달라질 수 있다. 엔터테인먼트에서 경제활동이나 일상 생활에 이르기까지 다양한 상호작용이 가능하다. 다음으로는 무한확장성이다. 제한된 영역이나 공간에서 시작하였다 해도 메타버스의 확장가능성은 무한히 열려 있다. 확장방식도 다른 가상공간영역을 넘나드는 방식이나 하나의 세계관이 확장하는 방식이나 여러 가능성이 열려 있다고 하겠다.

다음으로 가상 실재성(Virtual Existence) 즉, 메타버스는 디지털기술에 의해 만들어진 가상의 세계이고 일종의 조작된 세계이지만 역설적으로 실재(實在)한다는 것이다. 인간에 의해서 세계관이나 스토리텔링을 활용하여 만들어진 세계이지만, 물질세계가 인간의 의식과 무관하게 존재하는 것과 같은 특성을 갖는다는 것이다. 가상세계이지만, 물질세계 너머의 또 하나의 세계로서 실재한다는 것이다. 현실세계와 동일한 몰입감을 유지하고, 경제활동과 같은 실제활동이 이루어지며, 일관된 세계관과 서사구조를 유지한다. 로그 인과 함께 기억이 재생되고, 실재 세계와 동일한 체험이 가능하며, 무수히 많은 삶이 서로 다른 경로에서 동시에 이루어지며, 생로병사와 희로애락이 교차되는 또 하나의 삶의 현장이라고 할 수 있다.

메타버스는 인간에 의해 만들어진 세계이지만, 개인이나 기업과 같은 한정된 집단의 제한된 소유물이 아니고, 모든 사람에게 참여의 가능성이 열려 있는 세계이다. 물리적 세계가 무한한 우주공간으로 열려 있듯이 메타버스 세계도 확장가능성이 무한히 열려 있으며, 물리적 세계와도 끊임없이 상호작용하며 진화해 나간다고 할 수 있다.

구성요소[73]

메타버스의 운용 사례들을 종합해 보면 메타버스의 구성요소는 기술적 측면과 비즈니스 측면으로 이해할 수 있다. 기술적 측면은 메타버스를 만들고 유지하는 데 필요한 주요 기술과 인프라를 말한다. 가상환경을 만들고 실행하는 데 필요한 소프트웨어, 하드웨어, 네트워크 인프라와 같은 것들이며, 비즈니스 측면은 메타버스가 운영되고 수익화 되는 방식을 말한다. 수익을 창출하는 데 사용되는 비즈니스 모델, 가상화폐 등 가상경제시스템, 메타버스를 관리 운영하는 협력체계(거버넌스)등이 포함된다. 두가지 요소가 혼합된 구성요소들도 있지만, 구현기술의 난이도, 비즈니스적 요소의 중요성에 따라 분류하여 구분할 수 있다.

---

[73] 〈2023 문화기술 정책지원과제 통합공고, 한국콘텐츠진흥원〉 분석요약

먼저 비즈니스적 구성요소를 살펴보면 다음과 같다.

① 거버넌스(메타버스 관리 운영시스템)

메타버스에는 가상환경과 사용자를 관리, 규제하는 협력체계, 거버넌스 시스템이 있다. 가상환경이 잘 관리되고 사용자의 권리와 이익이 보호되도록 하기 위함이다. 커뮤니티 거버넌스는 가상 환경에 대한 규칙과 규정을 수립하고, 커뮤니티기반 메커니즘을 통해 관리한다. 분산형 거버넌스는 가상 환경에 대한 규칙과 규정을 수립하고 분산형 메커니즘을 통해 이를 시행하는 데 사용할 수 있는 스마트 계약의 분산형 시스템으로 관리할 수 있다.

중앙집중식 거버넌스는 가상환경에 대한 규칙과 규정을 수립하고 중앙집중식 메커니즘을 통해 시행할 수 있는 중앙집중식 조직에서 관리할 수 있다. 하이브리드 거버넌스는 중앙 집중과 분산형 거버넌스의 조합으로 관리할 수 있으며, 가상환경에 대한 규칙과 규정을 수립하고 중앙집중형, 분산형 메커니즘의 조합을 통해 시행할 수 있다. 법적 거버넌스는 가상환경이 법적 경계 내에서 작동하도록 법적 규정과 물리적 세계의 규정을 준수해야 한다. 거버넌스는 진행 중인 프로세스이며 새로운 상황에 적응하고 사용자의 권리와 이익을 보호하기 위해 지속적인 모니터링과 업데이트가 필요하다. 강력한 거버넌스 시스템을 구현하여, 사용자와 가상환경의 안전과 웰빙을 보장한다.

거버넌스의 공정성과 투명성을 보장하기 위해, 명확하게 정의된 규칙과 규정을 제정한다. 모든 사용자가 쉽게 액세스할 수 있는 명확하고 잘 정의된 규칙과 규정이 있어야 한다. 이를 통해 사용자는 자신에게 기대되는 것과 위반 시 어떤 조치가 취해질 것인지 알 수 있다. 개방적이고 투명한 의사 결정 프로세스를 갖추어 사용자가 의사 결정 방법을 확인하고 피드백을 제공할 수 있어야 한다. 모든 사용자가 자신의 행동에 대해 책임을 지도록 공정하고 공평하게 규칙을 시행해야 한다.

규칙과 규정을 준수하고 시스템이 의도한 대로 작동하는지 확인하기 위해 정기적으로 감사가 필요하다. 거버넌스 프로세스에 사용자 참여를 장려하여 사용자의 목소리를 듣고 사용자의 이익이 고려되도록 해야 한다. 거버넌스 시스템의 변경 사항이나 업데이트를 사용자에게 알리기 위해 사용자와 정기적으로 커뮤니케이션해야 한다. 가상 경제가 공정하게 운영되고 투명한 재정과 경제 시스템을 갖추어야 한다. 가상 환경이 법적 경계 내에서 작동하도록 법적 규제와 물리적 세계의 규정을 준수해야 한다.

② 수익화

메타버스는 인앱(앱 안에서의) 구매 또는 구독, 후원 등을 통해 수익을 창출하는 수익화 전략을 갖게 된다. 인앱 구매, 구독, 광고, 가상화폐, 수수료기반 판매, 가상 부동산, 가상 이벤트를 통해 수익을 창출할 수 있다. 수익 창출은 진행 중인 프로세스이며 새로운 상황에 적응 하고 보장하기 위해 지속적인 모니터링과 업데이트가 필요하다.

투명성, 공정성, 효율성을 바탕으로 수익화 모델을 운영할 수 있는 방안을 추진한다. 인앱 구매, 구독, 후원에 대한 명확하고 투명한 가격 구조를 운영한다. 공정한 가격을 책정하고 거래되는 가상 상품이나 서비스에 대해 합리적이고 공정한 가격시스템을 운영한다. 모든 비용이 투명하게 공개되어, 정보에 입각한 결정을 내릴 수 있도록 숨겨진 비용이 없어야 한다. 쉽고 빠른 거래가 가능하도록 탐색하고 이해하기 쉬운 사용자 친화적인 구매 프로세스를 갖추어야 한다.

새로운 옵션을 제공하고 시장변화를 반영하여 가격과 패키지를 정기적으로 업데이트해야 한다. 보상시스템을 운명할 수 있으며, 경제시스템의 활성화를 자극하고, 동시에 충성도에 대해 보상할 수 있다. 기간 한정 혜택을 제공, 거래를 프로모션할 수 있고, 투명한 광고 운영으로 광고 참여 여부에 대해 정보에 입각한 결정을 내릴 수 있게 한다.

③ 디지털화폐

유통, 상거래에 활용하기 위해 디지털화폐 시스템을 운영할 수 있다. 디지털 통화, 가상 통화라고도 하는 디지털화폐는 가상 의류, 가상 부동산, 가상 체험과 같은 가상 상품이나 서비스를 거래하는 데 사용한다. 실제 상품이나 이벤트와 같은 실제 상품, 서비스를 구매하는 데도 사용할 수 있다. 디지털화폐는 전자적으로 생성, 저장, 거래되는 디지털 자산이다. 특정 구현 방식에 따라 분산되거나 중앙화 될 수 있다. 각 나라에서 운용하는 법정화폐의 디지털 화폐, 블록체인을 기반으로 하는 비트코인(Bitcoin), 이더리움(Ethereum)[74] 과 같은 암호화폐, 메타버스 자체적으로 설계된 가상 코인 등 여러 유형이 있을 수 있다.

메타버스에서 디지털화폐를 사용하면 은행과 같은 금융중개자가 필요하지 않으므로 빠르고 안전하며 편리한 유통, 상거래가 가능하다. 서로 다른 가상세계와 플랫폼 간에 디지털화폐를 교환할 수도 있으므로 확장성과 상호 운용성이 기대된다. 그러나 가상화폐에 따라 변동성, 보

---

[74] 블록체인 기반의 가상화폐를 대표한다. 비트코인은 최초의 가상폐로서 일종의 본원통화의 기능을 하고, 이더리움은 스마트 컨트랙트의 기능을 하고 있는 것으로 알려져 있다.

안문제와 같은 위험성이 있으며, 가상화폐의 사용이 국가마다 다르게 규제되고 있다는 점은 주목해야 한다.

특히, 블록체인기반의 가상 화폐는 전자적으로 생성, 저장, 거래되는 디지털 자산이다. 가상화폐는 물리적 자산이 아니라 교환 매체로 사용할 수 있는 가치의 디지털 표현이다. 블록 체인이라고 하는 분산원장에서 거래(트랜잭션)을 검증하고 기록하기 위해 복잡한 수학 방정식을 푸는 '마이닝'이라는 프로세스를 통해 생성된다. 생성된 가상화폐는 사용자가 가상화폐를 안전하게 저장하고 보내고 받을 수 있도록 하는 소프트웨어 프로그램인 디지털 지갑에 저장된다. 가상화폐는 기존 통화처럼 사고 팔 수 있는 암호화폐 거래소와 같은 플랫폼에서 거래될 수도 있다.

④ 아바타(Avatar), 가상 캐릭터

사용자는 아바타로 자신의 디지털 캐릭터를 표현한다. 아바타는 사용자가 가상 개체와 환경, 다른 사용자와 상호작용하기 위해 제어하고 사용하는 디지털 캐릭터이다. 사용자처럼 보이게 설계하거나 완전히 다르게 설계할 수도 있다. 아바타는 자연스럽고 직관적인 방식으로 상호작용하며, 외모, 의상, 액세서리를 변경할 수 있는 옵션을 통해 사용자의 기호에 맞게 사용자를 정의한다.

사용자는 걷기, 달리기, 점프와 같은 아바타의 동작과 애니메이션을 지정할 수 있다. 아바타는 사용자가 자신을 표현하고 개성을 드러내는 수단이기도 하다. 사용자의 성격, 관심사, 기분을 반영하는 데 사용할 수 있다. 아바타는 엔터테인먼트에서 교육, 상업 등에 이르기까지 광범위한 응용분야를 가지고 있다. 보다 자연스럽고 직관적인 방식으로 가상세계와 상호작용할 수 있도록 하여 보다 몰입감있고 매력적인 경험을 제공한다. 아바타는 사용자의 디지털 프록시(대리)역할을 하여 실제 존재하는 것처럼 활동하며 느끼게 한다.

아바타는 사용자가 제어하고 머리, 손 또는 몸의 움직임과 같은 입력에 반응하여 사용자가 자연스럽고 직관적인 방식으로 가상환경을 이동하고 둘러보고 상호작용할 수 있도록 한다. 아바타가 감정을 표현하거나 말하도록 하여 다른 사용자와 통신하는 데 사용할 수 있다. 가상환경과 상호작용하는 보다 자연스럽고 직관적인 방법을 제공하여 메타버스에 있는 경험을 더욱 몰입감 있고 매력적으로 만든다. 사용자가 현실 세계에서는 불가능할 수 있는 방식으로 자신을 표현하고 개성을 보여줄 수 있으며, 인공지능기술과 융합하여 지능형 아바타로 진화할 수 있다.

⑤ 사용자생성 콘텐츠

사용자는 메타버스 내에서 가상 개체와 환경과 같은 자신의 콘텐츠를 만들고 공유할 수 있다. 사용자생성 콘텐츠(UGC, User-generated content)는 사용자가 만들고 3D 모델, 텍스트, 이미지, 비디오, 오디오와 같은 다양한 요소를 포함할 수 있다. 사용자는 자신만의 가상 개체, 환경, 경험을 생성하고, 자신을 창의적으로 표현할 수 있다.

사용자생성 콘텐츠는 메타버스 내에서 다른 사용자와 공유할 수 있으며 다른 사용자가 새로운 경험과 기회를 만드는 데 사용할 수도 있다. 사용자는 의류, 액세서리와 같은 자신만의 가상 개체를 만들고 공유할 수 있으며, 그런 다음 다른 사용자가 자신의 아바타를 지정하는 데 사용할 수 있다. 사용자는 다른 사용자가 탐색하고 방문할 수 있는 가상주택 또는 가상도시와 같은 가상환경을 만들고 공유할 수 있다.

사용자생성 콘텐츠는 가상상점, 가상부동산, 가상시장과 같이 상업적 목적으로 사용될 수 있다. 사용자는 창작물을 수익화하고 콘텐츠에서 수입을 창출할 수 있다. 전반적으로 사용자 생성 콘텐츠는 사용자가 자신을 창의적으로 표현하고 가상세계 내에서 고유한 경험과 기회를 만들고 공유할 수 있게 해준다. 자신만의 콘텐츠를 만들고 공유함으로써 사용자는 자신의 개성과 창의성을 보여줄 수 있다. 창의력을 발휘하여 다른 사용자를 위한 새로운 경험과 기회를 구축할 수 있다. 자신의 고유한 관점과 관심사를 표현함으로써 보다 다양하고 활기찬 가상세계로 이어진다.

사용자생성 콘텐츠는 사용자가 자신을 둘러싼 가상세계를 만들고 형성할 수 있기 때문에 보다 능동적인 방식으로 메타버스에 참여할 수 있다. 사용자가 다른 사람이 만든 콘텐츠를 소비하는 것이 아니라 메타버스에 적극적으로 기여할 수 있기 때문에 사용자에게 더 매력적이고 몰입감있는 경험으로 이어질 수 있다.

⑥ 가상개체와 환경

가상 개체와 환경은 가상세계에서 상호작용할 수 있는 컴퓨터 생성 요소를 나타낸다. 이러한 요소에는 건물과 풍경에서 차량과 캐릭터에 이르기까지 모든 것이 포함될 수 있다. 가상 개체 와 환경은 3D 모델링, 애니메이션 소프트웨어를 사용하여 생성되며 보다 몰입감있는 경험을 제공하기 위해 사실적이고 상세하게 설계된다. 정적이거나 동적으로 표현되어, 이동, 상호작용, 이벤트에 반응하거나 시간이 지남에 따라 변경될 수 있다. 가상 개체와 환경은 엔터테인먼트, 교육, 훈련과 같은 광범위한 목적으로 사용될 수 있다. 이를 통해 새로운 장소를 탐색하고 다양한 유형의 캐릭터와 상호작용하며 자신만의 가상 경험을 만들고 참여할 수 있다.

가상 개체와 환경은 몰입형 인터랙티브(쌍방향) 엔터테인먼트 경험을 만들 수 있다. 가상 테마파크를 체험하거나 가상현실 게임, 가상 콘서트에 참석할 수 있다. 가상 견학, 가상 실험, 시뮬레이션, 가상 박물관 체험이 가능하며, 매력적이고 상호작용하는 학습경험을 제공한다.

조종사 훈련 시뮬레이션, 가상 수술 훈련, 가상 직업 훈련과 같은 훈련목적, 가상 상점, 가상 부동산, 가상 시장과 같은 상업적 목적으로 사용될 수 있다. 심리학, 사회학, 신경과학 분야의 가상현실 실험과 같은 연구 목적, 예술, 디자인의 매체로 사용될 수 있고, 기술과 메타버스 자체가 진화함에 따라 새롭고 혁신적인 용도로 지속적으로 확장될 것이다.

새로운 장소를 탐색하고 다양한 유형의 캐릭터와 상호작용하며 가상 경험을 만들고 참여할 수 있다. 몰입도가 높은 대화형 환경을 제공함으로써 실제 세계처럼 느껴지는 방식으로 가상 세계에 참여하며, 가상 도시에서 가상 자연경관, 가상 역사 유적지에서 가상 판타지 세계에 이르기까지 새로운 장소를 탐색하고 새로운 환경을 발견할 수 있다. 다양한 유형의 캐릭터, 사용자 상호작용에 반응하도록 설계된 프로그래밍된 NPC(Non-Player Character)[75]와 상호작용할 수 있다.

가상 주택을 짓거나 자신의 가상 비즈니스모델을 만들어 실행하며, 가상 파티, 가상 회의를 통해 네트워크에 참여하며, 게임, 영화 감상, 쇼핑과 같은 활동에 참여할 수 있다. 사용자는 자신만의 가상 개체와 환경을 만들고 아바타를 지정하여 창의적으로 자신을 표현할 수 있다.

다음으로 기술적 측면을 살펴보면 다음과 같다.

① 몰입형 환경

몰입형(Immersive) 환경이란 사용자가 실제로 존재하는 것처럼 느끼는 가상환경에 완전히 몰입되는 경험을 말한다. 메타버스의 맥락에서 몰입형 환경은 사용자가 실제처럼 느껴지는 방식으로 컴퓨터 생성 개체, 환경과 상호작용할 수 있어야 한다. 몰입형 환경은 사용자가 헤드 마운트 디스플레이, 핸드 컨트롤러, 몰입형 디바이스를 사용하여 가상 환경을 보고 듣고 상호작용할 수 있게 해주는 가상현실, 증강현실 기술을 사용하여 구현된다. 몰입형 특성은 사용자 경험을 향상하고 보다 사실적으로 느껴지도록 하여 사용자가 보다 자연스럽고 직관적인 방식으로

---

[75] NPC(Non-Player Character), 게임이나 가상세계에서 이미 프로그래밍된 캐릭터로서 이벤트의 진행을 돕는 역할을 한다.

가상세계와 상호작용하고 참여할 수 있도록 한다.

몰입형 환경은 사용자가 보다 자연스럽고 직관적인 방식으로 가상 세계와 상호작용할 수 있도록 하므로 사용자에게 보다 매력적이고 사실적인 향상된 사용자 경험을 제공한다. 가상 세계에 대한 사용자의 존재감과 몰입감을 높여 실제 장소와 같은 느낌을 제공한다. 가상세계에서 서로 소통하고 상호작용할 수 있으므로 사용자 간의 사회적 상호작용을 촉진한다. 몰입형 환경은 신체 활동이나 경험에 참여할 수 없는 사람들을 위해 가상 경험에 대한 접근성을 높일 수 있다.

단점으로는 몰입형 환경에는 고성능 컴퓨팅 및 특수 하드웨어와 같이 비용이 많이 들고 구현하기 어려울 수 있는 상당한 양의 기술 리소스가 요구된다. 사용자 경험에 부정적인 영향을 미칠 수 있는 지연 또는 낮은 프레임 속도와 같은 기술적 어려움이 발생하기 쉽고, 사용자가 가상 세계에서 너무 많은 시간을 보내고 실제 관계를 소홀히 하면 사회적 고립으로 이어질 수도 있다. 사용자가 가상 세계에서 과도한 시간을 보내고 현실 세계에서의 책임을 소홀히 하는 도피의 한 형태로 사용될 수도 있다. 장기간 사용에 따른 눈의 피로, 두통, 멀미와 같은 건강 문제가 발생할 수도 있다. 몰입형 환경의 장단점은 특정 구현방식에 따라 달라질 수 있다는 점에 항상 주목해야 한다.

몰입형 환경으로 구현하기 위한 조건을 하드웨어와 소프트웨어로 구분하여 살펴보면, 하드웨어의 경우, 가상환경의 시각적 표현을 제공하려면 헤드 마운트 디스플레이(HMD)가 필요하다. 사용자가 가상환경과 상호작용하려면 핸드 컨트롤러, 장갑 또는 센서와 같은 입력 장치가 필요하며, 대량의 데이터를 처리하고 실시간 상호작용을 위해서는 고성능 컴퓨팅 리소스가 요구된다. 고품질의 사실적인 가상 환경을 만들기 위한 고급 그래픽 기능이 필요하다.

가상현실, 증강현실을 구현하는 소프트웨어가 필요하며, 3D 모델링, 애니메이션 소프트웨어는 가상개체, 환경을 만들고 애니메이션화하는 데 적용된다. 물리 시뮬레이션 소프트웨어는 가상 객체와 환경 간의 사실적인 상호작용을 생성하는 데 필요하다. 사운드, 오디오 소프트웨어는 실감나는 사운드 효과와 공간 오디오를 생성하여 몰입형 경험을 향상시키며, 네트워킹 소프트웨어, 인터랙션 소프트웨어는 사용자와 사용자 혹은 사용자와 생성된 개체와의 상호작용을 원활하게 한다.

② 분산형 구조

분산형 구조는 단일 회사나 조직에 의해 제어되지 않는 분산된 메타버스의 아키텍처를 나타낸다. 여러 당사자가 메타버스의 개발 및 운영에 참여할 수 있는 보다 개방적이고 분산된 환경이 가능하다. 이 구조는 사용자에게 자신의 데이터에 대한 더 많은 제어권을 부여하고 메타버스 내에서 권한과 리소스를 보다 공평하게 분배하기 위한 것이다. 또한 중앙 집중식 장애 지점을 피하고 보다 탄력적이고 변화에 적응할 수 있도록 만드는 것을 목표로 한다.

탈중앙화 또는 분산형 시스템에는 대조적인 장점과 단점이 있다. 분산형 시스템은 단일 장애지점이 없기 때문에 장애와 중단에 강한 탄력성이 있다. 중앙집중식 시스템 보다 더 쉽게 많은 수의 사용자와 트랜잭션을 처리할 수 있는 확장성과 해커가 목표로 삼을 수 있는 단일 공격 지점이 없기 때문에 더 안전할 수 있다. 모든 노드가 동일한 정보에 액세스할 수 있어, 더 공정하고 투명한 시스템을 담보할 수 있고, 시스템을 제어하는 중앙권한이 없기 때문에 변화에 더 잘 적응할 수 있는 유연성이 있다.

탈중앙화 시스템은 중앙화 시스템보다 설계, 개발, 유지 관리가 더 복잡할 수 있으며, 분산 시스템의 모든 노드에서 일관성을 유지하는 것이 어려울 수 있고, 여러 노드 간에 데이터를 전송해야 하므로 대기 시간이 더 길 수 있다. 데이터를 동기화하고 모든 노드가 동일한 정보를 갖도록 보장하는 기술적 어려움이 있을 수 있으며, 결정을 내리는 중앙 권한이 없기 때문에 더 복잡하거나 검증되지 않은 불완전한 거버넌스 구조를 가질 수 있다는 단점이 있다. 메타버스는 아직 초기 단계에 있으며 분산형 시스템의 많은 문제점과 한계가 탐구되고 있으며, 솔루션이 여전히 개발되고 있는 현재진행형이다.

분산 시스템을 구현하려면 하드웨어와 소프트웨어 구성 요소의 조합이 필요하다. 하드웨어의 경우, 초고속 인터넷 연결, 지연 시간이 짧은 네트워크를 포함하여 메타버스를 지원하기 위한 강력한 네트워크 인프라가 필요하며, 사용자와 메타버스 사이의 실시간 상호작용을 가능하게 하는 에지 컴퓨팅[76]이 구현되어야 한다. 데이터와 계산이 가능한 한 사용자 가까이에서 처리되어야 하기 때문이다. 하드웨어 기반의 보안 조치를 통해 사용자의 개인 정보, 거래를 보호해야 하며, 메타버스의 몰입형 특성을 지원하려면 대량의 데이터를 처리하고 실시간 상호작용을 가능하게 하는 고성능 컴퓨팅 리소스가 필요하다.

소프트웨어의 경우, 단일 회사 또는 조직에 의해 제어되지 않도록 분산형 소프트웨어 설계구조가 필요하며, 블록체인 기술을 사용하여 데이터가 여러 노드에 분산되고 모든 노드가 동일한

---

[76] 에지 컴퓨팅(Edge Computing), 응답 시간을 개선하고 대역폭을 절약하기 위해 필요한 곳에 연산과 데이터 스토리지를 도입하는 분산 컴퓨팅 패러다임.

정보에 액세스할 수 있도록 할 수 있다. P2P 프로토콜[77]을 사용하여 서로 다른 노드 간의 쌍방 통신, 데이터 공유를 활성화할 수 있으며, 스마트 계약을 사용하여 메타버스 내에서 유통, 상거래를 지원한다. 메타버스의 몰입형 환경을 만들기 위해서는 가상현실과 증강현실 기술은 필수적이며, 분산형 인증(ID)솔루션을 사용하여, 사용자가 자기 입증을 컨트롤할 수 있어야 한다.

③ 상호 운용성, 확장성

메타버스의 맥락에서 상호 운용성은 서로 다른 가상 세계, 플랫폼 및 응용 프로그램이 원활하게 함께 작동하는 기능을 의미한다. 여기에는 데이터를 공유하고 서로 통신하는 기능은 물론 다양한 가상세계와 플랫폼에서 일관된 사용자 경험을 제공하는 기능이 포함된다. 상호 운용성을 달성하는 것은 서로 다른 가상 세계와 플랫폼 간의 통신, 데이터 공유를 가능하게 하는 개방형 표준과 프로토콜의 개발이 필요하기 때문에 매우 어려운 과제이다. 또한 이해관계가 상충될 수 있는 다양한 회사, 조직의 조정도 필요할 수 있다.

클라우드 컴퓨팅의 확장성과 유연성을 활용하여 많은 수의 사용자와 상호작용을 처리할 수 있다. 여러 서버에 작업 부하를 분산하여 많은 수의 사용자와 상호작용을 처리할 수 있는 분산 시스템을 구축한다. 시스템을 더 작고 관리하기 쉬운 구성 요소로 분할하여 많은 수의 사용자와 상호작용을 처리할 수 있는 컨테이너화, 마이크로 서비스 기반으로 구축한다.

④ 사용자 친화적인 인터페이스

메타버스에는 사용자가 가상환경을 쉽게 탐색하고 상호작용할 수 있는 사용자 친화적인 인터페이스를 구현한다. 사용자 친화적인 인터페이스는 다양한 수준의 기술 전문 지식을 가진 사람들, 장애가 있는 사람들을 포함하여 광범위한 사용자가 메타버스에 액세스할 수 있도록 지원한다.

이러한 인터페이스는 직관적이고 사용하기 쉬워야 하며, 사용자가 가리키고 클릭하거나 음성 명령을 사용하는 것과 같은 간단하고 자연스러운 제스처를 사용하여 가상환경을 탐색하고 상호작용할 수 있어야 한다. 사용자가 가상환경을 이해하고 상호작용할 수 있도록 시각적 신호와 프롬프트를 제공해야 한다. 인터페이스는 일관된 사용자 경험을 제공하기 위해 다양한 플랫

---

[77] P2P 프로토콜, Peer to Peer 통신 연결방법, 별도의 서버가 없이 개인 컴퓨터가 서버의 역할도 동시에 수행하는 개념.

폼과 장치에서 일관된 방식으로 설계되어야 한다.

　디자인은 일관된 사용자 경험을 제공하기 위해 다양한 플랫폼과 장치에서 일관되어야 한다. 디자인은 단순하고 사용하기 쉬워야 하며 복잡성과 혼란은 최소화되어야 한다. 사용자가 가상 환경을 이해하고 상호작용에 도움이 되는 시각적 단서, 프롬프트와 함께 디자인은 명확하고 이해하기 쉬워야 하며, 사용자 요구와 선호도를 수용할 수 있도록 유연하고 적응 가능해야 한다.

　음성 명령, 텍스트 음성 변환과 같은 기능을 통해 장애인도 접근할 수 있어야 하며, 개인화가 가능해야 사용자가 선호하는 경험을 사용자 스스로 정의할 수 있다. 디자인은 사용자의 행동을 확인하고 상호작용의 결과를 보여주기 위해 사용자에게 명확하고 즉각적인 피드백을 제공하고, 사용자 경험을 향상시키기 위해 로드시간과 지연을 최소화하고 속도를 최적화한다. 디자인은 안전해야 하며 사용자 데이터와 개인 정보를 보호해야 하며, 시각적으로도 심미적으로도 만족스러워야 한다.

　자극, 동기 부여, 보상과 같은 심리적 요소를 활용한 디자인 가이드라인을 적용, 사용자 경험을 향상시킬 수 있다. 포인트, 배지, 순위표, 진행 상황추적과 같은 요소를 통합하여 보다 매력적이고 몰입감 있는 가상 환경을 만드는 데 적용될 수 있다. 사용자가 가상환경을 더 많이 탐색하고 상호작용하고 특정 목표를 달성하도록 동기를 부여한다. 서로 경쟁하거나 공동의 목표를 달성하기 위해 협력할 수 있도록 함으로써 경쟁과 사회적 상호작용을 만든다. 성과에 대한 보상과 인정을 받을 수 있도록 함으로써 가상환경을 탐색하고, 상호작용하고, 특정목표를 달성하며, 공동체 의식과 사회적 연결의식을 형성한다.

⑤ 네트워크 인프라와 에지컴퓨팅

　메타버스는 고도로 연결되고 상호작용이 많은 환경이며 실시간으로 전송되고 처리되는 대량의 데이터를 지원하기 위해 빠르고 안정적인 네트워크 인프라가 필요하다. 고속 인터넷 연결, 강력한 서버, 데이터 센터, 에지 컴퓨팅, 5G레벨의 네트워킹 기술이 포함된다. 데이터의 신속한 전송과 처리, 실시간 상호작용, 몰입형 경험, 가상현실, 증강현실 구현을 위한 네트워크 인프라가 필요하며, 전송되고 저장되는 데이터에 대한 해킹, 무단 액세스를 방지한다.

　에지컴퓨팅은 중앙 집중식 데이터센터나 클라우드 컴퓨팅에만 의존하지 않고 계산능력과 데이터 스토리지를 장치와 사용자에게 더 가까이 제공하는 분산 컴퓨팅 패러다임이다. 데이터는 처리를 위해 중앙 위치로 전송되는 대신 라우터, 게이트웨이, IoT(사물 인터넷)장치와 같은 네트워크 가장자리에서 처리 저장된다.

네트워크의 가장자리에서 데이터를 처리하고 저장함으로써 실시간 상호작용, 높은 대역폭의 원활한 통신에 효과적이다. 에지 컴퓨팅은 오프라인 기능을 지원하므로 인터넷 연결을 사용할 수 없는 경우에 장치가 계속 작동하고 가상세계와 상호작용할 수 있다. 전반적으로 더 빠르고 효율적이며 안전한 데이터 처리, 저장을 허용하고 가상세계에서 원활한 통신과 상호작용을 가능하게 하기 때문에 에지 컴퓨팅은 메타버스 구현의 필수 기술이다.

⑥ 보안, 비상시 대처

무단 액세스, 잠재적인 사이버 위협으로부터 사용자의 개인 정보, 거래 정보를 보호하기 위해 여러 유형의 강력한 보안조치를 구현해야 한다. 암호화 기술, 인증, 액세스 제어를 사용하여 인증된 사용자만 가상 환경과 그 안에 저장된 정보에 액세스할 수 있도록 할 수 있다.

네트워크 인프라와 데이터를 보호하기 위해 방화벽, 침입탐지시스템 등, 네트워크 보안조치를 취한다. 본인인증(ID), 액세스 관리 시스템을 사용하여 사용자 ID와 가상환경에 대한 액세스를 관리하고, 이벤트 관리 시스템을 사용하여 보안사고, 위협을 실시간으로 감지하고 대응한다.

해킹, 부정 행위, 불안과 같은 신뢰 위기에 대응하기 위한 비상 계획이 수립되어야 한다. 전담 사고 대응 팀을 가동하여, 모든 사고에 신속하게 대응하고 적시에 처리한다. 정기적인 보안 감사를 수행하여 메타버스의 취약점과 잠재적 위협을 식별해야 한다. 데이터와 시스템을 주기적으로 백업하여 만일의 사태에도 데이터를 복구할 수 있도록 해야 한다. 모든 사건과 해결하기 위해 취한 조치에 대해 사용자에게 알릴 수 있도록 커뮤니케이션 계획을 수립해야 한다. 사용자의 안전과 보안을 보장하기 위해 사용자 안전 프로토콜을 마련해야 한다.

위선적 명령, 해킹을 신속하게 식별하고 처리할 수 있는 프로세스가 마련되어 있어야 한다. 불안정한 경우를 신속하게 식별하고 처리할 수 있는 프로세스가 마련되어 있어야 한다. 법적 문제를 처리하기 위한 프로세스를 마련하여 발생가능한 모든 법적 문제를 신속하게 식별하고 처리한다. 재정문제를 처리하기 위한 프로세스, 평판문제를 처리하기 위한 프로세스 등을 마련하여 신속하게 식별하고 처리할 수 있어야 한다.

3 메타버스의 실제 운영사례들

메타버스의 개념과 특징이 한마디로 정의하기 어렵고 매우 추상적인 주제도 포함하고 있어 메타버스를 개념적으로나 실재적으로 이해하기란 쉽지 않다. 다양한 유형들의 메타버스 서비스가 운영되고 있는데, 서비스 내용과 구현기술의 특징에 따라 종합 엔터테인먼트형, 게임 확장형, 블록체인 응용형으로 분류해 볼 수 있다. 각 유형별 대표적 사례로 평가되고 있는 서비스 사례를 살펴보자.

서비스 유형별 분류와 사례

유형	주요 특징	주요사례
엔터테인먼트형 (가상 라이프)	- 아바타 등 가상환경 구축과 체험이 가능. - 쇼핑, 교류, 게임, 이벤트 등 다양한 활동 사례 - 자체 사이버 머니나 가상화폐를 활용한 비즈니스	- 세컨 라이프 - VR챗 - 제페토
게임 확장형	- 아바타 등 가상환경 구축과 체험이 가능. - 자체 게임제작도구 활용, 게임개발과 서비스 가능 - 팬데믹 상황에서 가상교육, 사이버 공연으로 확장	- 마인 크래프트 - 로블록스* - 포트나이트**
블록체인 응용형	- 블록체인기술 활용 분산형 플랫폼 구현 - 디지털 아트, 가상부동산 등 가상자산(NFT)거래 - 가상자산에 대한 제어권과 소유권을 영구보장	- 디 센트럴랜드

* https://www.roblox.com/ ** https://www.fortnite.com/

'세컨드 라이프(Second Life)'는 2003년에 출시된 메타버스 서비스이다. 사용자가 가상환경을 만들고 탐색할 수 있는 가상세계 플랫폼이다. 시스템의 특징은 사용자가 자신의 아바타를 만들고 커스터마이즈하고, 자신만의 가상 상품, 환경, 경험을 만들고 공유할 수 있는 높은 수준의 사용자 생성 콘텐츠를 제공한다는 점이다. 사용자는 쇼핑, 사교, 게임과 같은 활동에 참여할 수 있다.

세컨드 라이프는 메타버스로 주목을 받은 최초의 서비스라고 할 수 있으며, 메타버스 서비스의 원형으로 거론되기도 한다. 교육, 비즈니스, 엔터테인먼트와 같은 다양한 목적으로 서비스가 사용되고 있으며, 현재에도 100만 명이 넘는 사용자들이 활동하고 있다. 세컨드 라이프의 경제는 '린든 달러'라는 가상 통화를 기반으로 하며, 실제 돈으로 교환할 수 있고, 현재까지 상호거래를 통해서 40억 달러 이상의 가치를 창출한 것으로 평가되고 있다.

2019년에 출시된 '디센트럴랜드(Decentraland)'는 사용자가 콘텐츠와 어플리케이션을 만들

'세컨라이프'의 한 장면

'디센트럴랜드'의 제네시스 광장

고, 수익을 창출할 수 있는 분산형 메타버스 플랫폼이다. 블록체인 기술을 사용하여 가상 토지를 소유, 수익화하고 디지털 자산과 경험을 생성하며, 수익화를 할 수 있는 시스템이 특징이다. 사용자가 가상경험과 자산에 대해 제어권과 소유권을 갖는 분산형 커뮤니티 중심의 가상세계를 허용함으로써 메타버스 개념에 진일보하였다고 평가할 수 있다.

디센트럴랜드의 가상세계는 사용자가 소유하고 개발할 수 있는 랜드(LAND)라는 토지구획으로 나뉜다. 디지털 아트, 가상 부동산, 다양한 고유 자산과 같은 가상자산을 NFT로 생성하여 마나(MANA)라는 가상화폐로 거래한다. 디센트럴랜드 외부에서는 가상화폐 거래소나 NFT거래소를 활용하여 이더리움과 거래하는 가상경제를 형성한다. 국내에서는 마나와 같은 토큰발행은 법률적으로 허용되지 않고 있다.

'가상 챗(VR Chat)'은 사용자가 가상 환경에서 다른 사용자와 상호작용할 수 있는 가상현실

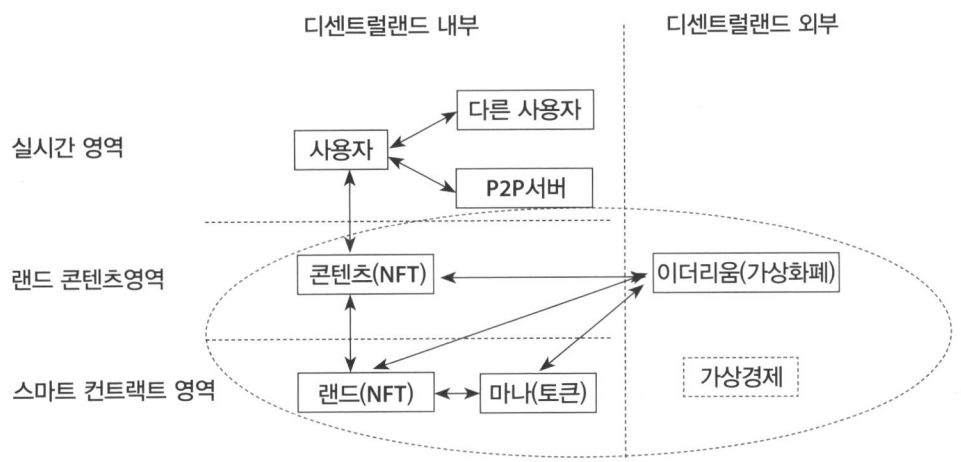

디센트럴랜드 아키텍처와 가상경제[79]

'VR Chat' 캠프파이어 장면

---

78 디센트럴랜드 화이트페이퍼(https://decentraland.org/whitepaper.pdf) 재구성

'마인크래프트 에듀케이션'의 한 장면

소셜 플랫폼이다. 사용자가 자신의 아바타를 만들고 다양한 환경에서 다른 사용자와 상호작용할 수 있는 대규모 멀티플레이어 온라인 가상현실이다. 사용자가 자신의 가상 세계, 아바타, 경험을 만들고 공유할 수 있는 사용자생성 콘텐츠를 허용한다. 게임, 사교, 창의적인 콘텐츠 생성을 포함한 광범위한 가상환경을 갖추고 있다. 맞춤형 아바타, 가상 세계, 게임을 만드는 대규모 커뮤니티도 있다. 결제없이 액세스할 수 있는 무료 서비스이다.

마인크래프트(Minecraft)'는 2011년 모장 스튜디오(Mojang Studios)에서 공식적으로 출시되었다. 마인크래프트는 1억 7,600만 장 이상 판매된 역사상 가장 많이 팔린 비디오 게임의 하나이다. 사용자가 가상 세계를 구축하고 탐색할 수 있는 샌드박스형 게임이다.

플레이어가 블록으로 구성된 가상 세계를 만들고 탐색할 수 있으며, 플레이어는 자원을 채굴하고 구조물을 건설하고 자신만의 세계를 만들 수 있으며 멀티플레이어 모드에서 다른 플레이어와 상호작용할 수도 있다. 플레이어가 자신의 모드, 스킨, 플레이어 지정 게임모드를 만들 수 있어, 사용자생성 콘텐츠에 중점을 둔다. 개방형 게임플레이와 창의력과 상상력을 고취시키는 점에 착안하여, 교육 분야에서도 널리 사용되며 교사와 학생이 이 게임을 사용하여 수학, 과학 및 역사와 같은 다양한 과목을 가르치고 배운다. 팬데믹 상황에서 가상 졸업식, 오리엔테이션 등 원격 교육에도 활용되었다.

제페토(ZEPETO)는 네이버의 자회사인 스노우 코퍼레이션에서 2018년에 출시된 메타버스서비스이다. 사용자가 가상세계에서 자신을 나타내는 아바타를 만들고 커스터마이즈를 할 수 있는 소셜 미디어이며 게임 플랫폼이다. 가상환경에서 다른 사용자와 상호작용할 수 있는 대규모의 활성사용자 기반을 보유하고 있다.

이 앱에는 미니 게임, 소셜 기능, 대화형 요소가 포함되어 있어 사용자가 가상 환경에서 서로 교류할 수 있다. 사용자는 아바타의 사진과 비디오를 찍어 소셜 미디어 플랫폼에서 공유할 수 있으며, 패션과 스타일이 화제가 되고 있다. K-POP 아이돌 가수의 팬 미팅을 개최하기도 하

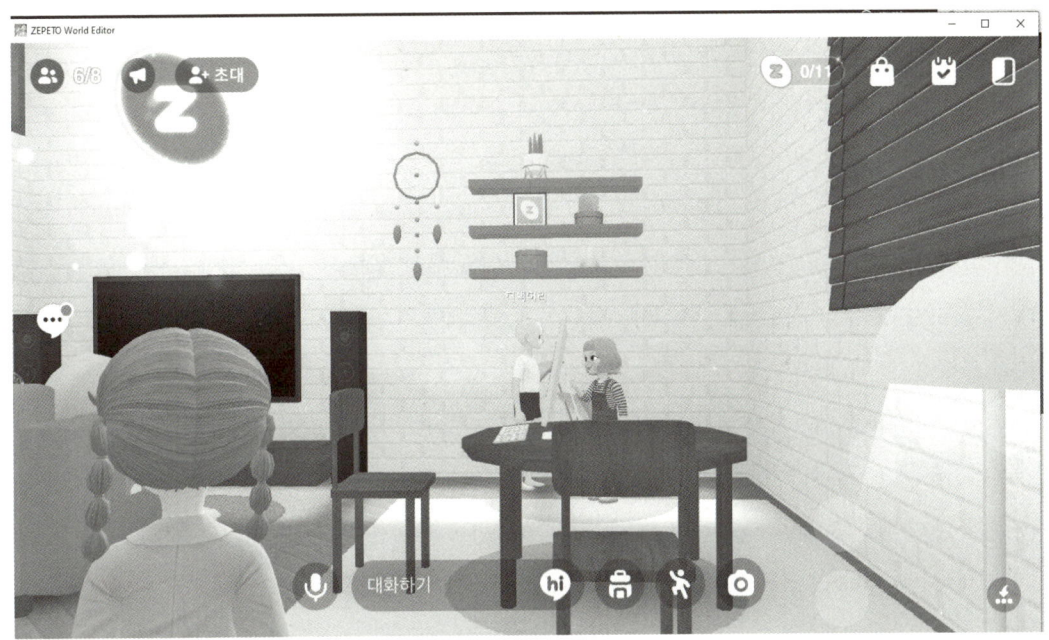

'제페토' 헬로우 월드의 한 장면

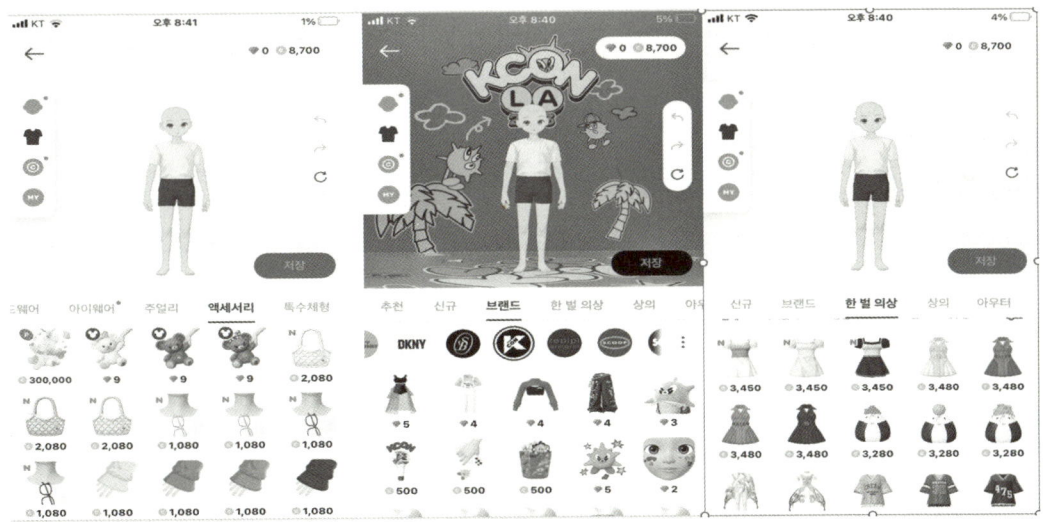

제페토 코인을 이용, 아바타 꾸미기

제7장 메타버스란 무엇인가?　159

고, 세계 유명 패션 브랜드들이 입점하여 자사 제품의 디지털 상품들을 홍보하고 판매하고 있다.

최근에도, 다양한 메타버스형 서비스가 출시되어 서비스가 되고 있지만, 대체적으로 사용자가 자신을 표현할 수 있는 아바타를 생성, 다른 사용자들과 자유로운 커뮤니케이션을 할 수 있고, 가상공간 안에서 새로운 개체를 형성하기도 하고, 자신만의 혹은 사용자들과 함께 또다른 가상공간을 창출할 수도 있는 점을 공통점으로 하고 있다. 현실세계와 가상세계 활동의 연계 유무 혹은 확장성, 메타버스 안에서의 경제활동의 방식이나 메타버스 운영에 사용자가 직접 참여할 수 있는지 여부에 따라 차이점을 보이고 있다.

메타버스 이전에 사람들의 라이프스타일은 주로 물리적 세계를 기반으로 했다. 물리적 세계를 기반으로 직장에 출퇴근하고, 가까운 동료나 친구들과 서로 교류하고 쇼핑, 엔터테인먼트, 사교 활동들이 이루어졌다. 커뮤니케이션과 정보 공유도 주로 전화 통화, 이메일, 대면 상호작용이나 카카오 톡이나 인스타그램 같은 SNS서비스를 통해 이루어졌다. 메타버스 이후 사람들의 라이프스타일은 디지털 세계와 더욱 밀접하게 얽혀 있을 것이다. 가상환경에서 서로 상호작용하고 쇼핑, 엔터테인먼트, 사교 활동과 같은 활동에 참여할 수 있다. 가상 회의, 가상 이벤트, 가상 소셜 미디어와 같은 가상 수단을 통해서도 소통과 정보 공유가 이루어질 것이다.

메타버스는 사람들이 서로 교류하고, 활동을 하는 방식에 변화를 가져올 것이다. 사람들은 전 세계 어디에서나 다른 사람들과 연결하고 다른 방법으로는 접근할 수 없는 가상 이벤트, 활동, 경험에 참여할 수 있다. 또한 사람들이 가상 환경에서 일하고 배우고 교류할 수 있도록 하여 생산성과 효율성을 높일 수 있다. 이것은 사람들이 거리, 장소, 시간에 대해 생각하는 방식을 바꿀 것이다. 메타버스는 사람들의 라이프스타일에 새로운 수준의 유연성과 편의성을 제공하여, 시간을 활용하고 다른 사람들과 연결하고 활동에 참여하는 방법을 더 잘 제어할 수 있도록 한다. 사람들이 이전에는 불가능했던 방식으로 탐색하고, 배우고, 창조할 수 있는 라이프 스타일을 가능하게 한다.

교육부문에서는 이미 가상의 교육환경에 이루어진 모든 활동들이 실제 교육과 다를 바 없이 운영되고 있다. 가상 교실과 온라인 학습을 통해서 학생들이 세계 어디에서나 수업에 참석하고 교육을 받고 있다. 가상 견학, 실험실 시뮬레이션을 가능하게 하여 학생들이 안전하고 통제된 환경에서 새로운 장소를 탐색하고 실험을 수행할 수 있다. 가상 멘토링, 튜터링을 가능하게 하여 학생들이 다양한 분야의 전문가로부터 개인화된 지도와 자문을 받을 수 있다.

미디어나 엔터테인먼트분야에서도 메타버스를 통해 영화상영과 라이브공연을 가능하게 하여 청중이 전 세계 어디에서나 라이브 이벤트를 경험할 수 있고, 뉴스방송과 뉴스룸을 가능하게 하여 언론인이 전 세계 어디에서나 뉴스를 수집하고 방영할 수 있다. 광고, 마케팅도 가능하며 기업이 더 많은 잠재고객에게 도달하고 새로운 방식으로 관계를 맺을 수 있도록 한다.

메타버스 안에서 구현된 실제세계와 똑같은 정밀한 세계와 데이터를 기반으로 군사훈련, 시뮬레이션을 가능하게 하여 군인들이 안전하고 통제된 환경에서 실제 작전을 수행할 수 있으며, 안전한 자율주행서비스가 가능하고, 농업용 로봇을 통제하여 파종에서부터 수확에 이르기까지 전공정을 자동으로 수행하는 상황도 가능해질 것이다.

메타버스는 궁극적으로 현실세계, 우리가 살고 있는 사회와 연결 융합되면서 사회와 정치, 경제, 문화, 교육, 국방, 언론, 스포츠, 관광, 의료, 복지 등 모든 분야에 광범위한 영향을 미칠 것이다. 우리 삶은 물리적인 현실세계에만 그치지 않고, 무한한 확장성을 띄는 가상세계, 메타버스와 중첩되게 될 것이다.

제8장 크리에이터라면 누구나 참여할 수 있는 메타버스 만들기

요약

프로토타입의 구성과 주요기능

구분	주요내용
테스트베드	- 인공지능기반 경제와 크리에이터 비즈니스를 가상공간에 구현 - 창의성, 역동성을 발휘하여 미래사회 구현 가능성 탐색 - 실험비용과 시행착오의 위험부담을 최소화

구분		주요내용
제도적 실험	①	참여자에게 지급 가능한 기본소득을 실시간으로 표시(알고리즘 기본소득)
	②	메타버스 운영의 주요사안들을 결정하는 의사결정시스템(참여자 중심)
	③	활동과 관련한 주요 정보 생성, 공유, 피드백(전시 콘텐츠 선호도 등)
프로토타입 (주요기능)	④	소통(실시간, 비실시간, 공개, 비공개, 다국어, 멀티모달 소통방식 지원)
	⑤	이동 등 활동기능
	⑥	콘텐츠 가치평가, 거래, 가상화폐, 자산축적 등 경제활동
	⑦	개인 포트폴리오(드라이브, 홈페이지, SNS 등) 연결
	⑧	커뮤니티(크리에이터 멘토링, 협업과 공동제작 등)
	⑨	전시, 교육, 일자리 이벤트, 투자, 발표회 등
	⑩	메타버스 공간이동

메타버스는 실제 세계의 물리적 환경과 조건에 구속되지 않으므로 유연하고 창의적인 실험이 가능하다. 메타버스는 그 자체가 크리에이터 비즈니스 가상공간이다. 거기에다가 인공지능기반 경제의 작동원리를 적용한다면, 새로운 제도를 실험하는 가상실험실 역할을 할 수 있다. 인공지능기반 경제와 크리에이터 시대의 비전은 그 특성과 시스템의 작동원리가 이전사회와 판이하게 다른 성격이 있기 때문에 현실세계의 도전에는 적지 않은 어려움과 위험이 있을 수 있다. 테스트베드를 메타버스에 구축하는 것은 창의성, 역동성을 발휘하여 미래사회의 가능성을 탐색할 수 있고, 시행착오의 위험부담과 실험비용을 최소화 할 수 있다.

예비적 크리에이터, 크리에이터 지망생, 크리에이터와 관계자들이 참여하는 크리에이터를 위한 메타버스를 구축하여 운영하는 방안을 모색해보도록 한다. 주요한 제도적 실험요소로는 참여자에게 지급 가능한 기본소득을 실시간으로 표시(알고리즘 기본소득), 메타버스 운영의 주요 사안들을 결정하는 의사결정시스템(참여자 중심), 참여자의 활동과 관련한 빅데이터, 가상화폐 등이 있다.

크리에이터를 위한 메타버스의 주요기능으로는 소통, 이동, 활동가치 평가, 개인 포트폴리오 연계, 커뮤니티활동 지원, 교육, 투자설명회, 창업지원 등이 있다. 메타버스의 확장에 따라 기능과 범위가 확장될 수 있는 유연성, 다른 메타버스와의 호환성, 현실세계와의 상호작용 등이 구현될 수 있어야 한다.

1 실험적이고 도전적인 가상공간의 무한한 활동무대

메타버스는 인공지능기반 경제와 크리에이터가 활동하는 시스템을 가상공간에 조성하여 테스트하는 테스트베드의 기능과 역할을 수행할 수 있다. 메타버스는 실재 우주나 자연과 별개로 존재하는 가상의 우주, 가상세계이다. 가상세계를 현실세계의 테스트베드로 하여 새롭게 다가올 미래사회를 가상세계에 미리 구현해 보는 시도라고 할 수 있다.

메타버스는 실제 세계의 물리적 환경과 조건에 구속되지 않으므로 유연하고 창의적인 실험이 가능하다. 경제 및 사회 구조에 심각한 영향을 미치지 않고 비교적 용이하게 테스트되고 조정될 수 있음을 의미한다. 가상세계의 특성상 물리적 제한이 없기 때문에, 경제 및 사회 구조에 대한 더 많은 실험과 테스트가 가능하다. 메타버스는 그 자체가 방대한 콘텐츠생성 저작도구라 할 수 있다. 사용자가 메타버스에 진입하는 순간부터 콘텐츠는 생성된다. 메타버스 사용자가 되는 순간 콘텐츠를 생성하는 크리에이터라 할 수 있다.

가상세계의 유연성에 바탕을 두고, 메타버스에서는 물리적 세계에 존재하지 않는 다양한 활동기회를 창출할 수 있다. 콘텐츠 제작, 프로그래밍, 가상세계 구축, 인공지능(AI) 교육은 몇 가지 사례에 해당한다. 새로운 기술과 트렌드가 등장함에 따라 메타버스에서 새로운 직업 범주를 만들고 테스트하여 가장 수익성이 높은 영역에 대한 귀중한 통찰력을 얻을 수도 있다.

메타버스는 분산형 네트워크에 의해 관리되어 의사결정 프로세스에 더 많은 참여와 유연성을 제공할 수 있다. 크리에이터와 사용자의 요구에 더 잘 맞는 응답성과 적응력이 뛰어난 시스템을 만들 수 있다. 메타버스는 암호화폐와 같은 실험적인 도구를 교환수단으로 활용하여 거래에서 더 큰 유연성과 보안을 제공할 수 있다. 스마트계약과 블록체인 기술을 사용하여 금융 거래의 투명성과 보안을 보장할 수도 있다.

인공지능기반 경제는 지금까지의 경제시스템이 기계와 설비, 토지와 같은 실물기반 경제에 반해, 지적자산을 기반으로 하는 경제시스템이다. 정반대의 개념이 작동하는 경제라고 할 수 있다. 메타버스는 새로운 경제모델을 테스트하기 위한 가상실험실 역할을 할 수 있다. 인공지능기술은 유연하게 적용되어 가상세계, 게임, 음악과 같은 콘텐츠를 생성하는 데 사용될 수 있다. 인공지능 기술을 사용하여 메타버스 사용자와 크리에이터를 지원함으로써 제작과정을 간소화하고 더 효율적으로 만든다.

실제세계에서의 테스트나 시범적인 프로젝트에 비해 메타버스에서 경제시스템을 실험하는 비용은 상대적으로 낮다고 할 수 있다. 물리적 인프라, 리소스에 대한 투자가 적어 새로운 아이디어와 모델을 더 쉽게 테스트할 수 있고, 분산된 디지털자원과 환경을 활용할 수 있다.

메타버스에서 실험비용이 저렴한 것은 가상환경이라는 특성 때문이다. 실제세계에서 새로운 경제시스템을 테스트하려면 물리적 인프라 구축과 자원 할당이 필요하며, 그 조정도 결코 쉬운 작업이 아니다. 반면 메타버스는 이미 구축된 플랫폼을 활용할 수 있기 때문에 추가 인프라가 필요하지 않을 수 있다.

메타버스에서 경제시스템을 실험하는 비용이 저렴하다는 것은 새로운 아이디어와 모델을 테스트하고 개선하는 데 활용할 수 있는 중요한 장점이다. 투자비 부담 등으로 테스트에 필요한 리소스에 액세스할 수 없는 새로운 도전에 기회를 제공할 수 있다.

가상공간은 새 모델을 빠르게 반복하고 수정하고, 비용을 더욱 절감할 수 있는 장점이 있다. 물리적 인프라에 투자하고 테스트 결과를 기다리는 대신, 가상세계에서 실시간으로 모델을 수정하고 다듬을 수 있다. 이를 통해 보다 빠르고 반복적인 개발 프로세스가 가능하여 실험이 누적될수록 궁극적으로 전체 실험비용을 절감할 수 있다.

실험비용이 낮기 때문에 실패에 따른 위험부담도 줄일 수 있다. 현실세계에서 새로운 경제시스템과 같은 실험에 투자하는 것은 실패 여부에 따라 사회적 비용이 치명적일 수 있다. 메타버스는 새로운 모델과 아이디어를 테스트하기 위한 저비용 환경을 제공하여 실패위험을 줄이고 보다 혁신적으로 판도를 바꿀 수 있는 아이디어를 실험할 수 있도록 한다.

메타버스는 다양한 개인그룹으로부터 피드백과 통찰력을 수집하는 데 활용할 수 있는 커뮤니티 참여를 위한 플랫폼을 제공한다. 크리에이터와 다양한 이해관계자가 협력하여 커뮤니티의 필요와 희망사항을 더 잘 반영하는 새로운 경제, 사회 구조를 개발하고 개선할 수 있음을 의미한다.

현실세계에서 커뮤니티 참여는 대규모 그룹의 사람들을 모으는 물리적 환경문제로 인해 달성하기 쉽지 않다. 메타버스는 시간과 공간위치에 관계없이 사람들이 모일 수 있는 환경이므로 피드백과 통찰력을 제공할 수 있는 다양한 개인그룹이 쉽게 참여할 수 있다. 메타버스에서 경제와 사회구조의 개발이 공동작업이 될 수 있으며, 개발과정에서 커뮤니티 구성원의 참여와 발언권으로 이어진다.

커뮤니티의 피드백과 통찰력을 활용하여 크리에이터와 이해관계자는 수요자와 청중의 요구사항을 더 잘 이해하고, 요구사항에 더 잘 반응하는 구조를 개발할 수 있다. 보다 활기차고 매력적인 환경을 만들고, 더 많은 사용자가 참여하게 되고, 크리에이터를 위한 더 많은 기회를 창출할 수 있다.

메타버스는 많은 양의 데이터를 수집하고 분석할 수 있으며, 이는 새로운 경제와 사회 구조의 발전을 이루어 나가는데 사용될 수 있다. 데이터 분석과 적용이 성능을 최적화하고 효율적인 시스템을 만든다. 빅데이터와 인공지능, 자기학습 등을 특징으로 하는 인공지능기반 경제와 자연스럽게 연관된다.

메타버스는 새로운 경제와 사회 구조의 발전을 알리는 데 사용할 수 있는 방대한 양의 데이터를 잠금 해제할 수 있는 잠재력을 가지고 있다. 인공지능을 사용하면 빅데이터 분석을 통해 커뮤니티의 필요와 욕구는 물론 경제와 사회 구조의 효율성과 효과를 깊이 이해할 수 있다.

메타버스의 주요 이점 중 하나는 다양한 소스에서 데이터를 수집할 수 있다는 것이다. 여기에는 사용자의 가상 상호작용 데이터와 가상자산, 가상통화 사용데이터가 포함될 수 있다. 이 데이터는 메타버스에서 경제와 사회 구조가 어떻게 사용되고 있는지에 대한 자세한 그림을 만드는 데 사용할 수 있으며 커뮤니티의 필요와 욕구를 더 반영하는 새로운 모델의 개발방향을 제시할 수 있다.

기계학습 알고리즘, 인공지능(AI) 기술을 사용하여 인간의 분석에서는 즉시 드러나지 않을 수 있는 대규모 데이터 세트에서 패턴과 추세를 식별할 수 있다. 이를 통해 크리에이터, 참여관계자에게 메타버스에서 경제와 사회 구조가 작동하는 방식과 변경해야 할 사항에 대한 귀중한 통찰력을 제시할 수 있다.

특정 가상자산이 예상보다 많이 사용되지 않는 경우 사용패턴에 대한 인공지능 분석이 원인을 식별하는 데 역할을 하게 된다. 이는 더 적합한 새로운 경제적 또는 사회적 모델의 개발로 이어질 수 있다. 인공지능(AI)는 기존 구조의 성능을 최적화하여 효율성을 높이고 비용을 절감할 수 있다.

빅데이터에 대한 액세스를 제공하는 메타버스의 기능은 메타버스가 채택한 경제와 사회 구조의 발전을 혁신할 수 있는 잠재력을 가지고 있다. 인공지능을 사용하면 빅데이터를 분석하여 커뮤니티의 필요와 욕구에 대한 귀중한 통찰력을 제공하여 보다 효과적이고 효율적인 모델을 만들 수 있다. 메타버스가 계속 성장하고 진화함에 따라 빅데이터에 대한 액세스와 인공지능의 활용은 더욱 중요해질 것이다.

메타버스는 사용자에게 매우 몰입적이고 매력적인 환경을 제공하여 사용자의 경제, 사회 활동 참여를 촉진하는 데 사용할 수 있다. 이는 메타버스를 활용하여 새롭고 혁신적인 방식으로 사용자와 소통하여 참여도와 충성도를 높일 수 있음을 의미한다.

메타버스의 몰입형 상호작용 특성을 통해 크리에이터는 물리적 세계에서는 불가능한 새롭고 혁신적인 수익원을 창출할 수 있다. 가상 제품의 판매, 가상 서비스의 제공, 브랜드가 후원하는 가상 경험을 만들어 다양한 수익창출이 가능하다. 사용자 참여 기능은 크리에이터에게 새롭고 흥미로운 방식으로 사용자와 연결할 수 있는 기회를 제공한다. 증가된 참여와 충성도를 촉진할 수 있으며, 이는 메타버스에서 보다 효율적이고 성공적인 경제와 사회 구조의 생성으로 이어진다.

메타버스는 인공지능기반 경제와 크리에이터 중심 사회를 촉진하는 데 사용할 수 있는 새로운 경제와 사회 구조를 테스트하고 구현하기 위한 고유한 플랫폼을 제공한다. 메타버스가 제공하는 유연성, 저렴한 비용, 커뮤니티 참여, 빅데이터에 대한 액세스, 사용자 참여를 활용하여 커뮤니티의 요구와 욕구를 더 잘 반영하는 혁신적이고 효과적인 경제와 사회 시스템을 만들 수 있다.

메타버스가 인공지능기반 경제와 콘텐츠 크리에이터 사회의 테스트베드로 작동하기 위해 요구되는 기술 수준에 대해서 살펴보자. 메타버스에는 사용자 행동 예측, 트렌드 파악, 콘텐츠 추천 등 다양한 경제적, 사회적 활동을 지원할 수 있는 고도화된 인공지능(AI) 알고리즘이 필요하다.

메타버스는 크리에이터, 사용자, 관계자 등 성격과 층위가 다른 유기적이고 다양한 활동이 진행되는 시스템이며 이러한 시스템을 관리하려면 고도의 인공지능(AI) 기술이 필요하다. 고급 인공지능(AI)알고리즘은 사용자 행동예측, 트렌드 식별, 콘텐츠 추천 등 다양한 방식으로 역할을 할 수 있다.

고급 인공지능(AI) 알고리즘의 중요한 용도 중 하나는 사용자 행동을 예측하는 것이다. 메타버스 내에서 사용자의 행동을 분석함으로써 AI 알고리즘은 사용자가 미래에 무엇을 할 가능성이 있는지 예측할 수 있다. 이 정보는 메타버스의 경제와 사회적 활동을 최적화하는 데 사용될 수 있다. 크리에이터는 이 정보를 사용하여 사용자가 체험하거나 공유할 가능성이 더 높은 콘텐츠를 만들어 제공할 수 있다.

메타버스는 끊임없이 변화하는 환경이며, 변화의 트렌드를 파악할 수 있는 능력은 메타버스 내에서 경제와 사회 활동의 중요한 토대가 된다. 인공지능(AI) 알고리즘은 메타버스에서 대량의 데이터를 분석하여 나은 결정을 내리는 데 사용할 수 있는 추세와 패턴을 식별한다. 인공지능 알고리즘을 사용하여 사용자에게 맞춤형 콘텐츠를 추천한다. 메타버스는 방대한 양의 콘텐츠가 있는 환경이므로, 사용자가 관심 있는 콘텐츠를 찾기 어려울 수 있다. 사용자의 행동과 메타버스 내의 콘텐츠를 분석하여 사용자에게 개인화된 콘텐츠 추천을 할 수 있다. 사용자에게 관심 있는 콘텐츠를 제공하며, 사용자의 높은 참여도로 이어질 수 있다.

인공지능(AI)은 메타버스에서 크리에이터의 제작활동을 강화하기 위해 다양한 방식으로 활용될 수 있다. 인공지능(AI) 알고리즘은 크리에이터가 새로운 아이디어를 생성하고 청중 선호도를 분석하며, 기존 콘텐츠를 큐레이팅하는 것을 지원한다. 사용자 행동 패턴을 식별하여 새로운 콘텐츠 아이디어를 제안하거나 사용자의 다양한 피드백을 분석하여 기존 콘텐츠를 개선한다.

인공지능(AI)은 콘텐츠 배포, 수익창출 분야에서 크리에이터가 잠재 고객을 보다 효과적으로 타겟팅하고, 사용자 참여 메트릭스(지표)를 분석하여 수익창출 프로세스를 자동화한다. 인공지능(AI)기반 광고플랫폼은 사용자를 정확하게 타겟팅, 광고수익을 극대화할 수 있다.

인공지능(AI)을 활용하여 메타버스에서 크리에이터 사이의 협업을 강화한다. 일 관리, 작업 관리, 커뮤니케이션 운영과 같은 콘텐츠생성과 관련된 관리작업을 자동화하여 창의적인 협업 분야에 더 많은 시간을 확보할 수 있다. 메타버스 내에서 언어 장벽을 넘어 의사소통을 촉진, 다양한 지역과 문화의 크리에이터가 보다 쉽게 협업할 수 있도록 한다.

메타버스에서 인공지능(AI)의 잠재력은 방대하며, 크리에이터는 AI를 활용하여 생산성, 창의성, 수익성을 향상하여 궁극적으로 보다 역동적이고 매력적인 메타버스를 만들 수 있다.

인공지능기반 경제와 콘텐츠 크리에이터 중심사회의 테스트 베드로서 메타버스의 성공 여부는 크리에이터와 사용자의 접근성과 사용 용이성에 달려 있다. 사용자 친화적인 인터페이스는 개인이 메타버스를 쉽게 탐색하고 참여할 수 있도록 하는 데 필수적이다. 사용자 친화적인 인터페이스는 직관적이어야 하며 사용하는 데에는 최소한의 교육이 필요하면서도 여전히 강력한 기능을 제공해야 한다.

크리에이터가 메타버스 내에서 콘텐츠를 쉽게 만들고 공유할 수 있도록 인터페이스를 설계해야 한다. 개체를 만들고 배치하기 위한 끌어서 놓기 인터페이스와 대화형 경험 및 게임을 만들기 위한 도구가 포함될 수 있다. 인터페이스는 또한 소셜 미디어 채널을 통해 콘텐츠를 쉽게 공유할 수 있어야 한다.

사용자의 경우 인터페이스를 통해 메타버스 내에서 콘텐츠를 쉽게 검색하고 액세스할 수 있어야 한다. 여기에는 직관적인 검색, 브라우징 기능과 사용자 행동 및 선호도를 기반으로 한 개인화된 권장 사항이 포함될 수 있다. 소셜 공유, 댓글 달기, 평가 시스템과 같은 참여를 위한 사용하기 쉬운 도구를 제공해야 한다. 크리에이터와 사용자를 디자인 테스트 프로세스에 참여시키는 것이 중요하다. 인터페이스를 개선할 수 있는 영역을 식별하고, 요구와 기대를 충족하는지 확인해야 한다.

인공지능기술의 실용화, 보편화에 메타버스와 인공지능의 융합도 심화되고 있다. 메타버스의 핵심 구성요소인 아바타에 인공지능을 결합한 표현요소는 인공지능기반 경제와 크리에이터가 활동하는 테스트베드의 구성에서 중요한 기술 표현요소이다.

지능형 아바타 기술은 메타버스에서 다른 사용자와 상호작용할 수 있는 개인의 가상표현 생성이 포함된다. 아바타는 사용자의 외모, 성격 및 선호도를 반영하도록 사용자 정의할 수 있어 보다 개인화되고 몰입감있는 경험을 제공한다. 지능형 아바타 기술은 또한 보다 발전된 인공지능 알고리즘을 메타버스에 통합하여 아바타가 사용자를 대신하여 추천하고, 고객 지원을 제공하고 경제 활동까지 할 수 있도록 한다.

디지털 휴먼 기술은 지능형 아바타 기술을 한 단계 끌어올려 실제인간과 구별할 수 없는 개인의 완전히 사실적인 가상 표현을 생성한다. 이러한 디지털 휴먼은 메타버스 내에서 보다 현실적이고 매력적인 콘텐츠를 만드는 데 사용할 수 있으며 고객 서비스 또는 가상 이벤트에도 사용할 수 있다. 이 기술은 아직 초기 단계에 있지만 메타버스와 상호작용하는 방식을 혁신할 수 있는 잠재력이 있다.

2 공정하고 투명한 운영기준

알고리즘 기본소득 혹은 배당

　새로운 경제시스템이나 제도를 실현하는 것은 제도적 실험이 필요한 부분이다. 테스트베드로서 메타버스는 가상세계의 특징을 살려 새로운 제도나 시스템을 설계하고 운영할 수 있다. 메타버스에 참여하는 크리에이터와 사용자는 메타버스에 참여하는 순간부터 콘텐츠를 생성한다. 생성된 콘텐츠는 메타버스에서 작동하는 인공지능이 스스로 학습하고, 고도화되는 빅데이터로 활용된다. 따라서, 크리에이터와 사용자가 콘텐츠 생성을 통해서 메타버스에 기여하는 가치를 보상하는 시스템을 설계하고 운영하는 것이 가능하다.

　먼저, 크리에이터와 사용자가 생성하는 빅데이터를 수집하고 분석하는 시스템 설계와 개발이 필요하다. 이 데이터에는 크리에이터의 활동에서부터 메타버스 사용자 행동에 이르기까지 모든 것이 포함될 수 있으며 투명하고 안전한 방식으로 저장되고 분석되어야 한다.

　이 데이터를 수집하고 분석하려면 개인정보를 보호하고 데이터 위반을 방지하기 위한 투명하고 안전한 메커니즘이 필요하다. 방대한 데이터의 안정성과 시스템 하중을 최소화하기 위해 네트워크 노드 전체에 분산된 방식으로 저장되고 분석되는 분산형 데이터수집과 분석 시스템을 활용한다.

　다음으로 크리에이터와 사용자의 기여를 결정하는 기준이다. 메타버스에 대한 기여도를 평가하기 위해 가상 세계에서 보낸 시간, 콘텐츠 생성, 사회적 상호작용과 같은 다양한 메트릭스(지표)를 사용할 수 있다. 이러한 지표는 기여 수준과 보상 수준을 결정하기 위해 투명한 방식으로 합산한다. 기여수준에 따라 참여자의 동의를 전제로 가중치를 부여할 수 있다.

　시스템의 지속가능성도 중요한 고려 사항이다. 메타버스 세계에서의 경제활동이나 상품거래에 대한 세금, 구독기반 수수료, 메타버스 외부의 투자기관과의 파트너십 등 다양한 제도와 수단을 통해 활동 보상을 위한 재정적 토대를 마련할 수 있다. 시스템의 지속가능성은 창의성과 혁신을 장려하고 장기적인 실행 가능성과 효율성을 보장하는 필수요소이다.

　데이터가 수집 분석되고, 메타버스에 기여한 활동에 대한 보상수준 등이 결정되면, 보상을 위한 계산공식, 즉 알고리즘을 설계해야 한다. 이 공식은 사용자 참여, 콘텐츠 품질, 사용자, 크리에이터의 기여와 같은 요소를 고려할 수 있다. 보상은 이 공식에 따라 정기적으로 분배되어야 한다. 보상의 계산, 분배에 고려사항은 다음과 같다.

　보상을 계산하기 위한 명확하고 투명한 공식을 설정한다. 공식은 사용자 참여, 콘텐츠 품질,

크리에이터 기여도를 비롯한 다양한 요소를 고려해야 한다. 이러한 요소는 메타버스에서 수집, 분석된 데이터를 통해 결정할 수 있다. 일단 공식이 정해지면 계산결과에 따라 정기적으로 보상을 분배해야 한다. 보상분배의 투명성과 공정성을 보장하는 블록체인기반 스마트 계약을 통해 자동으로 수행될 수도 있다.

이 시스템의 지속가능성을 보장하기 위해서는 성과가 좋은 크리에이터에 대한 인센티브성격의 보상과 모든 크리에이터에게 일괄적으로 제공되는 보상의 조화와 균형을 맞추는 것이 중요하다. 고품질 콘텐츠를 제작하고 사용자와 교류하는 크리에이터에게 더 많은 비율의 보상을 할당하는 동시에 모든 크리에이터에게 최소한의 수입을 보장한다.

메타버스가 계속 성장하고 확장됨에 따라 시스템에서 제공하는 보상은 크리에이터에게 중요한 수입원이 될 수 있으며, 전통적인 고용, 수입 구조에 영향을 미칠 수 있다. 시스템이 지속 가능하고 모든 크리에이터와 사용자에게 이익이 되도록 모니터링하고 조정해 나가야 한다.

시스템은 참여를 위한 명확한 규칙, 지침과 함께 투명하고 민주적인 프로세스에 의해 관리되어야 한다. 탈중앙화된 자율적인 조직과 같은 분산형 협력체계(거버넌스)모델을 사용하여 모든 이해관계자가 시스템 작동방식에 대해 발언권을 갖도록 할 수 있다.

탈중앙화된 자율조직에서 모든 이해 관계자는 거버넌스 프로세스에서 의결권과 제안을 제출할 수 있는 능력을 가지고 발언권을 가진다. 이를 통해 이해관계자의 합의에 따라 의사결정 프로세스가 진행되고 집행되는 커뮤니티를 운영한다. 이 모델은 보상분배에 과도한 영향력을 행사하는 중앙집중식 권한없이 시스템이 공정하고 공평하다는 것을 보장할 수 있다.

참여구성원 전체에 보상시스템을 탈중앙화된 자율적인 조직으로 설정하려면 참여에 대한 명확한 규칙과 지침이 설정되어야 한다. 이러한 규칙은 참여와 의사 결정에 대한 명확한 기준과 함께 모든 이해 관계자가 투명하게 접근 가능해야 한다. 거버넌스 프로세스는 시스템에 대한 참여와 기여 수준에 따라 할당된 투표권과 함께 모든 이해 관계자가 의사 결정 프로세스에서 발언권을 갖도록 설계되어야 한다.

이해관계자의 투표권과 보상을 나타내는 데 사용할 수 있는 디지털 토큰, 다른 형태의 디지털 자산을 사용하여 달성할 수 있다. 탈중앙화된 거버넌스 프로세스가 투명하고, 시스템이 정해진 규칙과 지침에 따라 운영되고 있음을 확인하기 위해 정기적인 감사를 실시해야 한다. 이해관계자 사이의 신뢰와 확신을 구축하고 시간이 지나도 공정하고 공평하게 유지되도록 한다.

시스템은 기부금이나 보조금과 같은 외부소스와 메타버스에서 생성된 수익의 일부로 자금을 조달할 수 있다. 자금이 적절하게 사용되고 있는지 확인하기 위해 정기적인 감사와 함께 투명하고 책임 있는 자금조달 모델을 수립해야 한다. 자금조달은 중요한 고려 사항이다. 시스템이 지속가능하고 크리에이터와 사용자에게 보상과 인센티브를 안정적으로 제공할 수 있도록 메타버스 시스템에 적절한 재원이 조달되어야 한다.

메타버스 시스템에 자금을 안정적으로 조달하는 방법은 생성된 수익의 일부를 활용하는 것이다. 가상 부동산 판매, 인앱 구매, 상품과 서비스의 거래에서 생성된 수익의 일정 비율일 수 있다. 수익의 일부를 시스템에 할당함으로써 시스템이 자급자족하고 외부 자금원이 줄어들거나 소멸되더라도 계속 운영될 수 있도록 보장한다.

메타버스에 의해 생성된 수익 외에도 기부금이나 보조금과 같은 외부소스도 시스템 자금 조달에 사용될 수 있다. 이는 창의성과 콘텐츠 개발을 촉진한다는 비전을 공유하는 조직과의 파트너십을 통해 이루어질 수 있으며, 파트너십은 메타버스와 그 목표를 홍보하며 동시에 추가 재원의 계기가 될 수 있다.

자금 출처가 무엇이든 투명하고 책임있는 자금조달 모델을 확립하는 것이 필수적이다. 모든 자금이 적절하게 추적되고 사용되도록 명확하고 접근가능한 회계시스템을 구축해야 한다. 자금이 효과적이고 효율적으로 사용되고 있는지 확인하기 위해 정기적인 감사를 실시할 수도 있다. 이는 시스템의 지속 가능성을 보장하고, 시스템에 기여하는 크리에이터, 사용자와의 신뢰 구축에도 도움이 된다. 시스템은 더 광범위한 사회적 경제적 목표와 일치하도록 실제 세계의 협력적 이니셔티브와 협업을 통하여 설계되어야 한다.

현실 세계에서 확립된 조직이나 이니셔티브와 협력함으로써 메타버스 시스템이 광범위한 사회적 경제적 목표와 일치하고 더 큰 경제적 정의와 권한 부여를 향한 더 큰 운동의 일부임을 보장할 수 있다. 기존 이니셔티브와 협력하는 것 외에도 제도적 상상력에 대한 인식을 높이는 교육도 강화해야 한다. 이러한 시스템의 이점을 홍보하고 작동 방식을 설명함으로써 메타버스에서 테스트된 내용들이 현실세계에 확산되는 모멘텀이 된다.

미래를 여는 열쇠

메타버스는 인공지능기반 경제와 크리에이터 중심사회를 구축하기 위한 추진엔진의 역할을 할 수 있다. 메타버스에 구축된 인공지능기반 경제와 크리에이터 중심사회의 프로그램을 체험한 광범위한 공감세력을 형성할 수 있다. 가상의 테스트베드에서 이루어지는 여러가지 활동을 통해서 인공지능기반 경제와 크리에이터 중심사회의 가치와 문화를 확산할 수 있다.

메타버스의 주요 이점 중 하나는 다양한 이해관계자가 가상 환경에서 함께 모여 협업할 수 있다는 것이다. 여기에는 콘텐츠 크리에이터, 전문가, 투자자, 더 나은 미래를 건설하는 데 열정을 가진 모든 이해 당사자가 포함된다.

메타버스를 통해 이러한 이해 관계자는 아이디어를 공유하고 새로운 기술을 실험하고 새로운 비즈니스 모델을 테스트할 수 있다. 또한 프로젝트에서 공동 작업하고, 리소스를 공유하고, 서로에게서 배울 수 있다. 이러한 협력정신은 인공지능기반 경제와 콘텐츠 크리에이터 중심사회를 구축하는 데 필수적인 혁신과 창의성의 문화를 만드는 데 도움이 될 수 있다.

메타버스의 주요 이점 중 하나는 인공지능기반 경제와 크리에이터 중심사회의 잠재력에 대해 사람들을 교육하는 데 도움이 될 수 있는 몰입형 경험을 만들 수 있다는 것이다. 새로운 기술과 비즈니스 모델을 보여주고 사람들의 삶을 개선하는 데 어떻게 사용될 수 있는지 보여주기 위함이다.

크리에이터가 만든 제품을 전시하는 가상 상점을 메타버스에 만들 수 있다. 이 매장은 인공지능기반 알고리즘을 사용하여 선호도, 구매 이력, 구매 요인을 기반으로 고객에게 알맞은 제품을 추천할 수 있다. 이를 통해 인공지능기반 경제의 잠재력과 개인화되고 매력적인 쇼핑경험을 만든다.

마찬가지로 크리에이터, 투자자, 모든 이해관계자가 함께 모여 업계의 미래에 대해 논의하는 가상 회의가 메타버스에서 열릴 수 있다. 이 컨퍼런스는 인공지능기반 경제와 크리에이터 중심사회의 잠재력을 교육하며, 기조연설, 장면토론, 대화형 세션을 특징으로 할 수 있다.

이러한 몰입형 경험 외에도 메타버스는 새로운 기술과 비즈니스 모델을 개발하고 테스트하는 데에도 사용할 수 있다. 콘텐츠생성, 배포를 자동화하는 데 도움이 되는 새로운 알고리즘을 개발하여 크리에이터가 새로운 청중에게 더 쉽게 도달하고 증대된 수익을 창출할 수 있다. 크리에이터가 중개자없이 소비자에게 직접, 작품을 판매할 수 있는 거래시스템이 운영될 수 있다. 마켓 플레이스는 블록체인기술을 사용, 투명하고 안전한 거래를 성사시켜 크리에이터가 자신의 작업에 대해 공정한 보상을 받도록 할 수 있다.

메타버스가 인공지능기반 경제와 크리에이터 중심사회를 구축하기 위한 혁신엔진 역할을 할 수 있도록 지원하고 협력하는 커뮤니티를 구축하는 것이 중요하다. 이는 개방적이고 투명한 거버넌스 구조를 만들고 협업과 혁신의 문화를 조성하며 인프라와 리소스에 투자함으로써 달성할 수 있다.

메타버스는 인공지능기반 경제와 크리에이터 중심사회를 구축하기 위한 강력한 도구가 될 가능성이 있다. 몰입형 경험을 만들고, 새로운 기술과 비즈니스 모델을 테스트하고, 협력적이고 지원적인 커뮤니티를 육성함으로써 새로운 경제 패러다임의 가치와 문화를 전파한다. 과감한 계획과 투자를 통해 메타버스는 모두를 위한 더 밝은 미래를 여는 열쇠가 될 수 있다.

메타버스에 구축된 인공지능기반 경제와 크리에이터 중심사회는 실제세계와 연결되어 실제세계를 혁신하는 역할을 할 수 있다. 지역소멸에 대응하기 위한 방법중의 하나로 소멸지역에 크리에이터 타운을 조성하는 프로젝트를 진행할 때, 메타버스는 프로젝트의 중심적인 역할을 할 수 있다. 타운은 여러가지 인프라와 리소스를 조성하여 크리에이터를 유치하고 지원하도록 설계되고 운영된다. 이 실제 프로젝트에 메타버스를 연결함으로써 크리에이터 타운의 성공에 기여할 수 있다.

메타버스는 크리에이터 타운을 전 세계에 홍보하고 마케팅 할 수 있는 플랫폼을 제공한다. 가상 투어와 시뮬레이션을 통해 전 세계의 사람들이 타운을 탐험하고 타운이 제공하는 것에 대한 공감을 형성할 수 있다. 지원시스템이 갖춰져 있는 창의적인 환경을 찾고 있는 크리에이터와 타운개발 투자에 관심이 있는 투자자를 유치하는 데 기여한다.

메타버스는 크리에이터 타운에서 사용할 수 있는 새로운 아이디어와 기술에 대한 시험장이 될 수 있다. 가상현실 시뮬레이션을 사용하여 도시의 디자인과 레이아웃을 테스트하고 기술을 도시의 인프라에 통합하는 다양한 방법을 탐색할 수 있다. 이를 통해 잠재적인 문제와 과제가 현실세계에서 발생하기 전에 식별하고 효율적이고 효과적인 개발 프로세스로 이어질 수 있다. 크리에이터와 투자자가 협력하고 아이디어를 공유할 수 있는 방법을 제공하고, 가상공간에서 전 세계사람들을 연결함으로써 메타버스는 다른 방법으로 불가능했을 대화와 협업을 촉진한다. 크리에이터 타운을 성공으로 이끄는 새롭고 혁신적인 프로젝트의 개발로 이어질 수 있다.

메타버스는 타운에서 활동하고 있는 크리에이터의 작업을 전 세계 시청자에게 보여줄 수 있는 미디어 기능을 할 수 있다. 라이브 이벤트와 공연을 스트리밍하고 타운에서 제작된 콘텐츠에 대한 액세스를 제공함으로써 메타버스는 타운과 크리에이터를 위한 구독자를 형성하는 데 도움이 될 수 있다. 이는 투자와 관광증가로 이어져 타운의 성장과 발전을 견인한다. 메타버스에 구축된 세계와 실재 세계의 프로젝트를 연결하는 것은 혁신과 발전을 위한 강력한 동력이 된다. 프로모션, 테스트, 협업, 쇼케이스를 위한 플랫폼을 제공함으로써 프로젝트의 성공에 기여하고 보다 창의적이고 풍요로운 미래를 구축한다.

타운의 커뮤니티나 네트워크의 활동 프로세스는 기존의 행정조직과 다르다. 거버넌스를 구성하는 과정은 크리에이터가 중심적인 역할을 하면서 진행된다. 메타버스에 구현된 크리에이터 타운의 운영과정에 주도적으로 참여함으로써 타운운영을 기존의 행정조직과 차별화하고, 보다 창의적인 운영 경험을 축적할 수 있다.

3 크리에이터에게 필요한 기능과 개발

인공지능기반 경제와 크리에이터가 중심이 되는 사회는 실재 사회 자체이기 때문에 방대한 체계와 운영 메커니즘이라고 할 수 있다. 이것을 메타버스 상에 한꺼번에 구현하는 것은 불가능에 가깝다. 궁극적인 방향은 인공지능기반 경제와 크리에이터가 중심이 되는 사회를 구현하는 것을 목표로 하되, 확장성을 염두에 두고 단계적으로 접근하는 것이 현실적인 방안이다. '시제품' 개념에 착안하여 프로토타입의 형식으로 접근한다.

프로토타입에는 인공지능 전문가, 크리에이터, 경제학자, 개발자, 엔지니어, 디자이너, 과학자를 포함한 다양한 이해 관계자의 참여와 협력이 필요하다. 집단지성을 통해 메타버스에서 테스트하고 개선할 수 있는 프로토타입을 개발하고 활동의 내용을 평가 검증하면서, 실제 세계와 가상 세계에서 병행하거나, 독립적으로 확장하고 구현할 수 있는 방안을 추진한다.

기술구현 측면에서 프로토타입에는 앞서 논의한 인공지능 알고리즘, 고성능 컴퓨팅, 강력한 데이터 스토리지, 사용자 친화적인 인터페이스, 가상현실, 증강현실, 지능형 아바타, 디지털 휴먼 요소들이 메타버스 내에서 다양한 경제, 사회적 활동을 지원할 수 있는 응집력 있는 시스템으로 통합되어야 한다.

가상공간에서의 커뮤니케이션. '크리버스'의 한 장면[80]

[79] '크리버스' 이준희 외, 메타버스 프로젝트, 2023

프로토타입은 크리에이터와 사용자가 이미 활성화되어 메타버스에 참여하고 있는 부문을 타 겟화 해서 소규모 테스트로 시작할 수 있다. 프로토타입에는 인공지능 알고리즘으로 구동되는 사용자 행동, 참여, 콘텐츠 소비에 대한 데이터를 수집하고 분석할 수 있는 기능이 포함되어야 한다. 형식과 내용은 고민이 필요하지만, 메타버스 내에서 빅데이터 생성에 대한 일괄적인 보상체계를 반영하여 보편적 기본소득이나 또는 데이터 배당 같은 시스템이 포함된다.

프로토타입이 테스트되고 개선됨에 따라 전자 상거래 또는 소셜 미디어와 같은 다른 부문으로 확장될 수 있다. 크리에이터와 사용자의 피드백을 수집하여 메타버스에서 운용되는 경제와 사회 구조를 더욱 개선하는 데 활용한다. 프로토타입의 성공여부는 기술적 구현과 인공지능기반 경제가 추구하는 가치와 제도, 사업 등의 실현 여부에 달려 있다. 모든 참여자와 이해 관계자가 동기부여가 될 수 있도록 형평성, 다양성, 커뮤니티 참여에 중점을 두고 프로토타입을 설계해야 한다.

전반적으로 이러한 프로토타입을 구현하려면 상당한 리소스와 협업이 필요하지만 참여자, 크리에이터, 사용자, 사회 전체에 대한 잠재적 유용성은 상당할 수 있다. 메타버스는 새로운 경제와 사회 구조를 테스트하고 개선할 수 있는 기회를 제공하며 인공지능기반 경제와 크리에이터가 중심이 되는 사회가 모두를 위해 보다 효율적이고 공평한 시스템을 만들 수 있는 잠재력을 가지고 있다는 것을 입증할 수 있다.

프로토타입의 출발은 크리에이터 지망생과 잠재적이고 예비적인 크리에이터로부터 시작할 수 있다. 크리에이터 지망생이나 잠재적 크리에이터는 인공지능기반 경제와 크리에이터 중심 사회를 이끌어 나갈 미래세대이다. 크리에이터로 성장하기 위한 자기 계발에 대한 관심과 열의가 매우 높은 반면, 경제 형편, 사회적 인식, 정보 접근성, 교육 여건 등 다양한 측면에서 어려움을 겪고 있다. 미래세대가 겪고 있는 현실적 어려움을 메타버스라는 가상세계를 통해서 해결하는 상상력을 발휘한다. '크리에이터 지망생, 잠재적 크리에이터의 자기 계발을 위한 메타버스'를 프로토타입의 시작점으로 하여 점차적으로 확대해 나간다.

크리에이터 지망생들에게 작업의 결과물, 포트폴리오는 매우 중요하다. 포트폴리오는 창의적 아이디어와 상상력의 결과물이며, 성장과 발전의 기록이고, 취업과 창업 혹은 소통의 매개체이다. 포트폴리오의 중요성에 비해서 크리에이터 지망생들은 포트폴리오의 운용에 많은 어려움을 겪고 있다. 포트폴리오의 체계적 관리, 포트폴리오를 매개로 한 원활한 소통과 자기 계발, 나아가서는 취업이나 창업도 자연스럽게 이어질 수 있도록 프로토타입을 기획한다.

개인 블로그, 하드웨어 드라이브, 홈페이지, 카페 등의 다양한 포트폴리오를 연결하고 소개

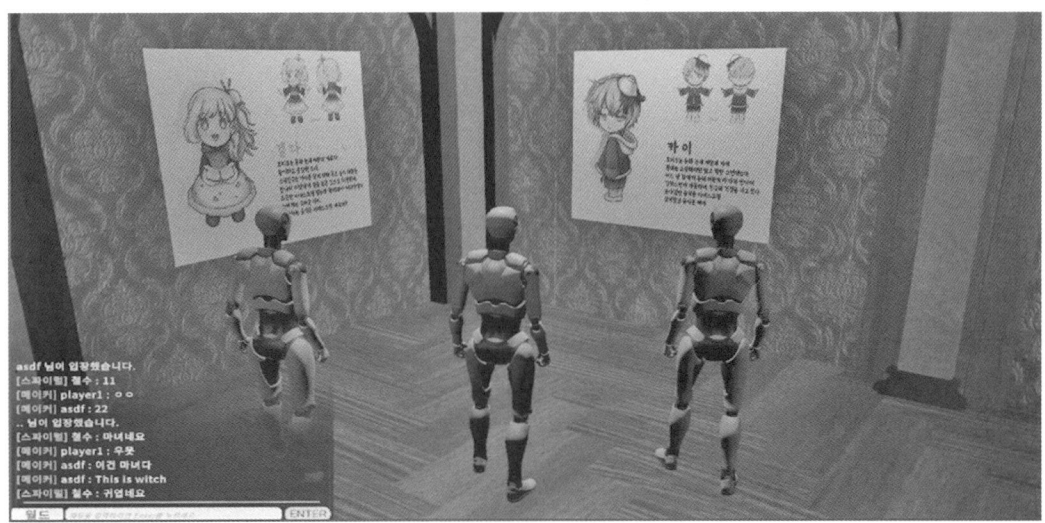

크리에이터 갤러리, '크리버스'의 한 장면

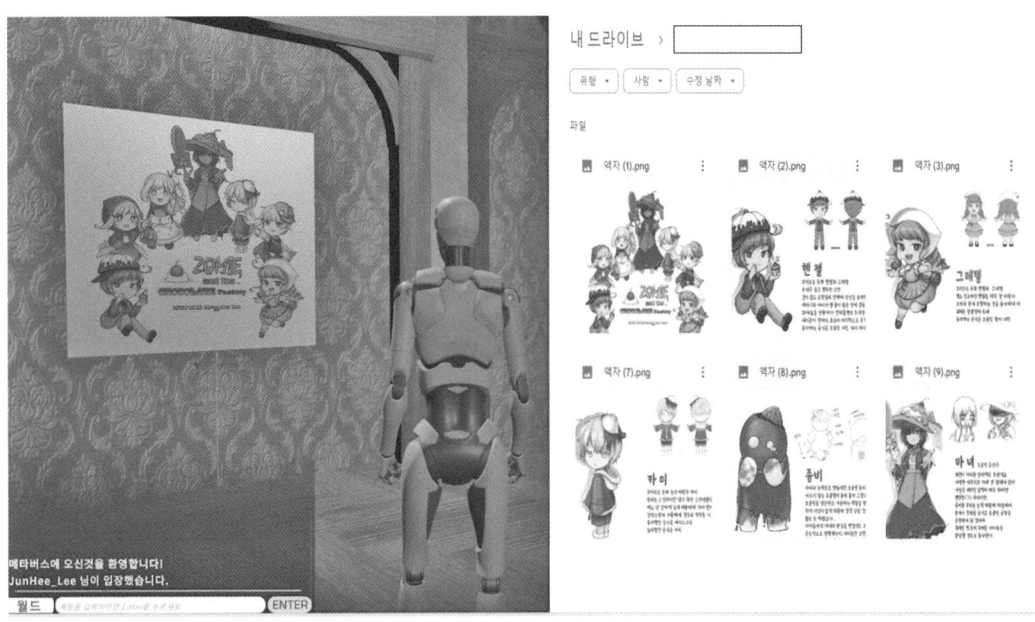

가상 갤러리에서 크리에이터 포트폴리오 연결, '크리버스'의 한 장면

할 수 있는 기능을 포함한다. 메타버스가 크리에이터 지망생의 작품을 선보일 수 있도록 포트폴리오를 연결하고 소개할 수 있게 한다. 외부 포트폴리오 링크를 메타버스 내의 가상 갤러리나 가상 전시공간에 통합하는 옵션을 제공할 수 있다. 크리에이터 지망생은 자신의 작품을 선보이고 사용자를 자신의 작품과 경험에 대한 보다 심층적인 정보를 포함할 수 있는 외부 포트폴리오로 연결할 수 있다.

현업의 크리에이터나 참여자가 검토, 피드백을 업로드하는 검토와 피드백시스템을 개발한다. 이 시스템은 크리에이터에게 건설적인 피드백을 제공하고 잠재적인 고용주, 투자자 또는 청중에게 작품을 추천하도록 설계된다. 크리에이터가 크리에이터 지망생의 작업을 발견하고 탐색할 수 있도록 선별된 콘텐츠 피드를 제공한다. 콘텐츠 피드는 사용자의 관심사 또는 트렌드를 기반으로 할 수 있으며, 크리에이터 지망생이 자신의 작품을 더 많은 청중에게 선보일 수 있는 플랫폼을 제공할 수 있다.

크리에이터가 플랫폼 내에서 자신의 포트폴리오를 만들 수 있는 저작도구를 제공한다. 이러한 도구는 크리에이터가 자신의 필요와 스타일에 맞는 방식으로 작품을 선보일 수 있도록 사용하기 쉽고 사용자가 정의할 수 있도록 설계한다. 다양한 유형의 인공지능 저작도구도 지원한다. 콘텐츠 기획부터 개발과 서비스에 이르기까지 모든 과정이 메타버스 안에서 원스톱으로 진행될 수 있는 시스템을 개발한다.

인스타그램, 유튜브, 트위터 등 SNS미디어를 메타버스와 연결한다. 소셜미디어 플랫폼을 메타버스와 연결하는 한 가지 방법은 둘 사이의 원활한 통합을 만드는 것이다. 크리에이터가 소셜미디어 계정에서 메타버스로 직접 콘텐츠를 쉽게 업로드할 수 있는 API(프로그래밍 연결통로)를 이용한다.

크리에이터가 유튜브에 새 동영상을 업로드할 때, 메타버스에 동시에 업로드할 수 있는 옵션이 있을 수 있다. 콘텐츠 업로드 프로세스를 간소화하고 효율화 한다. 메타버스는 사용자가 소셜미디어 계정에서 콘텐츠를 공유하고 홍보할 수 있는 기능을 제공한다. 사용자는 소셜미디어 계정에서 직접 메타버스 프로필 또는 메타버스 내에서 만든 특정 콘텐츠에 대한 링크를 공유할 수 있다.

메타버스는 크리에이터가 메타버스 내의 소셜 미디어에서 팔로워, 구독층과 연결할 수 있는 기능을 제공한다. 메타버스 내에서 구독자가 크리에이터와 상호작용하고 Q&A세션에 참여할 수 있는 가상만남 이벤트를 개최할 수 있다. 메타버스 내에서 크리에이터와 사용자가 상시적으로 연결된 커뮤니티를 운영한다.

크리에이터가 기술을 개발할 수 있는 도구와 리소스를 제공해야 한다. 여기에는 콘텐츠 제작에 대한 자습서, 비디오, 오디오 편집에 대한 워크숍, 창작을 위한 리소스가 포함될 수 있다. 메타버스는 비디오, 오디오, 텍스트와 같은 다양한 유형의 콘텐츠 생성을 지원하는 도구와 리소스를 제공해야 한다. 리소스는 자신의 속도와 편의에 따라 액세스할 수 있어야 한다.

인공지능 저작도구를 메타버스에 통합하여 크리에이터 지망생이 편리하게 콘텐츠를 만들 수 있도록 지원한다. 인공지능 저작도구는 주제, 아이디어 생성, 개요 작성, 콘텐츠 편집, 콘텐츠를 다른 언어로 번역하는 것과 같은 작업을 지원할 수 있다. 아이디어를 확장할 수 있고, 콘텐츠를 보다 효율적이고 쉽게 만들 수 있다.

크리에이터의 관심사, 기술수준 및 과거성과를 기반으로 개인화된 추천을 제공한다. 개인의 요구 사항에 맞는 리소스와 도구가 포함될 수 있으므로 기술을 향상하고 콘텐츠 개발역량을 개개인의 수준에 맞춰 개발할 수 있도록 한다. 크리에이터의 피어 투 피어 (일대일) 학습 및 협업을 촉진할 수 있도록 한다. 함께 모여 작업을 공유하고, 피드백을 제공하고, 새로운 프로젝트에 대해 협업할 수 있는 가상공간이 포함될 수 있다. 이러한 협업을 통해 크리에이터가 서로에게서 배우고, 지식을 공유하고, 커뮤니티를 구축할 수 있는 기회를 제공한다.

크리에이터의 진행상황과 성과를 추적하기 위한 통합 시스템을 제공한다. 개인의 기술 개발 및 진행상황을 인정하는 배지, 포상 및 인증이 포함될 수 있다. 이러한 시스템은 크리에이터가 자신의 기술을 계속 배우고 향상시키도록 동기를 부여한다. 크리에이터 및 잠재적 크리에이터, 지망생, 투자자, 구독자, 연구자 등 다양한 그룹이 참여할 수 있는 커뮤니티기능을 구축해야 한다. 토론, 포럼, 그룹 프로젝트 및 사교행사를 지원한다. 공동체 의식을 형성하는 것은 성공적인 플랫폼의 필수요소이다. 크리에이터 지망생을 위해 설계된 메타버스의 경우 커뮤니티 구축이 더욱 중요하다.

커뮤니티 구축 전용공간을 지원한다. 이 공간은 참여자 사이에 사회적 상호작용 및 협업을 장려하도록 설계되어야 한다. 커뮤니티 전용공간은 가상 포럼, 소셜 허브 또는 크리에이터가 만나 협업하고 아이디어를 공유할 수 있는 지정된 가상건물의 형태를 취할 수 있다. 커뮤니티 내 참여와 상호작용을 촉진하려면 정기 행사를 주최해야 한다. 각종모임, 워크샵 및 그룹 프로젝트를 지원한다. 이벤트는 같은 생각을 가진 크리에이터를 만나고 연결하고 배우고 성장할 수 있는 기회를 제공한다.

잠재적 크리에이터에게 해당분야에서 경험이 풍부한 멘토의 액세스를 제공하는 것은 필수적이다. 멘토는 자신의 기술을 향상시키고 업계에서 이름을 알리는 방법에 대한 지침과 조언을 제공할 수 있다. 멘토에 대한 접근은 메타버스에서 잠재적 크리에이터의 성공에 중요한 요소가 된다.

주요기능

가장 적합한 멘토 연결 프로그램인 매치 메이킹 플랫폼을 이용해서 크리에이터 지망생과 숙련된 멘토를 연결할 수 있다. 플랫폼은 크리에이터 지망생에게 자신의 기술, 목표 및 찾고 있는 멘토링 유형을 자세히 설명하는 프로필을 작성하도록 요청할 수 있다. 그런 다음 멘토는 프로필을 탐색하고 가장 도움이 될 수 있다고 생각하는 사람에게 서비스를 제공할 수 있다.

잠재적 크리에이터를 위해 특정 멘토링 프로그램을 만들 수 있다. 이러한 프로그램은 일련의 워크숍 또는 멘토와의 일대일 세션으로 구성될 수 있다. 콘텐츠 제작, 브랜딩, 마케팅 등 다양한 주제에 집중할 수 있다. 프로그램은 각 참가자의 특정 요구 사항에 맞게 조정되며 참가자가 기술을 개발하고 자신감을 얻는 데 도움이 되도록 설계한다.

커뮤니티 멘토십 이벤트를 주최하여, 잠재적 크리에이터가 해당 분야의 숙련된 전문가를 만나고 네트워크를 형성할 수 있도록 한다. 이러한 이벤트는 주제 토론, Q&A세션 또는 네트워킹 이벤트의 형태를 취할 수 있다. 이벤트는 크리에이터가 다른 사람들로부터 배우고 업계에 대한 귀중한 통찰력을 얻을 수 있는 좋은 기회가 될 것이다. 숙련된 전문가가 멘토가 되도록 장려하기 위해 메타버스는 특정 기능이나 이벤트에 대한 독점 액세스와 같은 인센티브를 제공할 수 있다. 멘토가 자신의 분야에서 최고의 리더로 자리매김할 수 있게 한다.

멘토의 참여를 장려하는 한 가지 방법은 그들의 기여를 공개적으로 인정하고 감사를 표하는 것이다. 이는 배지 또는 상을 통해 수행하거나 뉴스레터 또는 전용 페이지에서 성과를 강조하여 수행할 수 있다. 멘토를 인정하고 감사와 존경을 하는 것은 가치있고 존중받는 느낌을 주며, 계속해서 참여할 수 있는 동기부여가 된다. 멘토 참여를 장려하는 또다른 방법은 협업기회를 제공하는 것이다. 공동제작, 숙련된 크리에이터와 지망생을 연결하는 프로젝트가 포함될 수 있다. 멘토가 의미있는 기여를 하고 있다는 느낌을 주는 동시에 멘티로부터 배울 수 있는 기회를 제공한다.

메타버스는 멘토에게 해당 분야의 다른 숙련된 전문가와 네트워크를 형성할 수 있는 기회를 제공한다. 여기에는 멘토를 서로 연결하고 아이디어를 공유할 수 있는 독점적인 이벤트 또는 토론 포럼이 포함될 수 있다. 멘토 자신의 경력에 도움이 될 수 있는 전문 네트워크 구축을 지원한다. 멘토에게 전문성 개발 기회를 제공할 수 있다. 멘토가 자신의 기술을 향상하고 업계 동향을 최신 상태로 유지하는 데 도움이 되는 교육 프로그램, 세비나 또는 워크숍에 대한 액세스가 포함될 수 있다.

메타버스에서 멘토를 위해 구현할 수 있는 다양한 보상 계획이 있다. 한 가지 옵션은 멘토의 시간과 전문성에 대해 금전적 보상을 제공하는 것이다. 또다른 옵션은 메타버스의 독점기능이나 이벤트에 대한 액세스와 같은 비금전적 보상을 제공하는 것이다. 여기에는 특별 이벤트에 대한 액세스, 새로운 도구 및 리소스에 대한 조기 액세스 또는 커뮤니티의 리더 인정이 포함된다.

정기적인 챌린지나 공모전을 개최하여 역량을 시험해 볼 수 있도록 격려하고 자극한다. 글쓰기, 편집 또는 제작과 같은 콘텐츠 제작의 다양한 측면에 초점을 맞춰 추진한다. 콘텐츠 제작 챌린지는 잠재적 크리에이터가 자신의 기술을 연마하고 재능을 발휘하도록 격려하는 효과적인 방법이다. 참가자에게 구조화된 학습 경험을 제공하여 작업에 대한 피드백과 통찰력을 얻는 동시에 도전하고 창의적인 위험을 감수하도록 장려한다.

참가자에게 제공될 주요 챌린지 테마를 구별한다. 이러한 테마는 글쓰기, 영상 제작, 오디오 편집, 소셜 미디어 관리와 같은 콘텐츠 제작의 핵심 영역을 기반으로 한다. 챌린지 테마는 월별 또는 분기별과 같이 정기적으로 발표될 수 있다. 주제가 파악되면 참가자들에게 무엇을 기대하는지에 대한 명확한 지침을 제공하는 세부 가이드라인을 개발하는 것이 중요하다. 가이드라인에는 출품작을 심사하는 데 사용될 특정 기준과 적용될 수 있는 요구 사항 또는 제한 사항에 대한 정보가 포함되어야 한다.

참가자가 챌린지에서 성공할 수 있도록 메타버스는 숙련된 콘텐츠 크리에이터의 멘토 지원을 제공할 수 있다. 멘토는 챌린지 내내 참가자에게 피드백, 가이드라인, 지원을 제공하여 참가자가 기술을 개발하고 고품질 콘텐츠를 만들 수 있도록 한다. 참여를 장려하기 위해 메타버스는 챌린지의 승자에게 상과 표창을 제공할 수 있다. 상에는 독점적인 기능이나 이벤트에 대한 액세스가 포함될 수 있으며 인증은 소셜 미디어를 통한 홍보나 업계 간행물에 대한 언급의 형태로 추진한다. 우승자를 축하하고 최고의 출품작을 선보이기 위해 메타버스에서 쇼케이스 이벤트를 개최한다.

메타버스는 잠재적 크리에이터에게 콘텐츠의 수익화 방안을 제공한다. 광고 수익 공유 또는 콘텐츠를 다른 사용자에게 판매할 수 있는 시장에 대한 액세스 등이다. 크리에이터 지망생과 잠재적 크리에이터를 위한 메타버스는 그들의 노력을 지원하고 보상하는 경제 시스템이 필요하다. 잠재적 크리에이터에게 수익창출 기회를 제공하여 고품질 콘텐츠를 계속 제작할 수 있는 인센티브를 제공한다.

수익창출 기회를 제공하기 위한 실행계획 중 하나는 광고 수익 공유를 제공하는 것이다. 크리에이터는 콘텐츠와 함께 표시되는 광고에서 생성된 수익의 일부를 받게 된다. 메타버스는 광고주 또는 광고 네트워크와 협력하여 사용자에게 타겟팅된 광고를 표시할 수 있다. 크리에이터는 조회수 또는 클릭수에 따라 이러한 광고에서 생성된 수익의 일정 비율을 얻을 수 있다.

수익창출 기회를 제공하는 또다른 방법은 크리에이터가 자신의 콘텐츠를 판매할 수 있는 시장을 만드는 것이다. 여기에는 영상, 이미지, 음악, 책 및 모든 유형의 콘텐츠가 포함될 수 있다. 모든 크리에이터가 수익 창출 기회에 액세스할 수 있도록 메타버스는 콘텐츠 품질 및 저작권 소유에 대한 명확한 지침을 설정해야 한다. 모든 콘텐츠가 독창적이고 타인의 권리를 침해하지 않도록 요구할 수 있다. 크리에이터가 수익창출의 법적 및 제도적 측면을 이해하고 탐색하는 리소스를 제공한다.

메타버스는 새로운 투자기회를 모색하는 벤처투자의 관심대상이다. 벤처투자는 자금지원, 네트워킹, 멘토링 연결을 제공할 수 있다. 메타버스 프로젝트의 초기단계에서 스타트업을 확장하고 성장시키는 역할을 한다.

크리에이터 지망생과 잠재적 크리에이터가 기업과 연결할 수 있는 가상 채용박람회를 개최할 수 있다. 이는 귀중한 네트워킹 기회를 제공하고 잠재적 콘텐츠 크리에이터가 자신의 기술을 다음 단계로 끌어올리는 기회가 된다. 가상 채용박람회의 장점은 액세스 용이성, 도달 범위 확대, 참여 개선 등 다양하다.

가상 채용박람회에는 고용주가 회사와 가능한 직책을 보여줄 수 있는 가상 전시 공간이 포함될 수 있다. 이 영역에는 채용 담당자가 회사 및 사용 가능한 작업에 대한 정보를 제공할 수 있는 가상 부스 또는 스탠드가 포함될 수 있다. 채용 박람회에는 구직자가 채용 담당자에게 질문을 하거나 정보를 명확히 할 수 있는 채팅 기능도 포함될 수 있다. 고용주는 또한 이 기회를 이용하여 구직자로부터 이력서 및 기타 관련 정보를 수집하여 지원자의 직무 적합성을 더 쉽게 선별할 수 있다.

가상 채용박람회는 업계 리더와 실시간 화상토론 또는 Q&A세션이 진행된다. 구직자가 해당분야에서 필요한 최신동향과 기술에 대해 업계 전문가로부터 들을 수 있는 심층적 기회를 제공한다. 화상 토론은 또한 구직자들이 업계에 대해 더 잘 이해하고, 그들이 진로에 대해 더 많은 정보에 입각한 결정을 내릴 수 있는 계기를 제공한다.

가상 채용박람회는 구직자들이 잠재적인 고용주에게 자신의 업무를 보여줄 수 있는 기회를 제공한다. 구직자가 고용주가 볼 수 있도록 작업을 업로드할 수 있는 포트폴리오 영역이 포함된다. 이 기능은 콘텐츠를 표시하고 잠재적 고용주로부터 피드백을 받을 수 있어 크리에이터에게 특별히 유용한 체험이 된다. 고용주가 구직자와 직접 연결하여 업무에 대해 논의할 수 있는 일대일 채팅기능도 포함된다.

가상 채용박람회를 성공적으로 만들기 위해 메타버스는 산업 협회 또는 조직과 협력하여 참여 고용주의 수를 확대한다. 또한 소셜 미디어 및 기타 채널을 통해 채용 박람회를 홍보하여 많은 구직자를 유치할 수 있다. 가상 채용박람회는 고용주와 구직자 모두에게 메타버스 내의 리소스나 기능에 대한 차별화된 액세스에 같이 참석할 인센티브를 제공할 수도 있다.

크리에이터를 위한 메타버스는 인공지능기반 경제와 크리에이터를 위한 프로토타입으로 운영될 예정이므로, 예비 크리에이터, 지망생, 참여자를 위한 투명하고 공정한 운영방안을 마련하는 것이 중요하다. 배경이나 지위에 관계없이 모든 사람이 공평하고 공정하게 액세스할 수 있는 방식으로 작동해야 한다.

투명하고 공정한 운영방안의 핵심은 열린 소통이다. 메타버스 운영자가 플랫폼이 어떻게 작동하는지, 사용자가 어떻게 참여할 수 있는지, 그들의 권리와 책임이 무엇인지에 대한 명확하고 간결한 정보를 제공해야 함을 의미한다. 이는 온라인 도움말 가이드, 영상 자습서, 고객 지원 서비스와 같은 다양한 채널을 통해 달성할 수 있다. 운영자는 또한 참여자의 피드백에 개방적이어야 하며 플랫폼 작동 방식에 대한 결정을 내릴 때 이 피드백을 고려해야 한다.

투명하고 공정한 운영 계획의 또다른 측면은 명확한 규칙과 지침을 수립하는 것이다. 이는 이해하기 쉬운 방식으로 사용자에게 전달되어야 하며 플랫폼 전체에서 일관되게 적용되어야 한다. 여기에는 콘텐츠 생성, 사용자 행동 및 지적재산권과 관련된 규칙이 포함된다. 기술 및 사용자 요구 사항의 변화를 반영하기 위해 규칙을 정기적으로 업데이트해야 한다.

투명하고 공정한 운영계획에는 참여자 개인 정보보호, 데이터 보안 조치도 포함되어야 한다. 운영자는 강력한 데이터 보호 정책 및 절차를 구현해야 하며 사용자는 플랫폼 내에서 데이터를 사용하고 공유하는 방법을 제어할 수 있어야 한다. 운영자는 사용자 데이터를 수집, 저장 및 사용하는 방법에 대해 투명해야 하며 사용자가 자신의 데이터에 액세스하고 삭제할 수 있는 방법에 대한 명확한 정보를 제공해야 한다.

투명하고 공정한 운영계획에는 분쟁 해결 및 항소를 위한 메커니즘이 포함되어야 한다. 사용자는 플랫폼에서 발생하는 문제를 보고할 수 있어야 하며 운영자는 이러한 문제를 조사하고 해결하기 위한 명확한 절차가 있어야 한다. 사용자가 분쟁 결과에 만족하지 못하는 경우 독립기관이나 중재자에게 항소할 수 있어야 한다.

공개 커뮤니케이션, 명확한 규칙 및 지침, 데이터 프라이버시 및 보안 조치, 분쟁 해결 및 항소 메커니즘을 확립함으로써 플랫폼은 모두가 공평하고 접근 가능한 방식으로 운영될 수 있다. 메타버스의 투명하고 공정한 의사결정 구조, 프로세스, 예비 창작자, 지망자, 사용자를 위한 감사 메커니즘이 필요하다.

메타버스가 경제적, 사회적 활동의 측면에서 중요도가 증대됨에 따라 크리에이터, 지원자,

사용자가 플랫폼에 액세스하고 공평하게 사용할 수 있도록 투명하고 공정한 의사 결정 구조, 프로세스 및 감사 메커니즘을 구축하는 것이 중요하다. 우선 투명하고 공정한 의사결정 구조는 개방성, 포용성, 민주적 참여의 원칙에 기반해야 한다. 참여자, 사용자, 크리에이터, 전문가를 포함한 다양한 이해 관계자를 포함하고, 열린 대화와 협업을 장려하도록 설계한다.

다양한 이해관계자 그룹의 대표로 구성된 이사회형식의 대표기구를 설립하여, 콘텐츠 생성, 수익 창출 및 사용자 참여에 대한 정책, 메타버스 개발과 관련된 주요 결정을 관리 운영한다. 대표기구회 구성원은 공개적이고 투명한 절차를 통해 선출되어야 하며 이해관계자가 피드백과 의견을 제공할 기회를 갖도록 정기적인 공개회의를 개최한다.

의사결정 프로세스는 명확하고 객관적인 기준을 기반으로 하며 강력한 감사 메커니즘을 따라야 한다. 의사결정 프로세스를 모니터링하고 기준과 원칙을 준수하는지 확인하는 책임을 지는 독립 감사 또는 감독위원회의 설립이 포함될 수 있다. 감사자는 의사결정 및 집행과정을 검토하고 필요한 경우 변경을 권장할 권한이 있어야 한다. 감사시스템은 투명해야 하며 모든 이해관계자가 접근할 수 있어야 하고, 감사결과는 공개되어야 한다.

메타버스가 공정하고 공평하게 운영되도록 하려면 강력한 분쟁해결 메커니즘을 구축하는 것이 필수적이다. 여기에는 크리에이터, 지원자 및 사용자 간의 분쟁을 판결할 책임이 있는 독립적인 옴부즈맨 또는 중재 기구의 설립이 포함될 수 있다. 분쟁해결 메커니즘은 투명하고 접근 가능하며 효율적이어야 하며, 모든 당사자에게 구속력이 있어야 한다.

메타버스의 투명하고 공정한 의사결정 구조, 프로세스 및 감사 메커니즘은 참여자, 지망생, 크리에이터가 접근 가능하고 공평한 플랫폼을 구축하는 데 필수적이다. 개방성, 포괄성, 민주적 참여의 원칙을 기반으로 하는 거버넌스 구조를 구축함으로써 메타버스가 모든 참여자에게 권한을 부여하고 지원하는 플랫폼이 되도록 할 수 있다. 정기적인 감사와 분쟁해결 메커니즘을 통해 공정하고 투명하게 운영되도록 한다.

제9장 신(新)개념의 성장거점, 메타버스 경제특구를 조성하자.

요약

메타버스 경제특구는 메타버스 구현의 핵심개념 가운데에 하나인 디지털 트윈 기술을 활용하여 지역 경제와 산업을 활성화하고, 혁신하기 위한 전략개념이다. 지역 경제 발전을 선도할 수 있는 지역 특화·전략 산업을 채택하고, 메타버스, 디지털 트윈기술과 융복합, 새로운 성장엔진을 장착하고 지역과 지역 경제를 혁신하기 위한 전략이다. 메타버스 경제는 메타버스 경제특구를 기반으로 하는 산업 및 경제 시스템이며, 산업과 문화가 융합된, 복합된 경제라고 할 수 있다.

메타버스 경제특구의 개념도

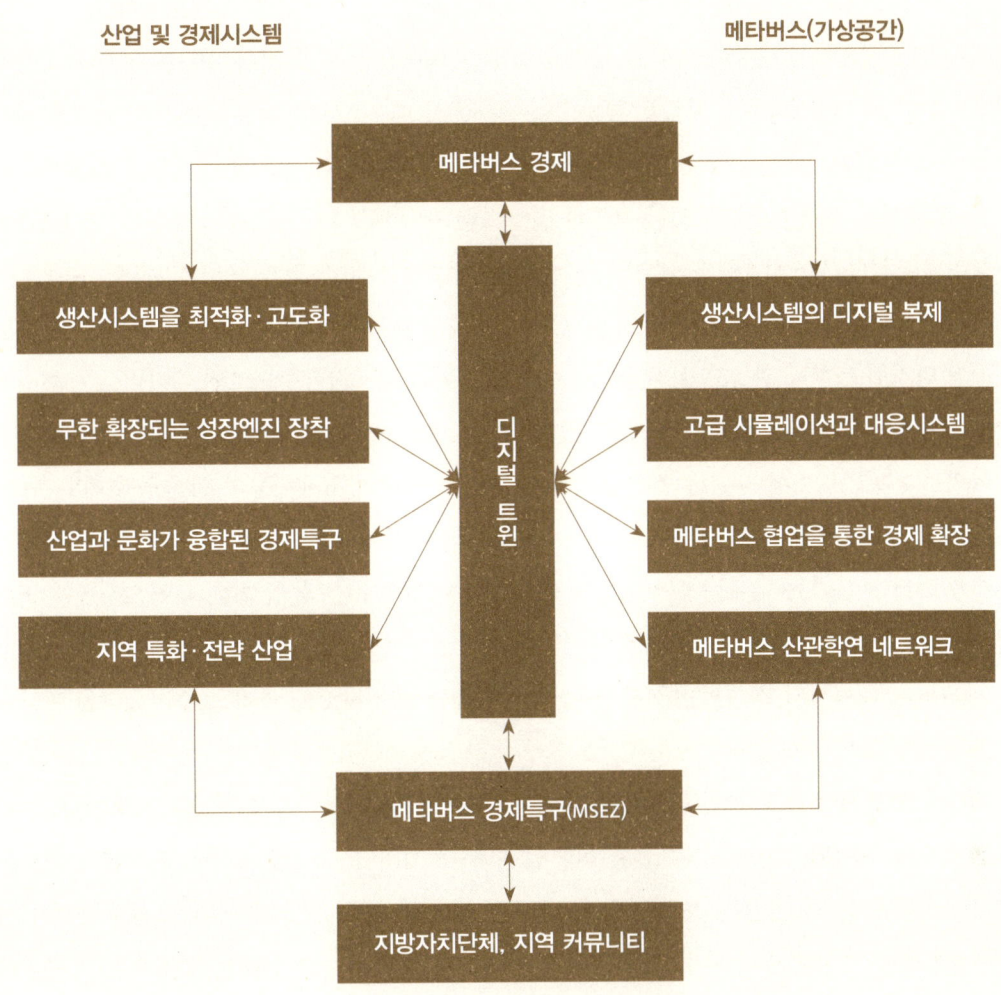

1 메타버스 경제는 실물경제와 가상경제가 융합된 경제이다.

메타버스 세계에서 구현된 디지털 트윈을 통해 메타버스와 현실 세계는 서로 연결되어 융합될 수 있다. 메타버스의 사용자들은 메타버스 세계에서 매우 정교하게 현실세계를 반영한 디지털 트윈을 통해서 현실 세계와 연결되어 활동할 수 있으며, 현실 세계의 경제주체들은 메타버스를 통해 다른 경제주체들과 의사 소통하고 협력할 수 있다. 디지털 트윈이 구현된 메타버스를 중심축으로 하는 경제시스템과 경제활동방식, 생태계를 메타버스 경제(시스템)라고 할 수 있다.

메타버스 경제는 가상세계의 힘을 활용하여 새로운 형태의 경제적 가치를 창출한다. 현실 세계의 디지털 표현을 만들고 실시간으로 이러한 표현과 상호작용함으로써 메타버스는 현실세계의 경제활동을 가상세계로 무한히 확장할 수 있는 새로운 기회를 제공할 수 있다.

무엇보다 메타버스에 구현된 디지털 트윈을 통하여 물리적 경제활동의 혁신을 추진할 수 있는 강력한 성장엔진의 역할을 할 수 있다. 주지하다시피 방대하고 고도화된 현실세계의 경제시스템을 혁신해 나가는 데에는 이익집단의 충돌이나 예기치 않은 돌발상황, 환경요소들에 의해서 장애가 발생하거나 좌초되는 경우가 비일비재하다. 가상 복제본을 통한 정밀한 시뮬레이션과 메타버스 내에서의 경제활동을 통한 검증은 혁신의 시행착오를 줄이고 추진동력을 확보하는 모멘텀을 확보할 수 있다.

메타버스 경제의 주요 동인 중 하나는 디지털 자산의 중요성이 커지고 있다는 것이다. 디지털 트윈으로 표현되는 디지털 자산과 메타버스에서 생성되는 디지털 자산의 연계된 경제활동도 가능하다. 디지털 자산은 가상 통화, 토큰에서 디지털 아트, 상품과 서비스, 부동산과 동산(기계설비 등)에 이르기까지 여러 형태를 취할 수 있다. 메타버스가 규모와 복잡성이 증가함에 따라 이러한 자산에 대한 중요성은 증대되어, 기업가와 투자자에게 새로운 기회를 창출 할 수 있다.

중요한 것은 메타버스 경제가 협업과 창의성을 위한 새로운 기회를 창출하는 것이다. 전 세계의 사람들이 가상 세계에서 모여 프로젝트에 대해 협력하고 아이디어를 공유하며 새로운 형태의 사업과 비즈니스 기회를 창출할 수 있다. 새로운 아이디어와 기술이 그 어느 때보다 빠르고 유기적으로 등장할 것이다.

메타버스 경제는 제조업에 중대한 변화를 가져올 가능성이 있다. 제조업에 영향을 미치는 주요 방법 중 하나는 '가상 제조'라는 개념을 통한 것이다. 가상 제조에는 물리적 생산이 발생하기 전에 제조 공정을 시뮬레이션하고 최적화하기 위해 디지털 트윈, 가상 제품, 생산 공정의 가상 표현을 사용한다. 물리적 생산이 시작되기 전에 잠재적 문제를 식별하고 수정하여 비용을 줄이고 폐기물을 최소화한다.

가상 제조 외에도 메타버스 경제는 제조업의 새로운 비즈니스 모델을 가능하게 한다. 제조회사는 메타버스를 활용하여 고객이 제품의 디지털 표현과 상호작용하고 사용자가 정의할 수 있는 가상 쇼룸 및 매장을 만들 수 있다. 이를 통해 회사는 구매하기 전에 고객이 제품을 보다 쉽게 시각화하고 사용자 정의할 수 있도록 함으로써 재고 비용을 줄이고 고객 경험을 향상시킬 수 있다.

메타버스 경제는 또한 제조업의 협업 및 혁신을 위한 새로운 기회를 창출 할 수 있다. 제조업은 메타버스를 사용하여 물리적 위치에 관계없이 공급 업체, 주요 파트너와 실시간으로 협력할 수 있다. 이를 통해 신제품 개발에 따른 반복의 시간과 비용을 줄이면 더 민첩하고 반응이 좋은 공급망도 가능하다. 물리세계의 제조현장과 가상세계의 디지털 트윈을 통합한 가상물리 일체형 생산시스템을 운영할 수 있다.

메타버스 경제의 출현은 건설산업에도 중대한 변화를 가져올 것으로 예상된다. 가상 환경에서 복잡한 실제 시나리오를 만들고 시뮬레이션하는 것이다. 건설 프로젝트가 계획, 설계, 실행되는 방식에 혁명을 일으킬 가능성이 있다. 메타버스에 디지털 트윈을 사용하여 건축가와 엔지니어가 건물과 구조물의 매우 정확하고 상세한 모델을 만들 수 있다. 건설이 시작되기 전에 설계를 테스트하고 개선하는 데 사용하고, 사용자의 참여를 통해서 수요자의 요구도 실시간으로 반영할 수 있다. 건설 과정에서 오류와 지연의 위험이 줄어들어 궁극적으로 비용 절감과 프로젝트 완료시간이 빨라진다.

메타버스는 물리적 위치에 관계없이 프로젝트팀의 원격 협업과 커뮤니케이션이 가능하다. 건축가, 엔지니어, 계약자 및 이해 관계자사이에 효율적이고 효과적인 조정이 가능하여 대면회의의 필요성을 줄일 수 있다. 가상현실(VR) 및 증강현실(AR)기술을 사용하면 건설 노동자가 작업 현장의 3D 건물 및 구조물의 3D 모델을 시각화하고 상호작용한다. 노동자에게 주변 환경에 대한 이해를 제공함으로써 안전을 향상시킬 수 있으며 심각한 문제가 되기 전에 잠재적인 문제나 갈등을 식별할 수 있다.

농업 기계 기구 제조회사인 존 디어(John Deere)가 미국 라스베가스에서 해년마다 개최되는 세계 최고의 전자제품 전시회인 CES에서 2023년 최고 혁신상을 수상하였다. 수상이유는 지난 10여 년간 진행된 존 디어 회사의 디지털 혁신을 높이 평가한 것이다. 디지털 혁신의 주요 측면 중 하나는 데이터 중심의 통찰력을 사용하여 제품을 개발하고 개선하는 것이다. 기계 성능,

존 디어사의 초대형 트랙터(존 디어사의 아카이브에서 게재)

작물 수율, 토양조건, 날씨 패턴 및 농업생산 요인에 대한 데이터를 캡처할 수 있는 센서, 텔레매틱스에 많은 투자를 해왔다. 이 데이터는 고급 분석과 인공지능 도구를 사용, 경작상황을 분석한다. 데이터는 농민들의 생산운영을 최적화하고 생산성을 향상시키며, 추세, 패턴, 기계작동의 이상 유무를 식별한다.

존 디어(John Deere)의 디지털 혁신은 자동화와 로봇 공학으로 농업생산과 운영을 최적화하고 농업 효율성을 향상시켰다. 인간 운영자보다 나은 정밀도와 속도로 심기, 수확 및 경작과 같은 작업을 수행할 수 있는 자율 트랙터 및 관련 장비를 개발했다. 이 기술은 인건비를 줄이고, 물, 비료 및 살충제와 같은 농업제재의 투입을 최적화하여 농업의 환경 영향을 최소화한다. 존 디어의 최고 혁신상은 디지털 혁신이 쉽지 않은 농업부문에서 이룬 성과라는 점이 높이 평가되었다고 볼 수 있다. 농업은 인간 안보와 환경위기에 대응하는 분야로 새롭게 재조명되고 있다.

메타버스 경제는 농업부문에서 데이터 분석 및 최적화를 위한 새로운 기회를 제공할 수 있다. 인공 지능 및 기계 학습 알고리즘의 도움으로 메타버스에서 방대한 양의 데이터를 수집하고 분석하여 운영을 최적화하고 제품을 개선할 수 있다. 가상 농업의 데이터를 사용하여 효율적이고 지속 가능한 농업 관행을 개발하거나 가상 장비 사용의 데이터를 사용하여 제품의 성능과 신뢰성을 향상시킬 수 있다.

농업과 1차산업 분야에서 전례가 없는 수준의 고객 참여를 제공할 수 있다. 농업 생산과 제품 및 서비스를 몰입감있게 경험할 수 있는 가상세계를 활용하여 브랜드 이미지를 강화하고 고객과의 관계를 심화시킬 수 있다. 고객은 가상 농업 기구 및 장비와 상호작용하고 가상 농업 활동에 참여하며 제품의 사용 방법에 대한 가상 교육을 받는다. 고객의 참여는 고객 만족도, 브랜드 충성도, 가치 증가로 이어질 수 있다.

메타버스 경제는 안전한 환경에서 새로운 기술, 비즈니스 모델을 실험하여, 농업 부문의 디지털 혁신을 발전시킨다. 신제품, 서비스 및 비즈니스모델을 테스트할 수 있는 가상세계를 만들어 실제 실험과 관련된 비용과 위험을 줄일 수 있다. 회사의 디지털 혁신을 가속화하고 시장에서 경쟁 우위를 제공한다.

가상세계와 현실세계가 결합된 메타버스 경제는 물류와 운송 산업에도 중대한 변화를 가져오게 된다. 더 많은 사람들이 메타버스에서 일하고 교류함에 따라 직장이나 교류 행사를 오가는 물리적 운송에 대한 수요가 줄어들 수 있다. 사람들은 자신의 집이나 가상 위치에서 가상 사무실이나 이벤트로 '통근'할 수 있다. 도로 및 대중교통 시스템과 같은 물리적 운송 인프라의 필요성을 줄인다.

메타버스의 증강 및 가상현실 기술은 교통시스템에 통합되어 승객에게 몰입감이 있는 대화식 경험을 제공할 수 있다. 버스나 기차의 통근자는 증강현실 안경을 사용하여 물리적 세계에서 콘텐츠를 볼 수 있으므로 출 퇴근길을 더 즐겁고 매력적으로 만든다.

메타버스 경제는 물류, 운송 회사가 운영을 최적화할 수 있는 새로운 기회를 제공할 수 있다. 가상 시뮬레이션을 사용하여 운송 경로 및 물류 전략을 테스트하고 개선하여 효율성을 높이고 비용을 줄일 수 있다. 또한 디지털 트윈을 사용하면 회사가 차량 및 인프라와 같은 물리적 자산을 더 잘 모니터링하고 유지할 수 있다.

2 메타버스 경제의 핵심기술, '디지털 트윈'이란?

디지털 트윈은 물리적 객체 또는 시스템의 가상 모델이다. 실제 엔티티 또는 시스템의 성능을 시뮬레이션, 분석, 최적화하는 데 사용하는 디지털 표현이다. 디지털 트윈은 행동을 모니터링하고 예측할 수 있는 물리적 자산 또는 시스템의 가상 대응 자산이며 물리적 자산과 시스템의 성능을 시뮬레이션하고 최적화할 수 있는 기술이다. 디지털 트윈 즉, 디지털 쌍둥이는 종종 복잡한 시스템을 실시간으로 모니터링하고 최적화해야 하는 제조, 항공 우주 등 여러 분야에 사용된다. 센서 및 다양한 디바이스의 데이터 소스를 분석, 패턴을 식별하고 성능을 최적화하며, 실패를 예측 방지하는 데 사용된다. 디지털 트윈은 미국의 항공우주국인 나사(NASA)가 우주선의 동작을 시뮬레이션하고 예측하기 위해 활용하는 개념이며, 복잡한 엔지니어링 시스템의 설계, 제조 및 유지 관리를 개선하는 방법론이다.[80]

2010년대 초 사물 인터넷(IoT)의 발전과 센서 데이터의 가용성 증가로 인해 정확하고 상세한 물리적 시스템의 디지털 트윈을 생성할 수 있게 되었다. 물리적 시스템에서 대량의 데이터를 수집하고 분석할 수 있는 기능을 통해 디지털 트윈은 더 정확하고 상세하며 진전된 모니터링, 예측 및 성능 최적화가 가능해졌다.

디지털 트윈의 개념은 항공 우주 및 자동차에서 제조, 의료, 스마트 시티에 이르기까지 광범위한 산업과 시스템에 적용된다. 데이터 분석, 기계학습 및 인공지능의 발전으로 더욱 정확하고 정교한 디지털 트윈 모델을 가능하게 하면서 복잡한 시스템 및 제품의 개발과 운영에서 점점 더 중요한 역할을 할 것으로 예상된다.

디지털 트윈은 물리적 시스템의 디지털 복제본을 만들기 위해 센서, 사물인터넷(IoT) 장치에서 데이터를 수집하고, 알고리즘과 모델을 사용하여 시스템의 동작 및 성능에 대한 통찰력을 만들어 낸다. 디지털 트윈을 기반으로 고급 시뮬레이션 및 모델링을 진행, 다양한 조건에서 물리적 시스템의 동작을 예측하고 성능을 최적화한다. 물리적 시스템의 실시간 모니터링을 제공하여 운영자가 문제를 식별하고 필요에 따라 조정할 수 있는 피드백 루프를 통해서 효율성을 향상시키고 가동중지 시간을 줄이며 성능을 최적화한다.[82]

디지털 트윈, 가상현실 기술은 실제 객체, 시스템 또는 실제 환경의 디지털 표현을 만드는 데

---

80 'Transdisciplinary Perspectives on Complex Systems' p85-114(Digital Twin, Michael Grieves and John Vickers) 참조. Anabela Alves 외, Springer 출판, 2017.

사용되지만 다른 목적을 제공하며 기술적 특성이 다르다. 디지털 트윈과 가상현실 기술의 주요 차이점은 디지털 트윈이 시뮬레이션, 분석 및 최적화에 사용되는 물리적 객체, 시스템의 디지털 복제본이라면, 가상현실 기술은 몰입형, 대화식 디지털 환경을 만드는 데 사용된다.

디지털 트윈은 실제 객체, 시스템의 가상 복제본으로 실제 세계의 시뮬레이션, 분석 및 최적화하는 데 사용된다. 센서, 사물 인터넷(IoT)장치 및 과거 데이터를 포함하는 다양한 소스의 데이터를 실제 객체 또는 시스템을 실시간으로 나타내는 가상 모델로 통합한다. 디지털 트윈은 물리적 객체 또는 시스템을 원격으로 모니터링하고 제어하는데 사용될 수 있으며, 다양한 시나리오를 시뮬레이션하며 물리적 세계에서 구현하기 전에 변경, 개선을 테스트할 수 있다.

반면에 가상현실 기술은 헤드셋 또는 기타 디스플레이 장치를 통해 경험할 수 있는 몰입형, 대화식, 컴퓨터 생성 환경을 만드는 데 사용된다. 가상현실 기술은 실제 대상이나 환경을 기반으로 할 수 있지만 물리적 세계와 반드시 연결되지는 않는다. 가상공간 안에 완전히 새롭고 독립적인 디지털 세계를 만든다.

디지털 트윈과 증강현실 기술의 차이점을 보면, 디지털 트윈 및 증강현실 모두 물리적 세계와 상호작용하기 위해 디지털 기술을 사용하는 것이 포함되지만, 디지털 트윈은 모니터링 및 최적화를 위한 물리적 시스템의 가상 복제본을 만든다. 증강현실 기술의 주요기능은 물리적 세

---

81 〈디지털트윈 활성화전략, 과학기술정통부, 2021〉

〈디지털트윈 요소기술 개념도〉

계의 사용자 인식과 상호작용을 향상시키는 것이다.

디지털 트윈 기술에는 센서, 시뮬레이션, 다양한 소스에서 수집된 데이터를 사용하여 물리적 객체 또는 시스템의 가상 복제본을 작성하는 것이 포함된다. 가상 복제본은 물리적 시스템의 성능 모니터링 및 분석, 작동 최적화 및 유지 보수 요구를 예측하는 등 다양한 목적으로 사용될 수 있다. 디지털 트윈은 일반적으로 위치정보시스템(GPS), 동작 및 환경과의 상호작용을 포함하여 물리적 물체나 시스템을 정확하게 표현한다.

반면에 증강현실은 디지털 정보와 객체를 실시간으로 중첩(오버레이션)하는 기술이다. 증강현실 기술은 일반적으로 카메라와 센서를 사용하여 실제 환경을 감지하고 추적하여 디지털 요소를 중첩하는 스마트 폰, 태블릿, 헤드셋과 같은 장치를 통해 경험된다. 증강현실은 사용자의 컨텍스트, 작업과 관련된 이미지, 비디오 또는 3D 모델과 같은 디지털 콘텐츠를 추가하여 물리적 세계와의 인식과 상호작용을 향상시키는 것이다.

디지털 트윈 기술은 종종 실제 세계의 디지털 미러(거울)로 묘사된다. 실제 객체, 프로세스 또는 시스템의 가상 표현으로 실제 대응물을 모니터링하고 최적화하는 데 사용할 수 있음을 의미한다. 미러(거울)가 물리적 물체의 이미지를 반영하는 방식과 같이 디지털 트윈은 센서 및 데이터 소스를 사용하여 정보를 수집하기 위해 물리적 물체의 상태와 동작을 실시간으로 반영한다.

물리적 시스템의 디지털 트윈을 생성함으로써 엔지니어와 설계자는 물리적시스템 자체를 수정하지 않고 가상 환경에서 시스템을 시뮬레이션하고 테스트할 수 있다. 이를 통해 시스템의 더 빠르고 비용 효율적인 테스트를 최적화하고, 실제 세계의 성능과 효율성을 향상시킬 수 있다. 기존 시스템을 모니터링하고 최적화하는 것 외에도 디지털 트윈을 사용하여 새로운 시스템을 처음부터 만들 수 있다. 새로운 시스템의 디지털 트윈을 개발, 엔지니어와 디자이너는 실제로 구축되기 전에 동작을 시뮬레이션하고 테스트하여 오류의 위험을 줄이고 시스템이 의도한 대로 작동하도록 보장한다.

디지털 트윈 기술은 최근 핫 이슈인 자율주행차의 안전성과 효율성을 향상시키기 위해 여러 가지 방식으로 활용되고 있다. 디지털 트윈 기술을 사용하여 물리적 환경의 가상 복제본을 만들고 다양한 자율주행 시나리오를 테스트하고 검증한다. 이를 활용하여 운전 알고리즘을 분석하고 최적화하여 도로 사고 가능성을 줄일 수 있다.[82]

자율 주행 차량은 성능, 마모, 환경 조건에 대한 정보를 포함한 많은 양의 데이터를 생성한

---

[82] https://www.youtube.com/watch?v=0B8R1LfzNlU 참조

다. 디지털 트윈 기술은 생성된 데이터를 사용하여 유지보수가 필요한 시기를 예측하여 고장, 오작동의 위험을 줄일 수 있다. 자율주행차는 카메라, 레이더, 라이다 등 다양한 센서를 사용하여 주변 환경을 인식한다. 디지털 트윈 기술은 센서의 데이터를 원활하고 효율적인 방식으로 통합하여 차량이 정확하고 시기적절한 결정을 내릴 수 있도록 한다.

디지털 트윈 기술을 사용하여 자율주행 차량의 성능과 상태를 실시간으로 원격 모니터링 할 수 있다. 이를 통해 발생하는 모든 문제에 대한 응답 시간이 빨라져 안전성이 향상되고 가동 중지 시간이 최소화된다. 디지털 트윈 기술은 환경에 대한 초고정밀 지도를 만들고 업데이트하여 자율 차량이 자신의 위치를 정확하게 찾고 도시 및 고속도로같이 복잡한 환경을 탐색할 수 있도록 한다.

메타버스의 맥락에서 디지털 트윈은 물리적 객체 또는 시스템의 가상 표현을 생성하는 데 사용될 수 있으며, 이는 메타버스의 사용자와 상호작용하거나 협업할 수 있다. 사용자가 이전에 불가능했던 방식으로 물리적 자산 및 시스템의 디지털 복제본에 참여할 수 있으므로 새로운 형태의 작업, 협업 및 경제활동을 위한 기회를 창출할 수 있다.

3   메타버스 경제특구(MSEZ)를 조성하자.

메타버스 경제특구(이하 MSEZ, Metaverse Special Economic Zone)는 비즈니스와 기업가, 경제 주체들이 메타버스기반 기술 및 비즈니스 모델을 실험하고 개발할 수 있는 지정된 지리적 영역의 생성을 통해 메타버스 경제의 발전을 촉진하는 개념이다. 전통적 경제 특구와 마찬가지로 MSEZ는 세금 인센티브, 간소화된 규정 및 혜택을 제공하여 투자를 유치하고 혁신을 장려한다.

MSEZ는 경제성장과 일자리 창출을 주도하고 새로운 형태의 혁신과 기업가 정신에 박차를 가한다. MSEZ는 메타버스 관련 비즈니스 활동에 유리한 환경을 조성하여 기존의 거대 기술기업부터 소규모 신생기업에 이르기까지 광범위한 회사를 유치하여 새로운 경제시스템의 가능성을 탐색할 수 있다.

MSEZ는 메타버스 경제의 발전을 촉진하는 실험적 모델이다. 실험적 경제의 테스트베드, 실증단지로 설계되어야 한다. 특별 구역이 새로운 기술과 비즈니스 모델을 테스트할 수 있는 장소이며, 외부 세계와 연결하고 확장할 수 있는 독립적인 경제생태계로 운용될 것임을 의미한다.

이 목표를 달성하기 위해 MSEZ는 메타버스 경제와 관련된 첨단 기술과 서비스를 개발하는 데 중점을 두어야 한다. 가상현실, 증강현실 기술, 디지털 트윈 시스템, 가상 자산 교환을 위한 블록체인 기반 플랫폼 및 고객 지원을 위한 인공지능(AI)구동 챗봇과 같은 것들이 포함될 수 있다. MSEZ는 소규모 신생기업에서 대기업에 이르는 광범위한 비즈니스, 산업을 유치해야 한다.

MSEZ는 외부 세계와 연결하고 확장하는 것을 목표로 전 세계의 메타버스 관련 활동 이니셔티브, 조직과 강력한 파트너십을 구축해야 한다. 공동연구 프로젝트에 대한 협력, 데이터 리소스 공유, 메타버스 경제혁신 및 개발의 허브로 MSEZ를 홍보한다. MSEZ는 부문 간 협업과 혁신을 촉진하기 위해 금융, 엔터테인먼트 및 교육과 같은 다른 산업 및 부문과의 관계를 촉진한다.

MSEZ는 메타버스 경제에 유리한 규제 환경을 조성하는 데 중점을 둔다. 가상자산의 생성 및 교환, 메타버스 관련 활동에 대한 경제적 가치의 평가, 법률적 정의 등 법적 프레임워크를 확립하고 비즈니스 기업가를 위한 지원과 자원을 제공한다. 사회적 목표 및 우선순위와 일치하도록 하기 위해 지역과 중앙 정부, 기업, 각종 이해 관계자 사이에 긴밀하게 협력하며 강력한 파트너십을 구축한다.

MSEZ는 경제발전을 위한 대담하고 새로운 방향을 제시한다. 이 방향은 메타버스의 잠재력을 포용하고 물리적 경제시스템이나 전통적인 비즈니스 모델에 의해 제한되지 않는 새로운 종류의 경제생태계를 만들려고 한다. 혁신, 협업 및 성장에 중점을 둔 MSEZ는 메타버스 경제의 발전을 촉진하려는 다른 지역 및 국가의 모범모델을 지향한다.

혁신적인 신생 기업단지로 MSEZ를 조성하면 기업가, 투자자, 활동가 및 전문가가 새로운 경제 패러다임을 협력하고 실현할 수 있는 플랫폼을 제공할 수 있다. 신생기업과 기업가는 단지 내의 다양한 생각을 가진 개인 및 조직의 전문 지식과 자원으로부터 협력 발전할 수 있다. 이로 인해 자원을 효율적이고 효과적으로 사용할 수 있고, 메타버스 경제가 직면한 도전에 대한 새롭고 혁신적인 솔루션의 개발로 이어질 수 있다.

MSEZ는 혁신적인 창업가와 기업가 정신으로 프로젝트에 대한 투자 및 자금을 유치하는 허브 역할을 할 수 있다. MSEZ는 투자자와 기업가를 모아 잠재적 투자자 및 파트너와 연결할 수 있는 다양한 네트워킹 기회를 제공할 수 있다. 신생 단지는 처음부터 사회 및 환경 문제에 대한 혁신적인 솔루션을 홍보하고 개발하는 데 활용될 수 있다. 지속 가능성과 사회적 책임에 중점을 두어 보다 공평하고 포용적인 경제 모델을 지향한다.

메타버스 경제의 주인공은 MZ세대, 즉 미래세대다. 메타버스 경제특구는 미래세대가 메타버스 경제를 미리 체험할 수 있는 체험공간으로 설계, 운영되어야 한다. 메타버스 경제특구를 디즈니랜드와 같은 체험형 테마파크로 운영하는 것은 메타버스 경제에서 미래세대를 유치하고 참여시키는 효과적인 방법이 될 수 있다.

초고층 건물, 녹지 공간 및 스마트 인프라를 갖춘 미래형 구역을 설계하여 방문객들에게 완전히 실현된 메타버스 경제에서 삶이 어떤 것인지 미리 체험할 수 있게 한다. 재미와 감동을 주는 공간과 인터랙티브 전시물을 활용하여 방문자가 메타버스 경제의 다양한 측면을 경험할 수 있도록 한다. 제조 분야에서 디지털 트윈의 사용을 보여주는 전용 섹션이나 의료 분야에서 증강현실의 이점을 경험할 수 있는 체험공간이 있을 수 있다.

경제특구에는 메타버스를 타고 여행하거나 메타버스의 다른 부분을 탐험하는 경험을 시뮬레이션하는 가상현실 체험기구도 포함될 수 있다. 경제특구 전체를 하나의 테마파크 형식으로 설계하고 오락적이고 동기부여형 스토리텔링을 통해서 교육적이고 재미있는 몰입형 경험을 제공한다.

어린이와 청소년을 위한 코딩 워크숍부터 성인을 위한 전문성 개발과정에 이르기까지 모든 연령대의 방문객을 위한 교육 및 훈련 프로그램을 제공할 수 있어야 한다. 이러한 프로그램은 방문자가 메타버스 경제에서 성공하는 데 필요한 기술을 개발하는 데 중요한 기여를 할 것이다. 방문자가 프로젝트에 참여하고 다른 참가자와 네트워크를 형성할 수 있는 협업공간이 포함될 수 있다. 이러한 공간은 현대적인 편의시설과 최첨단 기술을 갖춘 공동 작업공간과 유사하게 설계되어 실질적인 효용성을 담보해야 한다.

교육과정과 협업프로젝트를 통해서 성장한 학생과 청년들을 위한 인턴십 프로그램을 제공한다. 이 프로그램은 참가자들에게 메타버스 경제에서 실제 경험을 제공하여 실제 프로젝트에서 작업하고 미래의 경력에서 사용할 수 있는 실용적인 기술을 얻을 수 있는 기회를 제공한다. MSEZ는 인턴십 프로그램을 활용하여 메타버스 경제의 성장과 발전에 기여할 수 있는 숙련된 인력의 파이프라인을 만드는 것이다.

메타버스 경제가 지속적으로 발전함에 따라 경제의 성장을 지원하고 사회 구성원에게 이익이 되도록 정책 및 제도적 장치를 만드는 것이 점점 더 중요해질 것이다. MSEZ의 지속가능한 성장과 개발을 위한 정책적, 제도적 이니셔티브가 뒷받침되어야 한다.

특구의 협력체계(거버넌스)는 참가자의 안전과 보안을 보장하면서 혁신을 촉진하기 위해 MSEZ에 대한 규제 프레임워크를 수립할 수 있다. 여기에는 데이터 프라이버시, 지적재산권 및 메타버스와 관련된 법적 문제에 대한 규정이 포함된다. 투자와 경제성장을 장려하기 위해 MSEZ에 참여하는 기업과 개인에게 세금 인센티브를 제공할 수도 있다.

연구개발 센터를 설립하여 메타버스를 위한 신기술 및 응용 프로그램 개발을 촉진한다. 이 센터는 연구원, 기업가 및 투자자를 모아 메타버스 경제에서 새로운 제품과 서비스를 만드는 데 사용할 수 있는 최첨단 기술과 응용 프로그램을 연구하고 기업과 개인에게 관련 연구결과를 지원한다.

협회, 전문 조직과 협력하여 메타버스 경제에서 일하고 싶은 개인을 위한 인증 프로그램, 전문 개발 과정을 만들 수 있다. 이러한 프로그램은 인턴십 프로그램과 함께 개인이 업계에서 성공하는 데 필요한 기술과 지식을 개발하고 기업에게 자격을 갖춘 후보자 풀을 제공한다.

특구의 거버넌스는 MSEZ에서 일하는 신생 기업과 기업가에게 자금을 제공하기 위해 벤처 투자 펀드를 설립하는 것을 지원하며 교육 기관과 협력하여 메타버스 연관기술에 대한 과정을 배울 수 있는 커리큘럼을 지원한다.

MSEZ의 성공적인 추진을 위해서는 입지조건이나 산업별 특성도 고려해야 한다. 정보통신 인프라, 기술 허브나 강력한 교육시스템을 갖춘 우수한 인적자원, 지원정책, 풍부한 자금, 산업의 발달 정도 등이 입지적으로 우선 고려해야 할 사안이다. 무엇보다 중요한 것은 지방 정부나 사회 구성원이 MSEZ에 대한 필요성을 공감하고 추진하고자 하는 강한 의지라고 할 수 있다.

농업, 어업, 축산 등 1차 산업을 MSEZ로 조성하기 위해서는 1차 산업은 천연자원에 의존하기 때문에 제품의 운송과 유통을 지원하는 인프라를 개발하는 것이 중요하다. 교통 및 물류 네트워크에 대한 접근성이 좋은 지역을 고려해야 한다.

첨단 기술의 사용은 1차 산업에서 점점 더 중요해지고 있다. 생산성과 효율성을 위해 정밀농업, 사물인터넷(IoT) 및 인공지능(AI)과와 같은 디지털 기술의 채택과 혁신을 촉진해야 한다. 농수축산 기술회사, 농기구 및 기계 제조회사, 식품 가공회사 등 관련 분야 기업들의 집적화가 요구된다.

메타버스 구성 및 운영 전문 기업이나 디지털 트윈 기술 기업은 메타버스 경제특구 개발 및 운영에 핵심적인 역할을 할 수 있다. 이들 기업은 경제특구의 디지털 트윈 생성 및 유지에 필요한 기술 전문성과 인프라는 물론 메타버스에서 몰입형 경험을 위한 도구를 제공할 수 있다. 경제특구가 물리적 세계와 가상 세계를 통합할 것으로 예상되는 만큼 디지털 트윈 기술 기업의 역할이 특히 중요할 것이다. 그들은 물리적 세계와 가상 세계 사이의 격차를 해소하여 원활한 통합과 상호작용을 가능하게 한다.

MSEZ발전의 중심축 역할을 수행할 앵커 회사를 유치하는 것도 여러가지 이점을 얻을 수 있다. MSEZ는 미래형 혁신개념이다. 앵커 기업을 통해서 MSEZ의 코어를 조기에 형성하고 앵커 기업의 평판과 브랜드 인지도를 활용하여 기업가 및 투자자와 방문자에게 더욱 매력적으로 다가갈 수 있다.

1차 산업은 종종 식품 안전, 환경 보호 및 동물 복지와 관련된 엄격한 규제를 받는다. MSEZ는 이러한 표준을 준수하는 동시에 혁신과 성장을 촉진하는 규정을 개발해야 한다. 지속 가능한 관행은 1차 산업의 장기적인 생존 가능성에 매우 중요하다. MSEZ는 천연자원을 보호하고 고품질 제품의 생산을 보장하기 위해 지속 가능한 농업, 어업 관행을 우선시해야 한다.

런던의 이층 버스는 독특한 외부 디자인으로 유명하다. 그 중에는 산업혁명 전에 마차를 사용하던 운송 외관이 아직까지 그대로 사용되는 경우가 있다고 한다. 당시 말과 증기 기관 중 어느 것이 더 효율적인 것인지를 놓고 벌인 논쟁은 유명하다. 마차를 포기하고 석탄 구동 증기 엔진을 사용한 운송업자의 외부 디자인은 오늘날까지 유지되고 있지만 당시 마차를 고집 한 운송업자의 외부 디자인은 도태되어 결국 사라졌다고 볼 수 있다.

런던의 이층 버스에 대한 이야기는 빠르게 진행되는 기술 변화에 대한 신속한 대응과 혁신이 경쟁력을 유지하고 번영하기 위한 필수요건이라는 것을 잘 보여준다. 메타버스는 인공지능 기반 경제에서 새롭고 혁신적인 경제시스템으로 확산될 것이라는 다양한 사례와 적용 시나리오를 선보이고 있다. 변화 혁신을 주저하지 말고 새로운 기술과 아이디어를 수용하면서 회사의 핵심 가치와 정체성을 발전시켜 나가야 한다.

4부

K콘텐츠 비전과 전략,
그리고 대한민국의 미래

제10장 　 대전환의 전략과 방향

요약

　대위기와 한계에 봉착한 대한민국을 넘어서 새로운 시대로 나아가기 위해서는 새로운 비전과 정책을 갖춘 정부, 국가가 절실하게 요망된다. 인공지능 기술혁명은 K콘텐츠를 통한 대도약의 계기를 제시한다. 대전환을 향한 새로운 비전을 조기에 정착하고 중장기적으로 흔들림 없이 추진하기 위해서는 정책 비전과 방향, 정책 프레임워크(구조와 프로세스), 장단기 정책과제에 대한 치밀한 설계와 실행계획이 요구된다.

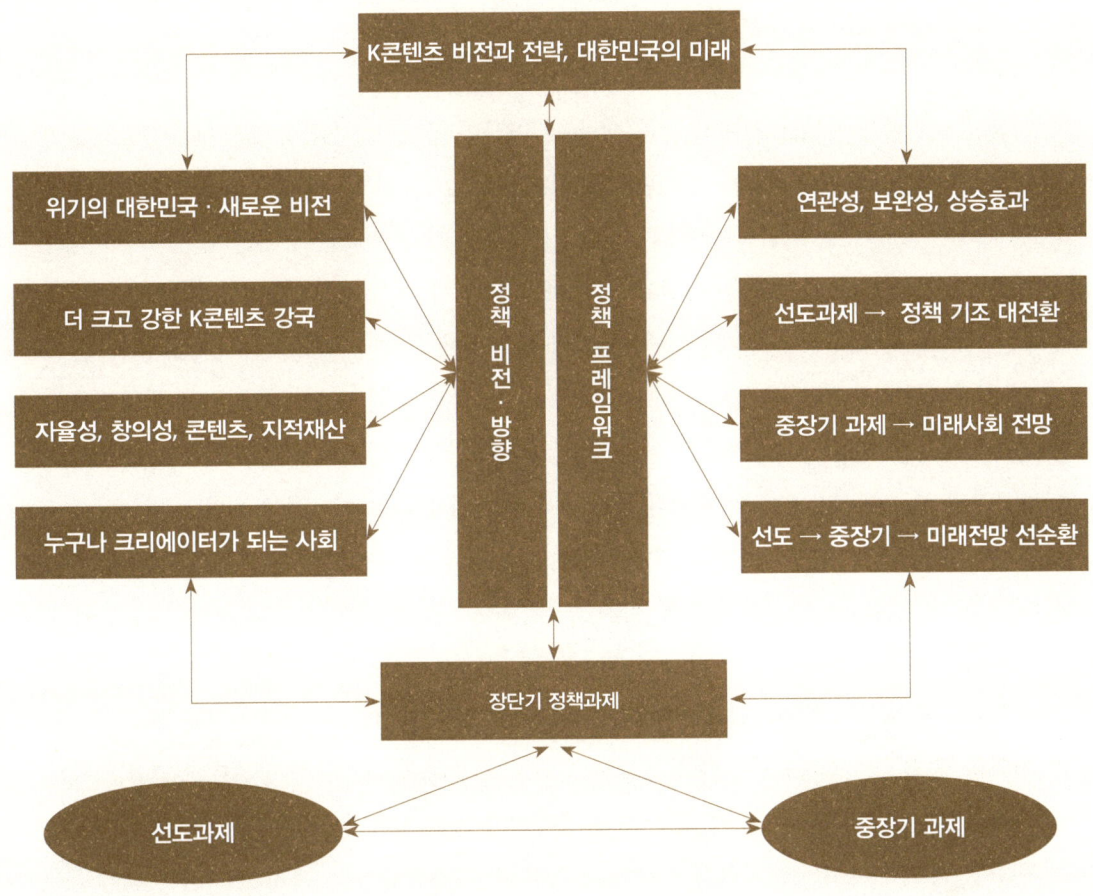

1 위기의 대한민국과 대전환

　대한민국은 많은 문제에 직면해 있다. 소득과 자산의 양극화, 저출산, 고령화, 지역 소멸 등의 고질적인 문제 외에도 코로나 팬데믹이나 기후위기, 우크라이나 전쟁 속에 협력적 세계질서가 붕괴하는 등 새로운 위험요인도 대두되고 있다. 침체가 지속되는 경제위기, 강대국의 패권 경쟁으로 전쟁 위기가 고조되는 등 셀 수 없이 어려운 과제들이 쌓여가고 있다.

　국내적으로 가장 시급한 문제는 소득과 자산의 양극화 문제다. 빈부 격차는 좁아지기는 커녕 날로 심해져 사회 불안과 불만이 증폭되고 있다. 빈부 격차는 각종 기회격차로 확산되고 증폭되어 공정성은 훼손되고 정의감은 상실된다. 자신의 성공과 행복을 위해 타인의 안녕 따위는 아랑곳하지 않은 세태가 만연되게 된다. 공동체의 위기와 붕괴로 이어지게 된다.

　우리 사회가 안고 있는 또다른 문제는 저출산과 고령화다. 대한민국은 지금 경제, 사회 복지 서비스, 국가 안보에 광범위한 영향을 미치는 인구통계학적 변화를 경험하고 있다. 여당과 야당이 바뀌는 정권교체가 여러 번 진행된 지난 수십년간 출산율을 회복하기 위한 각종 정책과 수백조에 이르는 예산이 투입되었으나 출산율 회복은 물거품이 되었다. 아기 울음소리가 끊긴 농촌 지역은 해마다 늘어나고 인구와 경제활동 감소로 인해 회복 불가능한 상태로 소멸되고 있다.

　코로나 팬데믹은 공중 보건, 경제, 사회 안정에 영향을 미치며 우리 사회에도 중대한 과제를 제시했다. 정부가 바이러스 확산을 억제하기 위한 조치를 취했지만, 특히 소기업과 취약 계층에 미치는 경제적 여파는 심각했다. 기후위기는 우리 사회가 직면한 또다른 중대한 도전이다. 해수면 상승, 빈번하고 강도 높은 자연 재해, 농수산업을 위한 환경 악화 등 기후 변화의 영향에 우리 사회는 매우 취약하게 노출되어 있다.

　강대국의 패권경쟁은 날로 격화되고 있다. 이념대결과 전쟁으로 물들었던 지난 세기를 뒤로하고 평화와 번영을 희망했던 세계화의 꿈은 물거품이 되기 일보직전이다. 급기야는 인류 멸망으로 이어질 핵전쟁의 그림자가 어른거린다. 패권경쟁에 휘말린 우리나라는 전쟁의 위협과 불안정에 직면해 있으며, 이는 국가 안보와 경제, 국민의 생존과 활로에 중대한 영향을 미친다.

　정부와 사회 전체의 긴급한 관심과 조치가 필요한 복잡하고 상호 연결된 다양한 문제에 대해 모든 사회 구성원의 평화와 웰빙을 최우선시하는 혁신적이고 협력적인 접근방식이 필요하다. 소득과 자산의 양극화를 해소하기 위해서는 부의 재분배를 향한 담대한 경제정책, 파격적이고 획기적인 누진적 조세 정책, 교육 및 직업훈련 프로그램에 대한 대대적인 투자 등 혁명에 가까운 대개혁이 있어야 한다.

저출산과 지역소멸에 대해서는 지난 수십년간 책임과 권한을 실행해 온 시스템과 대응 논리의 무조건적인 해체로부터 해결책을 모색하는 것도 검토해 볼 만하다. 결혼과 출산의 적령기에 있는 당사자 중심으로 사업과 재원을 재구조화하고, 미래세대인 청년들의 새로운 삶의 거점으로 지역이 거듭날 수 있도록 집중적이고 획기적인 투자가 필요하다. 재생에너지 투자, 온실가스 배출 저감, 환경규제 강화 등 기후 에너지 위기에 대응하는 지속가능하고 확고부동한 에너지 환경 대응정책이 추진되어야 한다.

인류의 생존을 위협하는 강대국의 패권경쟁에 자제를 촉구하고, 냉정을 회복할 것을 호소하고 대화와 타협이라는 평화적 국제질서의 회복을 추구한다. 세계의 모든 지역과 국가가 함께하는 문화교류와 경제협력을 제일가치로 추구하는 외교정책을 가동한다. 패권에 반대하는 중립적이고 대안적인 국제관계를 형성하는 데에 최선을 다 해야 한다.

인공지능의 시대가 도래하고 있다. 인공지능 기술 혁명은 파괴적 혁신을 통해서 기존 경제와 사회 제도를 총체적으로 변화해 나갈 것이다. 특히, 콘텐츠를 중심으로 하는 대전환의 흐름이 예측되고 있다. 대한민국은 콘텐츠 강국이다. 인공지능시대의 K콘텐츠 전략을 통해서 누적된 위기요인을 해소하고 대도약의 길로 나아가야 한다. 인공지능기반 경제와 크리에이터 비즈니스를 확산하고, 과학기술 혁신의 가능성을 포착하여 과감하고 담대한 개혁을 추진해 나가야 한다. 새로운 비전을 통해 누적된 국가적 난제의 해법을 찾고 사회구성원 모두의 희망과 활력을 회복하고, 우리 사회가 한 단계 성장 발전할 수 있는 기회를 만들어 간다.

사회 전반의 변화를 추진하고 시행착오를 최소화하면서 변화를 조기에 정착하기위해서는 정부의 정책과 제도, 재정과 사업, 추진체계의 변화도 병행, 추진해야 한다. 여기에는 사회 변화에 따라 필요하게 된 새로운 시스템의 개발을 지원하는 리소스, 자금, 가이드라인 제공이 포함된다. 새롭게 형성될 시스템의 성장을 장려하고 지원하는 환경을 조성함으로써 정부는 혁신과 경제 성장을 촉진한다. 정부는 연구 개발을 위한 자금을 제공하고, 세금 인센티브나 신흥 산업에서 경쟁과 협력을 장려하는 법률이나 규정을 보완하거나 새롭게 만들어야 한다.

정부는 새로운 시스템이 사회의 구성원에게 접근 가능하고 모두에게 공평하다는 것을 보장하는 데도 중요한 역할을 할 수 있다. 인공지능이나 콘텐츠의 다양성과 포용성을 촉진하는 정책 개발과 크리에이터의 권리를 보호하는 규정이 포함될 수 있다. 개인에게 새로운 경제에 참여하는 데 필요한 기술과 자원을 제공하는 인프라나 교육 프로그램을 만들기 위한 지원 프로그램을 가동해야 한다.

인공지능(AI)시대의 K콘텐츠 전략을 구현하기 위한 정부의 또다른 중요한 역할은 다양한 이해관계자 간의 협업을 위한 프레임워크를 만드는 것이다. 기업, 교육 기관 및 커뮤니티 그룹과 협력하여 새로운 시스템을 구축하기 위한 공유 목표와 전략을 개발한다. 협력과 협업의 문화를 조성함으로써 새로운 시스템의 혜택을 모든 사회 구성원이 공유하도록 지원한다.

의미있는 사회 변화를 이루기 위해서는 사회 구성원 사이의 공유된 비전과 공감대를 형성하는 것이 필수적이다. 공통의 목표를 지향해 나아가게 할 수 있는 사회적 에너지와 문화적 흐름의 창출이 중요하다. 다양한 조직과 그룹이 이러한 노력에 기여할 수 있지만 정부의 역할은 사회의 집단적 에너지를 견인하고 안내하는 역할을 한다.

정부는 사회의 의제와 방향을 설정하는 책임이 있다. 그들은 국가의 목표와 우선 순위를 정의하고 이를 국민에게 전달할 권한이 있다. 다양한 정책 이니셔티브를 통해 정부는 사회에 유익한 것으로 간주되는 특정 가치와 신념을 장려할 수 있다. 이것은 공통의 목표를 향해 사람들을 통합할 수 있는 공유된 목적의식과 방향을 만드는 데 도움이 된다.

정부는 설정된 목표를 달성하기 위해 사회의 집단적 에너지를 동원할 수 있는 자원과 수단을 가지고 있다. 정부는 다양한 이니셔티브를 구현하는 데 필요한 공적 자금, 인프라, 인적 자원에 접근할 수 있다. 이러한 자원을 활용함으로써 정부는 사람들이 행동을 취하도록 유도할 수 있는 추진력과 긴박감을 만들 수 있다.

정부는 사회의 다양한 그룹과 조직의 활동을 규제하고 조정할 책임이 있다. 서로 다른 이해관계자가 동일한 목표를 향해 노력하고 아무도 소외되지 않도록 할 수 있는 권한이 있다. 다양한 규정, 인센티브 및 지원 메커니즘을 통해 정부는 보다 응집력 있고 협력적인 사회를 만들 수 있다.

사회 전체의 새로운 실험과 도전은 각기 다른 어려움과 위험이 있을 수 있고, 다양한 이해관계자들 사이에 이해관계가 상충될 수 있기 때문에 중재자이자 안내자 역할을 해야 한다. 사업을 추진하는 과정에서 예상치 못한 어려움에 직면하게 될 때, 개인과 단체가 어려움을 극복할 수 있도록 사회 안전망 역할도 해야 한다.

계속 진화하고 새로운 기술 발전에 적응함에 따라 변화를 안내하고 중재하는 정부의 역할이 점점 더 중요해지고 있다. 인공지능기반 경제와 콘텐츠 크리에이터 비즈니스는 어려움과 위험이 따를 수 있는 새로운 실험과 도전이 필요한 상황이다. 도전과제를 성공적으로 헤쳐 나가기 위해서는 정부가 중재자이자 길잡이 역할을 하여 이해당사자들을 모아 공동의 목표를 지향해 나아가야 한다. 여기에는 서로 다른 관심과 우선 순위를 가질 수 있는 개인, 그룹 간의 의사소통 및 협력을 촉진하고 모든 당사자의 요구사항을 고려하는 것이 포함된다.

새로운 시스템과 이니셔티브를 구현하는 동안 발생할 수 있는 예기치 않은 어려움과 장애물에 직면할 준비가 되어 있어야 한다. 여기에는 어느 정도의 유연성과 적응성이 필요하며, 상황에 따라 조정 및 코스 수정을 하려는 의지가 필요하다.

사회의 변화로 인해 부정적인 영향을 받을 수 있는 개인과 집단을 지원하고, 지원하는 사회 안전망 역할을 해야 한다. 새로운 기술을 개발하고 새로운 역할에 적응하는 데 도움이 되는 훈련과 교육을 제공하고 전환 기간 동안 생계를 유지하기 위해 고군분투하는 사람들에게 재정적 지원을 제공하는 것이 포함되어야 한다.

담대한 경제성장과 혁신을 주도할 콘텐츠 및 인공지능의 잠재력을 인식하고 이를 촉진하는 기반과 환경을 조성한다. 개인은 창의성과 상상력을 마음껏 발휘하며, 공정하고 투명한 시스템을 통해서 인센티브와 보상이 진행된다. 누구나 크리에이터가 될 수 있는 비전과 가치를 수용하고 확산한다. 도전과 전진을 가능하게 하는 혁신, 협업, 창의성의 새로운 사회 시스템을 재창조한다. 더 크고 강한 문화강국, K콘텐츠 강국의 비전과 실천을 전 세계적으로 공유함으로써 정신적 가치와 물질적 가치, 문화와 문명의 조화와 균형을 추구하는 문화 선진국가를 지향한다. 정부는 새로운 모델을 추진하는 안내자, 조타수의 역할을 수행하면서 동시에, 이해상충이나 예상 못한 어려움을 해결하는 중재자, 안내자 역할을 할 수 있다.

2 K콘텐츠 비전과 추진방향

대한민국은 이미 한류를 통해 문화 강국으로 세계인의 존경과 부러움의 대상이 되었다. 우리의 큰 긍지이자 자부심이다. 한발 더 나아가 세계의 청년들에게 꿈과 희망을 주고, 지구촌이 직면한 문제를 해결할 비전을 함께 모색해야 한다. 한류는 지난 10여 년 동안 문화강국으로 세계 뉴스의 헤드라인을 장식해 왔다. 한류는 전 세계로 퍼져 나갔고 한국의 문화산업은 커다란 성공을 거두었다. 한류는 콘텐츠산업에 국한되지 않고 기술, 뷰티, 패션, 음식, 관광 등 다양한 측면을 아우른다. 한류는 한국을 세계인의 존경과 부러움의 대상으로 만들었다.

거의 모든 경제대국이나 부유한 경제 선진국들은 문화 강대국, 문화강국을 꿈꾼다. 하지만 경제 강국이라 해서 모두가 문화강국이 되는 것은 아니다. 문화강국이 되기 위해서는 거시적으로는 경제역량, 기술역량, 역사나 문화 역량, 민주주의와 정치적 역량 등 다양한 요소가 충족되어야 비로소 가능하며, 미시적으로는 콘텐츠의 기획, 제작, 유통 등과 같은 구현능력으로 발휘되어야 한다.

최근 수십년간 한국의 크리에이터들은 전 세계인의 관심을 사로잡는 콘텐츠 제작 능력을 입증해 왔다. 세계 여러 나라의 대중 문화에 큰 영향을 미친 음악, 영화, 드라마, 게임, 웹툰과 같은 콘텐츠를 지속적으로 개발하고 서비스해 왔다. 한국의 크리에이터는 독창적인 고품질 작업으로 유명하다. 콘텐츠 개발과정에는 유무형의 노하우가 스며들어 간다. 이것이 오랜 세월동안 누적되면 감각적 차이를 형성하게 되며, 이것은 기술적 원리나 시스템으로 해부하기 어렵다.

우리는 K콘텐츠전략, 크리에이터 비즈니스의 비전을 품고 더 크고 강한 문화 강국의 길로 나아가는 것이 인공지능 시대의 새로운 비전이 될 수 있다. 크리에이터 비즈니스를 통해서 더욱 혁신적이고 획기적인 콘텐츠를 만들 수 있는 역량을 강화할 수 있다. 이는 전 세계인의 관심을 끌게 되고, 전 세계 청소년들에게 감동을 주고 자극과 영감을 제공할 것이다.

K콘텐츠를 선도하는 정부의 비전을 통해 세계 여러 나라와 지역의 미래 세대에게 희망과 꿈을 제공할 수 있다. 기후변화, 경제적 불평등, 지역분쟁 등 지구촌이 안고 있는 문제를 콘텐츠를 통해서 상호 소통하고 해결방안을 공감하는 비전을 제시할 수 있다. 크리에이터는 다른 나라의 역할 모델이 될 수 있고, 다른 나라와 파트너십을 구축하여 비전과 지식을 공유한다.

정부는 사회 변화를 추진함으로써 누적된 국가적 과제에 대한 해결책을 찾고 국가가 한 단계 더 발전할 수 있는 기회를 만들어 나가야 한다. 크리에이터들은 혁신적이고 획기적인 콘텐츠를 만들어 남들과 차별화하고 우리나라를 더욱 성숙한 문화강국으로 발전시켜 나간다.

과거에는 산업화와 제조업이 경제의 원동력이 되어 세상을 바꾼 제조업 혁명을 이끌었다. 기술과 인터넷의 발달로 경제의 새로운 원동력이 된 콘텐츠산업으로 초점이 옮겨가고 있다. 세계가 인공지능기반 경제, 크리에이터 비즈니스로 이동함에 따라 정부는 콘텐츠제작의 중요성을 인식하고 이에 대한 투자가 필요하다. 빅데이터와 프로그램, 창작물 등 콘텐츠 개발을 국부의 원천으로 삼아야 한다.

콘텐츠는 대량의 빅데이터를 생성한다. 빅데이터는 소비자 행동 및 선호도를 분석하는 데 사용될 수 있으며, 이를 통해 새로운 제품 및 서비스를 개발하는 원천이다. 빅데이터 인프라 강화에 투자하고 기업이 데이터를 공유할 수 있도록 인센티브를 제공해야 한다.

콘텐츠 제작을 지원할 수 있는 프로그램과 소프트웨어 개발에도 투자해야 한다. 비디오 편집 소프트웨어, 그래픽 디자인 소프트웨어 및 기타 콘텐츠 제작 도구와 같은 도구가 포함된다. 정부는 기업이 이러한 도구를 개발하고 콘텐츠 제작자가 액세스할 수 있도록 보조금과 인센티브를 제공해야 한다. 창작물 등 콘텐츠 개발을 추진해야 한다. 가상현실 경험 및 대화형 미디어와 같은 새로운 콘텐츠 포맷이 포함된다.

제조업과 콘텐츠를 결합하면 제품이나 서비스의 가치를 확실히 높일 수 있다. 소비자가 수많은 옵션에 접근할 수 있는 오늘날의 세계에서 제조업체는 제품을 차별화하고 눈에 띄게 만드는 방법을 찾고 있다. 고유한 디자인 요소, 스토리텔링, 대화형 기능과 같은 콘텐츠를 통합함으로써 제조업체는 고객에게 더욱 매력적이고 기억에 남는 경험을 제공할 수 있다.

의류 제조업체는 해외 현지 문화와 전통에서 영감을 받은 디자인을 통합한 의류 라인을 만들 수 있다. 이것은 제품에 미적 가치를 더하고, 문화적 요소를 식별하는 소비자에게 더욱 의미있는 가치를 제공한다. 자동차 제조업체는 혁신적인 기술과 대화형 기능을 차량에 통합하여 고객에게 보다 몰입감이 있는 운전 경험을 제공할 수 있다.

제조업에 콘텐츠를 추가함으로써 회사는 더 강력한 브랜드 아이덴티티를 만들고 고객 충성도를 높일 수 있다. 고객은 이야기가 있거나 고유한 디자인 요소가 있는 제품에 대한 감정적 연결을 발전시킬 가능성이 더 크다. 이는 반복 구매 및 긍정적인 입소문 추천으로 이어질 수 있다. 콘텐츠를 제조에 통합하면 새로운 수익원을 얻을 수 있다. 차별화된 디자인으로 티셔츠나 포스터와 같은 상품을 만들어 추가수익을 창출하고 브랜드가치를 향상한다.

콘텐츠는 회전율이 빠르고 자연환경과 물리적 세계에 대한 피해가 적고 무엇보다 특별한 자본없이 창의적인 아이디어나 상상력만 있으면 누구나 도전할 수 있다. 기술과 인터넷의 등장으로 콘텐츠는 우리 일상의 필수적인 부분이 되었다. 엔터테인먼트에서 교육, 정보에서 영감에 이르기까지 콘텐츠는 우리의 인식과 믿음을 형성하는 힘을 가지고 있다. 콘텐츠 제작의 가장 중요한 장점은 빠른 회전율이다. 시간과 리소스가 소요되는 기존의 제조 프로세스와 달리 콘텐츠는 신속하게 생성 및 배포될 수 있다.

콘텐츠는 자연 환경과 물리적 세계에 미치는 영향이 적다. 원자재, 에너지, 기계가 필요한 제조 공정과 달리 콘텐츠 제작은 물리적 자원이 필요하지 않은 디지털 공정이다. 이는 콘텐츠 제작이 환경에 미치는 영향이 기존 제조 공정에 비해 최소화됨을 의미한다. 콘텐츠는 창의적인 아이디어나 상상력만 있으면 누구나 접근할 수 있다는 것이다. 전통적인 제조 공정에서는 사업을 시작하기 위해 대규모 자본 투자가 필요하다. 그러나 콘텐츠 제작의 세계에서 필요한 것은 좋은 아이디어와 그것을 실현하는 크리에이터만 있으면 가능하다.

콘텐츠의 가장 큰 장점은 아마도 시간과 장소를 초월하는 능력일 것이다. 콘텐츠가 생성되면 몇 초 만에 전 세계 사람들과 공유할 수 있다. 즉, 시간과 장소의 제약이 더 이상 적용되지 않으며 크리에이터는 전 세계 시청자에게 즉시 도달할 수 있는 잠재력이 있다. 인터넷과 소셜미디어 플랫폼의 부상은 크리에이터가 큰 힘과 영향력을 갖는 새로운 유형의 경제를 창출했다. 따라서 젊은 세대와 미래 세대는 이 산업의 선두에 서기에 가장 적합하다. 젊은이들에게 많은 자본 없이도 창의력과 상상력을 표현할 수 있는 수많은 기회를 제공한다. 인터넷을 플랫폼으로 사용하면 전 세계 시청자에게 순식간에 다가가고 구독층을 형성한다. 젊은이들에게 다양한 분야에 적응할 수 있는 새로운 기술과 지식을 개발할 수 있는 길을 제공한다.

크리에이터로서 젊은 세대와 미래 세대의 잠재력을 실현하기 위해서는 정부가 이들의 교육에 투자하고 성장을 지원해야 한다. 디자인, 스토리텔링 및 마케팅을 포함하여 콘텐츠 분야에서 성공하는 데 필요한 기술과 지식을 개발하는 데 중점을 두어야 한다. 콘텐츠 크리에이터에게 재정적 및 전문적 지원을 제공하기 위해 자금 및 멘토링 프로그램을 만들어야 한다.

또한 정부는 콘텐츠개발에 도움이 되는 환경을 조성하는 데 주력해야 한다. 여기에는 크리에이터의 지적 재산권을 보호하는 정책 및 규정 수립, 혁신 및 협업 촉진, 콘텐츠 생성 및 배포를 지원하는 인프라 제공이 포함된다. 콘텐츠는 젊은 세대와 미래 세대에게 자신을 표현하고 크리에이터로 성장할 수 있는 다양한 기회를 제공한다. 교육에 투자하고 그들의 성장을 지원함으로써 정부는 경제 성장과 혁신을 주도할 수 있는 활기찬 사회를 만드는 데 도움을 줄 수 있다.

콘텐츠는 지적 자산으로 부가가치가 높고 장기간에 걸쳐 재산권을 행사할 수 있도록 법적으로 보장되어 있다. 모든 사회구성원들이 콘텐츠를 통해 소득과 자산을 축적하여 양극화와 불평등을 해소하고 희망찬 미래를 설계한다. 미래세대인 청년층, 장년층, 노년층 누구나 할 것 없이 기존 사회구성원도 콘텐츠 제작, 개발에 참여할 수 있도록 전환 교육과 지원 프로그램을 강화해야 한다.

정부는 청년세대와 미래세대에 대한 투자와 지원에 집중해야 한다. 교육 및 훈련 프로그램을 제공함으로써 젊은 세대가 콘텐츠 제작자 중심 사회에서 성공하는 데 필요한 기술과 지식을 갖추도록 할 수 있다. 프로그램은 젊은 세대가 부가가치가 높은 잠재력을 가진 콘텐츠를 만들 수 있도록 창의적 아이디어, 기술, 비즈니스를 가르치는 데 중점을 두어야 한다.

크리에이터 비즈니스에는 노인, 소외계층 등 기존 사회 구성원도 포함되어야 한다. 이들이 콘텐츠 제작과 개발에 참여할 수 있도록 전환 교육과 지원 프로그램을 제공해야 한다. 이것은 이러한 지역사회를 위한 새로운 직업 기회와 소득 흐름을 창출하여 양극화와 불평등을 감소시킬 것이다. 개인은 콘텐츠 제작을 통해 소득과 자산을 축적함으로써 자신과 공동체의 희망찬 미래를 설계할 수 있다. 콘텐츠 제작자 중심의 사회는 개인이 자신의 창의성, 상상력, 혁신적인 아이디어를 선보일 수 있는 기회를 제공한다. 정부는 모두가 성공할 수 있는 기회가 있는 공정하고 포용적인 사회를 추진한다.

스마트폰의 카메라 셔터를 누르고 메시지를 입력하는 순간 데이터가 생성되어 콘텐츠가 된다. 모든 국민이 콘텐츠 자산의 소유자이자 소득자가 된다는 생각은 인공지능기반 경제와 크리에이터 비즈니스의 핵심 작동원리이다. 소셜 미디어, 스마트폰 및 디지털 도구를 활용해서 콘텐츠를 만들고 공유하는 것이 그 어느 때보다 쉬워졌다. 이러한 접근 용이성으로 인해 개인은 자신의 창의성을 귀중한 자산으로 전환하고 이를 통해 수입을 얻을 수 있는 가능성이 상시적으로 존재한다.

모든 사람이 의미 있는 방식으로 콘텐츠를 만들고 공유할 수 있는 기본 기술을 갖추도록 보장하는 콘텐츠 리터러시를 향한 광범위한 노력이 필요하다. 워크샵, 교육 프로그램 및 온라인 리소스와 같은 다양한 이니셔티브를 통해 추진된다. 개인이 콘텐츠를 수익화할 수 있는 온라인 마켓플레이스, 크라우드 펀딩, 구독과 같은 다양한 수단을 통해 달성할 수 있도록 플랫폼을 지원한다. 정부와 민간조직은 또한 콘텐츠 크리에이터에게 재정 및 물류 지원을 제공하여 청중을 구축하고 수익을 창출하도록 도울 수 있다.

콘텐츠 크리에이터의 권리를 보호하고 작업에 대한 정당한 보상을 받을 수 있도록 법적 프레임워크를 제공하는 것이 중요하다. 여기에는 저작권법, 라이선스 계약 및 크리에이터의 기여에 대한 대가를 받는 데 도움이 되는 메커니즘이 포함될 수 있다. 콘텐츠 제작의 잠재력을 경제 발전의 수단으로 인식하는 것이 중요하다. 개인이 콘텐츠 자산 소유자 및 수입원이 되도록 권한을 부여함으로써 커뮤니티는 경제 활동 증가, 일자리 창출 및 전반적인 성장의 혜택을 누릴 수 있다.

　콘텐츠 기획과 창작 과정은 성공에 따른 보상과 기쁨의 이면에 실패에 따른 좌절과 손실의 위험도 어느 분야보다도 크다고 할 수 있다. 완성과 사업화의 길이 험난하며 이를 달성하지 못하면 그 동안 투자했던 시간과 자원은 물거품이 되는 측면이 있기 때문이다. 수많은 크리에이터 지망생들이 성공의 순간에 도달하지 못하고 중간에 꺾이는 이유이다. 정부는 실패에 좌절하지 않고 도전할 수 있는 용기와 기회를 뒷받침하는 제도적 장치를 마련해야 한다. 콘텐츠가 빅데이터로서 인공지능의 자기 학습과 경제적 부가가치의 원천이 되는 작금의 시대상황에서 보편적 기본소득과 같은 제도가 시행되어야 하는 이유이다.

3 정책추진의 프레임워크(체계) 전환

'구슬이 서말이어도 꿰어야 보배'라는 옛 속담이 있다. 정확한 문제인식과 제대로 된 정책 추진방향을 수립했다고 해도 정책으로 구체화해야 비로소 체감할 수 있게 된다. 올바른 상황인식에도 정책 구체화 단계를 제대로 실행하지 못해 문턱에서 좌절하는 경우가 허다하고, 올바른 상황 인식마저 폄하되어 그 다음에 추진하는 것을 더욱 어렵게 하기도 한다.

설계된 정책과 사업들이 제대로 추진되기 위해서는 정책과 사업들의 유기적인 연관성, 상호 보완성, 최종적으로는 정책들이 추진됨에 따라 서로 상승효과를 일으켜 조기에 정책효과를 가시화하고, 정책 수요자들이 체감할 수 있도록 해야 한다. 좋은 정책들이 개별적으로 추진되고, 서로 상충되기라도 하면, 중구난방으로 인식되어 정책 추진효과는 크게 반감된다.

새로운 비전과 정책을 추구한다고 해서, 정부의 모든 정책과 사업을 일시에 모두 바꾸는 것은 아니다. 그렇게 할 수도 없고 할 필요도 없다. 이전부터 추진해 오면서 축적된 정책적 역량을 토대로 하면서, 새로운 정책과 사업들을 결합하여 더 큰 효과가 발휘될 수 있도록 질서 있게 추진해야 한다. 새로운 사업의 추진 방향과 내용을 이전부터 추진해오던 내용들의 한계와 문제점을 뛰어 넘을 수 있게 설계, 추진함으로써 이전의 정책과 사업들도 순차적으로 변화할 수 있도록 추진한다.

선도적 정책과 사업이란 모든 정책과 사업의 선두에 서서 이끌어 갈 새롭고 상징적인 사업을 말한다. 선도적인 정책과 사업의 성패는 정책 방향과 비전의 성패 여부에도 직결되게 된다. 따라서, 선도적인 정책과 사업의 상호연관성, 상호 보완성, 정책실행의 상승효과를 구조화하여, 조기에 정책효과를 가시화하고, 정책 수요자들이 정책효과를 체감할 수 있도록 한다.

크리에이터는 새로운 사회의 주인공이다. 빅데이터와 창작물을 생산하는 인공지능기반경제와 크리에이터 비즈니스를 이끌어 갈 중심세력이다. 아직은 변방에 있고 조연 배우 역할을 하고 있지만, 크리에이터의 사회적, 경제적 위상을 대폭적으로 강화하는 정책을 통해서, 자신들이 주인공으로 캐스팅되었다는 것을 실감할 수 있도록 해야 한다. 사회 구성원이라면 누구나 크리에이터가 될 수 있다. 누구나 크리에이터가 될 수 있는 정책과 사업이 최우선적으로 실행되어야 한다. 사회 구성원 모두가 빅데이터 생성 주체로서, 생성된 빅데이터의 가치를 보상 혹은 분배 받을 수 있다.

정책 프레임워크의 출발은 사회구성원 모두에게 새롭게 태어나는 사회의 주인공이 될 수 있는 자격을 부여하는 데에 있다. 사회 구성원 모두가 새로운 사회에 주인의식을 갖고, 자율적으로 참여할 수 있는 기회를 제공받게 된다. 누구라도 크리에이터가 되어 활동하는 데에 지장이 없도록 크리에이터의 위상을 강화하고, 크리에이터의 활동에 토대가 되는 사업을 선도적으로 추진한다.

사회 구성원 누구나 크리에이터가 될 수 있다 하더라도, 아직은 부분적이고 제한적으로 활동하고 있는 수준이다. 콘텐츠산업이나 일부 대기업 등에서 활동하고 있으며, 유튜브 등 소셜 미디어로 활동하고 있는 크리에이터가 확대되고 있기는 하지만, 사회 구성원 전체로 보았을 때는 소수에 불과하다. 크리에이터가 비약적으로 확대되어 조기에 사회 중심세력으로 부상할 수 있도록 하는 전략적인 정책과 사업 추진이 필요하다.

청년세대와 지역은 크리에이터가 비약적으로 확산할 수 있는 새로운 가능성, 새로운 축으로 작용할 수 있다. 청년세대는 미래세대로서 크리에이터 활동에 대해서 무한한 가능성을 가지고 있지만, 급격한 사회변동과 진로에 많은 어려움을 겪고 있다. 지역은 풍부한 전통문화자원과 생태환경의 보물창고인데, 극심한 양극화가 진행되어 인구가 감소하고, 경제가 수축되어 소멸위기에 처해 있다. 청년과 지역이 결합하여 크리에이터 활동과 생활 거점으로 거듭난다면, 우리가 직면하고 있는 위기를 새로운 기회로 탈바꿈하는 극적인 계기가 될 수 있다.

사회 구성원 누구라도 크리에이터로 활동할 수 있도록 위상이 강화되고, 토대가 마련되며, 지역이 청년세대를 중심으로 하는 새로운 크리에이터의 활동 거점으로 거듭나게 되면, 우리 사회가 직면하고 있는 소득과 자산의 양극화 문제를 해소하는 데에도 기여할 수 있다. 도시와 농촌, 미래세대와 기성세대는 양극화의 축이기도 하기 때문이다.

경제시스템과 생산활동은 아직까지 제조업과 전통산업에 집중되어 있다. 인공지능기반 경제와 크리에이터 중심의 사회로 자원과 역량이 지속가능하고 효율적으로 발휘될 수 있는 정책과 사업을 뒷받침한다. 대외적으로 한류의 성과로 일정 정도 문화강국으로 인식되고 있지만, 문화외교 활동의 시스템은 아직까지 후진적이며, 국제사회를 선도하기에는 외교의 내용에 비전과 맥락이 없다. 내부적으로 축적된 역량이 대외적 활동으로 연결되어 외교역량으로 발휘되고, 모든 나라와 지역, 세대를 넘어 교류 협력할 수 있는 체계와 사업을 추진한다.

사회 구성원 누구나 크리에이터가 될 수 있도록 위상이 강화되고, 소멸위기의 지역의 청년들이 새로운 크리에이터 주체로 호명(呼名)되어, 인공지능기반 경제와 크리에이터 비즈니스로 활력이 넘치면, 대외적으로는 크리에이터 강국, 콘텐츠 선도국가, 더 크고 강한 문화강국으로 나아갈 수 있게 된다.

선도적 사업은 치밀하고 정교하게 준비하여, 한치의 오차도 없이 속도감있게 추진하여 사업의 성과를 조기에 가시화하고, 국정 마인드의 대전환을 유도하는 데에 1차적 목적이 있다. 선도적 과제의 모든 의도가 달성되었다고 해서 국정비전과 정책방향이 달성되었다고 볼 수 없다. 제도와 시스템, 정책 실천의 의식과 문화의 대전환을 통해서 궁극적으로 새로운 정부, 새로운 국가로 나아가야 한다. 정부의 사업들이 정치적 환경변화나 여건에 따라서 손바닥 뒤집듯이 바뀌는 작금의 상황에서 선도적 사업들의 성과가 중장기적 정책과 과제로 이어지기는 어렵다.

인공지능기능기반 경제와 크리에이터 비즈니스, 더 크고 강한 문화강국(C2)과 같은 새로운 국가비전과 정책방향들이 중장기적으로 일관되게 실현되기 위해서는 지금까지의 국정기조와 관행의 근본적인 전환이 불가피하다. 새 술을 새 부대에 넣기 위해서는 인공지능기술 혁명의 융복합 확산과 지방화시대에 맞지 않는 정부 부처의 기득권과 칸막이, 지역 무시 관행은 지양되어야 한다. 망국적인 부동산 투기를 조장하고, 난개발로 생명과 환경을 황폐화시키는 토건주의는 지적재산과 창의성을 중시하는 인공지능기반 경제와 크리에이터 시대와 양립할 수 없다.

미래정부의 선도적, 중장기적 정책과제를 수행하기 위해서는 새로운 운영 패러다임의 정부가 필요하다. 새로운 국가비전과 정책방향은 이제까지의 축적된 역량을 바탕으로 정부의 모든 에너지를 집중하여 추진되어야 한다. 부처 간의 이견을 조율하고, 선도적 사업을 직접 추진 하며, 중장기 구조개혁을 추진하기 위해서는 최고수준의 컨트롤 타워가 설치 운영되어야 한다. 정부 운영의 패러다임을 바꾸어, 재정투자 우선순위를 개혁하고, 수평적인 의사결정 구조를 확대하며, 자율과 실험성을 중시하는 조직문화를 확산해야 한다. 정책과 예산집행에서 공급자인 행정조직 중심에서 수요자인 국민 중심으로 바꾸어야 한다. 지역의 자율성이 발휘될 수 있도록 하고, 민간 수요자의 이니셔티브가 발휘될 수 있도록 정책수립과 집행, 검증·평가과정에 민간의 실질적 참여가 보장되어야 한다.

인공지능기능기반 경제와 크리에이터 비즈니스, 더 크고 강한 K콘텐츠 강국(C2)은 지금 까지 한 번도 경험해 보지 않은 새로운 정부, 새로운 국가의 의미를 포함하고 있다. 그것은 한국사회가 산업화이후 정보화를 거쳐 지능화(인공지능 혁명)라고 하는 새로운 국면에 진입하고 있기 때문이다. 적어도 향후 30년간은 지능화의 시대가 전개될 것이며, 이제까지 살펴보았던 인공지능 기술혁명의 특성상, 개인과 국가 모두에게 최후의 도전이며, 승부처가 될 것이다. 2035년은 첫번째 도착지이며, 국가비전의 1차적 완성의 단계에 이르게 되며, 2050년은 최종적 완성에 도달하게 된다. 21세기의 반환점을 지나 담대한 여정은 계속된다.

제11장 선도적(Flagship)인 정책과 사업

요약

국정비전과 전략, 대한민국의 미래			
선도적 정책과제		중장기과제(미래정부)	
누구나 크리에이터가 될 수 있는 사회	- 보편적 기본소득, 데이터 배당 - 전국민 지식재산 개인금고 - 지식재산 가치평가 시스템 - 지식재산 거래유통 플랫폼 - 크리에이터 성장 경로와 환경	선결과제	- 1부(部)1국(國) ·기득권, 경계와 칸막이 ·지역 주권의 회복
^^^	^^^	^^^	- 토건주의 ·재정투자 우선순위 전환 ·지식, 생명, 환경 중심
지역, K콘텐츠의 새로운 주체	- 크리에이터의 활동거점화 - 지역문화와 전통자원 투자 - 교육과 크리에이터의 협업 - 크리에이터 비즈니스타운 - 마을예술가(크리에이터)사업	^^^	- 대립과 분열의 정치 ·정권교체기의 규칙 ·정책과 비전경쟁
^^^	^^^	메타정부 (미래정부)	- 컨트롤 타워 ·비전과 선도정책 추진 ·최고수준의 추진체
K콘텐츠, 대전환 플랜	- 인공지능, 과학기술 진흥 - K콘텐츠 투자시스템 - K콘텐츠 밸리조성 - 메타버스 경제특구 - 창의성과 혁신문화 촉진	^^^	- 운영 패러다임 ·재정투자 우선순위 혁신 ·수평적, 자율과 창의
^^^	^^^	^^^	- 수요자 중심, 정책과 예산 ·수요자 중심단위, 지역 ·민간 이니셔티브 전면화
C2, 더 크고 강한, K콘텐츠 강국	- C2비전의 전략화 - 신남방, 신북방 교류협력 - 글로벌 네트워크, 코리아센터 - 글로벌 크리에이터 메타버스 - K콘텐츠, 남북평화와 교류협력	산업화, 정보화, 그리고 지능화	- 새로운 정부, 국가 ·축적의 개념 ·최후의 도전, 승부처
^^^	^^^	^^^	- 2035, 첫번째 도착지 ·기본소득(월110만 원) ·국가비전의 1차적 완성
^^^	^^^	^^^	- 2050, 담대한 여정 ·연3천만 원(구매력 기준) ·국가비전의 최종적 완성

1 누구나 크리에이터가 될 수 있는 사회

보편적 기본소득, 데이터 배당

　빅데이터 생성을 기반으로 보편적 기본소득 및 데이터 배당을 추진한다. 보편적 기본 소득과 데이터를 기반으로 한 데이터 배당금은 공짜가 아니다. 콘텐츠를 통해, 인공지능과 빅데이터를 고도화하고 인공지능 기반 경제의 경제체제와 생산방식을 발전시킨 데 대한 사회적, 국가적 보상이며 대가이다. 인공 지능과 빅데이터는 경제 및 사회 시스템의 필수적인 부분이 되었으며 우리가 일하고 생활하는 방식을 변화시키고 있다. 이러한 맥락에서 이 새로운 경제의 혜택이 사회의 모든 구성원에게 공정하게 공유되도록 보장할 수 있는 방법을 고려하는 것이 중요하다.

　보편적 기본 소득 및 데이터 배당 시스템 하에서 모든 국민은 고용 상태나 소득 수준에 관계없이 국가가 제공하는 기본 소득을 받을 자격이 있다. 이 수입은 사회구성원 모두가 만들어가는 자원인 빅데이터를 활용해 발생하는 수익으로 마련된다. 보편적 기본소득에 대한 아이디어는 수년 동안 논의되어 왔지만 최근 인공 지능 및 자동화 기술의 급속한 발전으로 인해 새로운 추진력을 얻었다. 이러한 기술은 전통적인 직업에서 많은 수의 근로자를 대체할 가능성이 있으며, 이는 소득 불평등과 사회적 불안정을 증가시킬 수 있다. 모든 시민에게 기본 소득을 제공함으로써 우리는 모든 사람이 고용 상태에 관계없이 품위 있는 삶을 사는 데 필요한 자원에 접근할 수 있도록 보장할 수 있다.

　보편적인 기본소득과 함께 빅데이터 생성을 기반으로 한 데이터 배당 체계 구축도 고려해야 한다. 이 시스템에서 시민은 개인 데이터를 사용하여 생성된 수익의 일부를 받을 자격이 있다. 이렇게 하면 소수의 기업이 아닌 모든 사람이 빅데이터의 혜택을 받을 수 있다. 보편적인 기본 소득과 데이터 배당제도의 확립은 우리 경제와 사회제도에 상당한 변화를 요구할 것이다. 일, 소득, 데이터의 가치에 대한 새로운 사고가 필요하다. 빅데이터 생성을 기반으로 기본소득과 데이터 배당 체계를 구축한 인공지능기반 경제와 크리에이터 비즈니스의 확산이 사회 구성원 모두에게 공평하게 공유되도록 하는 단계이다. 도전적인 일이지만 모두를 위한 보다 공정하고 공평한 사회를 만들기 위해 반드시 착수해야 하는 일이다.

　보편적 기본소득, 데이터 배당 시스템을 시행하기 전에 파일럿 프로그램을 시행하고 결과를 평가한다. 이를 통해 잠재적인 문제를 식별하고 시스템이 장기적으로 효과적이고 지속 가능하도록 보장한다. 시스템이 국가적 규모로 구현되기 전에 실행 가능성, 효율성, 잠재적 문제를 평가하기 위한 시범 프로젝트를 수행하는 것이 중요하다. 파일럿 프로그램은 대규모로 구현되기 전에 프로그램이나 정책을 소규모, 제한적으로 실시하여 문제점이나 효과, 파급효과를 측정하고 예측해 보는 것이다.

파일럿 프로그램은 정책 또는 프로그램의 효과에 대한 귀중한 통찰력을 제공할 수 있으며, 발생할 수 있는 잠재적인 문제 또는 문제를 식별하는 데 시사점을 제공한다. 이러한 프로그램은 정부가 프로그램을 설계하고 구현하는 최선의 방법을 결정하고 개인과 사회 전체에 미치는 영향을 평가할 수 있다. 보편적 기본 소득, 데이터 배당 시스템을 위한 파일럿 프로그램에는 특정 기간 동안 기본소득, 데이터 배당금을 받는 개인 또는 커뮤니티의 소규모 그룹이 포함될 수 있다. 프로그램의 영향을 평가하기 위해 수혜자의 경제적 복지, 사회적 참여, 동기부여 등 여러 지표에 대한 데이터를 수집한다.

이 프로세스를 통해 정책 입안자는 작업 의욕 저하 또는 의존성 생성과 같은 프로그램의 의도하지 않은 결과를 식별하고 그에 따라 프로그램을 조정한다. 파일럿 프로그램은 개인이 프로그램의 이점과 잠재적인 문제점을 직접 볼 수 있으므로 프로그램에 대한 대중의 지지와 인식을 구축하는 데 도움이 될 수 있다.

끝없는 경쟁과 탈락의 공포에서 벗어나 가정을 꾸리고 아이를 낳고 키우며 희망찬 미래를 설계할 수 있도록 청년과 미래세대에게 든든한 안전망 역할이 필요하다. 우리 사회는 알다시피 자산과 소득의 격차가 심화되고 소수에게 집중되는 추세이다. 보편적 기본소득과 데이터 배당은 청년과 미래 세대를 위한 든든한 안전망 역할을 할 수 있다. 교육과 고용 경로에 종종 수반되는 끝없는 경쟁과 탈락에 대한 두려움에서 벗어나도록 도울 수 있다. 그래야 가정을 꾸리고 아이를 낳고 키우며 희망찬 미래를 설계할 수 있다.

사회 구성원 모두가 크리에이터로 활동하면서 행복한 일상을 영위할 수 있는 기반은 필수 요소이자 대전제이다. 창의성, 혁신 및 경제 성장을 촉진하는 수단을 제공하는 동시에 인공지능(AI)기반 경제의 혜택에 참여할 수 있는 기회를 갖도록 보장한다. 모두를 위한 보다 공평하고 번영하는 사회를 만들기 위한 정책이다.

전국민 지식재산 개인 금고

정부는 모든 국민이 만든 콘텐츠를 자산으로 관리하고 가치를 평가하며 자산유동화, 분배를 통해 부가가치와 소득이 창출되는 제도를 정비한다. 모든 시민이 만든 콘텐츠를 자산으로 관리하는 것은 시민들을 위한 새로운 잠재적 수입원을 창출하고 콘텐츠 산업의 성장에 기여할 수 있다. 시민이 생성한 콘텐츠를 자산으로 성공적으로 관리하려면 콘텐츠를 평가하고 수익을 창출하는 강력한 시스템을 마련해야 한다. 이를 위해서는 정부, 크리에이터, 업계 이해 관계자 간의 협력과 협업이 필요하다.

개인이 생성한 데이터, 콘텐츠 소유권 보호를 보장하기 위한 조치를 취해야 한다. 크리에이터가 제작한 콘텐츠가 어떻게 사용되고 수익을 창출하는지에 대한 투명성과 명확한 의사소통은 대중의 신뢰와 지원을 유지하는 데에도 중요하다. 개인 데이터, 콘텐츠의 프라이버시, 소유권, 권리 제어에 대한 신중한 고려와 계획도 수립해야 한다.

전국민 지식재산 개인 금고는 모든 시민이 자신이 만든 콘텐츠를 체계적으로 관리할 수 있는 디지털 시스템이다. 토지, 주택 등의 부동산, 자동차 등의 동산 등의 소유와 이전을 국가가 인증 관리하는 제도와 마찬가지로 지식재산의 상태와 소유권을 국가가 인증하고 관리하는 제도를 준비한다.

시민이 자신의 지적 재산을 관리할 수 있는 가장 쉽고, 안전한 방법을 제공하여 분실 또는 도난의 위험을 줄이고, 국가가 지적 재산의 소유권을 인증하고 관리할 수 있도록 하여 잠재적 분쟁, 법적 문제를 줄인다. 지적 재산의 평가, 거래를 위한 시스템을 구축하여 콘텐츠 자산을 보다 쉽게 현금화할 수 있도록 한다. 디지털 인프라와 인력에 대한 투자, 개인 정보 보호, 데이터 보안, 정부의 관리 독점 이슈도 동시에 고려한다.

지식재산(콘텐츠) 가치평가 시스템

콘텐츠의 자산가치를 투명하고 공정하게 평가할 수 있는 콘텐츠 가치평가 시스템을 제도화한다. 제작된 콘텐츠를 담보로 하는 대출이나 투자의 근거가 된다. 동영상, 음악, 이미지 등 다양한 형태의 콘텐츠를 제작하는 것이 일상화 보편화된 시기에 콘텐츠의 가치는 대출, 투자, 거래의 근거로 활용될 수 있다. 콘텐츠 가치 평가에 대한 요구를 해결하기 위해 콘텐츠 가치평가 시스템을 개발 시행한다.

이 시스템은 현재에도 콘텐츠산업에서 일부 시행되고 있지만, 부분적이고 제한적이다. 사회 구성원 누구나 자신들이 생성한 콘텐츠의 가치평가 시스템을 활용할 수 있도록 전면적이고 포괄적으로 적용되어야 한다. 콘텐츠의 품질, 시장 수요, 미래 성장 가능성과 같은 요소를 고려하여 콘텐츠의 자산 가치를 평가하는 투명하고 공정한 방법을 모두에게 제공한다.

콘텐츠 가치평가 시스템은 콘텐츠 제작자와 투자자 모두에게 이익이 된다. 크리에이터의 경우 콘텐츠에 대한 신뢰와 객관적인 평가를 제공하여 지적 재산의 가치를 더 잘 활용할 수 있다.

이 정보는 새로운 콘텐츠 생성 또는 기존 프로젝트 확장을 위한 대출 또는 투자를 확보하는 데 사용될 수 있다. 투자자는 자신이 투자하는 콘텐츠의 가치를 명확하게 이해하고 투자할 금액과 가격에 대해 객관적 정보에 입각한 결정을 내릴 수 있다.

콘텐츠 평가 시스템을 개발하려면 포괄적인 콘텐츠 자산 데이터베이스를 만들어야 한다. 데이터베이스는 생성된 다양한 유형의 콘텐츠에 대한 정보를 각각의 평가와 함께 저장한다. 콘텐츠 평가가 정확하고 최신 상태로 유지되도록 알고리즘을 활용하여 실시간 자동으로 업데이트하고 정기적으로 모니터링한다. 콘텐츠 평가 시스템 개발의 핵심과제는 표준화의 필요성이다. 다양한 유형의 콘텐츠가 생성되고 있기 때문에 만능 평가 시스템을 개발하는 것은 쉽지 않다. 콘텐츠 크리에이터, 업계 전문가와 긴밀히 협력하여 다양한 콘텐츠 유형에 걸쳐 공정하고 객관적인 시스템을 만들 수 있어야 한다.

콘텐츠 가치평가 시스템은 콘텐츠 제작, 투자에 대한 사고 방식을 혁신할 수 있는 잠재력을 가지고 있다. 콘텐츠를 평가하는 투명하고 신뢰할 수 있는 방법을 제공함으로써 크리에이터와 투자자 모두에게 새로운 기회를 제공하는 동시에 콘텐츠 산업 전체의 성장과 발전에 기여할 수 있다.

지식재산(콘텐츠) 거래 유통 플랫폼

콘텐츠를 전시, 홍보하는 기능과 함께 거래 유통 기능까지 갖춘 거래 유통 플랫폼 서비스를 지원한다. 누구나 자신의 콘텐츠를 관리하는 웹 사이트가 있고, 전시 홍보할 수 있다. 기술의 발전으로 콘텐츠 제작에 대한 접근성이 그 어느 때보다 높아져 다양한 크리에이터가 자신의 재능을 선보이고 전 세계 수요자에게 다가갈 수 있다. 그러나 콘텐츠 배포, 수익 창출 문제는 많은 크리에이터에게 여전히 어려운 과제로 남아 있다.

콘텐츠 거래 유통 플랫폼은 크리에이터가 자신의 콘텐츠를 전 세계 시청자에게 전시, 홍보, 판매할 수 있는 서비스 플랫폼이다. 모든 콘텐츠 관련 활동을 위한 원스톱 상점 역할을 하며 크리에이터에게 작품을 수익화하는 데 필요한 도구를 제공한다. 크리에이터와 소비자 사이의 중개자 역할을 하여 간소화된 콘텐츠 거래 프로세스를 가능하게 한다.

콘텐츠 거래 유통 플랫폼의 주요 이점은 자신의 콘텐츠를 공개하고 개방화는 데에 있다. 모든 크리에이터가 재정적 또는 사회적 지위에 관계없이 자신의 작품을 선보이고 전 세계 수요자에게 다가갈 수 있다. 크리에이터에게 작업에 대한 공정한 보상 받을 수 있는 기회를 제공하여 생계를 유지하고 더 많은 혁신을 장려할 수 있다.

플랫폼은 다양한 콘텐츠를 쉽게 사용할 수 있으므로 소비자에게 혜택을 줄 수 있다. 소비자는 더 이상 몇 가지 콘텐츠 소스에 국한되지 않고 전 세계의 다양한 크리에이터가 만든 광범위한 콘텐츠에 액세스할 수 있다. 이를 통해 소비자 만족도를 높이고 보다 몰입감이 있는 다양한 콘텐츠 경험을 제공한다.

플랫폼이 진화함에 따라 메타버스 환경으로 발전하여 크리에이터에게 보다 몰입감 있고 상호작용적인 방식으로 작품을 선보일 수 있는 새로운 기회를 제공할 수 있다. 이를 통해 완전히 새로운 수준의 수요자 참여로 이어져 크리에이터와 수요자 모두에게 더욱 만족스러운 경험을 선사할 수 있다.

인공지능 지수 개발

인공지능 기술의 발전단계와 국가역량, 기여도를 측정하기 위한 인공지능 지수를 개발한다. 인공지능(AI)은 모든 산업분야에서 매우 빠른 속도로 중요한 기술로 자리잡고 있으며 우리 경제와 사회를 혁신할 잠재력을 가지고 있다. 이러한 맥락에서 인공지능 지수의 개발은 국가의 발전을 측정하고 개선 영역을 식별하기 위한 중요한 조치이다.

인공지능 지수는 인공지능(AI)관련 특허 수, 스타트업 수, 연구개발 투자, 전문가, 인재 수 등 기술 발전 수준을 측정해야 한다. 이 지수는 또한 투자를 유치하는 능력과 다른 국가와의 협력과 같은 인공지능 발전에 대한 국가의 역량과 기여도를 평가해야 한다.

보편적 기본소득을 지급하는 데에 인공지능 지수가 가이드라인 역할을 할 수 있다. 기본소득의 지급은 소득 수준, 교육 또는 고용 상태에 관계없이 모든 시민에게 동일하게 제공하도록 설계되어야 하지만, 지불수준을 결정하는 데에는 인공지능의 발전 수준, 노동 시장에 미치는 잠재적 영향, 인공지능 기술 발전의 혜택 수준이 영향을 미치기 때문이다.

보편적 기본소득 지급은 데이터, 알고리즘 등 인공지능을 활용해 발생하는 수익으로 충당해야 한다. 개인이 생성한 데이터는 집합적 자산으로 취급하고, 이를 이용하여 발생하는 수익은 모든 개인에게 분배되어야 한다. 이러한 데이터 배당 체계는 인공지능 기술의 혜택이 소수의 손에 집중되지 않고 모든 사람에게 공평하게 분배되도록 설계되어야 한다. 인공지능 지수의 개발과 이를 기반으로 한 보편적 기본소득은 인공지능기반 경제와 크리에이터 비즈니스로 전환하는 틀을 제공할 수 있다. 인공지능(AI) 기술의 혜택이 모든 시민에게 공평하게 분배되도록 할 수 있으며, 인공지능(AI)에 의한 변화로 인해 부정적인 영향을 받을 수 있는 사람들을 위한 안전망을 제공할 수 있다. 나아가 인공지능(AI)기술 선도국으로 자리매김하고 인류의 발전을 위한 국제사회의 노력에 기여할 수 있다.

인공지능(AI) 기술의 급속한 발전은 우리가 소통하고 일하는 방식에서부터 생각하고 결정하는 방식에 이르기까지 우리 삶에 큰 변화를 가져온다. 특히 소득과 자산 양극화 측면에서 인공지능 혜택의 불평등한 분배에 대한 우려도 제기되었다. 이 문제를 해결하기 위해 여러 전문가들은 보편적 기본소득, 데이터 배당, 로봇세 등의 도입을 제안했다.

이 제안의 핵심 아이디어 중 하나는 빅데이터와 알고리즘과 같은 인공지능 기술을 사용하여 발생하는 수익을 보편적 기본 소득을 지불하는 자금으로 사용해야 한다는 것이다. 이 수익원은 사람들의 데이터를 사용하는 대가로 사람들에게 지불하는 일종의 '임대료'로 볼 수 있다. 이 목표를 달성하기 위해서는 개인이 생성한 데이터를 공동으로 소유하는 집합 자산으로 취급해야 한다. 이 데이터를 사용하여 발생하는 수익은 디지털 버전의 천연자원 배당금으로 볼 수 있는 데이터 배당의 형태로 분배되어야 한다. 이 시스템은 인공지능의 혜택이 소득이나 사회적 지위에 관계없이 모든 시민에게 균등하게 분배되도록 보장할 것이다.

이 시스템을 구현하려면 데이터 수집, 저장, 사용에 대한 규정을 포함하여 포괄적인 데이터 거버넌스 프레임워크가 필요하다. 또한 인공지능 기술의 발전단계와 국가역량, 기여도를 측정하기 위한 인공지능 지수가 역할을 할 수 있다. 보편적 기본소득의 지속 가능성을 보장하기 위해서는 장기적인 자금 조달 계획이 마련되어야 한다. 여기에는 안정적인 수익원을 제공하기 위해 다른 수익 창출 자산에 투자할 수 있는 '인공지능 I 수익 기금' 또는 '데이터 배당 신탁 설정'이 포함될 수 있다.

인공지능 지수는 기초단계에서 시작하여, 기술과 활용수준 등을 고려하여 몇 가지 단계로 구분할 수 있다. 기초단계에서는 인공지능(AI) 역량에 대한 기준선을 설정하고 향후 개발을 위한 핵심 초점 영역을 식별하는 것이 포함된다. 인공지능 연구에 대한 투자, 스타트업 수, 인력양성, 투자인재의 가용성과 같은 지표를 사용하여 인공지능 기반조성 정도를 평가할 수 있다.

다음단계는 제조, 의료, 금융, 운송 등 다양한 분야에서 인공지능 솔루션을 적극적으로 개발하고 구현하는 단계이다. 등록 특허 수, 사용 중인 인공지능 애플리케이션 수, 인공지능 시스템의 채택율과 같은 지표를 사용하여 인공지능의 발전수준을 평가한다.

성숙단계에서 포괄적인 인공지능(AI)전략을 개발하고 인공지능(AI)혁신을 적극적으로 주도하는 단계에 도달하게 된다. 인공지능 간행물 수, 컨퍼런스 수, 국제 순위와 같은 지표를 사용하여 해당 국가의 성숙도를 평가할 수 있다. 성숙단계에 이어 글로벌 리더십 단계는 인공지능의 글로벌 리더가 되는 것과 관련이 있으며 전 세계 인공지능 개발 방향에 상당한 영향을 미친다. 다른 국가와의 인공지능 파트너십 수, 특허 수, 글로벌 인지도와 같은 지표를 사용하여 해당 국가의 글로벌 리더십을 평가할 수 있다.

궁극적으로는 인공지능(AI)이 미래와 사회에 미치는 영향을 적극적으로 평가해야 한다. 인공지능을 활용하여 사회적 문제를 해결하는 방법에 대한 명확한 비전을 가지고 있으며 윤리적이고 책임 있는 인공지능 개발을 적극적으로 촉진하고 있는지를 평가하는 단계라고 할 수 있다. 인공지능 관련 정책과 제도의 양적, 질적 규모, 사회적 이니셔티브의 수준, 사회에 미치는 영향 지표 등이 활용될 수 있다.

보편적 기본소득이나 데이터 배당의 지급수준을 인공지능의 발전 지표에 따라 살펴보자. 레벨1은 기본 자동화 단계로 인공지능 기술의 사용은 제한적이며, 자동화는 기본 작업으로 제한된다. 지급 수준은 음식, 쉼터, 의료와 같은 필수 요구를 충족할 수 있는 기본 수준으로 설정할 수 있다. 레벨 2는 인공지능 기술은 복잡한 작업을 수행하는 인간을 지원하는 데 사용된다. 지급 수준은 인공지능의 전면적, 포괄적 적용에 대비해서 최저 생계를 보장하는 수준을 고려한다.

레벨3은 인공지능 기술이 인간 지능을 증강하는 데 사용되며 이전에는 불가능했던 작업을 수행할 수 있다. 지급 수준은 인공지능 기술의 가치 증가를 반영하여 설정되어야 한다. 레벨4는 인공지능 기술은 완전히 자율적이며 사람의 개입이 거의 없이 의사결정을 내릴 수 있다. 지불 수준은 인공지능의 전면적이고 보편적인 역할 증가를 반영하며, 크리에이터 활동을 자율적으로 결정할 수 있는 수준을 고려한다.

2 지역, 크리에이터 비즈니스의 새로운 주체

지역, 크리에이터 비즈니스의 새로운 활동 거점

콘텐츠 제작에는 시간적, 공간적 제약이 없다. 지역 소멸과 간극은 콘텐츠의 생성과 창작을 통해 새롭게 재구성될 수 있다. 콘텐츠의 원천이 지역에 축적되고 발전되어 국가의 미래가 지역에서 새롭게 시작될 수 있다. 기술과 인터넷의 발전은 콘텐츠 생성 및 공유에 대한 접근을 획기적으로 변화시키고 있다. 이로 인해 모든 계층의 사람들이 언제 어디서나 자신의 작품을 제작하고 전 세계 수요자와 공유할 수 있다. 이전에는 많은 사람들이 접근할 수 없었던 다양한 아이디어와 관점의 확산이 가능하다.

콘텐츠 제작은 지역 소멸과 격차 문제를 해결하는 데에 역할을 할 수 있다. 특정 지역이나 커뮤니티에 연결된 콘텐츠를 만들고 공유함으로써, 지역 문화와 전통을 보존하고 홍보하는 계기가 된다. 이것은 이해와 대화를 촉진함으로써 서로 다른 지역과 커뮤니티 간의 격차를 해소하는 데 효과적이다.

콘텐츠 제작은 경제 발전을 위한 강력한 도구가 될 수 있다. 지역의 고유한 특징을 강조하는 콘텐츠를 만들고 공유함으로써 크리에이터는 해당 지역에 대한 관광, 투자를 유치한다. 이를 통해 일자리를 창출하고 지역 기업을 활성화하여 지역 경제를 살린다.

콘텐츠의 생성과 공유는 다양한 측면에서 긍정적인 변화를 가져올 수 있는 잠재력을 가지고 있다. 콘텐츠 제작을 촉진하고 크리에이터를 위한 리소스를 제공함으로써 다양하고 혁신적인 아이디어의 개발을 장려할 수 있다. 이를 통해 서로 다른 지역과 커뮤니티 간의 이해와 대화를 촉진하고 지역 문화와 전통을 보존, 홍보하며 경제성장을 촉진한다.

지역 문화와 전통 자원에 대한 대규모 투자와 지원

콘텐츠의 원천인 지역 문화와 전통 자원에 대한 투자와 지원에 집중한다. 지역 문화와 전통 자원에 대한 투자와 지원은 콘텐츠 제작의 창의성과 혁신을 촉진하는 데 매우 중요하다. 문화 강국의 긍지와 자부심의 뿌리는 지역문화의 긍지와 자부심이다. 문화도시, 문화마을이 전국적으로 확산될 수 있는 정책과 사업을 촉진한다, 지역 문화 센터를 중심으로 예술, 음악, 민속과 같은 전통 자원을 보존하고 홍보하는 데 역할을 한다. 센터가 지역 예술가와 공연자가 자신의 재능을 선보이고 더 많은 청중과 연결할 수 있는 플랫폼 기능이 실질적으로 작동할 수 있도록 뒷받침한다.

정부는 지역 문화와 전통을 증진하는 지역사회 기반 이니셔티브를 장려할 수 있다. 여기에는 지역 고유의 문화 유산을 기념하는 축제, 전시회, 여러 행사가 포함된다. 지역 문화, 전통 자원에 투자하는 기업, 개인에게 보조금, 세금 감면의 재정적 인센티브를 제공할 수 있다. 지역 콘텐츠의 개발, 홍보에 대한 민간부문 투자를 장려한다.

지역 예술가와 크리에이터가 고품질 콘텐츠를 만드는 데 필요한 기술을 개발하는 데 도움이 되는 훈련 및 교육 프로그램을 제공한다. 여기에는 워크숍, 멘토링 프로그램, 저작도구 소프트웨어, 하드웨어 장비와 같은 리소스에 대한 액세스가 포함되어야 한다. 지역 방송사, 미디어 회사, 광고 대행사, 출판사와 같은 민간 부문 조직과 파트너십을 구축하여 지역 문화, 전통 자원을 홍보할 수 있다. 이러한 파트너십은 콘텐츠 제작 이니셔티브에 자금을 지원하고 현지 크리에이터가 자신의 작품을 더 많은 청중에게 선보일 수 있는 플랫폼을 제공할 수 있다.

지역의 문화 중심지로서 지역 거점도시에 대한 투자를 지원한다. 지역 거점 도시를 지역 문화 중심지로 육성하기 위한 종합 전략을 개발한다. 여기에는 지역 문화 경관에 대한 조사, 데이터 수집, 강점과 약점 식별, 문화 부문 개발을 위한 명확한 목표 설정이 포함되어야 한다. 지역의 문화 인프라에 대한 투자이다. 여기에는 새로운 문화 센터, 극장, 박물관, 갤러리를 짓고 기존 시설을 업그레이드하는 것이 포함될 수 있다. 목표는 지역 전역에서 방문객을 끌어들일 수 있는 활기찬 문화 허브를 만드는 것이다.

지역 거점도시의 지역 인재를 지원하고 자금을 지원한다. 여기에는 예술가, 음악가, 작가를 위한 보조금, 장학금 및 멘토십 프로그램이 포함될 수 있다.

지역 거점도시의 문화도시활동을 위한 다양한 이해관계자 간의 협업 및 파트너십을 촉진하는 것이다. 여기에는 해당 지역의 문화 부문 발전을 위한 통일된 비전을 만들기 위해 지역 기업, 정부 기관 및 비영리 단체와 협력하는 것이 포함될 수 있다. 목표는 지역 문화 부문의 성장과 발전을 지원할 수 있는 지속 가능하고 협력적인 생태계를 만드는 것이다.

전통문화자원을 활용한 콘텐츠개발 지원사업을 대규모로 지원한다. 모든 지역에는 해당지역의 삶과 역사, 자연환경이 스며든 전통문화자원이 무한대로 축적되어 있다. 지역의 특색있는 문화자원을 발굴하고 재해석하고 새로운 콘텐츠로 발전시키는 것은 콘텐츠의 소재고갈을 해소하고 활력을 유지하는 데에 필수적이다.

민속, 스토리텔링, 지역 음악 자원을 개발하여 방송, 영화, 게임, 공연 등 다양한 콘텐츠로 활용하고 사운드트랙으로 사용하거나 새로운 관객을 위해 각색 및 현대화할 수 있다. 많은 지역에는 다큐멘터리나 소셜 미디어를 통해 선보일 수 있는 도자기, 직조 또는 목공과 같은 독특한 전통 공예가 있다. 전통적인 요리법과 음식 준비 기술은 요리 쇼, 음식 블로그 또는 소셜 미디어 캠페인에서 현지 요리를 홍보하는 데 사용할 수 있다. 성, 사찰 또는 박물관과 같은 역사적 장소는 다큐멘터리나 여행 쇼에 등장하거나 그들의 이야기를 허구의 콘텐츠로 각색할 수 있다.

디지털 플랫폼을 구축하여 전통 문화 자원을 선보이고 콘텐츠 크리에이터를 이러한 자원과 연결한다. 이 플랫폼에는 역사 문서, 전통 음악 및 무용 녹음, 현지 전문가와의 인터뷰와 같은 리소스가 포함될 수 있다. 이러한 리소스에 대한 액세스를 제공함으로써 콘텐츠 제작자는 현지 문화에 대한 더 깊은 이해를 개발하고 진정성 있고 매력적인 콘텐츠를 만들 수 있다. 전통 문화 자원을 활용하는 프로젝트를 개발하고자 하는 콘텐츠 크리에이터에게 자금과 보조금을 제공한다. 이 자금은 장비, 여행, 생산 비용과 같은 비용을 충당하는 데 사용될 수 있다. 재원 지원을 통해 금전적 장벽을 걱정하지 않고 고품질 콘텐츠 개발에 집중할 수 있다.

크리에이터가 전통 문화 자원을 효과적으로 활용하는 방법을 배울 수 있도록 워크숍, 교육 프로그램을 구성한다. 이러한 프로그램은 현지 전문가 또는 업계 전문가가 이끌 수 있으며 스토리텔링, 촬영 기술, 사운드 디자인과 같은 주제를 다룰 수 있다. 크리에이터에게 필요한 기술과 지식을 갖추면 더 영향력 있고 진정성 있는 콘텐츠를 만들 수 있다.

축제, 미술전시, 공연 등 전통문화자원을 선보이는 문화행사를 개최한다. 이러한 이벤트는 더 많은 청중을 유치하고 콘텐츠 제작자가 자신의 작품을 선보일 수 있는 더 많은 기회를 제공할 수 있다. 이러한 행사는 지역 문화를 강조함으로써 관광을 촉진하고 지역 경제에 기여할 수 있다. 박물관, 문화 센터, 역사 단체와 같은 지역 조직과 협력하여 전통 문화 자원에 대한 접근을 제공한다. 이러한 파트너십을 통해 콘텐츠 크리에이터가 리소스에 액세스하고 전문가와 협업할 수 있는 더 많은 기회를 만들 수 있다. 이러한 단체들은 함께 협력함으로써 지역 전통문화 자원을 홍보할 수도 있다.

지역 사회의 경제와 삶의 질을 활성화

문화 활력 프로그램을 통해 지역 사회의 경제와 삶의 질을 활성화한다. 역사적 건물의 재정비, 재창조, 재사용을 추진한다. 문화적, 교육적 또는 지역사회 사용을 위해 버려지거나 활용도가 낮은 역사적 건물의 용도 변경이 포함된다. 이러한 건물을 보존함으로써 우리는 지역의 역사와 문화를 보존하고 활용을 활성화할 수 있다. 공공 예술 설치물을 활용하여 공공 장소에 생동감과 흥미를 더할 수 있다. 지역 예술가와 장인이 자신의 작품을 선보일 수 있는 기회를 만들 수 있다.

전통시장 등과 연계하여 문화 축제, 행사를 조직하여 지역 고유의 전통과 유산을 홍보한다. 이러한 행사는 지역 외부의 방문객을 유치하여 지역 경제를 활성화할 수 있다. 문화유산 관광을 개발하면 지역의 문화, 역사적 명소를 홍보할 수 있다. 방문객을 위한 독특한 문화 경험을 제공함으로써 우리는 또한 지역의 전통을 보존하고 홍보하는 데 도움을 줄 수 있다. 청소년과 성인을 위한 문화 교육 프로그램을 제공하면 지역의 문화 유산에 대한 인식을 높일 수 있다. 여기에는 전통 예술, 공예, 음악 등을 가르치는 워크샵, 수업, 여러 학습 기회가 포함된다.

유휴 공간과 버려진 공간을 예술 창작과 콘텐츠 개발을 위한 테마 공간으로 활용

지역 곳곳에 흩어져 있는 수많은 유휴 공간과 버려진 공간을 예술 창작과 콘텐츠 개발을 위한 테마 공간으로 활용하고 있다. 예술 창작 및 콘텐츠 개발을 위해 지역의 유휴 및 버려진 공간을 활용하는 것은 지역을 활성화하고 창의성을 촉진한다. 상주하는 예술가 프로그램 만들기는 예술가와 콘텐츠 크리에이터에게 지역에서 일하고 살 수 있는 공간을 제공할 수 있다. 공간은 더 이상 사용하지 않는 버려진 건물, 공장 또는 창고일 수 있다. 예술가에게 공간과 자원을 제공함으로써 그들은 그 지역에서 영감을 받은 새로운 작품을 만들 수 있다.

오래된 커뮤니티 센터 또는 학교와 같이 사용되지 않거나 충분히 활용되지 않는 공간에 커뮤니티 아트센터를 설립할 수 있다. 지역사회가 창의적인 활동에 참여하도록 장려하기 위해 미술 수업, 워크숍, 행사를 제공할 수 있다. 팝업 아트 전시회를 주최하여 버려진 상점이나 건물은 임시 미술관이나 전시 공간으로 탈바꿈할 수 있다. 전시회는 지역 예술가들의 작품을 선보일 수 있어 방문객을 이 지역으로 유치한다.

사용하지 않는 공공 공간은 벽화나 조각품과 같은 공공 예술 설치물로 변형될 수 있다. 이러한 설치는 지역을 아름답게 하는 동시에 창의성을 촉진할 수 있다. 해당 지역은 해당 지역에서 생성된 예술과 콘텐츠를 강조하여 문화 관광 목적지로 홍보할 수 있다. 이것은 방문자를 유치하고 지역 사회에 경제적 이익을 제공할 수 있다.

농산어촌을 기반으로 크리에이터 비즈니스 타운을 조성하고 운영

농산어촌을 기반으로 크리에이터 비즈니스 타운을 조성하고 운영한다. 농산어촌을 기반으로 한 크리에이터비즈니스 타운을 조성하고 운영하기 위해서는 양질의 콘텐츠 창출과 생산에 기여할 수 있는 지역 인재를 육성하는 것이 중요하다. 훈련, 교육 프로그램에 대한 액세스 제공, 워크숍, 세미나 조직, 지역 학교 및 대학과의 협력을 통해 달성할 수 있다. 타운은 고유한 문화, 천연 자원을 홍보하여 방문객을 유치할 수 있다. 여기에는 현지 유산과 전통을 보여주는 가이드 투어, 문화 행사, 축제 등이 포함된다.

콘텐츠 제작, 유통을 위해서는 초고속 인터넷, 제작 시설, 장비 등 인프라가 필수적이다. 크리에이터 비즈니스 타운에는 콘텐츠 제작을 지원하는 데 필요한 인프라에 투자하는 것이 중요하다. 타운은 지역 방송사, 미디어 회사, 프로덕션, 크리에이터와 파트너십을 구축한다. 파트너십은 콘텐츠를 홍보하고 협력과 성장을 위한 새로운 기회를 창출한다.

커뮤니티 감각과 문화를 통해 지역주민의 협업을 장려하고, 지역 기업을 지원하며, 혁신과 창의 문화를 촉진한다. 콘텐츠 제작을 지원하는 환경을 조성하고 장기적인 지속 가능성을 보장한다.

농산어촌을 기반으로 한 콘텐츠 타운과 광역거점도시의 콘텐츠 밸리를 연결하면 콘텐츠 크리에이터 네트워크를 형성하고 협업과 혁신을 촉진할 수 있다. 농촌 지역의 콘텐츠 크리에이터와 콘텐츠 밸리를 연결하는 네트워크를 구축한다. 플랫폼은 아이디어 교환, 네트워킹, 리소스 공유를 위한 허브 역할을 할 수 있다. 지역의 콘텐츠 크리에이터를 모아 지식과 기술을 공유하는 워크샵 및 이벤트를 주최한다. 이러한 행사는 시골과 대도시 사이의 격차를 해소하고 협력을 촉진한다.

콘텐츠 밸리와 콘텐츠 타운의 크리에이터를 연결하는 멘토십 프로그램을 구축한다. 농촌 지역의 콘텐츠 제작을 지원하기 위한 자금 및 자원을 제공한다. 장비, 소프트웨어, 교육 프로그램에 대한 액세스가 포함될 수 있다. 농촌 지역의 크리에이터와 지역기업의 파트너십을 촉진한다. 크리에이터는 콘텐츠로 수익을 창출하고 해당 지역의 경제성장을 가져올 수 있다.

크리에이터를 마을에 파견하여 문화 활동과 콘텐츠 창작 활동을 동시에 진행

정부에서 직접 고용한 콘텐츠 크리에이터를 농촌 마을에 파견하여 문화 활동과 콘텐츠 창작 활동을 동시에 진행한다. 농촌마을의 문화적 소외감을 해소하고 마을기반 콘텐츠를 개발하여 마을공동체를 회복시키는 역할을 한다. 콘텐츠 창작자를 농촌마을에 파견하여 문화활동, 콘텐츠 창작활동을 전개하는 것은 마을공동체 회복, 지역문화유산 진흥, 관광활성화에 기여할 수 있는 접근이다.

우선 대상 마을, 프로그램의 혜택을 받을 수 있는 마을을 파악한다. 문화 자원의 가용성, 관광 잠재력, 지역 사회의 관심과 같은 요소를 고려해야 한다. 음악, 무용, 연극, 미술, 영화 등 다양한 분야의 콘텐츠 창작자를 모집할 수 있다. 선정 기준은 재능, 창의성, 지역 문화 홍보에 대한 열정에 초점을 맞춰야 한다.

크리에이터는 현지 문화, 관습, 전통을 다루는 교육 및 오리엔테이션 프로그램을 받아야 한다. 마을의 고유한 문화 유산을 이해하고 적절하고 존중하는 콘텐츠를 만들 수 있다. 정부는 콘텐츠 크리에이터가 활동을 수행할 수 있도록 필요한 자원과 지원을 제공해야 한다. 여기에는 자금, 장비, 교통 및 숙박 시설이 포함된다. 방문자를 유치하고 마을의 문화 유산에 대한 인식을 높이기 위해 프로그램을 홍보, 마케팅을 한다. 소셜 미디어, 지역 미디어, 관광 안내소를 통해 수행할 수 있다. 농산어촌 기반 콘텐츠타운과 광역 거점도시의 콘텐츠 밸리를 연결하는 사업을 성공적으로 추진할 수 있다. 이 프로그램은 지역 문화 유산을 보존하고 관광을 진흥하며 농촌 지역의 경제 성장을 촉진한다.

실제로 농촌마을에 콘텐츠 크리에이터를 배치하면 해당 지역의 문화 및 경제 측면에 긍정적인 영향을 미칠 수 있다. 젊은 예술가나 크리에이터에게 일자리를 제공함으로써 지역의 인구감소를 방지하고 지역인재를 유지하는 데 도움이 될 수 있다. 마을기반의 콘텐츠를 만들어 전통문화와 자원을 보전, 홍보하여 문화재생과 관광개발로 이어질 수 있다. 이 접근 방식은 또한 커뮤니티 구축과 마을 주민의 소속감을 촉진하여 활기차고 지속가능한 농촌사회를 만들 수 있다. 균형잡힌 지역발전을 촉진하고 문화 다양성을 보존하기 위한 유망한 전략이 될 수 있다.

삶과 창작능력이 어느 정도 축적되면 마을은 마을을 기반으로 한 콘텐츠 창작의 허브 역할을 할 수 있으며, 전국적인 마을 네트워크의 중심 역할을 할 수 있다. 점점 더 많은 콘텐츠 창작자들이 마을에 모일수록 마을 고유의 문화와 전통을 기반으로 한 콘텐츠 창작의 허브가 될 수 있다. 마을에서 만든 콘텐츠는 전국 마을 네트워크를 통해 공유 홍보함으로써 농촌 활성화와 전통문화 보존에 기여할 수 있다. 관광 및 지역 생산 제품 판매와 같은 마을 사람들을 위한 경제적 기회로 이어질 수 있다. 전반적으로 농촌지역 사회를 위한 새로운 기회를 창출하면서 전통문화를 보존하고 홍보하는 지속 가능하고 혁신적인 방법이 될 수 있다.

3 K콘텐츠, 대전환 플랜

인공지능과 과학기술에 대한 선제적 투자

인공지능 시대의 대도약을 선도해 나갈 K콘텐츠의 대전환을 위한 계획을 추진한다. 경제, 사회 구조를 전면적이고 포괄적으로 전환하기 위한 정책의 출발점이다. 산업과 교육 분야 등에 대한 대규모 투자와 지원을 통해서 경제혁신, 새로운 직업과 직무의 고용창출을 가능하게 할 것이다. 교육과 훈련에 대한 투자는 새로운 콘텐츠를 만들고 혁신할 수 있는 크리에이터를 대규모로 형성할 수 있다.

크리에이터를 지원하는 환경을 만들기 위한 지원 프로그램을 통해, 크리에이터는 아이디어를 개발하고 시장에 출시하는 데 필요한 다양한 리소스에 액세스 할 수 있다. 이는 새로운 일자리와 비즈니스 기회 창출로 이어질 것이다. 콘텐츠 제작에 빅데이터 활용을 촉진한다. 크리에이터는 빅데이터의 힘을 활용하여 소비자 행동과 선호도에 대한 통찰력을 얻을 수 있으므로 소비자의 취향에 어울리는 매력적인 콘텐츠를 만들 수 있다.

대전환플랜은 양극화, 불평등 등 사회문제 해결의 중요성을 인식하고 있다. 콘텐츠 생성, 개발과정이 소득과 자산의 축적과정으로 연계되도록 한다. 양극화, 불평등 문제를 해소하고 사회 구성원 모두가 희망찬 미래를 설계할 수 있도록 한다. 인공지능(AI)기술과 콘텐츠 창작 분야에 대한 투자와 교육 지원을 통해 경제혁신과 일자리 창출, 고부가가치 창출을 도모하고, 사회 경제의 대규모 혁신을 추진한다.

인공지능 기술의 연구 개발에 대규모 투자를 진행하고, 인공지능이 연구개발의 허브가 될 수 있도록 연구개발 시스템을 혁신한다. 정부는 인공지능 연구 개발자금을 지원하기 위한 대규모 투자를 진행한다. 학계, 산업계, 스타트업 등 다양한 부문에 투자되어야 하며, 혁신을 촉진하기 위한 학제 간 연구를 지원해야 한다.

인공지능 연구 개발을 지원할 수 있는 인프라 구축에도 투자해야 한다. 여기에는 연구 센터, 실험실 및 테스트베드 설정이 포함된다. 고성능 컴퓨팅 시설과 클라우드 컴퓨팅 인프라 개발을 추진해야 한다. 학생들이 인공지능 관련 분야를 공부하고 해외 인재를 유치할 수 있도록 인센티브를 제공해야 한다. 인공지능 관련 분야의 기존 노동자를 교육하고 숙련도를 높이기 위한 프로그램을 수립해야 한다. 여기에는 장학금, 인턴십이 포함될 수 있다.

학계, 산업계, 정부 기관 간의 협업을 촉진해야 한다. 여기에는 커뮤니케이션, 협업을 촉진하기 위한 네트워크, 컨소시엄 생성이 포함될 수 있다. 정부는 혁신을 촉진하기 위해 대기업과 중소기업 간의 파트너십을 장려해야 한다.

인공지능 연구 개발을 지원하기 위한 규제 프레임워크를 수립해야 한다. 여기에는 데이터 프라이버시, 윤리적 고려사항, 보안조치에 대한 규정이 포함될 수 있다. 프레임워크는 또한 인공지능의 혜택이 공평하게 분배되고 사회나 환경에 해를 끼치지 않도록 보장해야 한다.

정부의 투자와 지원이 민간부문으로 확산되기 위한 다양한 방안들이 시행되어야 한다. 초기 단계의 인공지능 스타트업에 투자하는 민간 투자자에게 세금 공제, 보조금, 자금을 제공할 수 있다. 민간 투자자, 신생 기업, 연구 기관을 한데 모아 인공지능의 협업과 혁신을 주도하는 인공지능 혁신 허브를 전국적으로 구축한다. 초기 단계의 인공지능 스타트업이 성장하고 확장할 수 있도록 인큐베이터, 액셀러레이터를 지원하고 자금을 제공한다. 인공지능 관련 연구 개발 프로젝트에 투자하는 개인 투자자에게 세금 감면 등 인센티브를 제공할 수 있다. 민간 투자자와 공공 기관 간의 파트너십을 촉진한다.

투자가 대도시나 수도권에 집중되지 않고 지역사회로 확산될 수 있는 방향으로 추진되어 인공지능기반 경제가 전국적으로 균형 발전할 수 있도록 한다. 민간투자자는 인큐베이터, 액셀러레이터를 통해 지역 내 스타트업에 초기 투자와 지원을 제공한다. 이러한 이니셔티브는 신생기업이 제품 및 서비스를 개발하고 고객기반을 구축하며 지역일자리를 창출한다.

민간 투자자는 인공지능을 활용하여 운영을 개선하는 농촌 지역의 기업에 투자할 수 있다. 무엇보다도 농산어촌 기반 기술, 핀 테크 또는 헬스케어 스타트업이 포함될 수 있다. 기업의 성장을 지원하고 농촌 지역의 경제 활동을 자극할 수 있다. 지역의 인공지능 클러스터의 생성을 장려한다. 민간 투자자는 정부, 교육기관과 협력하여 기업, 연구원, 투자자가 함께 협력하고 지식과 리소스를 공유하는 지역 인공지능 클러스터를 생성할 수 있다. 전국적으로 인공지능 혁신과 기업가 정신을 확산한다.

펀딩, 멘토링을 통해 지역 혁신을 지원한다. 민간 투자자는 지역의 기업가, 스타트업에 펀딩, 멘토링을 제공하여 지역 혁신을 지원한다. 기업가는 사업을 성장시키고 제품과 서비스를 시장에 출시하며 지역 사회에서 일자리를 창출할 수 있다. 지역 대학과 기업 간의 파트너십 촉진이다. 지역 대학과 기업이 인공지능 연구 개발 이니셔티브에 협력하도록 장려할 수 있다. 이는 혁신을 확산하고 지역 일자리를 창출하는 동시에 해당 분야의 학생과 연구원의 기술과 지식개발을 촉진한다.

슈퍼컴퓨팅 시스템, 대규모 데이터 스토리지, 클라우드 컴퓨팅 리소스 등 인프라에 투자해 연구개발을 지원해야 한다. 오픈소스 솔루션을 사용, 인공지능 인프라를 구축 운영하여 비용을 절감하고 협업과 혁신을 촉진할 수 있다. 클라우드 컴퓨팅 서비스를 사용, 인공지능 리소스에 대한 온디맨드 액세스를 제공하고 리소스를 공유함으로써 비용을 절감하고 효율성을 높일 수 있다. 커뮤니티는 자체 데이터 센터를 구축 운영하여 컴퓨팅 리소스에 대한 로컬 액세스를 제공하고 로컬 연구원이 데이터를 공동 작업하고 공유할 수 있도록 한다.

지역사회 요구사항 평가를 수행하여 데이터 센터의 필요성과 지역 기업, 연구원, 주민에게 제공할 잠재적 혜택을 결정한다. 프로젝트를 감독하고 지침과 지원을 제공하기 위해 지역 지도자, 이해 관계자로 구성된 운영 기구를 구성한다. 데이터 센터 구축, 운영의 기술적, 재정적, 물류적 측면을 평가한다. 보조금, 대출, 커뮤니티 기반 크라우드 펀딩 이니셔티브를 통해 자금을 조달하여 데이터 센터 구축과 장비에 드는 비용을 충당한다.

인공지능 기술개발이 연구개발의 허브 역할을 할 수 있도록 학제간 협업, 연구분야간 공동연구를 강화하는 체계를 구축한다. 인공 지능(AI) 기술은 의료, 금융, 운송, 엔터테인먼트와 같은 수많은 산업에 영향을 미치면서 우리 사회의 필수적인 부분이 되었다. 인공지능이 지속적으로 성장하고 확장됨에 따라 학제 간 협업, 공동 연구를 촉진하는 시스템을 구축하는 것이 점점 더 중요하다.

학제 간 협업에는 복잡한 문제를 해결하기 위해 여러 분야의 지식과 전문성을 통합하는 것이 포함된다. 인공지능 연구에는 컴퓨터 과학, 수학, 통계, 심리학 및 공학과 같은 다양한 분야에서 협업이 이루어진다. 다양한 분야의 전문가들이 모여 인공지능 기술의 역량과 한계를 보다 포괄적으로 이해할 수 있다. 공동 연구에는 리소스, 전문 지식 및 지식을 공유하기 위해 함께 작업하는 것이 포함된다. 여기에는 다른 연구 기관, 대학, 민간 기업과 협력하여 자원과 전문 지식을 활용할 수 있다. 공동 연구에는 연구가 투명하고 재현 가능하도록 데이터와 코드를 공유하는 것도 포함된다.

학제 간 협업 및 공동 연구를 촉진하는 시스템을 구축하기 위해 취할 수 있는 몇 가지 단계가 있다. 먼저, 자금 지원 기관은 학제 간 협력을 위해 특별히 보조금을 제공함으로써 학제 간 연구를 우선시해야 한다. 이러한 보조금은 서로 다른 분야의 연구자들이 함께 작업하고 공동 연구 프로젝트를 하기 위한 자금을 제공하도록 장려한다.

대학은 인공지능 연구 프로젝트를 수행하기 위해 다양한 분야의 전문가를 모으는 학제 간 연구 센터를 설립해야 한다. 이러한 센터는 공동 연구 프로젝트를 지원하기 위해 자금, 장비, 작업 공간과 같은 리소스를 제공해야 한다.

학술기관은 학생들이 학제간 연구를 준비할 수 있도록 학제간 교육을 커리큘럼에 통합해야 한다. 여기에는 여러 분야에 걸친 교차 목록 과정과 학생들에게 여러 분야에서 교육을 제공하는 공동 학위 프로그램이 포함될 수 있다. 연구기관은 공동 연구를 촉진하기 위해 업계 리더와 파트너십을 구축해야 한다. 이러한 파트너십은 연구자에게 데이터, 컴퓨팅 성능과 같은 리소스에 대한 액세스를 제공하며, 업계 요구와 관련이 있는지 확인하는 데 효과적이다. 연구 기관은 연구의 협업과 투명성을 촉진하기 위해 오픈 액세스, 오픈 데이터 정책을 우선시해야 한다. 데이터와 코드를 공개적으로 사용 가능하게 함으로써 여러 분야의 연구자들이 연구 프로젝트에 협력하고 연구가 재현 가능하고 투명하도록 보장할 수 있다.

인공지능 기술개발과 혁신을 촉진하기 위해 국제적인 현상공모를 여러 나라와 공동으로 추진할 수 있다. 기후환경 지속 가능성을 위한 인공지능 개발이나 폐기물 감소, 에너지 효율성 개선, 온실 가스 배출 감소를 위해 인공지능을 사용하는 혁신적인 방법을 찾는 데 초점을 맞출 수 있다. 의료용 인공지능은 진단과 치료를 개선하고 의료 오류를 줄이며 의료 서비스를 보다 저렴하게 하여 의료 산업을 혁신할 수 있는 잠재력을 가지고 있다. 교육용 인공지능은 학습을 지원하고 개인화된 학습 경험을 제공하며, 인공지능 기반 교육 도구, 플랫폼 개발에 중점을 둘 수 있다. 외딴 지역, 소외 지역에 있는 개인, 소기업에게 금융 서비스, 상품에 대한 액세스를 제공함으로써 금융 포용을 개선하는 인공지능 개발이 가능하다. 인공지능은 빈곤, 불평등, 갈등과 같은 사회문제, 인도주의적 문제를 해결하는 데 중요한 역할을 할 수 있다.

금융투자의 새로운 가이드라인이 필요하다.

K콘텐츠 대전환플랜을 뒷받침할 수 있는 금융투자의 새로운 가이드라인이 필요하다. 대전환플랜의 우선순위에 따라 금융투자의 가이드라인이 조정될 수 있다. 인공지능(AI)기반 경제와 크리에이터 중심 사회로의 전환을 촉진하는 것을 목표로 하는 포괄적이고 전면적인 투자금융 정책의 이니셔티브(주도)가 필요하다.

대전환을 위한 투자는 직간접투자, 보조금, 저금리 대출의 형태를 취할 수 있다. 이러한 투자는 인공지능 연구개발, 콘텐츠 제작 도구, 플랫폼 개발 지원, 크리에이터를 위한 교육 제공, 고품질 콘텐츠 제작 자금 조달에 우선적으로 투자되어야 한다. 선제적 투자를 통해서 K콘텐츠의 혁신과 창의성을 육성하는 환경을 조성할 수 있다.

K콘텐츠 대전환을 위한 여러 단위의 발전기금을 조성하여 운영할 수 있도록 장려해야 한다. 이 기금은 인공지능 연구개발 투자, 양질의 콘텐츠 제작 지원, 크리에이터에 대한 금융지원 등에 사용할 수 있다. 콘텐츠산업 전용 펀드를 조성함으로써 콘텐츠 산업에 대한 의지를 표명하

고 장기적으로 성장을 지속할 수 있는 안정적인 재원을 제공한다.

크리에이터, 중소기업에 대한 금융지원이 필요하다. 중소기업은 자금과 자원을 확보하는 데 어려움을 겪는 경우가 많으며 재정적 지원을 제공하면 이러한 문제를 해결하는 데 역할을 할 수 있다. 이는 중소기업이 사업을 개발하고 시장에서 성공하는 데 도움이 되는 멘토링, 코칭, 보조금, 저금리 대출의 형태를 취할 수 있다.

크리에이터와 콘텐츠산업 육성을 위해 민관협력을 구축할 수 있다. 여기에는 혁신을 촉진하고 신기술, 제품 개발을 지원하기 위해 정부, 대학, 연구 기관, 민간 기업 간의 협력이 포함될 수 있다. 이러한 파트너십은 크리에이터의 확산과 콘텐츠 산업의 성장을 가속화하고 새로운 일자리를 창출하는 데 도움이 될 수 있다.

대규모 금융투자, 금융인센티브, 금융지원이 구체적 체계적으로 포함된 'K콘텐츠 대전환을 위한 금융투자 종합계획'을 구현함으로써 혁신과 창의성을 육성하고 경제 성장을 주도하며 경제 사회구조의 대규모 전환을 조기에 달성할 수 있다.

콘텐츠산업에 대한 집중적 투자와 통합적이고 유기적인 시스템 운영

콘텐츠산업은 중요한 경제적, 사회적 지위에도 불구하고 항상 금융투자의 우선순위에 뒤처져 있었고, 투자금액이 적어 금융투자의 효과가 미미했다. 일정 수준의 재정투자를 보장하는 재정투자 가이드라인을 수립하여 명확한 중장기 재정투자 계획을 마련해야 한다.

콘텐츠산업은 인공지능기반 경제에서 중요한 역할을 하며 일자리 창출과 경제성장의 중요한 원천이다. 이제까지는 정부의 재정투자 순위에서 제조업 우위에 밀려 성장과 혁신의 잠재력을 제한해 왔다는 점이 늘 지적되어 왔다. 이를 해결하기 위해서는 콘텐츠 산업에 대한 명확한 중장기 재정투자 계획을 수립하는 것이 필수적이다.

콘텐츠 산업에 대한 재정투자 촉진의 첫 단계는 일정 수준의 투자를 보장하는 명확한 가이드라인을 수립하는 것이다. 이 가이드라인은 업계 전문가 및 이해관계자와 협력하여 개발되어야 하며 업계의 요구와 성장 잠재력에 대한 철저한 조사 및 분석을 기반으로 해야 한다. 가이드라인은 또한 투자 계획의 효율성을 평가하기 위한 구체적인 목표와 지표를 제공해야 한다.

콘텐츠산업에 대한 투자를 장려하기 위한 금전적 인센티브와 지원이 필수적이다. 이는 해당 산업에 투자하는 회사에 세금 감면, 재정적 인센티브를 제공함으로써 가능하다. 크리에이터와 콘텐츠 기업에 보조금과 장기저리 대출을 제공하는 데 사용할 수 있는 콘텐츠 산업 전용 기금을 설립하는 것을 고려해야 한다.

투자계획이 성공하려면 투자의 진행 상황과 영향을 추적하는 모니터링, 평가 시스템을 구축하는 것이 중요하다. 이 시스템은 정책 입안자와 업계 이해 관계자에게 정기적인 피드백과 분석을 제공하여 필요에 따라 투자 계획을 조정할 수 있도록 설계되어야 한다.

콘텐츠산업에 대한 금융 투자 촉진의 또다른 중요한 측면은 콘텐츠 산업의 경제적, 사회적 가치에 대한 인식을 높이는 것이다. 이는 콘텐츠산업의 중요성과 성장 가능성을 강조하는 타겟 마케팅, 판촉 캠페인을 통해 달성할 수 있다. 정부는 또한 콘텐츠 산업의 연구 개발을 촉진하기 위해 산업 협회, 학술 기관과 긴밀히 협력해야 한다.

콘텐츠 산업, 프로그램, 빅데이터, 디자인, 소프트웨어 등 다양한 콘텐츠 유형을 여러 정부 부처의 별도 관리 시스템에서 각각의 형태로 관리 운영해왔다. 통합적으로 관리 운영하고 협업할 수 있는 새로운 시스템이 필요하다.

다양한 콘텐츠 유형의 관리 운영은 현재 여러 정부 부처에서 별도로 수행되고 있다. 콘텐츠 장르는 문화체육관광부, 빅데이터는 과학기술정보통신부, 디자인 특허 등은 산업자원부에서 각각 별도로 관리한다. 이러한 단절된 시스템은 콘텐츠 산업 전체를 홍보하고 관리하는 데 있어 비효율성과 중복투자와 같은 문제를 초래한다. 이를 해결하기 위해서 통합적으로 관리 운영하고 협업할 수 있는 새로운 시스템이 필요하다.

새로운 통합 관리시스템은 콘텐츠 산업의 전반적인 관리 및 진흥을 담당하는 지정된 정부 부서 아래에 구축되어야 한다. 이 새로운 부서는 모든 유형의 콘텐츠가 통합적으로 관리되고 운영되도록 다른 정부 부서와 협력한다.

콘텐츠 유형 관리, 운영을 위한 표준화된 포맷 개발이 필수적이다. 표준 포맷을 통해 서로 다른 콘텐츠 유형을 단일 시스템으로 통합할 수 있다. 프로그램이나 빅데이터는 빅데이터 관리를 위한 데이터 형식과 동일해야 한다. 또한 새로운 통합 관리시스템은 각 부서의 역할과 책임을 설명하는 명확한 조직 구조를 가져야 한다. 이 구조는 서로 다른 부서 간의 효율적이고 효과적인 협업을 허용해야 한다. 시스템의 효율성을 보장하기 위해 시스템을 지속적으로 모니터링하고 업데이트해야 한다. 정부는 전담반을 꾸려 정기적으로 제도를 점검하고 개선이 필요한 부분을 파악해야 한다.

협업을 위한 플랫폼과 리소스개발지원

크리에이터가 공유하고 협업할 수 있는 플랫폼과 리소스의 개발은 콘텐츠 개발과 성장에서 매우 중요하다. 크리에이터는 종종 독립적으로 또는 소규모 팀으로 작업하며 고품질 콘텐츠를 생성하는 데 필요한 리소스와 도구에 액세스하는 것이 어려울 수 있다. 크리에이터가 자신의 작업을 공유할 수 있는 플랫폼을 제공하여 동료로부터 피드백을 받을 수 있으며, 이를 통해 기술을 향상하고 더 나은 콘텐츠를 제작할 수 있다. 크리에이터 간의 협업은 새롭고 혁신적인 아이디어의 창출로 이어질 수도 있다. 그러한 플랫폼과 자원의 개발을 지원하기 위해 정부는 기업과 조직이 이를 만들고 유지하도록 자금과 인센티브를 제공한다. 정부는 콘텐츠 크리에이터가 플랫폼을 효과적으로 사용할 수 있도록 훈련, 교육 프로그램을 제공한다.

모든 수준의 크리에이터를 위한 교육 리소스, 네트워킹 기회, 멘토링 프로그램에 대한 무료 액세스를 제공하는 정부 지원 온라인 플랫폼을 구축하는 것이 효과적 방안이 될 수 있다. 이 플랫폼에는 글쓰기와 디자인에서 마케팅과 배포에 이르기까지 콘텐츠 제작의 다양한 측면에 대한 온라인 과정, 워크숍, 자습서와 같은 다양한 리소스가 포함될 수 있다. 이 플랫폼은 구인 정보, 프리랜서 기회 데이터베이스를 제공하고, 크리에이터가 잠재적 공동 작업자, 고객과 연결할 수 있는 기능을 제공한다.

멘토링 프로그램은 크리에이터, 지망생이 기술을 향상하고 업계 연결을 만드는 데 중요한 역할을 할 수 있다. 플랫폼은 네트워킹, 멘토링 기회를 제공하여 작업에 대한 지침과 피드백을 제공할 수 있는 기존 전문가와 지망생을 연결한다. 이러한 리소스와 네트워킹 기회를 제공함으로써 크리에이터의 성장과 발전을 지원하는 동시에 포용성과 다양성을 촉진한다.

협업을 위한 리소스, 도구에는 스튜디오 공간, 장비, 저작도구 소프트웨어에 대한 액세스가 포함될 수 있다. 크리에이터는 고품질 콘텐츠를 만드는 고품질 카메라, 마이크, 편집 소프트웨어와 같은 필요한 리소스나 도구에 액세스하기가 쉽지 않다. 공유 스튜디오 공간, 장비, 편집 소프트웨어에 대한 액세스를 제공함으로써 크리에이터는 더 높은 수준의 콘텐츠를 공동 작업하고 만들 수 있다. 값비싼 장비를 구입하거나 스튜디오 공간을 스스로 임대할 재정적 자원이 없는 크리에이터에게 특히 유용하다.

리소스에 대한 액세스를 통해서 크리에이터 간의 공동체 의식을 조성하여 아이디어를 교환하고 프로젝트에서 공동 작업할 수 있다. 이를 통해 보다 창의적인 콘텐츠를 창출할 수 있고, 새로운 인재가 등장하고 성장할 수 있는 기회를 얻을 수 있다.

오픈소스 콘텐츠 플랫폼은 완성된 콘텐츠 제작을 위한 부분적 재료, 객체, 환경 등의 디지털 소스이다. 오픈소스 콘텐츠 플랫폼은 저렴한 비용으로 전문가 수준의 소프트웨어, 리소스에 대한 액세스를 제공하므로 크리에이터에게 매우 유용하다. 이러한 플랫폼에는 편집 소프트웨어, 디자인 소프트웨어, 3D 모델링 도구 등도 포함될 수 있다. 오픈 소스 콘텐츠 제작 도구의 개발을 지원함으로써 크리에이터의 진입에 대한 재정적 장벽을 줄이고 보다 쉽게 시작할 수 있도록 지원한다. 이것은 순차적으로 크리에이터 비즈니스의 혁신, 창의성, 생산성 향상으로 이어진다.

오픈소스 플랫폼에는 대규모 사용자 커뮤니티가 형성되어, 공동으로 개발하고 개선할 수 있으므로 콘텐츠 제작을 위한 더 좋고 효과적인 도구를 만들 수 있다. 더 나은 도구와 리소스가 더 나은 콘텐츠와 더 높은 품질의 제품으로 이어질 수 있기 때문에, 크리에이터와 업계 전체에 효과적이다. 오픈소스 도구 개발을 지원하는 것 외에도 크리에이터가 이러한 도구를 효과적으로 사용하는 방법을 배우도록 교육 프로그램을 지원한다. 교육프로그램에는 온라인 학습, 워크숍, 프로그램이 포함된다.

오픈소스 콘텐츠 플랫폼과 제작 도구 개발을 지원하는 것은 새로운 크리에이터의 진입에 대한 재정적 장벽을 줄이고, 크리에이터가 자신의 작업을 다른 사람과 공유하고 공동 작업하도록 촉진하며, 크리에이터 간의 공동체 의식을 구축하고 협업과 혁신 문화를 조성한다. 협업을 통해 신선한 관점과 아이디어를 테이블에 제공하여 보다 다양하고 혁신적인 콘텐츠를 만들 수 있다. 작업과 아이디어를 공유하면 크리에이터가 서로에게서 배우고 서로의 성장을 돕는 피드백을 제공할 수 있는 보다 협력적인 커뮤니티로 이어진다. 협업을 통해 한 명의 크리에이터가 혼자 하기에는 너무 어렵거나 시간이 많이 걸리는 더 크고 방대한 프로젝트로 이어질 수 있다. 협업을 통해서 성장과 창의성을 촉진하고 강력한 커뮤니티를 구축한다.

오늘날의 급변하고 끊임없이 변화하는 콘텐츠 산업에서 크리에이터는 수많은 도전에 직면해 있다. 끊임없이 진화하는 디지털환경을 탐색하는 것부터 수익을 창출하는 방법을 찾는 것까지 성공으로 가는 길은 길고 어렵다. 이러한 과제에 대한 한 가지 해결책은 전용 멘토링 시스템을 구현하는 것이다. 멘토링 시스템은 콘텐츠를 만들고 수익창출을 안내해 줄 수 있는 경험이 풍부한 전문가에게 접근할 수 있도록 한다. 멘토는 콘텐츠에 대한 귀중한 피드백을 제공하고 마케팅 전략에 대한 조언을 제공하며 업계의 작동에 대한 통찰력을 제공한다.

멘토링 시스템은 크리에이터 사이에 공동체 의식을 구축해 준다. 유사한 관심과 목표를 가진 크리에이터를 연결함으로써 멘토링 시스템은 협업과 혁신을 촉진하고, 활기차고 역동적인 크리에이터 비즈니스를 활성화한다.

멘토링 시스템은 새로운 인재를 발굴하고 개발하며, 참신하고 혁신적인 콘텐츠를 지속적으로 제공할 수 있다. 기존 플레이어와 경쟁이 치열해지는 상황에서 중요한 지원역할을 한다. 물론 크리에이터 지망생을 위한 멘토링 시스템을 구현하는 데는 많은 어려움이 있다. 가장 큰 과제는 프로그램에 전념할 시간과 전문성을 갖춘 자격을 갖춘 멘토를 찾는 것이다. 크리에이터 지망생을 위한 전담 멘토링 시스템의 잠재적 이점은 분명하다. 지침, 지원, 공동체 의식을 제공함으로써 차세대 콘텐츠 크리에이터를 육성하고 크리에이터 비즈니스의 밝은 미래를 보장한다.

K콘텐츠 크리에이터 밸리 조성 운영

'K콘텐츠 크리에이터 밸리'는 투자, 비즈니스, 문화 생활 공간, 교육 프로그램 및 인력, 글로벌 교류 및 협력이 원스톱으로 이루어지는 곳이다. 크리에이터 비즈니스의 생산과 개발의 거점이며 생활 문화공간이다. 크리에이터, 콘텐츠 스타트업, 투자자가 상호작용하고 협업하며 활기차고 자급자족할 수 있는 크리에이터 비즈니스를 만드는 통합 플랫폼이다.

밸리에는 공동 작업 공간, 인큐베이션 센터, 스튜디오, 제작 시설, 모니터링, 스크리닝 룸, 전시 등 제작과 생산에 필요한 시설 공간이 포함된다. 디자인, 패션, 푸드, 체험, 운동, 공연 등 생활과 비즈니스가 연계된 생활 문화공간들도 어우러진다. 크리에이터, 기업가, 전문가 등에게 지침과 지원을 제공하고, 멘토, 투자자, 비즈니스에 대한 액세스를 지원한다.

다양한 분야와 배경을 가진 크리에이터들이 모여 들어 아이디어를 교환하고, 새롭고 독특한 콘텐츠 개발을 장려하는 역동적인 환경을 조성한다. 이는 전 세계 수요자의 주의와 관심을 사로잡고, 화제성의 중심을 형성하며, 획기적인 신작 창작을 자극한다. 밸리는 콘텐츠 산업의 허브 역할을 하여 현지 크리에이터, 콘텐츠 스타트업을 글로벌 투자자, 파트너, 구독자와 연결한다. 크리에이터, 콘텐츠 스타트업의 도달 범위를 확장하여 세계 무대에서 자신의 작품을 선보이고 새로운 수요자와 투자를 유치할 수 있는 기회를 제공한다.

밸리는 교육 프로그램, 인적 자원을 위한 플랫폼을 제공한다. 크리에이터 비즈니스를 위한 다양한 교육 프로그램을 제공하여 그들이 성공하는 데 필요한 기술과 지식을 개발하도록 지원한다. 인재 풀 역할을 제공하여 크리에이터와 일자리를 연결하고 해당 분야의 숙련된 크리에이터 비즈니스가 구축되는 제작 파이프라인을 제공한다. 투자, 비즈니스, 문화 생활공간, 교육 프로그램, 인적 자원, 글로벌 교류 및 협력을 제공함으로써 협업, 혁신, 성장을 촉진할 수 있다. 크리에이터 비즈니스를 발전시키고 세계 경제와 문화를 리드함으로써 다른 국가의 모델이 될 수 있다.

크리에이터를 중심으로 다양하고 네트워크화 된 생태계가 만들어지는 공간으로 구상된다. 생태계는 크리에이터 지망생, 잠재적 크리에이터, 크리에이터, 스타트업, 상소기업, 글로벌 기업, 투자자, 관계자, 전문가 등으로 구성될 것이다.

콘텐츠 전업 개발자를 꿈꾸는 잠재적인 크리에이터는 공유 스튜디오 공간, 장비, 편집 소프트웨어, 오픈 소스 콘텐츠 제작 도구에 대한 액세스를 포함하여 콘텐츠 제작에 필요한 리소스와 도구를 활용한다. 신규 크리에이터의 진입 장벽이 낮아지고 멘토링, 진로 상담, 인증 프로그램, 교육 워크숍 등 크리에이터가 되기 위한 다양한 교육 프로그램, 리소스가 제공된다.

크리에이터 비즈니스의 투자, 비즈니스 기회의 허브가 될 것이다. 스타트업과 강소기업을 위한 다양한 펀딩 기회와 재정적 인센티브를 제공하여 이들이 혁신하고 새로운 크리에이터 비즈니스의 기회를 갖도록 촉진한다. 투자하거나 협업할 새로운 크리에이터를 모색하는 글로벌 기업이나 파트너를 유인한다.

문화 생활공간도 크리에이터 비즈니스에 중요한 구성 요소가 된다. 크리에이터가 모여 아이디어를 공유하고 협업할 수 있는 장이 될 것이다. 크리에이터 간의 협업과 혁신의 문화를 조성하고 새롭고 창의적인 콘텐츠를 만들도록 장려하는 공간이 될 것이다. 글로벌 교류와 협력의 공간이 될 것이다. 전 세계의 크리에이터와 회사가 함께 모여 아이디어를 공유하고 협업하는 글로벌 교류와 협력의 공간으로 거듭난다. 크리에이터 비즈니스가 전 세계적으로 성장하고 발전하는 새로운 기회를 제공한다.

크리에이터 지망생이 현장에서 일을 시작하고, 기성 크리에이터는 기술과 지식을 넓힐 수 있으며, 스타트업, 강소기업, 글로벌 기업이 크리에이터에게 투자하고 협업할 수 있는 거점이 된다. 협업과 혁신의 문화를 조성하고 크리에이터가 새롭고 독창적인 콘텐츠를 만들도록 장려하며, 성장과 발전을 촉진하기 위한 새로운 이니셔티브를 제공한다. 크리에이터가 번성할 수 있는 종합적인 거점 조성에 초점을 맞추고 있으며, 이는 수도권에만 국한되지 않는다. 수도권과 지역 광역 거점을 네트워크로 연결하여 국가균형발전을 도모한다.

전국 여러 지역의 광역거점에 밸리를 추진하여 균형 잡힌 발전을 촉진한다. 이를 통해 크리에이터 비즈니스는 수도권에 집중되지 않고 전국 각지에 위치할 수 있다. 여러 지역에서 일자리를 창출하고 경제 성장과 개발을 촉진하며, 지역문화 발전과 크리에이터 성장과 연계한다.

지역 광역거점에 인프라, 리소스, 인적 자원이 조성될 수 있도록 리소스와 지원을 제공하기 위해 지방 정부, 교육 기관, 민간 기업과 파트너 관계를 맺는다. 크리에이터 비즈니스에 친화적인 환경을 조성하기 위한 교육 훈련프로그램, 투자와 네트워킹 기회를 제공한다. 크리에이터, 전문가, 투자자, 연구자가 함께 모여 아이디어, 지식, 개발 사례를 공유할 수 있는 기회를 만들어 협업과 혁신을 장려한다.

여러 지역에 밸리를 조성하는 것은 지역 다양성을 촉진하는 데에도 효과적이다. 밸리는 해당 지역의 고유한 특성을 반영하도록 설계된다. 다양하고 지역 친화적이며, 차별적 요소를 갖는 크리에이터 비즈니스를 형성할 수 있다. 밸리의 성장과 개발을 지원하기 위해 크리에이터와 기업에 재정과 금융 인센티브를 제공한다.

밸리는 인구 밀도가 높은 도시형 산업 거점이다. 경제, 교육, 문화, 체험, 관광 등 다양한 요소가 융합되어 활력이 넘치는 도시를 만든다. 전 세계가 교류하고 협력하는 네트워크의 중심 역할을 한다. 크리에이터 지망생, 크리에이터, 스타트업, 중소기업, 투자자, 공무원, 전문가가 모두 모여 협업하고 혁신하고 창조할 수 있는 크리에이터 비즈니스의 허브로 추진된다. 단순한 산업 기지를 넘어, 주민과 방문객 모두에게 풍부한 문화와 교육 경험을 제공하는 활력이 넘치는 도시발전과 어우러진다.

에너지와 역동성에 기여하는 밀도 높은 인구 구성으로, 사람과 기업이 한 지역에 집중되어 끊임없는 창의성과 혁신의 분위기를 조성한다. 이 에너지는 교육, 문화, 체험과 같은 다양한 요소의 융합으로 더욱 강화되어 크리에이터 비즈니스가 번성할 수 있는 비옥한 기반을 제공한다.

교육은 밸리 성공의 핵심 요소이다. 지방정부는 대학과 파트너십을 구축하여 크리에이터 비즈니스의 요구에 맞는 교육, 훈련 프로그램을 제공한다. 크리에이터가 성공하는 데 필요한 기술을 갖추도록 보장하고 기존 콘텐츠 크리에이터, 비즈니스를 위한 인재 파이프라인을 제공한다. 활기찬 교육 생태계를 조성함으로써 전 세계 각지의 인재를 유치하여 글로벌 범위와 영향력을 더욱 강화할 수 있다.

크리에이터는 문화가 넘치는 도시에서, 주변 세계에서 영감을 얻고, 다양하고 역동적인 문화에 몰입, 더 깊은 차원에서 관객과 공감하는 작품에 도전한다. 밸리는 다양한 문화적 전통과 예술 형식을 선보이고, 새롭게 떠오르는 문화 활동을 육성하기 위한 플랫폼을 제공한다. 이것은 방문객과 관광객을 유치하고 도시의 경제 성장과 활기에 기여한다.

크리에이터 비즈니스가 살아 숨쉬는 허브가 되도록 설계된 도시를 조성함으로써 방문객들은 풍부하고 매력적인 경험에 몰입할 수 있다. 공동 작업 공간과 제작자 실험실에서 문화 행사와 축제에 이르기까지 사람들이 업계의 다른 사람들과 연결하고 협력할 수 있는 무한한 기회가 있다. 공동체 의식과 소속감을 형성함으로써 최고의 인재를 유치, 유지하고 혁신과 창의성을 육성한다.

관광은 활기차고 다양하며 에너지가 넘치는 도시를 만들어 방문객을 이 지역으로 끌어들일 것이다. 문화 행사와 축제에서 독특한 식사 경험과 쇼핑에 이르기까지 방문객들이 도시를 탐험하고 교류할 수 있는 무한한 기회가 있다. 지역 경제를 지원하고, 도시의 세계적인 명성과 영향력을 높인다.

밸리는 단순히 경제활동, 산업기지를 넘어 다양한 요소들이 모여 주민과 방문객 모두에게 풍부한 문화, 교육적 경험을 제공하는 활력이 넘치는 도시이다. 교육, 문화, 경험, 관광에 중점을 두어 최고의 인재를 유치, 유지하고 혁신과 창의성을 육성하며 글로벌 범위와 영향력을 강화해 나가야 한다.

공공기반 콘텐츠 투자회사 설립 운영

대규모 공공기반 콘텐츠 투자회사 설립은 새로운 비즈니스 모델을 개발하고, 크리에이터가 스타트업이나 강소기업으로 성장할 수 있도록 투자 및 지원하고, 글로벌 투자와 협력을 주도한다. 콘텐츠 산업의 부상으로 콘텐츠 제작, 개발에 대한 대규모 투자가 필요하다. 이를 위해서는 공공 기반의 콘텐츠 투자회사 설립이 필수적이다. 크리에이터가 아이디어를 실현하고 콘텐츠 스타트업, 콘텐츠 강소기업으로 성장을 촉진하는 데 필요한 자금을 지원한다.

공공기반 콘텐츠 투자 회사 설립의 주요 이점 중 하나는 새로운 비즈니스 모델개발이다. 이러한 회사는 기존 소스에서 투자를 받을 수 없는 혁신적이고 실험적인 프로젝트에 자금을 제공할 수 있다. 이러한 회사의 지원을 통해 크리에이터는 위험을 감수하고 새로운 길을 탐색하여 참신하고 매력적인 콘텐츠를 만들 수 있다.

공공기반 콘텐츠 투자 회사는 크리에이터가 스타트업 또는 강소기업으로 성장하도록 지원할 수 있다. 신생 기업과 강소기업은 혁신과 창의성을 주도하기 때문에 크리에이터 비즈니스에 필수적이다. 그러나 투자를 확보하는 데 어려움을 겪어 성장 잠재력이 위협을 받을 수 있다. 공공기반 콘텐츠 투자 회사는 자금과 지원을 제공함으로써 이러한 크리에이터가 비즈니스를 확장하고 새로운 수요자에게 다가갈 수 있도록 한다.

공공기반 콘텐츠 투자 회사는 글로벌 투자와 협력을 주도할 수 있다. 콘텐츠 산업은 점점 더 글로벌화되고 있으며 크리에이터와 구독자는 전 세계로 확산되고 있다. 크리에이터에게 투자하고 지원함으로써 이러한 회사는 국제 협력을 촉진하고 크리에이터의 범위를 새로운 시장과 영역으로 확장할 수 있다.

대규모 공공기반 콘텐츠 투자회사를 설립하기 위해서는 다양한 투자처의 결합이 필수적이다. 공공 투자는 정부 기금이나 콘텐츠 산업 진흥을 담당하는 공공 기관에서 조달할 수 있다. 민간 투자는 크리에이터의 성장을 지원하는 데 관심이 있는 벤처투자 회사, 전략적 제휴를 원하는 콘텐츠 기업으로부터 조달 가능하다. 해외 투자는 전략적 제휴를 희망하는 외국 기업이나 외국의 전문 투자기관으로부터 조달할 수 있다.

다양한 투자처를 조합하여 공공기반 콘텐츠 투자회사를 설립할 수 있는 투자 역량을 확보할 수 있다. 그런 다음, 크리에이터 비즈니스에 대한 투자, 지원에 중점을 둔 비즈니스 모델을 개발하여 콘텐츠 스타트업, 강소기업에 투자, 성장을 견인할 수 있다. 유망한 크리에이터에게 투자하고 리소스와 지원을 제공함으로써 크리에이터 비즈니스의 혁신과 성장을 주도한다.

크리에이터에 대한 투자 외에도 공공기반 콘텐츠 투자 회사는 글로벌 투자와 협력을 주도할 수 있다. 해외 투자자, 글로벌 플랫폼 등과 파트너십을 구축함으로써 크리에이터 비즈니스의 범위를 확장하고 글로벌 협력을 촉진할 수 있다. 콘텐츠 스타트업이나 강소기업의 해외 현지진출에는 많은 애로사항이 있다. 특히 현지의 제도나 금융시스템의 접근에 형성된 장애를 해소하는 데에 투자회사가 파트너 십을 형성하여 역할을 할 수 있다.

대규모 공공기반 콘텐츠 투자회사 설립은 크리에이터 비즈니스의 성장과 발전을 촉진하고, 크리에이터 밸리와 글로벌 비즈니스 네트워크를 견인하는 핵심 역할을 할 수 있다. 공공, 민간, 해외 투자를 결합해 대규모 투자 역량을 확보하여, 크리에이터를 지원하고, 스타트업이나 강소기업으로 견인한 다음 글로벌 기업으로 성장할 수 있는 디딤돌 역할을 수행한다.

투자 회사는 영화, TV 프로그램, 음악, 게임, 웹툰 등 다양한 유형의 콘텐츠에 투자할 수 있다. 콘텐츠 산업에서 점점 더 중요해지고 있는 가상현실, 증강 현실과 같은 신기술 개발과 메타버스 서비스에 대규모 투자를 진행하여 새로운 비즈니스 영역을 선점할 수 있다.

크리에이터가 전략적 파트너십, 인수 합병, 여러 형태의 협력을 통해 비즈니스를 전 세계적으로 확장하도록 지원한다. 이는 크리에이터에게 새로운 기회를 제공하고, 다른 국가, 지역 간의 문화 교류와 협력을 촉진한다.

나아가 이러한 투자회사의 설립은 외국인 투자유치와 글로벌 시장에서 콘텐츠산업의 경쟁력을 강화할 수 있다. 크리에이터의 성장과 발전을 촉진함으로써 투자기업은 일자리 창출과 경제 성장에 기여하고 콘텐츠산업의 혁신을 주도할 수 있다.

크리에이터의 성장과 발전을 촉진하고 크리에이터 밸리와 글로벌 비즈니스를 견인하기 위해 대규모 공공기반 콘텐츠 투자회사의 설립이 필수적이다. 대규모 투자 역량 확보, 새로운 비즈니스 모델 발굴, 글로벌 협력 지원을 통해, 투자기업은 크리에이터 비즈니스의 성장과 경제 시스템 발전에 기여할 수 있다.

창의성과 혁신 문화 촉진

인공지능기반 경제와 크리에이터 중심 사회에서는 일자리와 경제활동에 큰 변화가 예상된다. 일자리와 경제활동의 대변화에 사회구성원 모두가 대비할 수 있는 준비가 필요하다. 특히 사회진출을 준비하고 있는 청년들과 미래세대에게 커다란 어려움이 예상된다. 다가올 새로운 사회에 대한 통찰을 바탕으로 교육 내용과 과정, 제도를 철저히 혁신해서 미래세대가 대비할 수 있도록 하는 것은 우리 사회의 도약과 좌절을 결정짓는 요인이라고 할 수 있다.

다가올 변화와 미래 사회에 대응할 수 있는 시간이 너무 부족하다. 대규모 교육 투자와 사회적 역량을 결집해서 새로운 사회변화에 낙오자가 없도록 해야 한다. 인공지능기반 경제와 크리에이터 중심 사회는 일하는 방식과 경제 활동 방식에 큰 변화를 가져올 것이다. 분업과 전문화에 의해서 고도화된 육체활동을 기반으로 하는 숙련노동은 인공지능 알고리즘과 로봇자동화에 의해 대체된다. 미래 사회의 요구에 맞게 사고력을 키우며 창의성을 발휘하고, 혁신과 과학기술에 중점을 둔 교육 프로그램 개발과 운영에 집중해야 한다.

전통적인 교육 패러다임에서 벗어나 프로젝트기반 학습, 체험과 시행착오를 통해서 성장하는 프로그램으로 전면적으로 전환해야 한다. 프로젝트기반 학습은 대학에서는 이미 보편화, 전면화되고 있지만, 초중등과정은 여전히 암기식 지식 습득방식을 벗어나지 못하고 있다. 초중등과정에도 프로젝트 기반 학습을 통해 반복되는 실습을 통해 성장하고, 실제 문제를 해결하는 과정에서 살아있는 지식을 발전시킨다. 교육에 대한 이러한 접근 방식은 학생들이 자신의 관심사를 탐구하고 자신의 아이디어를 개발할 수 있는 자율적 참여의식을 통해서 창의성과 혁신을 촉진하게 한다.

프로젝트기반 학습에서 실제적 경험을 통해서 학생들이 인공지능이나 콘텐츠개발을 체득할 수 있게 최신 기술과 제작과정에 대한 액세스를 제공한다. 기술 회사, 크리에이터와 파트너십을 구축하고 새로운 교육 프로그램과 학습자료를 개발함으로써 달성할 수 있다. 지나친 경쟁을 지양하고, 학생들 간의 협업과 팀워크를 장려하고, 그룹 프로젝트나 팀 활동을 통해서 함께 작업하고 아이디어를 공유할 수 있는 기회를 제공, 참신하고 혁신적인 콘텐츠 개발로 이어질 수 있다.

프로젝트기반 학습이 확산되어 사회 전체적으로 지속적인 학습과 실험을 장려한다. 사회 조직, 교육 기관은 인공지능이나 콘텐츠 제작과 관련된 새로운 기술, 비즈니스, 관련 정보 접근 방식을 지속적으로 배울 수 있는 기회를 제공한다. 사회구성원 누구나 새로운 것을 실험하고 시도할 수 있는 권한을 부여받아 창의적이고 혁신적인 솔루션으로 이어지는 환경을 조성한다. 서로 다른 배경과 전문 분야를 가진 개인 간의 협업을 장려하면 새로운 아이디어와 혁신적인 솔루션으로 이어질 수 있다. 여러 분야의 팀 구성, 프로젝트기반 작업, 융복합 네트워크 생성을 통해 달성할 수 있다.

실패를 지지하고 격려한다. 창의성과 혁신은 종종 위험을 감수하는 것과 관련이 있으며 때로는 이러한 위험이 성과를 거두지 못한다. 실패를 수치심의 원천이 아닌 배움의 기회로 여기는 문화를 조성하는 것은 창의적 사고와 문제 해결을 장려하는 데 중요하다. 위험을 감수하고 새로운 아이디어를 실험하도록 장려하여, 창의성과 혁신의 문화를 조성한다.

열린 커뮤니케이션과 피드백을 장려한다. 창의성과 혁신의 문화에는 개방적이고 투명한 커뮤니케이션과 피드백이 필요하다. 자신의 아이디어를 공유하고 서로에게 건설적인 피드백을 제공하도록 격려하면 보다 협력적이고 혁신적인 작업 환경으로 이어질 수 있다. 리소스, 도구에 대한 액세스를 제공한다. 프로토타이핑 도구, 기술 플랫폼, 협업 공간과 같이 창의적이고 혁신적인 사고를 지원하는 리소스, 저작도구에 대한 액세스를 개인에게 제공하면 혁신 문화를 조성하고 창의적인 문제 해결을 촉진할 수 있다.

교육자, 학습자, 민간 조직과 같은 다양한 이해 관계자를 포함하는 창의성과 혁신문화를 촉진하는 데 초점을 맞춘 포괄적인 국가 인적 자원 개발 전략을 수립하고 구현해야 한다. 이 전략은 국가 인적자원의 창의성, 혁신, 미래 대비를 촉진한다. 교육자가 업계의 현재와 미래의 요구에 맞는 새로운 교수법과 커리큘럼을 혁신하고 개발하도록 인센티브를 제공해야 한다. 학습자는 인공지능과 콘텐츠개발 역량을 촉진하는 다양한 프로그램, 해커톤, 여러 행사에 참여하여 기술과 창의력을 개발하도록 장려되야 한다.

기업을 포함한 민간기구도 학습자에게 인턴십, 교육, 멘토링 프로그램을 제공하여 미래사회를 준비하기 위한 국가 인적자원 개발 이니셔티브에 참여하도록 권장해야 한다. 업계의 요구와 관련된 프로그램을 개발하고 구현하기 위해 학교와 대학에 자금 지원을 제공할 수 있다. 콘텐츠 제작, 인공지능 관련 연구 개발 프로그램을 개발, 교육자와 학습자를 동시에 지원할 수 있다.

인공지능기반 경제와 크리에이터 중심사회를 준비하기 위한 사고력, 창의력, 혁신문화 촉진의 즉각적 실행이 절실해지고 있다. 이를 조기에 실현하기 위해서는 공공, 민간, 지자체, 각급 교육기관, 평생교육기관 등 다양한 이해관계자가 함께하는 그랜드 컨소시엄을 구성하는 것이 필수적이다. 그랜드 컨소시엄은 창의적이고 혁신적인 교육을 촉진하고, 목표, 정책, 자금조달 메커니즘을 설명하는 포괄적인 전략을 개발하는 데 중점을 두어야 한다. 함께 협력함으로써 리소스와 전문 지식을 모아 조정되고 합의된 접근 방식을 만들 수 있다.

그랜드 컨소시엄을 통해서 서로 다른 이해 관계자 간의 협업, 지식 공유를 가능하게 한다. 모든 수준의 교육 기관은 서로에게서 배우고, 창의적이고 혁신적인 교육을 촉진하기 위한 모범

사례를 공유할 수 있다. 민간 부문은 그들의 필요와 목표에 부합하는 교육 이니셔티브에 대한 중요한 통찰력과 지원을 제공할 수 있다.

그랜드 컨소시엄 접근 방식은 평생 학습을 위한 플랫폼을 제공한다. 오늘날 급변하는 사회 환경에서 모든 사회 구성원은 관련성을 유지하기 위해 자신의 기술과 지식을 지속적으로 업데이트하는 것이 필수적이다. 그랜드 컨소시엄은 전통적인 교실 기반 학습에서 온라인 과정, 여러 형태의 디지털 학습에 이르기까지 다양한 교육 기회를 통해 평생학습을 지원한다.

그랜드 컨소시엄의 성공을 위해서는 강력한 거버넌스 구조를 갖추어야 한다. 이 구조는 투명하고 포괄적이어야 하며 모든 이해 관계자를 포함하는 명확한 의사 소통과 의사 결정 프로세스가 있어야 한다. 이니셔티브의 개발과 구현을 지원하기 위한 자금조달 메커니즘도 수립되어야 한다.

대중 인식 캠페인을 조직하여 인공지능기반 경제와 크리에이터 중심사회 변화에 대해서 홍보하고 크리에이터가 되기 위한 필요한 준비를 공유해야 한다. 소셜 미디어, 전통적인 미디어, 여러 마케팅 채널을 통해 수행되어 사회 모든 구성원들이 인식을 공유할 수 있도록 노력해야 한다. 빅데이터의 생성과 창작이라는 관점에서 크리에이터 비즈니스는 모든 사회구성원에게 일상생활의 필수적인 부분이 되었다. 소셜 미디어에서 온라인 엔터테인먼트에 이르기까지 우리는 매일 방대한 양의 콘텐츠를 생성하고 소비한다. 더 많은 크리에이터와 혁신가에 대한 수요가 증가하고 있다. 대중 인식 캠페인을 활성화하여 창의성과 혁신 문화를 조성한다.

대중 인식 캠페인은 크리에이터 활동, 크리에이터 비즈니스에 대한 통념과 오해를 없애는 데 역할을 할 수 있다. 크리에이터 비즈니스는 고가의 장비와 광범위한 교육이 필요한 어렵고 배타적인 활동이라고 생각한다. 그러나 관심과 열의, 적절한 교육만 있으면 누구나 크리에이터가 될 수 있다. 대중 인식 캠페인은 다양한 크리에이터와 그들의 배경을 보여줌으로써 더 많은 대중이 참여할 수 있도록 영감을 줄 수 있다.

4 C2, 더 크고 강한 K콘텐츠 강국, 크리에이터 시대의 비전

'정치, 경제, 군사적 대결을 축으로 하는 미국과 중국의 패권경쟁은 21세기가 종료될 때까지, 세계를 전쟁 위험과 양극화의 굴레에서 벗어나기 힘들게 할 것이라는 우울한 전망을 낳게 한다. 반면에, 남은 세기동안 미중, G2패권국가를 견제하면서 새로운 경로를 제시하는 것이 C2비전이다. C2의 핵심 키워드는 정체성과 자율성, (대결과 갈등이 아닌)협력과 상생이 빚어내는 문화적 어우러짐이라고 할 수 있다.'

2021년 7월 2일, 제68차 유엔무역개발회의(UNCTAD) 무역개발이사회 폐막 세션에서 우리나라는 '그룹 에이(A)'(아시아·아프리카)에서 '그룹 비(B)'(선진국)로의 지위 변경이 만장일치로 가결되었다. 유엔무역개발회의의 57년 역사상 처음 있는 선진국으로의 지위 변동이며, '세계 10위 경제규모, 피포지(P4G·서울 녹색미래) 정상회의 개최, 주요 7개국(G7) 정상회의 참석' 등 국제무대에서 높아진 위상과 현실에 부합하는 역할 확대를 반영한 것이다. 선진국과 개도국 모두에게서 선진국 위상을 명실상부하게 확인하고, 두 그룹 사이의 가교 역할이 가능한 성공 사례임을 인정받은 것이다.

우리나라가 유엔무역개발회의에 가입했던 1964년의 1인당 GDP가 123.61달러에 불과했는데, 선진국 가입해인 2021년 기준으로 34,983.7달러에 이르렀으니, 기적이라고 해도 과언이 아니다. 경제적 성장과 더불어 한류를 통해서 콘텐츠산업의 수출경쟁력과 우리 문화의 우수성이 세계 여러 나라에 미친 영향력도 무시할 수 없다.

식민지시대와 개발도상국의 지위에서 유일하게 선진국에 진입한 한 나라로서, 기존 선진국의 단순한 모방이 아닌 새로운 미래 비전의 성찰과 제안이 요청된다. 우리 역사의 지속적 발전을 토대로, 시대의 요구를 반영하는 새로운 비전과 방향을 모색해야 할 때이다. 바야흐로 시대는 디지털 정보혁명을 거쳐 인공지능이 전면적이고 포괄적으로 적용되는 인공지능기반 경제와 크리에이터 비즈니스 시대로 향하고 있다.

경제적, 정치적, 군사적 가치를 중심으로 한 미래 비전의 시대를 넘어서 인공지능기반 경제와 크리에이터 중심사회의 핵심적인 가치인 자율성, 창의성이 반영된 미래비전이 추구되어야 한다. 양극화, 청년실업, 저출산, 지역소멸 등 산업화와 성장우선주의 과정에서 등장한 여러 문제와 사회적 갈등도 새로운 방향과 프레임 속에서 접근이 필요하다.

C2란 포괄적으로는 더 크고 강한 문화강국, 크리에이터 시대를 선도해 나가는 비전을 내포하고 있다. 지난 20년간 지속되어 온 한류는 전 세계인을 사로잡는 문화현상으로 확고하게 자

리매김하였다. 그러나 지금까지는 주로 경제적, 수출 산업적 관점에서 접근하고, 평가되어 온 것이 사실이며, 문화상품과 서비스의 수출, 국가 브랜드 홍보에 주력해 왔다. 앞으로는 한걸음 더 나아가 교류와 협력, 공존과 다양성이라는 보편적 가치의 확산과 실천으로 초점을 맞추어야 한다. 특히 경계 없이 펼쳐지는 지구촌에서 미래세대, 청년세대의 문화교류 허브 역할로 나아가야 한다. 더 크고 강한 문화강국의 길로 나아가야 한다.

인공지능기반 경제와 크리에이터 비즈니스의 확산은 기술혁명의 진전에 따라 보편적 전면적으로 확산될 것이다. 자율성과 창의성은 크리에이터가 추구하는 핵심적인 가치이다. 자율성과 창의성을 추구하는 크리에이터가 콘텐츠를 개발하고, 소통과 공감이 어우러지는 세계를 지향한다. 크리에이터 비즈니스 시대가 활짝 열릴 수 있도록, 정치, 경제, 복지, 문화, 교육 등 사회 모든 부문의 구조와 프로세스를 혁신해 나간다. 지역과 국가, 민족과 인종, 계층과 세대를 뛰어넘어 누구나 크리에이터가 되어 교류하고, 협력하며, 콘텐츠로 공감하고 소통하는 시대를 열어 나간다.

하드파워(Hard Power)가 전통적인 의미의 국력, 정치적, 경제적, 군사적 의미의 힘이라면, C2는 소프트 파워(Soft Power)에 가깝다고 할 수 있다. 소프트 파워에는 문화(Culture), 콘텐츠(content), 창의성(Creativity), 협력(Cooperation), 상생(constellation)의 의미가 내포되어 있다. 소프트 파워 개념을 주장한 조셉 나이(2004)에 따르면, 소프트파워는 매력적인(attractive) 문화, 정치적 가치, 합법적이고 도덕적 권위를 갖는 나라에게 주어지는 것으로, 가시적인 위력이나 강제력을 보이지 않으면서도 다른 나라와 국민이 자국 방향에 동의하도록 설득할 수 있는 무형의 매력이라고 하였다.

C2비전은 미국과 중국의 정치적, 군사적, 경제적 패권경쟁으로 점철된 G2 개념과 근본적인 차별성을 지닌다. 대결과 갈등을 앞세우는 강력한 배타적 힘을 지향하는 닫힌 그룹(Group) 개념과 달리, 대안적인 모색과 경로를 존중하며, 공급자와 수용자의 어우러짐과 시너지를 추구한다. 국력의 크고 작음을 떠나 협력과 상생을 추구하는 비전이다.

C2에는 구체적으로는 국정 비전, 국정과제의 의미도 포함되어 있다. 콘텐츠산업은 향후에도 경제적 부가가치와 일자리 창출, 국가 브랜드 혁신이라는 차원에서 국가 기간산업으로서의 역할을 지속할 것으로 기대된다. 콘텐츠산업의 글로벌 경쟁력은 수출규모, 국민총생산에서 차지하는 비중, 국가 브랜드 순위, 무역수지, 저작권 경쟁력, 콘텐츠기술 수준 등을 고려했을 때, 전 세계에서 6위 내지 7위에 해당한다고 볼 수 있다. 현재 1위의 경쟁력은 두말할 것도 없이 미국이다. 인구규모, 경제역량 등 국력의 차이로, 양적으로는 미국을 능가하기가 쉽지 않다. 질적인

수준과 웹툰 등 경쟁우위에 있는 분야를 지렛대로 해서 미국과 대등한 수준으로 경쟁과 협력을 추구해 나간다는 국정 목표, 국정방향은 가능하다.

인공지능기반 경제가 확산되고 보편화 함에 따라, 콘텐츠산업에 대한 선진 각나라의 전략적 투자와 지원은 대규모로 지속되고, 국가간 경쟁은 치열하게 전개될 것이다. 국가간 경쟁의 최후의 승부처로 떠 오를 것으로 예상된다. 콘텐츠산업 자체의 경쟁우위에서 그치는 것이 아니고, 국가브랜드 상승에 따른 여러 산업분야로의 파급효과, 문화적 자존감, 인공지능기반 경제의 고도화, 선진화 등 국내외적으로 다양한 분야에 방대한 파급효과를 미친다는 것을 우리나라가 한류현상을 통해서 입증했기 때문이다. 대한상의의 조사에 따르면, 조사기업의 51%가 한류가 기업의 매출성장에 긍정적 영향을 미쳤으며, 화장품 같은 경우, 2010년이후 매년 32.3%의 높은 성장율을 기록했다.[83]

전 세계 109개국의 한류동호회를 조사한 결과, 98개국에 1,835개의 한류 동호회가 결성되어 있으며, 전체 회원수는 1억명을 넘어섰고, (2020년 9월 기준) 현재도 계속 늘어나고 있다.

네이버금융에 따르면, 2021년 5월 기준으로 코스피 상위 50개 기업 가운데 3개, 코스닥 상위 100개 중에 13개가 콘텐츠 기업이고 70만 명에 가까운 인력이 종사하고 있다.[84] 콘텐츠산업의 대내외적인 파급효과와 위상은 여러 통계조사와 연구에서 확인되고 있다. 한류의 지속적 발전과 콘텐츠산업의 글로벌 경쟁력을 강화하는 것은 향후 모든 정부의 확고한 국정과제로 자리매김해야 한다.

신남방, 신북방 콘텐츠 교류협력 프로젝트, 크리에이터 라운드 테이블

아시아, 아프리카, 중남미를 잇는 신남방과 러시아, 몽골, 중앙아시아를 관통하는 신북방 콘텐츠 교류 협력 프로젝트를 추진한다. 신남방과 신북방 루트에서 각국의 크리에이터를 연결하는 라운드 테이블을 개최한다. 신남방과 신북방의 여러 지역과 국가들은 우리나라와 비슷한 처지에서 근대화와 경제적 선진화를 위해 분투하고 있다. 우리나라의 발전 과정을 공유하고, 인공지능기반 경제와 크리에이터 중심사회라는 다가오는 미래 시대에는 상생과 공존 파트너로 발전해 나갈 수 있는 지역과 국가들이다.

지리적 연결성과 문화적 다양성을 지닌 신남방과 신북방 지역과 콘텐츠 교류 협력을 추진하

---

[83] '한류20년성과와 미래전략', 2021년, 한국문화관광연구원
[84] '한국콘테츠산업백서', 2022년, 한국콘텐츠진흥원.

는 것은 남북 방향으로 교류와 소통을 확장하는 공간적 의미와 우리의 태고적 고대사를 찾아가는 시간적 의미도 가질 수 있다. 더 크고 강한 문화강국과 크리에이터 비즈니스 허브로서 미래 의제를 선도하고, 경제·통상·외교 교류를 위한 우호적 환경 조성, 식민지·저개발·개발도상국과의 역사 문화적 연대를 지향한다. 콘텐츠 개발, 비즈니스 노하우 전수, 현지 투자와 수요 확대, 참신한 소재 발굴과 개발역량 확충을 추진한다.

신남방과 신북방 프로젝트와 같은 초국적 라인, 로드, 벨트 사업은 상징성이 있기는 하지만 실제로 구체화된 사업으로 추진되지 않을 경우 시간이 흐르면서 흐지부지 되는 경우가 많다. 아시아, 아프리카, 중남미와 러시아, 몽골, 중앙아시아(카자흐스탄, 키르기스스탄, 타지키스탄, 투르크메니스탄, 우즈베키스탄)의 참여 의향 국가와 지역을 중심으로 크리에이터 라운드테이블과 페스티벌을 개최하는 것을 핵심 플랫폼으로 삼고, 콘텐츠 공동개발과 투자협력을 위한 기금 조성, 다양한 포맷의 교류, 협력, 홍보 사업들이 적극적으로 기획, 설계되어야 한다.

청년 등 미래 세대 숫자가 절대적으로 많은 신남방과 우리 역사와 문화 원형의 회복과 확장인 신북방 지역과 국가들의 특성도 교류협력에 반영하고, 콘텐츠를 접점으로 환경, 보건, 농업, 교육 등 다양한 영역으로 확대될 수 있도록 전략적으로 추진해야 한다.

K콘텐츠 메타버스 구축, 운영

세계인이 우리의 문화유산과 K콘텐츠, 크리에이터 활동을 경험하고, 교류 협력할 수 있는 'K콘텐츠 메타버스' 플랫폼을 구축 운영한다. 콘텐츠, 관광, 문화예술, 문화재 등과 연계된 기관과 기업이 참여하는 글로벌 플랫폼을 통해서 전세계와 동시적으로 실시간 교류 협력할 수 있는 K콘텐츠 플랫폼 역할을 수행한다.

'K 콘텐츠 메타버스'는 우리 콘텐츠나 문화원형을 소개하고 교류 협력하는 차원을 넘어서 콘텐츠와 문화원형을 기반으로 하는 다양한 리소스와 콘텐츠 개발에 활용될 수 있는 에셋(디지털 소스)를 해외의 크리에이터들이 무료로 활용할 수 있는 창작 지원 창고의 역할을 지원한다. 해당 지역과 국가의 콘텐츠개발에 활용됨으로써, 콘텐츠 융복합과 참신한 콘텐츠의 부상, 공동개발과 투자, 비즈니스로도 연결될 수 있게 운영한다.

민간에서 운영하는 메타버스 플랫폼과 연동이 가능할 수 있도록 개방형으로 설계하고, 공공 차원에서 준비한 혁신적 서비스를 무료로 다양하게 체험할 수 있게 조성한다. '전국민지식재산 금고'와 연계하여, 희망하는 크리에이터의 활동과 콘텐츠가 세계인들에게 소개되고 공유될 수 있는 계기가 되게 한다. 'K콘텐츠 메타버스'에는 개방된 리소스와 에셋을 활용하여 제작된 해외 참가자들의 결과물도 공유되어 우리 국민들의 디지털 리터러시를 향상하는 데에도 역할을 해야 한다.

C2 글로벌 링크, 코리아센터 설립 운영

현재, 세계 28국에 33개의 한국문화원, 8개국에 문화홍보관 9개소가 국가브랜드 이미지를 높이고, 다양한 한국문화 확산, 교류협력을 목표로 운영되고 있다. 한글 교육과 문화교류 협력을 목표로 하는 세종학당이 82개국에 234개소가 운영되고 있다. 국내에서는 관련 업무를 해외문화 홍보원이 수행하고 있는데, 해외 현지 운영기관들의 협력체계가 미비하고, 운영 프로그램도 체계화되어 있지 못하며, 부족한 재원과 인원으로 운영에 많은 어려움이 있는 상황이라고 할 수 있다.

여러 유형의 외교기관들 중에서 해외 현지 문화기관들은 C2 비전 실현을 위한 첨병으로서 그 역할과 위상이 매우 중요하다. 특히, C2 비전은 국가간 정부차원의 외교활동과 더불어, 민간차원의 교류협력 활동이 더욱 중요하다고 할 수 있는데, 해외 현지 문화기관들은 민간레벨의 교류협력 창구로서 역할을 하는 곳이기 때문이다. C2비전의 글로벌 연결 링크로서 전 세계를 연결하는 현지거점들로 거듭나야 한다.

폭증하고 있는 해외 현지에서의 한류 동호회 지원, 한글 교육 수요, 국내외를 연결하는 교류협력 네트워크 활동을 위한 체계적인 프로그램과 시스템의 구축 운영이 필요하다. 이제는 전 세계 어느 나라나 지역에도 해외 현지 유튜버들이 한류나 K콘텐츠의 동향을 소개하고 있는 채널을 운영하고 있다고 해도 지나친 표현이 아닌데, 이들도 부족한 정보와 부정확한 내용으로 어려움을 겪고 있다고 한다. 유튜브 채널들과 해외 현지 문화기관들을 연결하여 홍보채널로 활용한다면, 민간 외교역량이 배가되는 효과도 기대할 수 있다.

해외 현지에 흩어져 있는 여러 유형의 문화활동 관련 기관의 기능을 체계화하고, 네트워크를 정비 강화하며, 국내에 있는 해외문화 홍보원을 재구조화해 컨트롤타워의 역할을 수행할 수 있도록 하는 전략적인 체재정비가 절실하다. 각국 요충지에 존재하는 한국문화원과 세종학당의 기능을 재설계하여 통합운영 등 추진체계 혁신을 추진해야 하며, 국내에서는 단순히 한 기관의 기능 강화나 확대가 아니라, 더 크고 강한 문화강국의 실현과 크리에이터 시대를 선도한다는 새로운 차원의 국가비전과 국정목표를 실천하는 실행 주체로서 새로운 그림을 그려야 한다.

해외현지에서는 코리아센터가 글로컬 챌린지를 위한 활동거점으로 역할을 해야 하며, 활동 거점마다 현지 크리에이터 혹은 문화 리더십을 가진 청년들을 콘텐츠 협력관으로 채용하여 교류협력의 다양한 사업들을 추진하고, 상시적 네트워킹과 라운드테이블로 교류 협력의 현지구심점 역할을 할 수 있도록 한다. 국내로의 유입(inbound)과에 관련해서도 새로운 관점과 접근이 요구된다. 외국인 번역 전문가만이 아니라, 외국인 콘텐츠 기획자, 창작자, 정책전문가를 유치하고, 크리에이터로 활동할 수 있도록 교육훈련을 실행하는 전문기관이 필요하다. 교육훈련과 더불어 깊이 있는 현장체험도 병행하여 자기나라로 돌아간 후에는 우리나라와 연결된 크리에이터 비즈니스의 중심축의 역할을 할 수 있게 한다.

C2, 한반도 문제의 새로운 경로 모색

남북 크리에이터의 콘텐츠 교류협력을 추진한다. 교류협력이 가능한 제한적 부분적인 분야에서 출발하여 여러 경로와 분야에서 포괄적, 전면적으로 확대해 나간다. 콘텐츠의 교류와 협력은 남북분단과 대결의 교착상태에도 불구하고, C2비전을 확산하고 공유하는 중요한 이니셔티브가 될 수 있다. C2비전은 정치적, 군사적, 경제적 대결과는 전혀 다른 경로로서 어떤 상황에서도 자율성, 다양성, 창의성을 확대하고 크리에이터 시대를 준비하기 위한 활동은 지속되어야 한다는 개념이다.

콘텐츠의 원천인 남북한의 전통 문화자원을 공동으로 발굴, 체계화한다. 전통 문화자원을 공동으로 발굴, 개발하는 것은 콘텐츠의 교류와 협력을 증진하는 가장 효과적인 방안 가운데 하나라고 할 수 있다. 남북 전문가로 구성된 공동기구를 구성해 전통 문화자원을 발굴하고 콘텐츠화 방안을 모색할 수 있다.

남북한이 전통문화 자원과 콘텐츠를 공유할 수 있는 '남북 콘텐츠 공유 아카이브'를 구축한다. 아카이브를 기반으로 하는 학술대회, 페스티벌, 개발자 컨퍼런스를 조직하여 활동성과를 공유한다. 아카이브는 전통 문화자원에서 시작하여, 현대에 와서 제작된 다양한 장르의 콘텐츠로 확대해 나간다. 유네스코, 세계지식재산기구 등 국제기구를 매개로 남북이 함께 참여하는 국제적인 콘텐츠 교류 협력을 촉진한다.

영화, 드라마, 다큐멘터리 등 한반도의 풍부한 역사와 문화를 담은 콘텐츠의 공동제작을 추진한다. 예술인, 크리에이터, 전문가 등이 교류하고 아이디어를 교환하여 상호이해와 협력을 증진할 수 있는 교류 협력 프로그램, 최신 콘텐츠의 개발 동향과 기술적 방법들을 공유할 수 있는 컨퍼런스와 페스티벌도 공동 추진한다.

남북의 연구자, 개발자, 기업가 등이 공동으로 참여하는 '콘텐츠 기술협력센터'를 설치하여 운영할 수 있다. 인공지능기술의 보편적이고 포괄적인 적용은 콘텐츠 구현기술에서 중요한 변곡점, 특이점에 도달하고 있다. 콘텐츠 개발은 인공지능과 메타버스가 결합하면서 중요한 변곡점에 도달하게 된다. 메타버스 자체가 콘텐츠 개발을 위한 저작도구가 되어 메타버스에 로그인하는 순간 콘텐츠가 생성되는, 각본이 없는 일상의 삶이 콘텐츠가 되는 시대가 열리게 된다. 인공지능은 기술 발전의 특이점으로 그 이상의 기술발전 개념은 인간의 인식 수준을 뛰어 넘는 고도화의 발전 단계만 남게 된다. '콘텐츠 기술협력센터'는 남북이 공유할 수 있는 전통 문화자원 아카이브와 같은 현안과제와 콘텐츠 개발의 미래과제들을 함께 연구하고 발전시키는 기술 허브 역할을 할 수 있다.

남북의 크리에이터, 청년세대, 미래세대는 공존 번영과 평화통일을 이루어 갈 주인공들이다. 하나의 민족으로 역사적 동질성을 회복하고, 대립과 갈등, 전쟁의 위험에서 벗어나서 세계 크리에이터 비즈니스를 주도해 나갈 세대이다. 남북의 크리에이터가 교류협력 하고, 콘텐츠 주제나 스토리를 공동 기획하여 공동 개발할 수 있는 프로그램을 추진한다. 창의성과 도전 정신을 기르고, 청년들의 취향에 맞게 이스포츠, 콘텐츠 개발 대회(잼), 페스티벌과 같은 종합적인 축제의 형식으로 추진하고, 중국, 일본 등 동아시아 여러 나라와 신남방, 신북방의 여러 경로의 크리에이터도 참여할 수 있게 기획한다.

더 크고 강한 문화강국, 인공지능기반 경제와 크리에이터 중심사회는 남과 북이 공동으로 연구하고, 추진할 수 있는 미래비전이다. 체제와 이념은 다르지만, 남북 모두 한민족으로서 문화적 긍지와 자부심, 문화강국의 꿈을 가지고 있다. 남북 모두 과학기술의 혁신과 발전을 최우선적으로 중시하고 있다. 인공지능기반 경제와 크리에이터 시대는 인류 과학기술의 최종적 발전 단계에서 도달할 수 있는 미래사회로서 과학기술의 혁신과 발전과 상충되지 않는다. C2는 패권을 지양하고, 자율성, 창의성, 다양성을 존중하며, 체제와 이념을 넘어서서 남북이 평화 공존하며 번영할 수 있는 미래 비전이며, 미래가치라고 할 수 있다.

제12장　　중장기과제(미래정부)

요약

국정비전과 전략, 대한민국의 미래				
선도적 정책과제		중장기과제(미래정부)		
누구나 크리에이터가 될 수 있는 사회	- 보편적 기본소득, 데이터 배당 - 전국민 지식재산 개인금고 - 지식재산 가치평가 시스템 - 지식재산 거래유통 플랫폼 - 크리에이터 성장 경로와 환경	선결과제	- 1부(部)1국(國) · 기득권, 경계와 칸막이 · 지역 주권의 회복	
^	^	^	- 토건주의 · 재정투자 우선순위 전환 · 지식, 생명, 환경 중심	
지역, K콘텐츠의 새로운 주체	- 크리에이터의 활동거점화 - 지역문화와 전통자원 투자 - 교육과 크리에이터의 협업 - 크리에이터 비즈니스타운 - 마을예술가(크리에이터)사업	^	- 대립과 분열의 정치 · 정권교체기의 규칙 · 정책과 비전경쟁	
^	^	메타정부 (미래정부)	- 컨트롤 타워 · 비전과 선도정책 추진 · 최고수준의 추진체	
K콘텐츠, 대전환 플랜	- 인공지능, 과학기술 진흥 - K콘텐츠 투자시스템 - K콘텐츠 밸리조성 - 메타버스 경제특구 - 창의성과 혁신문화 촉진	^	- 운영 패러다임 · 재정투자 우선순위 혁신 · 수평적, 자율과 창의	
^	^	^	- 수요자 중심, 정책과 예산 · 수요자 중심단위, 지역 · 민간 이니셔티브 전면화	
C2, 더 크고 강한, K콘텐츠 강국	- C2비전의 전략화 - 신남방, 신북방 교류협력 - 글로벌 네트워크, 코리아센터 - 글로벌 크리에이터 메타버스 - K콘텐츠, 남북평화와 교류협력	새로운 국가, 미래비전	- 새로운 정부, 국가 · 축적의 개념 · 최후의 도전, 승부처	
^	^	^	- 2035, 첫번째 도착지 · 기본소득(월110만 원) · 국가비전의 1차적 완성	
^	^	^	- 2050, 담대한 여정 · 연3천만 원(구매력 기준) · 국가비전의 최종적 완성	

1 미래로 나아가기 위한 선결조건

1부(部)1국(國)

정부의 운영을 그룹경영에 비교하자면, 최고 의결기구인 대통령과 국무위원회는 대통령을 대표이사로 중앙부서의 장인 19명의 장관을 직원으로 거느린 지주회사라고 할 수 있다. 뼈대만 보면 그렇다. 이 회사는 장관을 책임자로 하는 각 정부부처를 통해서 연간 640조에 해당하는 예산을 집행하며, 이는 국민 총생산(GDP)의 대략 3분의 1에 해당하는 규모이다.

상식적인 얘기지만, 예산의 쓰임새와 방향은 개인의 삶과 국가의 미래에 큰 영향을 미친다. 뭉뚱그려서 국가의 미래에 영향을 미친다고 하면 다들 고개를 끄덕이며 수긍을 하겠지만, 개인의 삶에 미치는 영향에 대해서는 무관심으로 넘어가 버리는 경우도 적지 않다. 동일한 조건에서 경쟁하는 두 사람 가운데에 어느 한 사람은 정부 예산의 혜택을 받고, 다른 한 사람은 혜택에서 제외된다면, 제외된 사람은 시작부터 불리해 질 것이다. 그와 같은 흐름이 오랜 세월 쌓인다면, 불리한 관계는 회복이 불가능하게 되어 불공정한 사회구조나 소외된 그늘을 만들 수 있다. 정부의 운영에는 우리 사회의 빛과 그림자가 모두 투영되어 있다고 할 수 있다.

분단국가 상황에서 총 예산의 10%에 이르는 국방예산을 부담하면서, 식민지, 개발도상국에서 유일하게 선진국에 진입한 데에는, 우리 정부의 빠른 의사결정과 대응력, 공무원의 자질과 역량, 전자정부의 탁월한 기반 등이 국내외적으로 평가받고 있다. 반면, 우리 사회가 직면하고 있는 짙은 그림자인 양극화, 불평등, 저출산 고령화, 경제축소, 지역소멸 등도 오롯이 우리 정부의 구조와 운영과정에서 누적 되어온 문제들이라고 할 수 있다. 우리 사회의 문제들이 한 두 해, 혹은 한 두 정권의 시기에 발생한 문제가 아니고, 오랜 기간 누적된 문제이기 때문에, 이제는 정부의 구조와 운영체계의 변화에 대해서도 보다 근본적인 성찰이 필요하다.

우리는 지금 인공지능기반 경제와 크리에이터 시대라는 미증유의 시대변화를 앞두고 있다. 말 그대로, 한 번도 경험하지 못한 새로운 시대이며, 변화의 갈림길에서 우리의 선택 하나 하나가 성공과 실패를 좌우할 수 있고, 개인과 국가의 삶과 운명에도 지대한 영향을 미친다. 그 중에서도 정부는 가장 포괄적이고 전면적으로 파급효과를 미치는 단위이기 때문에 더 큰 고뇌와 개혁의지가 절실하게 요구된다.

과도한 표현일 수 있겠지만, 1부(部)1국(國), 하나의 정부 부처가 마치 하나의 나라처럼 운영되는 것에 빗대어 사용해 본 비유이다. 정부 운영의 근간이 되는 법률의 구조와 내용이 해당 부처를 중심으로 체계화 되어 각종 정책과 사업, 예산이 부처를 근간으로 집행되기에 이것은 어느 정도 불가피한 측면이 있다. 명확한 법률과 이에 근거한 예산과 집행 체계가 독자적 의사결정과 효율적 사업집행을 뒷받침하였다. 그러나, 부처의 범위를 넘어서는 사안이나 부처간 업무 중복이 발생하여, 부처의 권한, 주로 조직, 예산, 사업 등에 영향을 미치는 일이 발생하면 상황은 돌변하게 된다. 부처의 영역과 권한을 지키기 위한 필사적인 노력을 하게 되고, 부처간 경계는 국경처럼 견고한 경계와 칸막이가 된다. 경계와 칸막이는 부처 이기주의나 기득권으로 까지 고착되어, 시대의 흐름과 엇박자를 내고, 심지어는 국가발전의 심대한 장애요인으로 까지 작용할 수 있다.

앞서 지적한 우리 사회가 직면하고 있는 문제들은 사안이 복잡하고, 구조적인 문제의 성격을 띠고 있어 한 부처의 권한과 역량으로 해결하기 어려운 것들이 대부분이다. 저출산 문제만 하더라도 출산, 육아 복지로 해소될 문제가 아니라 경제, 교육, 문화 등 여러 문제가 복합적으로 연결된 구조적이고 장기적인 문제라는 것을 이제는 국민 누구라도 대체적으로 이해할 수 있다. 정책 수요자인 국민들은 '요람에서 무덤까지'라는 표현처럼 누구라도 아이를 나아서 키워도 되겠구나 할 만큼의 정책과 예산집행을 원하지만, 정책 공급자인 정부에서 부처의 권한과 영역이 작동한다면, 아무리 예산을 투입해도, 밑 빠진 독에 물 붓기처럼 정책의 실효성이 없게 된다. 대통령직속의 저출산 위원회가 있기는 하지만, 협의체 성격에 불과하여 공염불만 하게 된다.

정부 예산의 항목도 기업 예산과 마찬가지로 대체적으로 사업비와 관리비로 나뉜다. 사업비는 해당사업의 목적을 위해서 집행되는 예산으로 정책 수요자에게 집행되는 예산이며, 관리비는 사업 집행을 관리하는 공무원의 인건비나 회의비 등 운영비로 구성된다. 경계와 칸막이가 심화되면, 조직과 인원은 필연적으로 증가하기 마련이다. 스스로 권한과 영역을 축소하는 부처는 없으며, 다른 부처의 관여나 개입을 다른 나라가 내정에 간섭하는 것을 싫어 하는 것처럼 기피하기 때문이다.

과학기술부가 국가의 연구개발 사업과 예산을 총괄하는 부서이지만, 경제나 국방 등 여러 부처가 특수성을 이유로 '경계와 칸막이' 안에서 독자적인 연구개발 예산을 편성하여 집행한다. 서로 신사협정을 맺듯이 다른 부처에 관여하지 않는 것을 불문율로 삼는다. 모든 부처 안에서 유사한 예산과 사업을 중복해서 집행하는 문제는 부처 영역이 다르니 어느 정도 피할 수 없다 하더라도 사업비를 관리하는 예산이 중복되고, 집행체계가 층층이 증대되며 기하급수적으로 늘어나는 것은 피할 수 없다. 정책 공급자의 예산 규모 발표와 정책 수요자의 체감 예산이 차이가 느껴지는 이유이기도 하다.

중앙 부처의 '경계와 칸막이'는 지역분권과 균형발전이라는 관점에서 보면 더욱 심각하다.

중앙 정부에서 각 지방자치단체에 교부되는 예산은 행정안전부가 총괄하여 집행하고 있다. 하지만, 과학기술 연구개발 예산과 마찬가지로 정부의 여러 부처는 부처 업무의 특수성을 이유로 여러 경로와 방식으로 지역 관련 예산을 집행하고 있다. 그런데, 각 부처의 지역예산도 마찬가지로 경계와 칸막이 속에서 집행되다 보니, 포괄적인 지역 상황과는 무관하게 건건이 개별적으로 집행되고 있다. 심지어는 한 부처내의 성격이 유사한 여러 기관들이 동일한 지역에서 비슷한 사업과 예산을 별도로 집행하는 경우도 있다.

중앙 여러 부처들의 지역관련 예산과 사업은 지역발전을 위해 매우 중요한 예산이지만, 아무런 연관성이 없이 개별적으로 집행되다 보니 그 효과성은 미미하기 짝이 없고, 정책 공급자와 정책 수요자의 간극은 비교할 바가 없이 벌어지게 된다. 여러 분야의 예산들이 지방의 정책 수요자들, 지방 주민들의 수요에 맞게 조정되고, 통합 연계되어 집행된다면 그 결과는 비교할 수 없이 달라질 수 있다. 지역 소멸의 어두운 그림자가 짙게 깔린 이 시점에서 반드시 성찰이 요구되는 도전과제이다.

앞서 지적했듯이 우리나라의 선진국 진입경로는 전 세계에서 유일하다. 단기간에 압축 성장을 통한 결과이기 때문에 더욱 그렇다. 해외에도 선례가 없고, 우리 자신도 축적의 역사가 짧으니, 여기까지 헤쳐온 우리 자신의 저력을 믿고 제도적 상상력을 발휘하며 나아가야 한다. 인공지능기반 경제와 크리에이터 시대는 더 큰 모험과 도전일 수 있다. 인공지능을 대비하기 위한 미래 교육만 하더라도, 중앙과 지방, 교육, 과학, 문화 등 모든 사회분야의 지혜와 역량의 결집이 없이는 대처하기 어려운 과제이다. 부처의 경계와 이기주의를 뛰어 넘는 것이 첫번째 선결 과제가 아닐 수 없다.

토건주의(土建主義)

우리나라를 대표하는 고속도로가 두개가 있다. 하나는 1968년에 착공하여 1970년도에 개통된 경부고속도로이다. 서울과 부산을 잇는 국토의 대동맥이고, 경제발전의 상징이기도 하고, 한강의 기적으로도 불린다. 또 하나는 1990년대에 착수하여 2,000년 초반에 완성을 선포하였으나 지금까지도 계속 발전하고 있는 초고속 정보고속도로이다. 완성 선포 연도를 기점으로 전 세계에서 가장 빠르게 전국을 초고속 인터넷망으로 연결하여 우리나라를 정보혁명과 디지털혁명의 선도국가로 끌어 올렸다.

기자재를 운송하고, 완성된 제품의 국내외 판매를 위한 도로, 항만, 공항과 같은 기반시설은 한 나라의 경제발전을 위한 필수시설이다. 산업기반 시설의 경쟁력은 국가 경쟁력을 좌우하는 중요 요소 가운데에 하나이다. 경부고속도로는 서울과 부산을 잇는 산업화의 대동맥으로 물류와 운송의 핵심시설로서 지금도 그 역할을 다하고 있다. 토목과 건설산업은 산업기반 시설을 조성하고, 부동산개발을 통해서 아파트 등 주거시설을 공급하여 삶의 질을 개선하고, 국토 발전에 이바지한다. 해외진출을 통해 수출증대에도 큰 역할을 한다.

토목과 건설산업과 정부의 관계는 어떤 산업보다도 밀접하다. 산업기반 시설의 조성은 거의 정부의 역할이기 때문이다. 토목과 건설산업은 태생적으로 공공부문의 수주(일거리)를 배경으로 형성되었다. 민관협력을 통해서, 지난 수십년간 산업화와 경제발전을 위한 기반시설과 인프라를 조성하는 역할을 해왔다. 반도체, 자동차, 전자 정보통신, 중화학공업 등 우리나라를 대표하는 제조업 발전을 뒷받침해 왔다.

토목과 건설산업은 눈부신 역할에도 불구하고, 우리 사회에 '토건주의'라는 깊은 어둠을 남기고 있다. 토건주의는 토목과 건설을 근간으로 하는 경제 운영의 제일 원칙으로 한다. 토건주의는 자연과 환경의 무분별한 훼손과 과잉 개발로 이어져 자연의 회복력이 상실되면 사람의 생존 자체를 위협할 수 있다. 전 지구촌이 기후환경 재난으로 몸살을 앓고 있는 것을 통해서 잘 알 수 있다. 기업은 수익을 추구하기 때문에 토목과 건설산업의 개발 욕망은 멈추지 않는다. 정책 수요자, 국민의 수요를 넘어서는 개발은 국가 재정을 압박한다.

토건주의가 남긴 가장 짙은 그림자, 가장 큰 폐해는 부동산 투기이다. 부동산 개발이 투기로 이어져, 삶과 생활의 터전인 주택, 아파트가 투기의 대상, 재산을 축적하는 수단이 되어 버린 것이다. 하늘 높은 줄 모르고 치솟은 아파트는 평생 일해서 모은 돈으로도 구매하기 힘들어 노동의욕이 꺾인다. 사회 초년생인 청년은 주거비 압박으로 결혼마저 어렵게 되고, 시작부터 혹독한 현실을 마주하게 된다. 소득 대비 부동산 구매지수(PIR, Price income Ratio), 소득을 모아서 주택을 마련하는 데에 걸리는 기간도 조사기관마다 차이가 있지만, 서울의 경우, 대체적으로 OECD 주요도시 중 1위로 평가되고 있다. 높은 부동산 가격은 원가 상승으로도 이어져, 우리나라 제품의 가격 경쟁력을 떨어지게 한다.

토건주의, 부동산 투기는 물질만능, 황금만능 가치가 사회를 지배하게 한다. 수단과 방법을 가리지 않는 부의 축적을 정당화한다. 투기 광풍이 휘몰아 치게 되고, 급기야는 부동산 개발을 주관하는 공공기관의 관계자들마저 기관 정보를 이용해 부동산 투기에 나서, 온 국민을 충격과 좌절에 빠지게 하였다. 부동산의 소유 유무가 인격의 판단 기준, 서열의 기준이 되어, 은연중에 차별과 멸시가 만연하게 된다. 투기 실패로 회생이 불가능한 타격을 받아 극단적인 선택을 하게 되는 경우도 있다. 개인의 행복지수는 바닥으로 떨어지고, 기회만 있으면 사회를 이탈하고 싶어진다. 행복한 미래가 있으며, 상호 존중하며 함께 살아가는 공동체적 가치 붕괴는 나라가 망하는 지름길로 이어진다.

코로나에 대응하기 위해 마스크 생산을 독려할 때, 마스크 생산 업체들이 대규모 설비 투자로 마스크 공급을 확대한 후에 코로나 이후 수요 감소에 따른 설비투자 보상책을 정부에 요청한 적이 있었다. 마찬가지로 토목과 건설산업도 국토 개발과 경제의 성장이라는 기조가 있었지만, 경부고속도로 조기 완공을 위해 정부가 건설 투자를 독려했을 때, 건설에 참여한 회사들도 경부고속 도로 완공 후에 토목과 건설 물량의 감소 대책을 요청하였고, 정부는 사회 기반시설 조성을 통한 일정규모의 토목과 건설 물량의 뒷받침으로 대응하게 된다. 사업과 예산의 특별한 지원 속에서 지난 수십년간 안정적인 성장을 계속하게 되었고, 정부의 운영에도 관행적으로 혹은 은영 중에 지배적인 기준이 되어 있으며, 급기야는 토건 주의에까지 이르게 된 것이다.

이제는 패러다임을 바꾸어야 할 때이다. 부동산만능, 토건주의와 결별하지 않으면 한 발자국도 앞으로 나가기 어렵다. 정부의 정책기조를 바꾸는 것이 부동산 만능, 토건주의를 끊어 내는 출발점이 될 수 있다. 정책 수요자인 개인의 삶의 터전과 자연 환경에 지방정부는 훨씬 밀접하게 연결되어 있다. 지방 정부는 지금도 토목과 건설에 대한 사업을 하고 있지만, 매우 제한적이다. 토목과 건설에 대한 정부의 권한과 정책을 지방정부에 전면적으로 이관하는 데서 출발하면 된다. 몇번의 기회가 있었지만, 끊어내지 못하고 여기까지 오게 되었지만, 마지막 기회라고 생각하고 실행하면 된다. 지역이 새로운 기회요인이 될 수 있으며, 청년 미래세대를 위한 파격적인 부동산 정책으로 지역소멸을 완화하는 지렛대로 활용할 수 있다.

인공지능기반 경제와 크리에이터 비즈니스는 자율성, 다양성, 창의성을 핵심적인 가치로 추구한다. 빅데이터와 창작물과 같은 콘텐츠가 경제적 부가가치와 생산성의 원천이 되며, 문화적 가치와 행복 지수의 근간이 된다. 다양한 지적활동과 지적 자산이 부의 원천이 된다. 정부의 정책과 운영기조도 마찬가지 원리에 이해서 작동된다. 더 크고 강한 문화강국, 인공 지능기반 경제와 크리에이터 비즈니스를 지향하는 미래 비전은 토건주의와 양립하기 어렵다.

인공지능 미래교육에 대한 정책과 투자가 긴급하고 절박한 정책 최우선 순위이며, 사업과 투자의 기준도 건물, 시설, 장비와 같은 하드웨어가 아니고, 사고력과 창의력을 향상하는 프로그램, 프로젝트, 소프트웨어가 기준이 된다. 경부고속도로 상징되는 토목과 건설산업에 머무르지 않고, 초고속 정보고속도로로 이어져 정보혁명, 디지털혁명, 인공지능기반 경제와 크리에이터 비즈니스 시대로 나아가야 한다.

대립과 분열의 정치

해방이후, 1948년에 이승만 정부가 수립된 이후, 75년이 지났다. 1987년 6월 항쟁이 있기 전에는 제대로 된 선거를 통해서 정권교체가 이루어진 진 적이 없고, 4.19혁명이나 1980년 광주민주항쟁을 폭압적으로 짓누른 군사독재 정권이 지속된 시기였다. 직선제를 쟁취한 6월항쟁 이후에야 선거를 통해 대통령을 뽑고, 정권이 교체되는 시기가 시작되게 되었다. 주권자인 국민이 대통령을 선출하는 민주적 제도가 개시되었고, 6월 항쟁이후로 8명의 대통령이 선출되었고, 여야 정권교체도 2번 있었다. 다른 선진국의 민주주의 역사에 비하면, 훨씬 짧은 기간 안에 대통령 직선제가 제도적으로 정착되었다고 해도 지나친 말은 아니다.

민주적 제도의 정착은 선출된 대통령에게 명실상부한 국민의 대표로서 정통성이 부여되어, 정부의 운영에 막강한 권한을 행사하고, 결과에 책임을 질 수 있다. 국민은 차기 대통령을 선출하는 투표를 통해서 대통령의 국정운영을 평가하여 집권당을 교체하기도 한다. 정부는 선출된 대통령에 따라 새롭게 출범한다. 대통령이나 집권 정당의 변화와 무관하게 정부의 업무는 법률로서 뒷받침되어 있지만, 정부의 운영기조와 방향, 예산과 사업의 내용, 장 차관 등 정부 부처의 책임자들이 모두 바뀌니, 새로운 정부의 출범이라고 할 수 있다.

추진동력이 떨어진 정부를 대체하는 새로운 정부의 출범을 통해서 국민의 에너지를 한데 모으고, 사회 분위기도 쇄신하여 당면한 문제들도 극복하고 미래를 향한 정책과 사업들도 실행에 옮긴다. 새로운 민주주의의 역동성은 우리나라의 국격을 높이고, 대외적인 신뢰도를 향상, 국제사회에서 역할과 비중을 강화하였다. 정부 운영에도 긴장감을 높이고, 책임 행정을 강화하고 새롭고 참신한 에너지를 유입하여 행정의 활력을 제고하였다.

대통령 직선제와 민주적 제도의 정착은 열거하기 힘들 정도로 많은 장점을 주었지만, 대통령과 집권세력의 선택을 둘러싼 정치 이념과 지지세력에 따른 대립과 갈등은 극단적 분열 양상으로 치닫고 있다. 세대, 지역, 성별, 계층과 맞물리면서 증폭되어 우리의 미래를 암울하게 하고 있다. 언론, 학계, 시민단체 등의 비판과 감시의 기능도 사라져 어느 한쪽에 줄서기에 바쁘다. 합리적인 주장과 토론, 정책 대결은 실종되고, 이분법에 따라 내 편의 주장은 옳고 다른 편의 주장은 틀렸다는 주장이 난무하게 된다.

정당은 서로 다른 입장을 대변하는 경쟁자이며 파트너가 아니라 증오의 대상이며, 정적으로 치부되거나 제거의 대상이 된다. 극단적 대결정치는 혐오감을 확산시켜, 정치 무관심층은 늘어난다. 책임정치는 실종되어 정책 정당은 사라지고 오로지 자신들의 기득권만 가득하게 된다. 정부의 사업과 예산은 전리품으로 전락하게 된다. 전문성과 사업수행 역량은 아랑곳하지 않고 오로지 자기 편을 내리 꽂는 낙하산 인사가 재현되고 반복된다. 새로운 정부의 등장이 새로운 활력과 에너지를 충전하는 계기가 되기는 커녕, 새로운 분열과 갈등의 시작이 되는 양상이다.

신구정부가 교체되는 시기는 이전 정부의 성과와 문제점을 진단하고 새로운 정부의 정책비전과 방향을 수립하는 업무 인수인계와 새정부 출범의 준비라는 과도기적인 성격을 갖는다. 신구정부 교체가 얼마나 질서 있고 체계적으로 진행되느냐에 따라 새로운 정부의 성공과 실패에도 적지 않은 영향을 미친다. 혼란과 무원칙, 신구정부의 책임 공방과 발목잡기가 5년마다 반복되고 있다. 정부의 에너지가 쓸모 없이 소모되면 그 피해는 고스란히 국민들의 몫이 된다. 정책, 인사, 사업, 예산 등 정부 주요 업무에 대한 인수인계의 기준을 만들고 사회적 합의를 통해서 정부 교체의 불확실성을 극복해야 한다.

국론이 분열되면, 사회의 활력과 에너지는 수축된다. 국민의 마음이 제각각이니 에너지를 한데 모으기가 힘들고, 미래를 향한 준비와 사업추진은 실종되고, 제자리에서 맴돌게 된다. 정책을 수립하고 집행해야 할 정부의 공무원들도 이쪽 저쪽 눈치보기에 바쁘고, 순간을 모면하기에 여념이 없게 되며 자신의 안위만 걱정하는 보신주의가 득세한다. 대통령과 정부의 외교역량도 쪼그라들어, 국격에 어울리는 지위와 대접을 받는 것도 어렵게 된다. 다른 나라들이 깔보기 시작하고, 국제 정세가 격랑에 휩싸이는 시기에는 외세의 침략이나 국권이 침탈되는 참화를 겪기도 한다.

인공지능과 첨단기술을 둘러싼 미국과 중국의 기술 패권 경쟁은 한치 앞을 내다보기 어려울 정도로 치열하게 전개되고 있다. 서로 간의 입장도 조변석개(아침에 바뀌고, 저녁에 고친다)하듯이 바뀌고 있다. 어제는 서로 으르렁거리다가 오늘은 언제 그랬냐는 듯이 서로 얼굴을 마주한다. 어느 장단에 맞추어 춤을 추기가 쉽지 않다. 치열한 수 싸움이 지속되는 어려운 국면이다. 기술 패권의 승패에 따라 국가의 미래가 결정되기 때문에 어느 한 순간도 긴장의 끈을 놓칠 수 없는 상황이다. 누구라도 예외가 있을 수 없다.

인공지능기반 경제와 크리에이티브 비즈니스 시대의 구현으로 인공지능 기술혁명의 세계적인 흐름을 선도하고, 더 크고 강한 문화강국을 실현하는 궁극적인 도전과제가 우리 앞에 놓여 있다. 대립과 분열의 정치적 소용돌이 속에서 국론이 분열되고, 정부의 역량이 소진되는 상황에서 담대한 도전과제를 완성해 나가는 것은 불가능에 가깝다. 정치적 입장의 차이와 다름이 다양성으로 발휘되고, 모든 사회 구성원들이 자율성과 창의성을 꽃피우는 국민 통합의 정치가 어느 때 보다 절실하게 요망된다. 대립과 분열의 정치를 청산하는 것이 미래 정부를 향한 가장 중요한 선결조건이라고 하겠다.

2 메타정부, 정부 쇄신의 방향

컨트롤 타워

정부의 기능과 역할도 진화하고 변화하는 환경에 맞춰 재정비하고, 새롭게 변모해야 한다. 정부는 변화의 촉매제 역할을 하여 혁신을 주도하고 미래를 형성할 새로운 기술과 산업의 개발과 발전을 촉진한다. 혁신, 협업, 새로운 기술과 역량 개발에 대한 깊은 의지를 발휘한다. 국정 비전, 리더십, 정책방향과 사업을 전면적으로 혁신하여, 변화를 주도하고 우리 사회의 미래를 새롭게 형성하는데 기여해야 한다.

C2비전과 선도적 정책을 추진하기 위해서는 '1부1국'을 뛰어 넘는 강력한 추진체계가 뒷받침되어야 한다. 강력한 추진체계가 없이는 부처의 벽을 뛰어 넘지 못하고 용두사미로 끝나거나, 사업의 취지가 왜곡되어 처음에 의도했던 것과 달리 엉뚱한 종착지에 다다를 수 있다. 강력한 추진체계에는 최고 수준의 컨트롤 타워가 적합하다. 이 컨트롤 타워는 더 크고 강한 문화강국, 인공지능기반 경제와 크리에이터 시대라는 미래 비전을 확산하고, 국민적인 공감대를 형성하는 핵심 역할을 수행한다.

컨트롤타워는 선도적인 정책과 사업을 직접 추진하며 여러 부처의 주요 사업들이 서로 상응해서 추진될 수 있도록 감독하고 조정하는 책임을 수행한다. 컨트롤 타워의 주요 역할 중 하나는 정부의 모든 부서와 기관이 동일한 비전을 향해 조정되고 협력적인 방식으로 일하도록 하는 것이다. 이를 위해서는 기존 구조와 프로세스를 대대적으로 개편하고 정부 부처의 업무 추진 방식과 문화를 개선해 나간다.

가장 핵심적이고, 추진여부의 성패에 따라 모든 사업에 영향을 미치는 선도적인 사업에 대해서는 예산과 인력을 갖추고, 직접 실행하여 비전의 실현 가능성과 효과성을 입증하고 모든 정부 부처들이 따라 배울 수 있도록 모범을 보여야 한다. 새로운 사업을 기존의 조직에 추진하다 보면, 의도와 달리 사업의 취지가 왜곡될 수 있고 크고 작은 이해관계와 충돌할 수 도 있으며, 확신의 부족으로 머뭇거리며 지체될 수 있기 때문이다.

예산과 인력을 갖추고 사업을 직접 실행하는 데에는 커다란 위험과 부작용이 있을 수 있다. 위험은 사업 실패가 곧바로 정부의 운영을 위태롭게 하며, 부작용은 각 정부 부처의 사업과 중복성이나 여러 부처를 뛰어넘는 컨트롤타워가 직접 사업을 실행하게 되면, 개별 부처는 사업에 손을 놓고 수수방관하는 소극적인 자세로 일관한다는 것이다. 위험성과 부작용을 두려워하여 협의체 수준의 활동이나 형식적 수준에 머문다면, 아무것도 하지 않은 것보다 더욱 나쁜 결과를 초래할 수 있다. 말한 것을 지키지 못하는 무능과 거짓의 프레임에서 헤어나지 못하게 된다.

선도적 사업추진과 연계하여 여러 정부 부처의 활동과 노력, 진행 상황을 모니터링하고 평가하며 필요에 따라 조정하는 활동도 병행해야 한다. 새로운 비전과 사업 추진방향에 맞추어서 부처의 정책과 사업을 실행하다 보면 기존의 업무영역이나 사업관행과 크고 작은 갈등과 충돌이 불가피하기 때문이다. 갈등과 충돌이 없다면 오히려 이상한 것이다. 문제 가운데서는 심각한 충돌과 갈등으로 확대 발전할 수 있는 사안도 있기 때문에 컨트롤 타워는 상시적으로 모니터링과 평가를 반복하며, 적시에 참여하여 조정과 타협을 이끌어 내야 한다.

사업추진과 맞물려 형성되는 방대하고도 새로운 데이터를 수집, 분석한다. 정책 집행이나 사업실행 프로그램의 구체적 파급효과를 측정하고 개선 영역을 식별, 점진적으로 해결해 나간다. 소외된 커뮤니티나 소멸 위기의 어려움을 겪고 있는 지역에 이르기까지 정책 효과가 확산될 수 있도록 세심한 주의가 필요하다.

컨트롤타워는 대통령을 위원장으로 하는 대통령 직속의 위원회와 부총리급을 책임자로 하는 '추진본부'로 구성한다. 위원회는 각계 각층을 대표하는 민간 대표와 각 부처의 장관을 중심으로 구성하여 주요 의결의 대표성과 상징성을 뒷받침한다. 추진본부는 정부 부처의 공무원, 민간부문의 최고의 전략가, 혁신가, 전문가로 구성한다. 인공지능기반 경제와 크리에이터 비즈니스 시대를 성공적으로 추진하기 위해서는 강력하고 효과적인 컨트롤 타워가 필요하다. 컨트롤타워는 사회 대전환을 주도하는 역할을 하며 정부의 역할과 기능을 재편하는 역할을 수행하게 된다.

정부 부처의 활동은 법률에 기반한 것이고, 오랜 세월 누적된 활동 노하우, 부처 활동이 정책수요자의 삶에 미칠 수 있는 영향을 등을 고려하면 예측 가능성이나 안정성도 무시할 수 없는 요인이다. 컨트롤타워는 각 부처의 활동이 안정성에 기초 하면서, 새로운 국정비전에 부합하는 각 부처별 선도사업의 개발과 실행, 정부 전체의 선도사업과 연계되어 각 부처의 사업들이 시너지 효과를 발휘할 수 있도록 조율과 조정 역할을 한다.

국방업무와 같이 보기에 따라서는 정책 예측 가능성이나 안정성이 강해서 인공지능기반 경제와 크리에이터 비즈니스 시대와는 거리가 멀거나 다소 무관하게 보일 수도 있지만, 다른 부분에 못지 않게 연관성이 강하다. 군 입대에 따른 경력 단절이나 활동 단절은 크리에이터 활동에 커다란 장애요인으로 작용하고 있기 때문에, 병역 의무를 이행하면서도 군 복무 이후에도 크리에이터 활동에 지장이 없도록 병행이행 프로그램에 대한 새로운 접근 방안이 필요하다. 인공지능 기술을 기반으로 하는 국방력 강화 프로그램도 선도적으로 추진해야 할 사업이다.

사업 추진이 원활하게 궤도에 오른다면, 여러 부처, 혹은 지방정부에서는 새로운 비전과 정책방향을 실현하기 위한 다양한 태스크 포스, 실무 그룹들이 조직되어 활동하게 된다. 태스크 포스나 실무 그룹들은 각각의 활동 범위와 영역에서 혁신의 DNA역할을 수행할 수 있다. 실천 그룹들의 전국적인 네트워크를 형성하여, 시행착오까지 포함하는 모든 활동성과를 공유하고 확산함으로써 이른 시일내에 새로운 사업 추진 기준과 문화가 정착될 수 있다.

비전에 대한 국민적 공감대와 사업 참여 에너지는 비전의 실현 유무를 결정하는 핵심요인이다. 국론분열, 대립과 갈등 속에서 사업 추진동력을 확보하고, 포괄적, 전면적으로 확산해 나가는 것은 거의 불가능에 가깝다. 천신만고 끝에 맥락을 이어간다 해도 어느 순간에 뒤집힐 수도 있다. 위원회를 구성하는 민간대표들을 중심으로 비전을 공론화하고 공감대를 형성 확산할 수 있도록 사업과 예산을 제도적으로 뒷받침해야 한다.

메타 정부의 운영 패러다임

정부 조직과 운영의 패러다임을 메타정부의 구조와 운영으로 전환한다. 메타정부의 구조와 운영이란 일부일국의 부처 운영의 칸막이를 넘어서고, 토건주의를 극복하고, 자율성, 다양성, 창의성과 같은 새로운 시대의 가치 기준을 정부 운영에 적극 도입하는 것이다. 각 부처의 근간이 되는 기본 업무를 명확히 하고, 기본 업무는 독립적이고 자율적으로 추진하되, 기본 업무를 제외한 업무 영역은 부처간 상호 협력과 협업을 구조화 한다. 재정 투자와 사업의 우선순위도 인공지능기반 경제와 크리에이터 비니스시대의 가치 기준에 맞게, 하드파워 중심에서 소프트파워 중심으로 전환한다.

정부 부처는 통상적으로 하향적이고 수직적인 명령 지휘체계에 의해서 작동된다. 복잡하고 다면적이고 연계적인 사회문제 해결에 적합하지가 않다. 부처와 부처의 간극이나 부처 내의 업무에서도 커버되지 않는 행정 공백, 사각지대에 의해서 크고 작은 사건 사고가 자주 발생하는 이유이기도 하다. 수평적, 협력적 사업추진 구조와 집행방식을 전면적으로 보완하고 병행하여 운영되어야 한다. 부처간 협력, 부처 내의 여러 부서 간의 협업과 협력사업이 일상화 되어야 한다. 업무 문화적으로 자연스럽게 수용되어야 한다.

수평적 구조는 부처의 다양한 이해 관계를 넘어선 협력을 가능하게 한다. 수평적 구조의 특징은 단일 지배 행위자가 없고 공동의 목표를 달성하기 위해 함께 일하는 여러 행위자가 존재한다는 것이다. 이러한 수평적 구조와 협력적 접근 방식을 통해 다양한 부처 관계자의 지식과 전문성을 활용하고 협업을 통해 성과를 극대화할 수 있다. 수평적 소통이 활성화되면, 다른 부문과의 업무연관성을 포괄적으로 이해하면서 업무를 수행할 수 있다.

수평적 구조가 도입되고, 정책집행에서 그 특징이 잘 구현되기 위해서는 하향적이고 수직적인 사업집행 구조를 우선적으로 재구조화 해야 한다. 현재의 하향적 수직적 사업 집행구조는 정부 부처와 산하기관으로 이원화되어 있고, 집행 구조가 다단계로 중층화 되어 있어, 집행비용이 과대하고, 책임소재가 불분명하며, 상황변화에 따른 신속한 대처가 어렵다. 의사결정 단계를 최대한 단순화하고, 유사 중복분야를 재조정하고, 책임과 역할이 애매한 부문을 제거하여 신속한 의사결정과 책임성이 분명하게 재구조화 해야 한다.

정부의 행정 이슈는 국가와 지역과 같은 다른 레벨의 정부와 보건, 교육, 환경과 같은 다양한 부문이 서로 연관되어 있는 경우가 대부분이다. 사회가 복잡하고 고도화되어 있기 때문이다. 복잡하고 상호 연결되어 있는 문제를 접근하는 데는, 다각적, 다면적 접근이 필요하다는 점을 인식해야 한다. 정책결정, 이행, 모니터링, 평가 등 광범위한 기능과 활동을 다면적 성격을 인식한 토대 위에서 추진해야 한다. 서로 다른 정책과 프로그램이 서로 연결되어 있고 의도하지 않은 결과를 초래할 수 있으므로 포괄적이고 통합된 접근 방식이 필요하다.

오랜 기간 누적된 국가적 난제들에 대해서도 부처의 틀, 정부의 틀을 뛰어 넘는 접근방식을 추진한다. 저출산 고령화, 지역소멸, 양극화와 같이 오랜 기간 대규모 재원과 사업을 투입하고도 해결하지 못한 이슈들을 거대 도전과제로 설정하고, 새로운 접근 방식을 통해서 해결 방식을 모색한다. 개방 공모형식을 활용하여 아이디어와 해결방안을 모색하고, 공모에 참여하여 선정된 그룹에게 지위와 권한을 부여하여 문제해결에 도전하는 제도적 상상력을 발휘해 나간다.

공급자 중심에서 수요자 중심으로

너무나 당연한 말처럼 들리지만, 이를 구현하는 것은 가장 까다롭고 힘든 패러다임 전환이라고 생각한다. 정부와 민간 모두의 부단한 노력에도 불구하고, 오랜 기간동안 정책과 사업, 예산의 집행에서 정책 공급자인 정부 주도의 프로세스가 굳어져 왔기 때문이다. 예산을 편성하고, 어렵고 힘든 과정을 통해서 예산이 국회를 통과하는 순간 정책공급자인 정부는 마치 그것이 자신의 호주머니 돈으로 굳어졌다는 관행적 의식이 형성되고 작동되어 왔다.

정부 예산의 원천은 국민이 내는 세금이다. 선의로서는, 낭비와 부정사용을 방지하기 위한 엄격한 집행관리가 불가피하기 때문에 예산 집행과 감독기관인 정부 부처나 주요기관의 관리와 제약이 엄격할 수 밖에 없다. 예산을 집행하는 정부 부처도 이중 삼중의 견제와 감사를 통해 책임 부과가 엄격하다. 까다로운 예산 집행 항목과 기준에 맞추기 위해 사업성과와 기대효과는 수요자의 기대에서 멀어지기 십상이다.

공급자 중심의 예산과 사업이 정책 수요자의 기대와 요구수준에서 멀어질수록, 격차가 벌어진만큼 정책실행의 기대효과는 약해질 수 밖에 없다. 수많은 사업과 대규모 예산이 집행되지만, 정책 실행효과에 대한 반복된 문제제기는 수요자의 기대와 요구 수준에 부응하지 못한 결과이다. 실효성이 없는 정책은 정책 수요자의 외면이나 참여 부족으로 사업이 부실해지는 악순환으로 이어지게 된다. 정책실행의 현장에서는 수도 없이 목격되는 현상이기도 하다.

일부일국의 부처간 칸막이도 수요자 중심의 사업과 예산집행의 커다란 걸림돌 가운데에 하나이다. 특히, 중앙부처의 사업과 예산이 지방에서 집행될 때, 그 문제는 극명하게 드러난다. 지역 경제 활성화를 위한 여러 경제 부처의 예산은 아무런 연관성이 없이 해당 지역에서 개별적으로 집행된다. 집행시기와 내용이 중복되고, 사업 성격과 규모에 따라 편차도 극심해 진다. 사업과 예산의 수요자인 지방 산업이나 기업의 의견은 반영되기 어려운 구조가 반복된다.

특정 목적을 진흥하는 사업집행 기구의 성격상 지역의 특수성을 유연하게 수용하기란 거의 불가능하다. 전국적인 기준이 동일하게 적용되기 때문이다. 지역에는 기업, 지방정부, 대학, 시민사회, 지역 주민 등 지역 경제와 삶을 오롯이 떠받치고 있는 자생적 구조가 있다. 지역의 자생적이고 자발적인 구조가 고려되지 않고, 정책 수요자인 지역 경제의 사업과 예산 수요에 맞춘 접근없이 오로지 정책공급자인 중앙의 시각에서 정책과 사업, 예산을 집행한다면 그 효과를 기대하는 것은 거의 불가능에 가깝다.

정책 수요자인 민간이 정책과 사업, 예산의 수립과 집행에 다양하게 참여할 수 있는 이니셔티브가 보장되는 유연하고 수용적인 접근이 필요하다. 서로 다른 수준과 특성을 가진 의사 결정 구조를 운영할 수 있어야 하며, 수준과 특성에 맞는 의사 결정 권한을 가지고 있어야 한다. 중앙 집중적인 의사 결정과 분산된 의사 결정 요소를 결합한 하이브리드한 거버넌스 모델을 운영한다. 중앙 집중적인 조직은 정책 목표를 수립하고 다양한 민간 이니셔티브에 대해서 지침과 예산을 제공할 수 있다.

다양한 민간 이니셔티브는 고유한 상황과 요구에 맞는 자체 솔루션을 개발하고 구현할 수 있는 더 많은 자율성이 부여된다. 민간 이니셔티브의 조직 유형은 사업의 성격과 요구되는 의사 결정의 수준에 따라 다양하게 구성될 수 있다. 네트워크, 센터, 협의회, 팀이나 그룹, 개인 등 다양한 형태로 조직될 수 있다. 중앙 집중적인 기관은 후면에서 민간 이니셔티브에 대한 활동 지원과 효과를 모니터링하고 평가한다.

정책 수요자인 시민들의 요구와 피드백에 부응해야 한다. 여기에는 공청회, 협의회, 시민 배

심원단과 같이 의사결정에 시민이 참여할 수 있는 채널을 만드는 것이 포함된다. 사업과 예산을 투명하게 공개하고, 주권재민의 원칙에 따라 이해관계자와 일반 시민이 모든 사업과 예산 결정에 직접 참여할 수 있는 권리와 방안을 시행한다. 개방성과 투명성, 시민 참여는 정부의 권한과 책임을 보장하는 데에도 매우 중요하다.

정책 수요자는 사업과 예산에 접근할 수 있어야 한다. 예산 보고서, 프로젝트 계획을 공개적으로 접근할 수 있는 웹 사이트에 게시하고 이 정보가 최신의 포괄적인 정보인지 여부를 확인할 수 있도록 한다. 정책 수요자의 예산과 사업에 대한 이해와 전문적 역량이 강화되면 될수록 사업과 예산 집행의 효과성은 증대된다. 민간 이니셔티브가 제안한 프로젝트와 재정적 결정에 대한 피드백을 제공하고 사업방향을 공유할 수 있는 정기적인 공청회와 회의를 개최한다. 정부 의사결정에 대한 신뢰와 합법성을 증진할 수 있고, 자신이 의사결정에 참여함으로써, 사업과 예산 집행에 책임감이 높아지고, 효과성이 증대될 수 있다.

3 새로운 국가, 미래 비전

근대화, 정보화 그리고 지능화

올해는 해방이후 1948년에 정부가 수립된지 75년이 되는 해이다. 초대 이승만 정부에서 부터 오늘에 이르기 까지 정권교체를 반복하면서, 대통령도 여러 명을 배출하였지만, 모든 정부와 대통령을 새로운 정부, 새로운 국가라고 부르기는 어렵다고 본다. 대통령과 집권정당이 바뀌었다고 해서 사회 구성원의 삶이 질적, 양적으로 매번 바뀌는 것이 아니기 때문이다. 민주주의 제도의 발전 정도, 경제력과 과학기술 역량, 사회 복지서비스의 수준, 교육 문화 역량의 성숙, 국제적인 지위와 위상 등 사회 구성원의 생활수준과 삶의 질에 직접적 영향을 미치는 요소들이 새로운 정부, 새로운 국가의 기준이라고 할 수 있다.

다양한 견해와 주장이 있을 수 있지만 대략 세가지 단계로 구분해서 볼 수 있다. 첫번째는 근대화 단계로 이승만정부에서 김영삼정부까지이다. 두번째는 정보화 단계로 김대중정부에서 현재까지 이르는 시기이며, 다음으로는 지능화 단계로 앞으로 전개될 인공지능기반 경제와 크리에이터 시대를 말한다.

근대화, 정보화, 지능화는 각각의 시기 구분 기준이 당시의 사회구성원의 삶에 미친 영향 가운데에서 가장 긍정적 요인으로 작용한 점을 들 수 있다. 근대화 혹은 산업화는 '잘 살아 보세' 라는 구호가 상징하듯이 가난과 굶주림에서 우리나라가 벗어날 수 있도록 되었다는 점이다. 정부를 포함, 우리 사회의 다양한 이해관계 그룹들이 크고 작은 견해 차이에도 불구하고, 해당 시기구분 요소가 우리 사회발전에 중대한 기여를 했다는 점에 대해서 특별한 이견이 없다는 점이다. 또한 그 긍정적 요인들이 축적되어 다음 시대의 발전으로 지속되고 있다는 점이다.

근대화 단계는 군사독재정권이 수십년간 이어지며 민주주의는 낙제 수준이었지만, 자동차, 제철, 중화학, 건설 등 제조업 중심의 수출경제를 구축하여 절대적 빈곤에서 벗어나고, 소득 1만불을 넘어선 시기라고 할 수 있다. 87년 6월항쟁으로 국민이 대통령을 뽑는 직선제를 실시하게 되었지만, 평화적 정권교체는 지연되고, 수십년간 이어져온 군사독재의 적폐 속에서 국가부도로 끝나게 된다.

정보화 단계는 김대중정부에서 현재까지 25년간 이어지고 있다. 초고속 정보고속도로를 세계 최초, 최고 수준으로 조기 구축한 정보혁명, 디지털혁명의 기세는 현재까지도 계속되고 있다. 정보통신, 반도체, 첨단산업이 주력산업으로 편입되고, 벤처 혁신으로 국가부도 위기를 극복하였으며, 소득 3만불이 넘는 선진국 수준의 경제력과 과학기술 역량을 갖추었다. 세계인이 부러워하는 한류 문화강국의 위상을 형성하였으며, 최고 수준의 전자 정부역량도 팬데믹 극복 과정에서 유감없이 발휘하였다. 수 십년만에 이루어진 평화적인 여야 정권교체에 이어 5년마다 대통령과 정부를 새롭게 구성하는 민주주의도 정착되었다.

근대화, 정보화로 이어지는 발전 속에서 인공지능 혁명이라는 중대한 변곡점, 지능화 단계에 이르게 되었다. 인공지능은 과학기술 혁명이면서 동시에 정치, 경제, 사회, 문화 등 여러 면에서 연속적이고 포괄적인 파장과 변혁을 예고하고 있다. 지금까지의 경제 작동 원리나 시스템을 무력화하고, 차원이 다른 공식과 접근방식을 요구하고 있다. 정부의 구조와 운영원리, 프로세스도 근본적인 변화가 불가피하게 된다.

세계 여러 나라들, 특히 양강구도를 형성하고 있는 미국과 중국을 비롯한 선진국가들은 인공지능을 둘러싼 세계질서의 근본적인 변화의 향배에 대해서 촉각을 곤두세우고 자기 나라의 대응 방향을 암중 모색하고 있다. 그 파고를 어떻게 넘느냐에 따라 향후 개인과 국가의 운명이 정해질 수도 있기 때문이다.

더 크고 강한 문화강국, 인공지능기반 경제와 크리에이터 시대는 지능화 단계에 대비해야 할 정부 비전이며 국가 운영전략이다. 인공지능 기술혁명이 가져올 변화를 사회의 어느 한 부분이 독차지하거나, 부분적 제한적 적용에 머물러 새로운 발전단계에 진입하지 못하고 좌절하거나 뒤쳐질 수 있는 위험성을 극복하기 위한 전략이다. 지금까지 축적해온 근대화, 정보화의 토대 위에서 새로운 국가를 건설한다는 각오로 정부의 전면적인 쇄신을 추진한다.

지난 수십년간 근대화, 정보화의 성과를 축적해 온 과정에는 우리 사회의 어두운 그림자도 그 성과의 무게만큼 무겁게 드리워져 있다. 양극화와 빈곤의 대물림, 반칙과 갑질이 횡행하는 불공정한 사회구조, 강귀약천(강자는 귀하고 약자는 천하다)의 세태, 물질과 황금 만능주의, 생명경시와 같은 근원적인 적폐가 그것이다. 어느 것 하나의 폐해만 열거해도 선진국에 진입하였다거나 문화강국이라고 자부심을 갖기에 민망할 따름이다. 인공지능기반 경제와 크리에이터 시대 비전은 오랜 세월 누적되어온 적폐를 걷어내거나 완화할 수 있는 절호의 계기가 될 수 있다.

지능화 단계의 새로운 정부, 새로운 국가는 근대화, 정보화의 축적된 성과이면서 동시에, 지난 시기를 완전히 뛰어 넘는 새로운 단계, 새로운 차원의 변화이며, 혁신이다. 새롭게 설정된 미래 비전으로 정부의 방향이 명확해지고, 국가의 구조와 체계가 일신된다. 삶을 지탱하는 기둥은 단단해 지고 행복지수는 높아진다. 새로운 국가의 추구하는 가치와 미래 비전은 체재와 이념, 발전단계와 수준을 떠나 모든 나라와 공유할 수 있는 가치이며, 비전이 될 것이다.

2035, 첫번째 도착지

'인공지능 혁명은 경이로운 부를 창출할 것이다. 충분하고도 강력한 인공지능이 생산 시스템에 합류하게 되면 상품과 서비스의 원가를 구성하는 노동 비용은 0으로 떨어질 것이다. 세상은 너무 빠르고 급격하게 변할 것이기 때문에 이 부를 분배하고 더 많은 사람들이 원하는 삶을 추구할 수 있도록 하기 위해서는 정책에서도 마찬가지로 급격한 변화가 필요할 것이다. 이 두가지를 제대로 갖추면 사람들의 생활 수준을 그 어느 때보다 향상할 수 있다.'

- 샘 알트만, 모든 것을 위한 무어의 법칙(2021)

샘 알트만은 이어서 기술혁명의 소외가 초래할 양극화에 대한 파격적인 정책으로 보편적 기본소득을 지급하는 방안을 구체적으로 제시하고 있다. 향후 10년간 미국 상장 주식의 가치가 2배이상 성장한다고 가정하고, 성장된 가치의 2.5%와 마찬가지 비율의 부동산 보유세를 재원으로 하는 '미국 주식 기금(America Equity Fund)'을 조성하여 10년 후부터 18세 이상의 미국 성인 2억 5천만 명에게 일인당 연간 15,300달러(월 1,752달러)를 지급하자는 주장이다. 물론 정책이 합의된 시점부터 소액 지급을 시작하여 10년 후에 해당 목표액을 지급하는 점진적인 방안이다.

인공지능 혁신으로 상품과 서비스의 가격이 대폭 인하될 것이라는 점을 가정하면 이는 엄청난 구매력으로 작용하여 경제의 혁신과 기업의 성장에 기여할 것이라는 것이다. 모든 내용에 동의하는 것은 아니지만, 기업에게 과도하게 집중될 수 있는 인공지능 혁명의 성과를 미국 국민 모두에게 공유할 수 있는 제안으로 시사하는 바가 매우 크다. 챗GPT를 개발한 회사의 대표로서 인공지능 기술혁신과 관련하여 가장 촉망받고 있는 사람의 제안이기 때문에 더욱 주목을 받고 있다.

인공지능기반 경제와 크리에이터 비즈니스를 가속화 시키기 위해서는 인공지능이 전면적 포괄적으로 활용될 수 있도록 정치, 경제, 교육, 문화 등 사회 전 분야의 대전환이 전면적으로 추진되어야 한다. 동시에 빅데이터의 활용에 따른 사회적 합의와 보상도 늦출 수 없는 긴박한 과제이다. 기술혁명이 더 큰 양극화를 초래하고 사회적 갈등의 원인이 되지 않도록 하기 위함이다. 무엇보다 국가 에너지를 응집하여 대도약의 발판을 삼기 위해서는 기술혁명의 확산 성과가 모두에게 혜택이 돌아갈 수 있어야 한다. 생활 부담이 없는 크리에이터의 전면적인 활동도 비로소 가능하게 된다.

샘 알트만의 제안을 우리나라에 기계적으로 적용하는 데에는 다소 무리가 있다. 특히, 미국에 비해 취약한 자본시장의 구조를 감안하면 더욱 그렇다. 샘 알트만도 주식가치 상승분을 회피하기 위한 해외 이전이나 비상장 행위 등이 재원마련을 어렵게 할 수 있다고 지적하고 있는데, 우리나라도 예외는 아니다. 모든 것을 위한 무어의 법칙, 즉 향후 10년간 실질GDP가 2배 이상 성장할 수 있다는 전제를 수용하면서, 주식배당기금보다는 조세수입을 활용해서 국가재정으로 보편적 기본소득을 지급하는 방안을 검토해 볼 수 있다.

2021년 약 2,071조의 GDP가 15년 후인 2035년에 2.5배 상승하여 5,000조에 도달하고, 22%의 조세 부담율을 점진적으로 상향 조정하여 30%로 가정한다면 약 1,500조의 세수를 확보할 수 있다. 국가 예산도 마찬가지 비중으로 증가한다고 가정하면, 2021년 555조 규모에서 2035년에는 1,500조에 이르게 된다. 1,500조의 국가예산 중 세수가 차지하는 비중을 21년도 기준 대비 60%로 가정하게 되면 약 600조의 추가 세수를 확보할 수 있다. 600조 원을 18세이상 성인 4,500만 명에게 보편적 기본소득으로 지급하면 일인당 연간 1,330만 원 (매월 110만 원)을 지급할 수 있다.[85]

최근의 낮은 GDP성장률 때문에 향후 10여 년 후에 GDP가 2배이상으로 증가하는 것에 대해서 회의적인 시각이 있을 수 있지만, 우리나라의 일인당 국민총소득은 1960년부터 2000년까지 40년동안 10년을 단위로 2배이상의 고속성장을 해왔으며, IMF 국가부도 이후에도 지난 20년간 일인당 국민총소득은 2배에 해당하는 높은 성장을 이루어 냈다. 이전의 성장 잠재력이 폭발할 수 있도록 메타정부로의 대혁신을 추진하고, 인공지능기반 경제의 전면적이고 포괄적인 확산을 본격적으로 실행해 나간다면, 성장 확산의 속도는 예측할 수 없는 수준으로 비약적으로 발전할 수 있다.[86]

보편적 기본소득의 경우, 향후 2년간의 준비를 거쳐 26년부터 10년동안 최초 100만 원 지급부터 시작하여 매년 100만 원씩 증액하면 2035년에는 목표액에 도달할 수 있게 된다. 세수 증가분은 경제혁신과 성장률 증대 및 수요확대에 따른 기업의 매출과 수익 증가분, 고액 소득자에 대한 기본소득 지급액 중 일부, 부동산 소득 증가분 등의 일정부분을 세금으로 회수하는 개념으로 연간 0.5~0.8%의 조세 부담율을 상향 조정해 확보해 나간다.

---

[85] - GDP와 성장률(https://www.index.go.kr/unity/potal/main/EachDtlPageDetail.do?idx_cd=2736)
- 조세부담율(https://www.index.go.kr/unity/potal/main/EachDtlPageDetail.do?idx_cd=1122)
- 예산 세수 비중(https://www.index.go.kr/unity/potal/main/EachDtlPageDetail.do?idx_cd=1123)
- 인구 수(https://www.index.go.kr/unity/potal/main/EachDtlPageDetail.do?idx_cd=1010)

[86] 1인당 국민소득(https://www.index.go.kr/unify/idx-info.do?idxCd=4221)

새로운 정부, 새로운 국가를 향한 항해를 무사히 마치고 첫번째 도착지인 2035년에 도달하게 되면, 지능화의 첫번째 단계인 인공지능기반 경제와 크리에이티브 시대를 1차적으로 완성하는 단계에 이르게 된다. 인공지능기반 경제는 전면적이고 포괄적으로 적용되어 운영되며, 사회 각 분야에서 크리에이터가 주도적인 역할을 하게 된다. 18세 이상의 성인은 누구나 월 100만 원 이상의 기본소득을 지급받고, 국민총생산(GDP)는 지금보다 2배 이상 증가하며, 일인당 국민소득은 1억에 도달, 명실상부한 경제 선진국으로 도약한다. 대외적으로는 더 크고 강한 문화강국으로서 국제사회에서 책임과 역할을 다 하게 된다.

2050, 담대한 여정

2035년, 첫번째 도착지에 도달한 인공지능기반 경제와 크리에이터시대를 향한 항해는 다음 도착지를 향한 담대한 여정을 계속한다. 21세기의 반환점인 2050년에 두번째 도착지에 도달하게 되는데, 인공지능기반 경제와 크리에이터 시대는 최종적인 완성단계에 이르게 된다. 구매력을 기준으로 하는 실질적인 국민소득은 첫번째 도착지인 2035년 대비 최소 2배이상의 수준에 도달하게 되며, 기본소득은 현재의 구매력을 기준으로 3,000만 원 수준에 이르게 된다.

일인당 소득과 자산의 구성은 물질적 자산과 콘텐츠를 기반으로 하는 지적 자산이 조화와 균형을 이루는 단계에 도달하게 되며, 보편적인 복지 시스템이 구현되어, 생활을 걱정할 필요가 없으며 상대적 빈곤감도 해소되는 단계라고 할 수 있다. 경제활동인구의 상하 연령 기준이 지금보다 대폭 늘어 나겠지만, 전체 경제활동인구의 상당수가 크리에이터로 활동하게 되며, 아이디어와 상상력을 발휘하여 콘텐츠를 개발하고 향유하는 시대가 열리게 된다.

2050년은 1950년 6.25전쟁이 발발한지 100년이 되는 해이다. 2050년까지는 남북한 평화체제를 완성하고, 자유왕래를 실현하는 것이 최소 목표이며, 평화통일과 민족 공동체의 회복이 최대목표가 되어야 한다. 인공지능기반 경제와 크리에이터 비즈니스는 탈이념적 비전으로 세계의 모든 나라가 추구할 수 있는 공존과 공동번영의 지향이다. 인공지능기반 경제와 크리에이터 비즈니스를 추구하는 동일한 지향점에 평화통일의 길이 있다.

인공지능 기술의 발전단계는 특이점에 도달하게 된다. 원래 특이점이란 기술발전의 속도가 너무 빨라서 예측이 불가능하게 되는 기술 발전의 변곡점을 의미하지만, 인공지능기반 경제와 크리에이터 시대의 관점에서 포괄적으로 적용하면, 크리에이터 활동 등 인간의 삶에 필요한 기술구현 요소를 자율성에 따라 구현할 수 있는 단계라고 할 수 있다. 특별한 장애와 애로사항 없이 필요에 따라 자율적으로 인공지능 기술을 활용할 수 있는 단계에 도달하게 된다.

21세기 중간 반환점이 지난 후에도 인공지능기반 경제와 크리에이터 시대는 콘텐츠화, 가상화, 자동화를 더욱 가속화하고, 고도화 하면서 세기말을 향한 항해를 계속하게 될 것이다. 중간 반환점을 지난 항해의 방향이나 그 구체적 내용을 지금 단계에서 제시하는 것은 쉬운 일이 아니다. 뜻하지 않은 도전과 위협에 직면하기도 하고, 감당하기 힘든 시련과 좌절이 기다리고 있을 수도 있다. 그러나 지금 확실하게 말할 수 있는 것은, 지금까지 숱한 위기와 과제를 헤쳐 왔듯이, 해결할 수 없는 과제가 제기된 적은 없다는 굳은 믿음을 갖고, 미래로 가는 길을 향하여 나아 갈 수 있으리라는 것이다.

에필로그

아! 30년이 넘는 시간이 걸리다니……

'콘텐츠가 개인의 삶이나, 국가발전의 미래비전이 될 수 있는가'는 나의 오랜 화두였다.

K콘텐츠의 여러 영역을 넘나들며 적지 않은 세월을 보냈다. 환희의 순간은 잠시이고 늘 실패와 고뇌의 연속이었지만 그 쓰라림들이 글의 밑천이 되어 주었다. K콘텐츠의 비전이 무엇인지 늘 성찰해 왔지만, 개인이나 국가의 미래비전이 될 수 있다고 주장하는 것은 차원이 다른 문제이다. 미래비전이란 우리 사회가 직면하고 있는 문제점들을 해결하는 원동력이며, 개인과 국가의 삶과 명운을 총체적으로 책임지고, 그 나아갈 방향을 밝히는 것이기 때문이다.

수수께끼의 퍼즐과도 같지만, 결론적으로 밝히는 이 글의 요지는 다음과 같다.

1. 인공지능기반 경제의 작동원리를 토대로 하여, 비로소 K콘텐츠가 개인이나 국가의 비전이 된다는 점을 규명하고자 하였다.

인공지능기반 경제는 한 번도 가본적 없는 전인미답의 길이다. 인공지능기술의 특징, 콘텐츠의 양면성, 동시성에 기초하여 콘텐츠화, 가상화, 자동화를 인공지능기반 경제의 3대특징으로 제시하였다. K콘텐츠는 인공지능기반의 경제시스템과 사회구조를 운용하는 핵심 작동원리가 된다. K콘텐츠 전략을 통해서 개인과 국가의 대전환을 위한 방향과 방안을 제시할 수 있었다.

2. 인공지능시대, 대전환의 성장엔진으로 K콘텐츠_메타버스경제를 모색하였다.

한국경제는 고도 선진국의 문턱에서 저성장과 경제수축의 늪을 헤어나지 못하고 있다. 메타버스는 인공지능 발전단계의 가상세계라고 할 수 있는데, 무한 확장성을 주요 특징으로 한다. 메타버스를 활용한 한국경제의 초고도 성장전략을 제안하였다.

3. 크리에이터의 시대를 뒷받침하는 전국민지식재산 개인금고, 빅데이터 기본소득, K콘텐츠밸리 등 실천가능한 정책 아젠다를 제안하였다.

구슬이 서말이어도 꿰어야 보배이듯이 새로운 비전과 전략을 실천해 나갈 수 있는 구체적인 실천 방안을 제시하는 것은 실용적 개혁의 전제이며, 사회적 의제선점에서도 중요한 의의가 있다. 누구나 새로운 시대를 피부적으로 체감할 수 있는 정책 아젠다를 제안하였다.

4. 새로운 시대, 국정비전과 목표, 장단기 정책과제의 아웃라인을 제시하였다.

창조적 파괴와 혁신은 혁명보다 훨씬 어려운 과정이다. 새로운 국가, 새로운 정부의 성공과 실패, 가능성 유무는 대략 집권 확정 6개월 전후에 판가름 난다고 할 수 있다. 이 기간에 새로운 국가, 새로운 정부의 실체를 가시화하지 못하면 온갖 기득권의 저항으로 커다란 난관에 부딪히거나 좌초하기 마련이다. 높은 수준의 정무적 감각과 프로페셔널, 광범위하고 압도적 컨센서스를 뒷받침하는 정교한 실천계획을 담은 새로운 국가, 새로운 정부의 운용계획은 필수적이다.

5. 민주진보 진영의 최종적이며 지속적인 집권 비전과 전략을 탐색하였다.

한국의 발전전략은 크게 박정희의 제조업 중심, 근대화전략과 김대중의 정보통신과 문화산업을 중심으로 하는 지식경제전략으로 구분될 수 있다. 지식경제전략은 산업화전략보다 상위 개념의 고도화, 선진화 전략이며, 민주진보진영이 산파역을 한 옥동이지만, 민주진보 진영의 집권비전과 전략으로 완성되지 못했다. 산업화를 포용하는 토대에서 김대중의 지식경제전략을 맥락적으로 계승해 나가는 인공지능시대의 지식경제를 탐색하였다. K콘텐츠를 핵심으로 하는 새로운 버전, 고차원의 발전전략이며, 전반적 프레임워크와 실천적인 의제가 포괄되어 있다. 민주진보 진영에게 지적재산권이 귀속되는 최종적이며 지속적인 집권 비전과 전략으로 완성되어 나가기를 기대한다.

이 글의 부족함은 전적으로 나의 몫이지만, 이 글이 지닌 사소한 의의라도 K콘텐츠에 헌신한 수많은 분들의 땀과 열정에 있다. 무에서 유를 창조하며 불철주야 노고를 아끼지 않은 분들의 몫이다. 지난 대선시기에 이르기까지 오랜 시간동안 K콘텐츠의 대도약, 대전환을 위해 혼신을 다한 연구자들의 땀방울도 곳곳에 스며들어 있다. 한동숭, 전현택, 정종은 교수의 모니터링과 피드백은 언제나 큰 힘이 되었다. 흔쾌히 출판을 수락해준 김태진 대표께 감사드린다.

코로나로 격리되어 끙끙 앓고 있던 것이 글을 시작한 계기가 되었다. 40년 지기인 한선숙이 어떠한 상황에서도 함께할 것이라는 굳은 믿음과 배려가 없었다면 시작도 못했을 것이다.

대전환의 서막이 열리고 있다. 이전에 없었던 최종적이고 궁극적인 변화가 시작되고 있다. 동시대에 모든 사람들이 희망에 가득차고, 흥미진진한 여정을 계속하기를 소망한다.